Paul Tigges · Karl Föster · Katholische Jugend in den Händen der Gestapo

Christusträger
Zeichnung von Altrogge

Paul Tigges · Karl Föster

Katholische Jugend in den Händen der Gestapo

Widerstand im westfälischen Raum gegen das totalitäre NS-System

Es gab nicht nur die Weiße Rose

Verlag: Berufsbildungswerk Josefsheim Bigge, Josefs-Druckerei 2003

*Wir danken allen Spendern,
die die Herausgabe dieses Buches
ermöglicht haben.*

Impressum

Herausgeber: Paul Tigges, Lennestadt, Karl Föster, Arnsberg

Redaktion: Veronika Beckmann, Arnsberg, Karl Ebert, Arnsberg, Karl Falk, Attendorn, Karl Föster, Arnsberg, Theodor Köhren, Brilon, Arnold Papenheim, Neheim, Franz Rose, Menden, Paul Schlinkert, Olsberg, Dr. Hans Seewald, Bad Driburg, Gertrud Sommer, Brilon, Günter Stumpf, Attendorn, Paul Tigges, Lennestadt, Dr. Hubert Wichtmann, Tönisvorst

Druck undVerlag: Berufsbildungswerk Josefsheim Bigge, 59939 Olsberg
ISBN 3-925680-31-4
1. Auflage 2003

Umschlag: Von Sonja Schmoldt, Arnsberg, unter Verwendung einer Zeichnung von Rudi Friemauth aus dem Jahre 1941

Inhaltsverzeichnis

Verhaftung katholischer Jugendlicher durch die Gestapo Dortmund 1941/1942

Nachlese

Einführung

Historischer Hintergrund

Im Herbst 1941 werden ca. 30 katholische Jugendliche aus dem Erzbistum Paderborn von der Gestapo verhaftet. Sie werden mehrere Wochen bei der Gefängnisstelle Steinwache – Dortmund in Haft gehalten. Man wirft den Jungen vor – sie sind meist 16 bis 17 Jahre alt – dass sie den seit 1937 verbotenen katholischen Jungmännerverband haben wieder aufleben lassen, dass sie mit einer sehr großen Zahl von Jugendlichen am 19. 10. 1941 in Paderborn demonstrativ an der Bischofsweihe von Lorenz Jaeger teilnahmen und vor allem, dass sie die drei Predigten des Bischofs von Galen aus Münster vom Juli/August 1941, die sogenannten Galenbriefe, verteilten.

Am 23.12.1941 werden 27 Jugendliche gleichzeitig aus der Steinwache entlassen. Sie erhalten strengstes Sprechverbot unter Androhung erneuter Verhaftung. Sie bleiben unter Polizeiaufsicht. Dreizehn Jungen, die Schüler der höheren Schule sind, werden von der Schule verwiesen. Die Jugendlichen werden 1942/1943 in der Regel Soldat. Fast die Hälfte von ihnen (15) zählt zu den Opfern des Krieges. Sie sind gefallen, werden vermisst oder sind an den Folgen des Krieges gestorben.

Die Verhaftungen katholischer Jugendlicher gehen vereinzelt bis zum Ende des Jahres 1942 weiter. Der letzte ist Josef Quinke aus Fretter bei Finnentrop. Er hatte an Soldaten aus der Pfarrei Galenbriefe verschickt und wird angezeigt. Im Mai 1942 wird er verhaftet und kommt ins Gestapogefängnis Steinwache in Dortmund. Von dort transportiert man ihn ins KZ Sachsenhausen bei Berlin. Hier endet sein Leben im Dezember 1942.

Grußwort des Erzbischofs von Paderborn

Paderborn, 17. Dezember 2001

Sehr geehrte Damen und Herren!

Vor 60 Jahren wurden ich und viele von Ihnen aus der Gestapohaft in Dortmund entlassen. Die Haft war die Folge unseres Engagements in der Katholisch-Bündischen Jugend und unserer Treue zur Kirche.

Für alle, die es erlebt haben, war dies ein einschneidendes Erlebnis. Es verdeutlicht erneut, wie skrupellos das Naziregime war, das nicht davor zurückschreckte, Jugendliche in Haft zu nehmen, weil sie sich nicht gleichschalten ließen. Es verdeutlicht aber auch die Kraft, die auch jungen Menschen aus dem Glauben gegeben wurde, so dass sie als kleine Minderheit innerlich frei blieben und der nationalsozialistischen Indoktrination nicht erlagen. Deshalb wurden sie vom Regime auch so angefeindet.

Heute, 60 Jahre später, können wir mit Dankbarkeit auf den Weg zurückschauen, den unser Land und auch wir selbst nach dem Zusammenbruch zurückgelegt haben. Wir sind heute weit von solchen Zuständen entfernt, wofür wir nicht genug danken können. Als ältere Generation ist es uns aber aufgegeben, den Jüngeren heute zu bezeugen, dass der Glaube und die Gemeinschaft der Kirche uns damals die Kraft zum inneren und äußeren Widerstand gegeben hat. Denn nur die Basis starker Werte kann uns davor bewahren, dass sich Ähnliches wiederholt.

An diesem Jahrestag können wir unserem Schöpfer dafür danken, dass er uns errettet hat. Wir gedenken der Gefallenen und der inzwischen Verstorbenen, denen wir uns durch die gemeinsame Erfahrung immer verbunden fühlten. Sie alle schließe ich in mein Gebet ein und erbitte Ihnen von Herzen den reichen Segen Gottes.

Ihr

+ Joannes J. Card. Degenhardt

Joannes Joachim Cardinal Degenhardt
Erzbischof von Paderborn

Grußwort zur Gedächtnisveranstaltung am 23. 12. 2001 in Attendorn

An dieser Stelle war ein Grußwort des Erzbischofs Kardinal Degenhardt zu unserem Buch geplant. Der plötzliche Tod unseres Bischofs am 25. 6. 2002 hat das verhindert. Statt dessen möge hier sein Grußwort zu dem Gedächtnistreffen am 23. 12. 2001 in Attendorn stehen.

Einleitung

Da fragt man sich doch, was heute eine Hand voll alter Männer bewegt hat, eine Geschichte aus den Kriegsjahren wieder aufleben zu lassen. 1941/42 wurden ca. 30 katholische Jungen von der Gestapo verhaftet und für einige Wochen eingesperrt.

Auch nach der Entlassung wurden sie weiterhin schikaniert und kontrolliert. Und diese alten Männer, die sich immer noch mit dem Geist der katholischen Jugendbewegung in den 30er und 40er Jahren verbunden fühlen, waren schon Soldat, als man die jüngeren, die trotz Verbot weitermachten, in Haft nahm. Und da hat einer von ihnen, oder waren es zwei oder drei, keiner weiß das mehr so genau, andere angesteckt und gesagt: Das kann doch nicht sein, dass man diese Sache total verschweigt und vergisst. Und sie fragten sich: Wieviele leben noch von diesen 30 Jungen? Und sie mussten erkennen, es war nur noch eine Hand voll. Die meisten hatte der Krieg verschlungen. Und diese Männer wurden aktiv wie „ein Fähnlein der sieben Aufrechten". Sie suchten und recherchierten, nahmen Verbindung auf mit den noch Lebenden, den Angehörigen der Verstorbenen, mit den Freunden aus den einstigen Jugendgruppen. Sie wussten, sie waren die letzten Zeitzeugen, einige schon über 80, nach ihnen konnte keiner mehr sagen, ich war dabei, ich habe es miterlebt. Und diese Geschichte von den dreißig tapferen Jungen sollte doch nicht verloren gehen.

So entstand dieses Buch. Kein Roman, keine flüssige Erzählung, stellenweise manchmal mehr Dokument und Zeugnis von einer Jugend, die dem NS-System widerstand und sich selbst treu blieb. Von einer Jugend, die das Menschenbild, das ihr Elternhaus und Kirche vermittelt hatte, nicht über Bord warf und als Soldat mit in den Krieg nahm. Und wer sich Zeit nimmt, das Buch liest und die Quellen studiert, wird wie bei einem Mosaik, bei dem die unterschiedlich gefärbten Steine ein lebendiges Bild ergeben, ein Stück von unserem Deutschland erleben, das gewöhnlich bei der häufigen Kritik uns Deutschen gegenüber, was diese Zeit angeht, übersehen wird. Denn hinter den 30 Jungen standen ja Familien, Väter, Mütter und Geschwister, Kameraden in den Jugendgruppen, Pfarrgemeinden mit einer breiten katholischen Bevölkerung, ihre Pfarrer und Vikare. Menschen, die ein heidnisches System ablehnten und im Glauben und Gebet ihren Halt fanden. Das wusste auch die Gestapo, dass die 30 verhafteten Jungen nur die Spitze eines Eisberges waren.

Und ein Letztes, was uns wichtig erscheint, die wir Diktatur und Krieg überlebt haben. Wenn sich die Jungen St. Michael und Christophorus, die dem Teufel nicht dienen wollten, oder Heilige wie den Märtyrerknaben Tarzisius und den Kanzler Thomas Morus, die ihrem Gewissen folgten, zum Vorbild nehmen, wenn einer von ihnen zwei Tage vor der Verhaftung ins Tagebuch einträgt: „Solange wir auf freien Füßen stehen, kämpfen wir für Christus und sein Reich", wenn ein anderer nach der Haft sagt: „Und wenn sie mich totgeschlagen hätten, ich hätte keinen verraten", und wenn ein dritter sich aufopfert und offen ins KZ und in den Tod geht, weil er die alleinige Verantwortung für das Verschicken der Galenbriefe auf sich nimmt, in denen das NS-System angeprangert wird, so ist das schon ergreifend und kann der Jugend zum Vorbild dienen.

Das haben wir Freunde aus der ehemalig Katholisch-Bündischen Jugend erfahren und möchten es an unsere Nachkommen weitergeben: Auch wenn in einem Staat alles Recht missachtet wird, auch wenn der Teufel regiert, auch wenn man Verfolgung oder Hohn und Spott auf sich nehmen muss, es bleiben uns Gottes Gebote als Richtschnur und Christus als Licht im Dunkeln einer Zeit.

Für den Kreis der Mitarbeiter

Karl Föster und Paul Tigges

Jungen im Gestapo-Gefängnis Steinwache

„Advent“ Zeichnung von Rudi Friemauth, Neheim, kurz nach seiner Entlassung aus dem Gefängnis; Rudi Friemauth ist im Januar 1943 gefallen.

Vergebt! Ich denke!

Vergebt! Ich denke! Denn ich bin so weit,
Daß ich das lose Mittun nicht ertrage,
Daß ich in jeder aufgetragnen Lage
Mich selbst erlösen will: ich bin bereit.

Nehmt als Entgelt von mir und als Entscheid:
Ich füge mich, ja, seht! Denn im Entsagen
Bin ich noch klein; doch werde groß, zu sagen:
Ich bin noch frei, ihr aber seid gereiht

Wie Stiere in die wundgeschundne Herde.
Ich bin noch frei, vom Wechsel nicht entmannt;
Denn meines Wesens Kern ist andre Erde,

Und meine Mitte ist euch unbekannt;
Ein jedes Zeichen spricht ein starkes: Werde;
Wachsend füg ich mich; doch euch nie verwandt.

Ein Sonett, geschrieben: 1 .6. 1943 von Max Hermann Seewald, Hamm, vermisst an der Ostfront seit Januar 1945

Protokoll über ein Treffen im Gestapomuseum Steinwache, Dortmund am 26. 10. 2000

Beginn:	12.00 Uhr
Ende:	18.00 Uhr
Leitung:	Karl Föster, Arnsberg
Protokoll:	Paul Tigges, Lennestadt
Teilnehmer:	ca. 40 Personen
	Darunter sind sechs ehemalig inhaftierte katholische Jugendliche.
	Und zwar
	Günter Beckmann, Arnsberg
	Walter Bigge, Hemer
	Bernhard Heimann, Blankenrode
	Paul Schlinkert, Olsberg
	Günter Stumpf, Attendorn
	Hubert Wichtmann, Tönisvorst
	Weiterhin waren anwesend Angehörige und Freunde der 1941/1942 Verhafteten

Führung durch die Steinwache

Gegen 12 Uhr begrüßt Karl Föster im Eingangsbereich des ehemaligen Gestapogefängnisses Steinwache die Herbeigeeilten. Danach findet eine Führung durch die Steinwache statt, die die Stadt Dortmund z.T. als Museum ausgebaut hat. Wegen der Größe der Gruppe und der Kleinheit der Zellen werden zwei Gruppen mit je einer Führung gebildet. Der Protokollführer ist bei der zweiten Gruppe und kann nur darüber informieren. Eine schwarzhaarige junge Frau berichtet zunächst in einem Raum des Erdgeschosses (ehemaliger Verhörraum?) über die Geschichte und die Verhältnisse während der NS-Zeit in der Steinwache. Das Gebäude ist in den 20er Jahren als modernes Polizeigefängnis errichtet worden. Neu war, dass es in den Zellen Toilette und fließend Wasser gab. In der NS-Zeit ist dann das Gebäude als Gestapogefängnis völlig überfüllt gewesen. Es diente vor allem als Durchgangsgefängnis, um mit oft brutalen Methoden Geständnisse zu erpressen. Anschließend wurden die Verhafteten den Gerichten zugeführt, in die Konzentrationslager abgeliefert oder, wenn sie Glück hatten, freigelassen. Eine Bronzetafel an der Straßenfront der Steinwache sagt aus, dass im Dritten Reich ca. 30000 Menschen hier in Haft waren, von denen Tausende den Tod fanden.

Die Ausführungen der Führerin werden teilweise von den Betroffenen des Jahres 1941 ergänzt bzw. bestätigt. Wie die Museumsführerin sagt, ist die Steinwache unter den Gestapogefängnissen besonders berüchtigt gewesen. Sie wurde die Hölle von Westdeutschland genannt. Eine Schwester von Johannes Sommer aus Brilon berichtet, dass ihr Bruder hier grausam behandelt worden ist. Er hatte einige Backenzähne verloren und litt unter Nierenschmerzen. Er brauchte Wochen und Monate nach der Heimkehr, bis er sich von der Tortur in der Steinwache erholte. Paul Schlinkert aus Olsberg, der zusammen mit ihm eingeliefert wurde, erinnert sich: Immer wieder schallte es durch das Treppenhaus: Sommer zum Verhör! Die Schwester: Näheres wissen wir nicht. Johannes sagte später immer wieder: Fragt mich nicht! Ich darf nichts sagen. Wer das liest, kann sich darüber Gedanken machen, ob Johannes Sommer nicht wegen seiner aufrechten Haltung und entsprechender Antworten beim Verhör von den Gestaposchergen besonders vorgenommen wurde. Auf die Frage, ob die Gestapomänner wie Buschmann, Daniels und „Kanonen-Otto“, die die Verhöre durchführten, oder auch der promovierte Leiter der Haftanstalt nach dem Krieg zur Verantwortung gezogen worden sind, zuckt die Museumsführerin die Schultern. Diese Leute sind wohl wie fast alle

26. 10. 2000: Teilnehmer des Treffens vor dem ehemaligen Gestapogefängnis Steinwache in Dortmund

Juristen dieser Zeit bei der Entnazifizierung gut davongekommen. Einer wollte wissen, dass Buschmann am Ende des Krieges von den Amerikanern verhaftet und in einem Dortmunder Park erschossen worden sei.

Anschließend an diese Informationen im Erdgeschoss werden wir in das 3. Geschoss des Zellenbaus geführt, wo das Museum einige Sonderräume in den ehemaligen Zellen eingerichtet hat. So für die Juden, die „Edelweißpiraten“ oder die Katholiken. In dem „Judenraum“ erfahren wir, dass von über 3000 Juden in Dortmund ca. zwei Drittel umgebracht worden sind. Das Sammeln und der Abtransport der Juden fand in der Regel nicht über die Steinwache statt, insbesondere auch, was die Juden aus dem ganzen Regierungsbezirk Arnsberg angeht. Diese wurden von der Gestapo in Dortmund zusammengeholt und vom Südbahnhof in Viehwaggons verladen, um nach Osten in die Vernichtungslager transportiert zu werden.

In dem Katholikenraum ist die Verhaftungsaktion gegen die Jugendlichen von 1941/42 lediglich durch ein Foto des Erzbischofs Degenhardt und des Dortmunders Clement festgehalten. Der Museumsführerin ist von der ganzen Sache nichts bekannt.

Treffen im Katholischen Zentrum

Nachdem man draußen vor der Steinwache einige Fotos gemacht hat, trifft man sich gegen 14.00 Uhr in einem Raum des Cafés des Katholischen Zentrums nahe der Propsteikirche. Hier ist die Gelegenheit, einen Imbiss einzunehmen und sich gegenseitig ein wenig kennen zu lernen. Erinnerungen werden ausgetauscht und Informationen weitergegeben. Vor allem bieten die Eindrücke von der Besichtigung der Steinwache genügend Gesprächsstoff.

Der Protokollant erfährt u.a. von Günter Stumpf, dass die Freilassung der Inhaftierten am 23. 12. 1941 auf die Aktion eines Staatsanwalts zurückging. Dies habe er nach dem Krieg von dem damaligen Jugendseelsorger Reineke in Paderborn gehört. Der Dortmunder Staatsanwalt habe sich mit der Gestapozentrale in Berlin in Verbindung gesetzt und gesagt, die Verhaftungsaktion der Gestapo gegen die katholischen Jugendlichen habe in der Bevölkerung des Sauerlandes eine beträchtliche Unruhe ausgelöst. Man brauche die Jugendlichen als Soldaten. Nach dieser Lehre durch die Verhaftung würden sie gute Soldaten sein. Man könne sie nach dem Krieg zur Verantwortung ziehen.

Weiterhin erzählt die Schwester von Josef Lappe aus Lendringsen, Frau Maria Kather, dass ihr Bruder Josef nicht durch Kriegseinwirkung 1943 gestorben ist, sondern durch ein Lungenleiden. Bei der Verhaftung ihres Bruders sei es für die Familie sehr enttäuschend gewesen, dass die Geistlichkeit mit der Sache nichts zu tun haben wollte und sich nicht vor die Jugendlichen stellte.

Aussprache im Kolpinghaus Dortmund

Gegen 16.00 Uhr findet man sich erneut in einem Nebenraum des nahen Kolpinghauses zusammen. Karl Föster leitet eine Aussprache ein, wobei jeder zu Wort kommen soll. Er sagt einleitend: „Wir sind die letzten Zeitzeugen. Nach uns steht alles nur noch in den Geschichtsbüchern... Erinnerung ist ein Stück Verantwortung... Wir wollen mit der Vergangenheit ringen... Bei der Besichtigung der Steinwache kamen einigen die Tränen. Männer müssen auch weinen können."

„Es ist schon ein Phänomen, der Einsatz dieser Jungen während des Krieges. Da meinen einige: Das waren doch nur Jüngelchen. Aber die ‚Jüngelchen' haben oft Mut gehabt, wo die Erwachsenen versagten."

Nach dieser Einleitung liest Karl Föster einen Gruß des Erzbischofs Degenhardt vor. Er dankt für die Einladung. Er sei sehr interessiert, könne aber wegen einer Firmungsreise nicht kommen.

Bei der Aussprache, die nun folgt, sind von den Äußerungen der einzelnen Teilnehmer nur die der Betroffenen festgehalten, die in der Steinwache verhaftet waren.

Bernhard Heimann: Die Besichtigung der Zellen, wo wir in Haft gehalten wurden, war für mich sehr interessant. Wir waren in Dortmund und Herne in Haft. In Dortmund hatten wir Wanzen, in Herne hatten wir Läuse. Bei den Verhören drohte man uns damit, in den Keller zu kommen mit Dunkelzelle und Stehzelle. Aber was mich besonders bedrückt, ist nicht die Erinnerung an die Steinwache, sondern wie man mich nach meiner Rückkehr aus der Haft in der Schule behandelt hat.

Günter Beckmann: An meiner Schule in Hamm war es anders. Ich wurde wie Bernhard von der Schule verwiesen. Was mich bei unserer Sache bewegt, ist, wie das deutsche Volk heute dargestellt wird. Als wenn es ein Volk von Tätern gewesen sei. Die Menschen in Deutschland haben damals viel mitgemacht und oft sogar Hervorragendes geleistet.

Josef Görres, genannt Philo, der in einem anderen Zusammenhang in der Steinwache verhaftet war: Das deutsche Volk war kein Nazivolk. Diese waren eine kleine Spitze. Widerspruch kommt von einem Teilnehmer aus Müschede.

Günter Beckmann: Die Ausstellung in der Steinwache finde ich unbefriedigend. Wir müssten da etwas tun. Mit den zwei Einzelbildern weiß keiner, dass es sich bei uns um

In einer Zelle der Steinwache: Von links Karl Föster, Museumsführerin, Gertrud Sommer (Brilon), Schwester von Johannes Sommer.

eine größere Gruppe gehandelt hat. Und vor allem erfährt keiner, worum es uns ging.

Hubert Wichtmann: Es ist schon erstaunlich, was wir gemacht haben. Wir waren sehr benommen, als wir nach Hagen zurückkehrten. Aber ich bin ratlos, was heute ist. Die Jugend fehlt in der Kirche. In Polen scheint das noch anders zu sein.

Walter Bigge: Ich bekam den Stellungsbefehl zum Arbeitsdienst, als ich in der Steinwache war. Mein Vater sagte den Behörden: Holt ihn euch dort! Er brachte mir Hemd und Kuchen. Ich war nicht im Jungvolk und nicht in der HJ. Mein Vetter wurde HJ-Führer und ist gefallen. Gott sei Dank habe ich den Krieg überlebt. Die Rente stimmt.

Paul Schlinkert: Ich war Lehrling bei der Fa. H. in Olsberg. Ich wurde zur Amtsverwaltung Bigge bestellt. Da stand dann der Gestapomann Buschmann und sagte: Du bist verhaftet. Zusammen mit Johannes Sommer aus Brilon wurde ich mitgenommen.

Paul Schlinkert betont, unterstützt von Walter Bigge, die bedeutsame Rolle des Elternhauses: Es ist bewundernswert, mit welcher Bereitschaft zum Risiko die Eltern die illegale Tätigkeit ihrer Kinder billigten. Das taten sie aus einem tiefen Glauben heraus. Es sollte nicht verschwiegen werden, wieviel Leid und Not sie durch die Verhaftung ihrer Söhne ertragen mussten. Schlimm war es vor allem auch, wenn der Junge von der höheren Schule verwiesen wurde.

Günter Stumpf: Bei uns in Attendorn platzte die Gestapo mit zwei Mann in einen Heimabend hinein. Wir mussten mit zum Verhör zur Polizeistation. Ich wurde zuerst wieder freigelassen. Mit Karl Falk ging ich in dessen Lehrwerkstatt. Dort gossen wir Tagebücher und verbotene Liederbücher in Beton ein, um diese vor der Gestapo verborgen zu halten. Als ich spät abends nach Hause kam, empfingen mich die Gestapoleute und steckten mich in ihren Wagen. Ich konnte mich nicht einmal von den Eltern verabschieden. Aus der Steinwache ist mir in besonderer Erinnerung, dass einer von uns in der Zelle laut ein Lied anstimmte und dass die Freunde in den anderen Zellen mit einstimmten, so dass der Gesang schließlich durch das ganze Gefängnis schallte. Wenn im Übrigen einer von den damals Verhafteten finanziell in besonderer Not ist, soll er sich bei Karl Föster melden. Ich will ihm gern helfen.

Bevor Karl Föster das Treffen in Dortmund abschließt, wird ihm von einem der inhaftiert Gewesenen herzlich gedankt. Karl Föster, der von dem einstigen katholischen Jugendverband der Sturmschar kommt, gehört in Arnsberg seit Jahren zu einem Freundeskreis der ehemaligen Katholischen-Bündischen Jugend. Trotz seines hohen Alters (Jahrgang 1915) hat er gemeinsam mit Franz Gosmann mit unermüdlichem Einsatz dieses dritte Treffen für die einst verfolgten kath. Jugendlichen arrangiert. Der Dank aller Anwesenden wird ihm durch starken Applaus deutlich gemacht.

Dem Protokoll ist eine Liste mit den Namen der ehemals verhafteten Jugendlichen beigefügt.

Katholische Jugendliche aus dem Erzbistum Paderborn, die 1941/1942 im Gestapogefängnis Steinwache, Dortmund in Haft waren:

Altenhundem	Bruno Tigges	geb. 1924, Schüler*) Volksschullehrer, gestorben an einer Kriegsverwundung am 5. 5. 1959
Arnsberg	Heribert Lange	geb. 1923, Schüler*) Jurist, ehemaliger Leiter der Justizvollzugsanstalt Siegburg, gestorben am 24. 10. 2003
Attendorn	Erich Berghoff	geb. 1913, Arbeiter in einer Fabrik; später Industriemeister, nach dem Krieg Bürgermeister in Attendorn, gestorben 1990
	Georg Clement	geb. 1925, Sattlerlehrling, technischer Bühnenarbeiter in Dortmund, gestorben 2001
	Hubert Keseberg	geb. 1923, kaufmännischer Angestellter gefallen im Januar 1943 in Stalingrad
	Anton Schnüttgen	geb. 1920, Schlosser, gefallen August 1942 in Russland
	Günter Stumpf	geb. 1924, kaufmännischer Angestellter, heute Steuerberater und Wirtschaftsprüfer

Brilon	Johannes Sommer	geb. 1923, Schüler*), gefallen am 15. 2. 1945 an der Ostfront (Breslau)
Fretter	Josef Quinke	geb. 1905, Bäcker, verhaftet 17. 2. 1942 in der Steinwache, ab Ende Juni 1942 im KZ Sachsenhausen bei Berlin, dort im Dezember 1942 gestorben
Geseke	August Wohlhage	geb. 1925, Schüler*) Polizeibeamter in Haft 26. 10. 1941–27. 4. 1942
Grevenbrück	Walter Birkelbach	geb. 1920, Maschinenschlosser in Attendorn vermisst im April 1943 bei Leningrad
Hagen	Dieter Büenfeld	geb. 1924, Schüler*) gefallen am 11.9.1943 in Rußland
	Hans-Joachim Degenhardt	geb. 1926, Schüler*) Erzbischof von Paderborn Kardinal; gestorben 25. 7. 2002
Hagen-Haspe	Hubert Wichtmann	geb. 1924, Schüler*) Elternhaus in Deutmecke Kr. Olpe Dr. Dipl. Landwirt, lebt in Tönisvorst bei Krefeld
Hamm	Günter Beckmann	geb. 1923 Schüler*) Oberstudienrat in Arnsberg, gestorben 6. 6. 2001
	Bernhard Heimann	geb. 1923, Schüler, Pfarrer lebt heute als Pfr. i. R. in Blankenrode
	Max-Hermann Seewald	geb. 1925 Schüler*) vermisst im Januar 1945 im Weichselbogen an der Ostfront
Hemer	Walter Bigge	geb. 1923, Handwerker
Iserlohn	Karl-Heinz Fay	geb. 1923 Schlosser, gefallen 1945
Lendringsen	Josef Lappe	geb. 1921 Handwerker, gestorben 1943
Menden	Karl Hoff	geb. 1924, Rechtsanwaltsgehilfe, Geschäftsführer einer Zeitung gestorben 23. 11. 1991
	Hugo Dümpelmann	geb. 1926 Schüler*) war im November 1941 einen Tag bei der Gestapo Dortmund-Hörde in Untersuchungshaft gestorben 1946 in franz. Gefangenschaft

	Josef Maria Trost	geb. 1914, Dipl.-Volkswirt in Iserlohn 12. 1. 1942–15. 1. 1942 bei der Steinwache in Haft
	Albert Klüppel	geb. 1924 in Menden nach dem Krieg Maurer und Bauleiter, 5 Tage im Herbst 1941 in der Steinwache, Dortmund in Haft, wohnhaft in Menden-Lendringsen
Meschede	August Busch	geb. 1924, Büroangestellter, Kaufmann in Haft 19. 11.–27. 11. 1941 wurde wegen Krankheit vorzeitig entlassen gestorben 1975
Müschede	Karl Michel	geb. 1924, Schlosser gestorben am 23. 2. 1945 in russischer Kriegsgefangenschaft
Neheim	Rudolf Friemauth	geb. 1923, technischer Zeichner gefallen am 25. 1. 1943 in Russland von ihm stammt die Zeichnung „Advent" (Jungen in der Gefängniszelle)
Olpe	Siegfried Nebeling	geb. 1924, Schüler*) gefallen am 26. 12. 1942 in Russland bei Woronesch
Olsberg	Paul Schlinkert	geb. 1925, kaufmännischer Angestellter
Siegen	Gerhard Bottländer	geb. 1913, kaufmännischer Angestellter Bürokaufmann, gestorben 1997
	Rudolf Wagener	geb. 1924, Schüler*) gefallen in Russland
Siegen-Weidenau	Paul Wagener	geb. 1924, Bäcker später Studiendirektor an einer Berufsschule gestorben 1987
Westenfeld	Karl Funke	geb. 1922, Schmiedegeselle gestorben am 21. 6. 1944

**) Schüler der höheren Schule mit Schulverweis*
Herkunft der Angaben: Dr. Friedrich Saal, Dortmund; Alexander Primavesi, Arnsberg; Franz Gosmann, Arnsberg; Stadtarchiv Dortmund; Paul Tigges, Lennestadt; Karl Föster, Arnsberg; Joseph Görres, Münster; Angaben einzelner Betroffener oder deren Angehörigen
Die Unterlagen aus der Steinwache befinden sich inzwischen im Staatsarchiv Münster.

Weitere katholische Jugendliche, die bei der Gestapo Dortmund in einem anderen Zusammenhang in Haft waren:

Eberhard Büngener, Arnsberg
geb. 1906, gest. 1979
Beruf: Bürovorsteher
seit 1922 Quickborner, später Sturmscharführer, als solcher dreimal in Haft: 1934 – 1936 – 1944
siehe Schutzhaftbefehl vom 3. 11. 1936 S. 388

Josef Löcker
Heinsberg, Kreis Olpe, geb. 1908
lebt heute als Pfarrer i. R. in Altenhundem; war als Theologiestudent 1937 zweimal und 1938 acht Monate in Haft; Grund für die Verhaftungen: Aktivitäten für den Jungmännerverein, Einsatz bei bischöflichen Veranstaltungen in Paderborn und kritische Äußerungen im Heimatdorf; meldete sich Anfang des Krieges als junger Vikar in Siegen freiwillig zum Militär, um einer erneuten Verhaftung durch die Gestapo zu entgehen; war im Krieg Divisionspfarrer und kehrte 1949 aus russischer Kriegsgefangenschaft zurück.

Paul Steden
Altenhundem, geb. 1914, gestorben 1945 als Feldwebel in einem russischen Gefangenenlager in der Tschechoslowakei; war als Paderborner Theologiestudent mehrmals verhaftet; zuletzt mehrere Monate 1937 wegen Verteilen der Enzyklika Pius XI. „Mit brennender Sorge"; kam 1937 in den Arbeitsdienst, anschließend zum Militär- und Kriegsdienst; war nach Angaben eines Bruders auch in die Galenbriefe verwickelt.

Josef Sommer, Menden, geb. 1911, gest. 1993
Sturmscharführer; war 1935 fünf Monate in Haft, verlor seinen Arbeitsplatz beim Walzwerk.

Ernst Wessel, Menden, geb. 1917
Werkzeugschlosser; war ebenfalls 1935 zusammen mit Josef Sommer fünf Monate in Haft.

Zu der Verhaftung von Josef Sommer und Ernst Wessel berichtet Walter Vorderwülbecke in seinen Erinnerungen von 1997 Folgendes (Referat in Elkeringhausen/Sauerland mit dem Thema: Meine Erinnerungen an die Sturmschar der Jahre 1933–1939): Am 10. Juli 1935 kam Weihbischof Baumann von Paderborn zur Firmung nach Menden im Sauerland. Wie damals üblich wurde er an der Stadtgrenze von einer Delegation empfangen, stieg in die obligate Kutsche und fuhr in die Stadt zur Kirche. Hitlerjungen störten den Empfang massiv mit körperlichen Angriffen auf den Weihbischof. Es kam zu einem Handgemenge. Daran waren u.a. der Gauführer von Lenne/Hönne der Sturmschar, Jupp Sommer, der Sturmschärler Hans Wessel und ein Kolpingmann zum Schutz von Baumann beteiligt. Die Gestapo verhaftete die drei und brachte sie nach Dortmund. Jupp Sommer und Hans Wessel bekamen vom Ortsgruppenleiter Menden sofort Ortsverbot. Der Arbeitgeber von Jupp Sommer, die Neuwalzwerke Bösperde, entließen ihn fristlos. Nach langen quälenden Verhören übergab die Gestapo die drei der Justiz. In einem Verfahren vor dem Sondergericht in Dortmund wurden sie am 16. November 1935 verurteilt. Sommer und Wessel bekamen je fünf Monate Gefängnis, der Kolpingmann vier Wochen auf Bewährung.

Joseph Görres, Dortmund, geb. 1919, genannt Philo,
lebt heute als Amtmann a.D. in Münster, arbeitete während des Krieges als Dreher und kaufm. Lehrling „auf der Hütte“; war vom 7. 1. bis 27. 1. 1943 in der Steinwache inhaftiert; Grund: Aktivitäten in einer kath. Jungengruppe Dortmunds, hatte nach den Ereignissen von 1941 und 1942 Kontakt zu vielen der verhafteten Jungen (Briefe).

Wilhelm Wortmann, Menden, geb. 1919, gef. 1944 in Frankreich
Schneider; war 1935 im Zusammenhang mit dem Bischofsbesuch ebenfalls in Haft, wie lange, ist nicht bekannt, nach Franz Rose wird W.Wortmann im Gerichtsurteil irrtümlich als Kolpingmann bezeichnet, er war Mitglied der Pfadfindergruppe St. Georg.

Herkunft der Angaben: Franz Gosmann, Arnsberg; Paul Tigges, Altenhundem; Walter Vorderwülbecke, Beckum; Franz Rose, Menden; Joseph Görres, Münster. Diese Angaben können nicht vollständig sein, da sie lediglich von dem Kreis der Mitarbeiter zusammengetragen wurden.

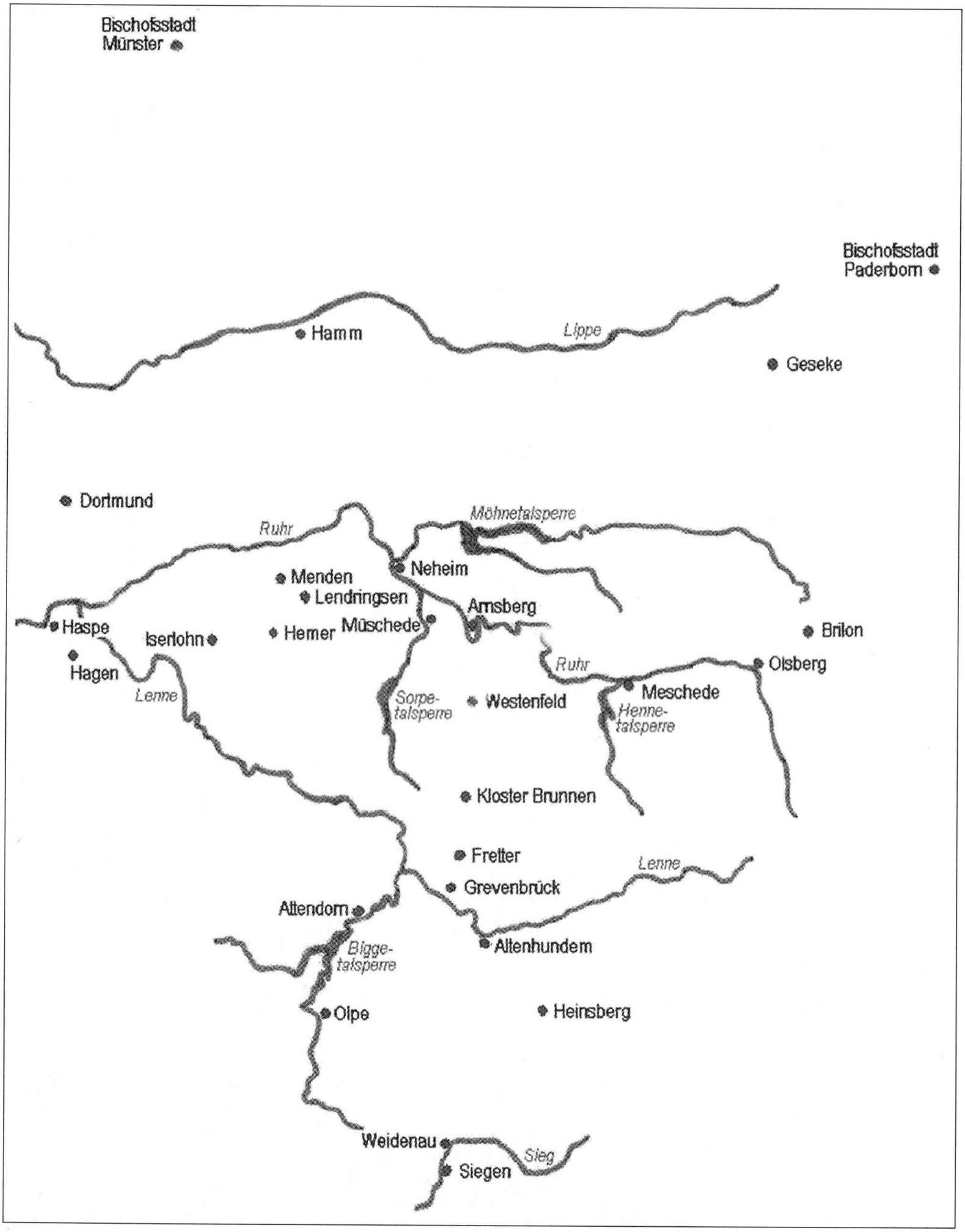

Übersichtskarte vom südlichen Teil Westfalens mit den Heimatorten der verhafteten Jugendlichen

Protokoll über ein Treffen des Freundeskreises der Katholischen-Bündischen Jugend am 27. 11. 2000 in Arnsberg (Gaststätte „Zur Schönen Aussicht")

Beginn:	10.00 Uhr
Ende:	15.30 Uhr
Leitung:	Karl Föster, Arnsberg
Protokoll:	Günter Beckmann, Arnsberg
Teilnehmer:	Ein Kreis von 14 Personen, darunter fünf der 1941 in der Steinwache in Dortmund Verhafteten

Paul Tigges, Altenhundem, verliest das von ihm erstellte Protokoll über den Besuch in der Steinwache vom 26. 10. 2000 und der sich daran anschließenden Aussprache im Dortmunder Kolpinghaus.

Karl Föster eröffnet die Diskussion und macht den Vorschlag, zunächst die Liste der Inhaftierten von 1941 von Alexander Primavesi und Franz Gosmann als Grundlage zu nehmen und im Rahmen des Möglichen zu ergänzen. Philo (Joseph Görres) schlägt dagegen vor, die von ihm bereits ergänzte Liste zu nehmen, da man sich so Arbeit ersparen könne.

Auf Anregung von Walter Vorderwülbecke beschließen wir einmütig, untereinander das vertraute „Du" zu benutzen, da man spürt, dass die alte Gemeinschaft über die Jahrzehnte lebendig geblieben ist.

Walter Vorderwülbecke macht den Vorschlag, bei allen Namen anzugeben, in welcher Tradition die einzelnen Gruppen im Jahre 1941 lebten. Es stellte sich heraus, dass die Gruppen in Hamm, Hagen und Siegen die ND-Tradition fortgesetzt haben, alle anderen Gruppen zur Pfarrjugend gehörten. Es gibt aber auch die Meinung, dass bei einigen dieser Gruppen der Einfluss der Sturmschar im katholischen Jungmännerverband oder der Kreuzfahrer zu bemerken gewesen sei.

Walter Vorderwülbecke richtet an die damals Inhaftierten die Frage, ob die Religion für ihre Tätigkeit maßgeblich gewesen sei; manche Wissenschaftler würden dies bezweifeln. Die Frage wird von allen Beteiligten bejaht. Natürlich habe alles, was man unter dem Begriff „Bündisch" zusammenfassen könne, eine wesentliche Rolle gespielt, auch die Überzeugung, dass man die Jugendlichen gegen das NS-Regime immun machen müsse. Aber die tragende Kraft dafür habe man aus der religiösen Überzeugung und der Verbindung zur Kirche gewonnen.

Es schließt sich eine lebhafte Diskussion über die damalige Situation an. Es wird die Frage gestellt, warum man nicht – oder doch – in die HJ gegangen sei. Willi Kleine-Büning sagt: bei ihnen sei es klare Meinung gewesen, Messdiener gehen nicht in die HJ.

Paul Schlinkert und Walter Bigge betonen die bedeutsame Rolle des Elternhauses. Es ist bewundernswert, mit welcher Bereitschaft zum Risiko sie die illegale Tätigkeit ihrer Kinder billigten, und es sollte nicht vergessen werden, wieviel Leid sie durch die Verhaftungen und deren Folgen, wie z.B. Verweis der Jungen von der Schule, ertragen mussten.

Bei der Frage des Eintritts in die HJ habe es auch Druck durch Lehrer und Mitschüler gegeben. (Ab 1936 hat sich auch das Gesetz über die Hitlerjugend als Staatsjugend ausgewirkt, das die Mitgliedschaft in Jungvolk und Hitlerjugend zur Pflicht machte.)

Walter Vorderwülbecke berichtet von einer Wallfahrt des Katholischen Jungmännerverbandes am 29. Juli 1937 nach Altenberg. Generalpräses Wolker hatte die Bischöfe von Köln und Münster (von Galen) eingeladen. Tatsächlich sei aber kein kirchlicher Würdenträger anwesend gewesen, obwohl es sich um eine besonders große Teilnehmerzahl gehandelt habe (200 Busse aus dem ganzen Reich). Dies führt zu der Rolle des Episkopats in den ersten Jahren der NS-Zeit. Im Teilnehmerkreis gibt es unterschiedliche Meinungen:

Harte Kritik wird geäußert durch den Hinweis auf den Protest des Sohnes von Nikolaus Groß gegen den Plan einer Seligsprechung seines Vaters, der im Zusammenhang mit der Aktion vom 20. Juli 1944 zum Tode verurteilt und am 23. Januar 1945 hingerichtet wurde. Es sei unerträglich, dass sein Vater von einer Kirche, die den Weg seines Vaters in der NS-Zeit abgelehnt habe, heute selig gesprochen würde. Es wird aber auch auf die prekäre Situation der Bischöfe hingewiesen, die sich vor die Frage gestellt sahen, wie man gegen einen unchristlichen totalitären Staat ein Mindestmaß an Raum für die Glaubensverkündigung verteidigen könne, einen Staat, der bereit war, alle Machtmittel gegen eine Opposition einzusetzen.

Diese Überlegungen führen auch zu der Problematik des Reichskonkordates von 1933. Eine gründliche Diskussion ist natürlich jetzt nicht möglich; jedoch erinnert Walter Vorderwülbecke gegen den Vorwurf, Pius XI. und Nuntius Pacelli hätten Hitler durch den Abschluss erst internationale Anerkennung gebracht, daran, dass Hitler in Verhandlungen mit den wichtigsten Staaten Europas (England, Frankreich und Italien) noch vor Abschluss des Konkordates den sogenannten Viererpakt abgeschlossen hatte. Hitler ist trotz Ermächtigungsgesetz und Parteiverbot international anerkannt und z.T. bewundert worden.

Die Diskussion beschäftigt sich auch mit der Rolle des Erzbischofs von Paderborn, Lorenz Jaeger. Kritik von Karl Föster: Er habe sich nicht für die verhafteten Jungen eingesetzt (Buch von Paul Tigges „Jugendjahre unter Hitler", 1984), habe aber das EK I getragen. Gegenargument von Günter Beckmann: Das Tragen des EK I habe dem Zweck gedient, den Nazis zu demonstrieren, dass *sie* die Treue zur Nation nicht gepachtet hätten. (Eine ausdrückliche Intervention bei der Gestapo hätte wahrscheinlich kontraproduktiv gewirkt). Im Januar 1942 hat der Erzbischof einige der Verhafteten zu einem Bericht zu sich eingeladen. Günter Beckmann weist auf die Bischofsweihe von 1941 hin, wo Lorenz Jaeger durch die Feier mit der Jugend in der Marktkirche den Nazis demonstriert habe, dass Bischof und Jugend sich durch Propaganda, Verbote und Schikane nicht trennen ließen. Interessant müsse es sein, sich die damalige Predigt – sollte sie noch irgendwo zugänglich sein – anzusehen, um sich auch dadurch ein Bild des Bischofs zu machen. Karl Ebert teilt mit, dass er im Besitz einer Mitschrift dieser Predigt sei.

In diesem Zusammenhang äußert Günter Beckmann die Meinung, dass Augustinus Reineke für die Entwicklung der Pfarrjugend im Auftrage des Bischofs sicher sehr viel geleistet habe. Er hätte es lieber gesehen, wenn Gruppen, die nicht nur die Tradition ihres Bundes, wie z. B. ND, sondern auch diesen selbst im Interesse eines klaren Profils fortführen wollten, in der Pfarrjugend aufgegangen wären. Dabei leitete Reineke auch die Sorge, die Gestapo könne beim Auffliegen der illegalen Bünde die gesamte noch erlaubte kirchliche Jugendarbeit unmöglich machen. Im Hinblick auf die fortgeschrittene Zeit beschließen wir, zu der ersten Aufgabe zurückzukehren, die wir uns für den heutigen Tag vorgenommen haben: die Vervollständigung der Liste der Verhafteten.

Rudolf Friemauth, Neheim: gefallen am 25. 1. 1943 in Russland. Er war vom 27. 11. 1941 bis 23. 12. 1941 (zwischenzeitlich in Herne) inhaftiert.

Johannes Sommer: 1945 an der Ostfront gefallen. Genaueres soll Theo Köhren, Brilon durch die Schwester klären.

Karl Michel, Müschede (jetzt Arnsberg): gefallen. Genaueres müsste erkundet werden.

Paul Schlinkert, Olsberg: geboren 28. 12. 1925, lebt in Olsberg.

August Busch, Meschede: 1975 in Meschede gestorben; er wurde bereits am 27. 11. 1941 entlassen (wegen Krankheit).

Erich Berghoff, Attendorn: Er wurde schon am 19. 11. 1941 verhaftet, war zunächst in Hagen eingesperrt, bevor er am 26. 11. 1941 in die Steinwache verlegt wurde.

Philo schlägt vor, da es zu zeitraubend sei, in der bisherigen Weise fortzufahren, jeder solle nach seinem Wissen die Listen ergänzen und ihm die Ergebnisse zwecks neuer

Zusammenstellung zusenden. Zur Zahl der Verhafteten erklärt Günter Stumpf, Attendorn, er habe bei der Entlassung, als die gesamte Gruppe im Treppenhaus versammelt war, alle gezählt, er könne sich genau an die Zahl 27 erinnern; worauf Philo, der in seiner Liste 29 aufgeführt hatte, den Widerspruch einfach erklären kann: 27 am 23. 12. 1941 Entlassene plus 2 vorzeitig Entlassene ergibt seine Zahl 29. Günter Stumpf verlangt nun energisch, sich endlich der Frage zuzuwenden, derentwegen man sich getroffen habe, was man konkret für die Dokumentation in der Steinwache tun könne und wolle. Dazu erläutert Karl Föster seinen Vorschlag, eine Bronzeplatte „Jungen in einer Zelle der Steinwache" herzustellen und sie an einem passenden Ort in der Steinwache anbringen zu lassen. Die Skizze zu dieser Platte hat Rudolf Friemauth nach seiner Entlassung aus der Steinwache angefertigt. Die Finanzierung soll die Gruppe übernehmen; Günter Stumpf erklärt sich bereit, einen namhaften Betrag zu übernehmen.

Günter Beckmann macht den Vorschlag, man müsse eine Lösung finden, aus der für den Besucher erkennbar werde, um welche Ausmaße es sich bei der illegalen Tätigkeit der katholischen Jugend 1941 gehandelt habe. Die jetzige Darstellung in der Zelle 31 in der Steinwache sei dazu völlig unzureichend. Er könne sich vorstellen, dass man auf einer Art Landkarte die Wohn- und Wirkungsorte der Verhafteten einzeichne, also von Hamm bis Siegen und von Hagen über Arnsberg bis Brilon und Geseke. Diese Karte müsste auch die Namen und Bilder der Verhafteten zeigen.

Philo schlägt vor, Material hinzuzuziehen, das in Archiven in Dortmund liege. Insbesondere erwähnt er den Glückwunsch der katholischen Jugend an den Paderborner Erzbischof Klein vom Herbst 1940 zum 50-jährigen Priesterjubiläum. Paul Schlinkert verspricht Material. Günter Stumpf will einen Bericht liefern und schlägt überhaupt Berichte aus den einzelnen Orten vor. Paul Tigges hat Bedenken, da die geplante Dokumentation in der Steinwache keine Breitenwirkung erzielen könne; er hält es für besser, daraus eine Ausstellung im Diözesanmuseum in Paderborn zu machen. Karl Föster: Zu diesem Zweck könnte man eine Kopie herstellen. Vor allem sei es zunächst wichtig, genügend Material zu sammeln, insbesondere Fotos der Verhafteten aus der damaligen Zeit.

Es wird beschlossen, drei Mann sollten mit dem Leiter des Dortmunder Stadtarchivs als für die Steinwache zuständige Stelle Verbindung aufnehmen, um mit ihm die Möglichkeit der Realisierung der geplanten Aktion zu erörtern.

Zum Schluss kommt es noch einmal zu einer lebhaften Diskussion, die sich an der Bemerkung von Paul Tigges entzündet, die Gruppen im Jahre 1941 im Sauerland seien Pfarrjugend ohne Tradition gewesen, die aus der Gegebenheit ihrer eigenen Erfahrung gelebt hätten. Dagegen wendet sich Walter Vorderwülbecke mit seinem Bericht über einen Beschluss der Sturmschar des Sauerlandes von 1937, der unter seiner Leitung gefasst worden war: die Sturmschar solle nach den Verboten nur noch auf dem Boden der Pfarrjugend arbeiten. Er selbst habe sich bei Rundfahrten durch die einzelnen Orte persönlich dafür eingesetzt. Er zeigt sich erstaunt, dass die Verantwortlichen vier Jahre später – das waren z.B. die 1941 Verhafteten – von dieser Tradition nichts mehr wussten und bis zur Gegenwart offensichtlich auch darüber nichts erfahren haben. Günter Stumpf argumentiert dagegen, man habe das „Bündische" in den Gruppen gelebt, ohne dies mit dem Namen der Sturmschar zu verbinden, was ja wohl auch eine Folge der Beschlüsse von 1937 gewesen sei. Walter Vorderwülbecke betont ausdrücklich, dass er niemanden habe angreifen oder gar beleidigen wollen. Man spürt aber, dass ihn dieser Traditionsbruch schmerzt.

Karl Föster schließt das Treffen mit dem Hinweis, dass er nach der Besprechung mit dem Dortmunder Archivar zu einem weiteren Treffen einladen werde.

Günter Beckmann

Treffen in Arnsberg 27. 11. 2000: v.l.n.r. Gosmann, Föster, Görres, Tigges, Wichtmann, Ebert, Bigge, Stumpf, Papenheim, Köhren, Beckmann, Vorderwülbecke, Kleine-Büning, Schlinkert

Günter Beckmann
Hanstein 1, 59821 Arnsberg

Arnsberg, den 10. 1. 2001

Herrn Archiv-Direktor Dr. Günter Högel
Stadt-Archiv Dortmund

Sehr geehrter Herr Dr. Högel!
Am 26. 10. 2000 haben wir bei einem Besuch des Gestapomuseums Steinwache in Dortmund die Zellen aufgesucht, in denen wir in den Monaten November und Dezember 1941 wegen illegaler katholischer Jugendarbeit inhaftiert waren. Wir, das sind sechs von acht noch heute Lebenden einer Gruppe von 29 Jugendlichen; die meisten von uns waren damals 16 bis 18 Jahre alt. Beim Durchgang durch das Museum und besonders beim Betreten der Zellen, in denen wir eingesperrt waren, wurden uns die Ereignisse, die 60 Jahre zurückliegen, wieder lebendig. Ein Zellenraum im obersten Stock ist dem katholischen Widerstand gewidmet. Mit besonderem Interesse betrachteten wir natürlich den Teil, der die Verhaftungswelle vom Jahresende 1941, die uns getroffen hatte, darstellt. Es werden Bilder von zwei Jugendlichen gezeigt und in einem kurzen Text wird erläutert, um wen es sich handelt und warum sie verhaftet wurden. Enttäuscht mussten wir feststellen, dass ein Besucher, der sich in diesem Raum über den katholischen Widerstand informieren will, keinen adäquaten Eindruck von der Bedeutung der damaligen Ereignisse gewinnen kann. Die 29 verhafteten Jugendlichen kamen aus mehreren Orten des Raumes zwischen Hamm und Siegen und zwischen Hagen und Olsberg. Sie alle waren ja keine einzelnen, sondern standen für aktiv arbeitende Gruppen in ihren Heimatorten. Im Gespräch über unsere Erlebnisse in den Jahren unserer illegalen Tätigkeit kamen wir zu der Überzeugung, dass die große Zahl von Jugendlichen, die damals den Widerstand gewagt haben, eine angemessene Erinnerung verdient hätte, insbesondere, weil ein genauerer Einblick in das Verhalten von Jugendlichen in der Zeit der Herrschaft des Nationalsozialismus für die heutige Jugend so wichtig ist. Wir würden uns freuen, wenn wir einmal mit Ihnen erörtern könnten, in welcher Weise eine bessere Dokumentation dieses Teils des katholischen Widerstandes erreicht werden könnte. Wir sind als Zeitzeugen bereit, eine Konzeption dazu vorzuschlagen. Wenn Sie einverstanden sind, würden wir gern telefonisch einen Termin für ein Gespräch mit Ihnen in einem kleinen Kreis vereinbaren.

Mit freundlichem Gruß

Nachtrag von Paul Tigges

Ein Besuch von Karl Föster, Günter Beckmann und Franz Gosmann bei der Museumsleitung führte zu keinem Ergebnis. Kurz danach starb G. Beckmann plötzlich am 6. 6. 2001. Bei einem Treffen zwischen Karl Föster, Franz Gosmann, Günter Stumpf und Paul Tigges am 30. 8. 2001 in Ebbinghof bei Fredeburg machte Paul Tigges den Vorschlag, auf weitere Aktionen gegenüber der Leitung des Gestapomuseums in Dortmund zu verzichten und eigene Aktionen zur Erinnerung an die Geschehnisse von 1941 zu unternehmen und zwar durch

a) eine Gedenkveranstaltung im Dezember 2001 aus Anlass der 60-jährigen Erinnerung an die mehrwöchige Haft der Jungen in der Steinwache, möglichst in Attendorn, woher die meisten der verhafteten Jungen kamen, und durch
b) ein Buch, in dem die einzelnen Jugendlichen zu Wort kommen bzw. festgehalten werden. Diese beiden Vorschläge wurden dann in einem erneuten Treffen des Freundeskreises mit einigen Betroffenen bzw. Angehörigen in der Abtei Königsmünster zu Meschede akzeptiert und durch weitere Treffen eines Arbeitskreises im Kloster zu Meschede realisiert. Günter Stumpf und Karl Falk übernahmen die Vorbereitungen für die Gedenkveranstaltung in Attendorn. Paul Tigges übernahm die Leitung der Redaktion für das Buch.

Das Polizeigefängnis Steinwache. Links das Verwaltungsgebäude, rechts der Gefängnistrakt. Dazwischen der Gefängnishof.

Robert Droste:

Rückblick auf die Jahre 1933 bis 1937*

Eine Erinnerung an die kirchliche Jugendarbeit in Altenhundem während der Zeit des Nationalsozialismus muss wohl beginnen mit einer Würdigung von Christian Holtgreve, in unserer Gemeinde als Vikar tätig von 1928 bis 1933. Wer diese Zeit in Altenhundem miterleben konnte, weiß seine fruchtbare Arbeit sehr zu schätzen.

Geprägt von der katholischen Jugendbewegung und stark beeinflusst vom religiösen Gedankengut Romano Guardinis (Quickborn-Bewegung), weckte er in unserer Gemeinde ein ganz neues Gemeindebewusstsein und ein vertieftes Liturgieverständnis. Durch seine Initiativen entfaltete sich in Altenhundem eine breit angelegte und sehr fruchtbare Jugendarbeit in den vielfältigsten Formen. So bildeten sich Laienspiel-, Volkstanz- und Musikgruppen, liturgische und literarische Arbeitskreise, Wander- und Sportgruppen. Allein in der Deutschen Jugendkraft-Bewegung (DJK) waren damals etwa zehn Mannschaften tätig, die wettkampfmäßig Ballspiele und Leichtathletik betrieben. Außerdem entstanden noch zahlreiche, nach Geschlecht und Alter gegliederte Jugendgruppen, die in der Regel einmal wöchentlich zu ihren Heimstunden zusammenkamen.

„Junge Kirche in der Gemeinde" – „Gemeinde um den Altar", das waren die beiden beherrschenden Themen und die großen Anliegen unseres Vikars Christian Holtgreve.

Vor diesem Hintergrund kann man sagen, dass es zu einem nicht geringen Teil das Verdienst von Holtgreve war, wenn 1933 die katholische Kirchengemeinde Altenhundem bis auf wenige Ausnahmen dem Nationalsozialismus ablehnend gegenüberstand. Als der frühere Reichskanzler Dr. Brüning vor der März-Reichstagswahl am 26. 2. 1933 Altenhundem besuchte und in der Sauerlandhalle sprach, da waren beide Säle dicht gefüllt, und es kam zu einer begeisternden Kundgebung. Obwohl Hitler seit dem 30. Januar Reichskanzler war und die Nationalsozialisten alles taten, um ihre Gegner im Wahlkampf zu behindern, waren aus dem südwestfälischen Raum etwa 4000 Menschen zusammengeströmt. Die Mitglieder der katholischen Jugendgruppen bildeten mit ihren Bannern Spalier. Die Sturmschargruppe, die sich als eine Kerngruppe des katholischen Jungmännerverbandes verstand, gestaltete das Rahmenprogramm. Dr. Brünings Vorstellungen von einem christlich geprägten starken Staat, der den Rechts- und Linksextremismus für immer überwinden sollte, entsprachen auch unserer Reichs-Idee.

Allerdings ist in diesem Zusammenhang eine Klarstellung anzubringen: Die Mitglieder der katholischen Jugendverbände und hier vor allem der katholische Jungmännerverband standen zwar der Zentrums-Partei sehr nahe, dachten aber in ihrer Mehrheit primär nicht politisch. Unsere Vorstellungswelt und unser Gesellschaftsbild waren zu

---

**entnommen aus „Jugendjahre unter Hitler"*

Beginn des Dritten Reiches noch stark geprägt von der Romantik neuer Lebensformen in der Begegnung mit der Natur, ein Erbe und Gedankengut der Bündischen Jugend, das auch in der katholischen Jugend Eingang gefunden hatte. Anders als die Mitglieder der katholischen Arbeiterbewegung und der katholischen Gesellenvereine waren wir politisch nicht geschult. Der damalige Generalpräses des katholischen Jungmännerverbandes, der unvergessene Ludwig Wolker, neigte mehr zu einer seelsorglich-kulturellen Linie. Im Gegensatz dazu war allerdings die damalige Wochenzeitung unseres Verbandes „Junge Front" (später „Michael") mehr und mehr politisch geprägt. Wir verkauften sie mit großem Eifer auch über den Kreis unserer Mitglieder hinaus. Ihr Hauptschriftleiter Johannes Maassen machte sie zu einem Sprachrohr der Jungen Kirche. Sein berühmt gewordener Leitartikel in der Ausgabe vom 19. Februar 1933 „Schreie, Wahrheit" führte bereits kurz danach zum ersten Verbot dieser hervorragenden Wochenzeitung. Später wieder zugelassen und wieder verboten, musste sie dann bald endgültig ihr Erscheinen einstellen.

Gemeinsame Motivation aller katholischen Jugendverbände, die in der NS-Zeit weiter tätig waren, war wohl die Vertiefung der religiösen Lebensform, verbunden mit dem

Diözesanjungscharführertreffen in Olpe bei Freienohl 1935; Mitte stehend mit Weste Robert Droste.

mutigen Einsatz für die Rechte der Kirche. Wir bemühten uns um die Bewahrung eines eigenständigen Jugendlebens, das frei vom paramilitärischen Drill und totalitär-ideologischen Zwang der NS-Gruppen war. Aber der Druck wuchs, der Handlungsspielraum der katholischen Jugendverbände wurde immer enger. Bereits im Sommer 1933 kam es – vereinzelt auch in Altenhundem – zu zentral gesteuerten Übergriffen und Polizeiaktionen gegen die Führung und Mitglieder der katholischen Verbände. Doch nach der Unterzeichnung und Ratifizierung des Reichskonkordats im Juli bzw. September 1933 trat zunächst wieder eine Phase der Beruhigung ein. Obwohl die Konkordatsregelung zum Schutz der katholischen Verbände noch schwerwiegende Mängel aufwies, hinderte dieser internationale Vertrag das NS-Regime doch daran, der organisierten katholischen Jugend ebenso ihre Eigenständigkeit zu nehmen wie bereits 1933 der freien Bündischen Jugend und den evangelischen Jugendverbänden.

So war auch in Altenhundem zunächst noch eine relativ gute Arbeit der katholischen Jugendgruppen möglich, allerdings ab 1934 mit der gerade für junge Menschen einschneidenden Beschränkung, dass ein geschlossenes Auftreten in der Öffentlichkeit, das Tragen von Fahnen, Kluft und Wanderausrüstung, gemeinsames Wandern und jede Art von sportlicher Betätigung verboten wurden. Alle Aktivitäten durften keinen „weltlichen Charakter" haben und durften nur im kirchlichen Raum bzw. in kirchlichen Vereinshäusern stattfinden. Das war das Ende für eine weitere legale Betätigung unserer Wandergruppen, vor allem aber das „Aus" für unsere zahlreichen Sportmannschaften, die noch im Sommer 1932 beim Reichstreffen der Deutschen Jugendkraft im Dortmunder Stadion „Rote Erde" mit 50 000 Teilnehmern aus ganz Deutschland einen großartigen Höhepunkt der katholischen Sportbewegung miterlebt hatten.

Fortan mussten wir auch auf das Wandern in größeren Gruppen in gemeinsamer Kluft, mit Lied und Klampfenspiel, mit Zelten und Lagerfeuer verzichten. Aber der Geist der Jugendbewegung lebte weiter. Aus den Wandergruppen wurden kleinere Freundeskreise, die unter Verzicht auf einige Äußerlichkeiten ihre Identität bewahrten und treu zusammenhielten.

Ungeachtet der Repressionen vonseiten der NSDAP und vor allem auch der Hitlerjugend-Führung in Altenhundem, gingen die Heimstunden der Jugendgruppen im kirchlichen Jugendheim weiter. Noch 1934 führten Jungenschaft und Jungschar gemeinsam einen groß angelegten und sehr gut besuchten Elternabend durch, in dessen Mittelpunkt eine Ansprache unseres damaligen Diözesan-Jungscharführers Bernhard Boine stand. Im Übrigen wurde in Liedern, Laienspiel und Sprechchören ein Querschnitt unserer Jugendarbeit gezeigt und ein deutlicher Protest gegen alle Behinderungen der katholischen Jugendarbeit ausgesprochen.

In der Kontinuität von Vikar Christian Holtgreve führte Vikar Rudolf Grafe ab 1933 mit der ihm eigenen Beharrlichkeit die vorbildliche Jugendbetreuung fort. Im Gegensatz zur lebensfrohen und kontaktfreudigen Art Christian Holtgreves war Rudolf Grafe von anderm Zuschnitt, er war ernster und kantiger. Das Fronterlebnis des 1. Weltkrieges und ein Kriegsleiden, das auch seine rhetorische Wirksamkeit etwas beeinträchtigte, hatten wohl ihre Spuren hinterlassen. Was ihn aber auszeichnete, das waren seine fundierten theologischen Kenntnisse, die ihn auch zu einer anerkannten schriftstellerischen Leistung befähigten, das war vor allem seine mutige Standfestigkeit gegenüber allen Übergriffen der damaligen NS-„Größen". Er sprach wenig darüber, aber wir wussten, dass wir uns unbedingt auf ihn verlassen konnten. Verbunden mit der restriktiven Handhabung der Konkordatsbestimmungen zum Schutz der katholischen Verbände, trat immer mehr die inoffizielle Schikane der Hitlerjugend in Erscheinung. Auch in Altenhundem war das so. Wurde anfangs – ohne Erfolg, bis auf eine Ausnahme – noch versucht unsere Gruppenführer durch Versprechungen und Führungspositionen in der Hitlerjugend oder beim Jungvolk für die HJ zu gewinnen, so scheute man ab 1935 auch vor handfesten Denunziationen nicht zurück, um uns damit zu zermürben und einzuschüchtern. Offensichtlich wurde fast jede Aktivität argwöhnisch beobachtet, und zwar mit dem Ziel, uns illegales Verhalten nachzuweisen. Bezeichnend für diese Art der Bespitzelung sind zum Beispiel zwei Schreiben vom 25. und 26. März 1935, die jetzt in unserem Kreisarchiv einzusehen sind. Darin berichtet der Altenhundemer HJ- und Jungvolkführer an die Jungbannführung in Olpe, dass ich als Jungscharführer aus Altenhundem mit acht Jungen, ausgerüstet mit Brotbeuteln (!), per Fahrrad nach Finnentrop-Rönkhausen gefahren sei und dass eine weitere Fahrt der Jungschar nach Paderborn zur dortigen Diözesanführung geplant sei. Außerdem würde in Altenhundem fortgesetzt das PX-Zeichen von den Mitgliedern der katholischen Verbände an die Häuserwände und sogar an die Aushängekästen der NSDAP angebracht. Dazu Stempel, Unterschriften und vier Zeugen. Schon mit Schreiben vom nächsten Tage weist der Landrat des Kreises Olpe den Bürgermeister des Amtes Kirchhundem an, gegen diese Verletzung der staatspolizeilichen Anordnung über die Betätigung der konf. Organisationen vom 26. 7. 1934, gegebenenfalls gemäß § 4 ds. Anordnung, einzuschreiten und bis zum 15. 4. 1935 Bericht zu erstatten.

Wohl verursacht durch diese Anweisung, standen wir in der folgenden Zeit unter verschärfter Beobachtung. Die Ortspolizei wurde eingeschaltet. Eines Tages erschien ein Polizist im Elternhaus und beschlagnahmte meine Jungscharkluft. Außerdem wurde ich vom Amtsgericht in Kirchhundem vorgeladen. Der verhörende Richter war aber noch einer von den alten Juristen und kein Nazi-Büttel. Er nahm meine Aussagen ohne

Kommentar zu Protokoll und versuchte nicht, mich einzuschüchtern. Erkennbare Folgen blieben aus, so dass die Eltern, die damals, mehr als wir selbst, in großer Angst lebten, sehr erleichtert waren. Hierzu aber noch eine Anmerkung: Es ist kaum anzunehmen, dass die fanatisierten Wichtigtuer in der Altenhundemer HJ- und Jungvolkführung sich der möglichen Tragweite ihrer Denunziationen voll bewusst waren. Aber auch wir waren uns als junge Menschen der wirklichen Gefahren noch nicht bewusst. Wir hatten zu diesem Zeitpunkt noch keine Ahnung, zu was eine menschenverachtende Diktatur fähig sein kann. Allerdings wurden wir schon bald darauf (Anfang 1936) durch die Verhaftung Franz Stebers – damals Reichsführer der Sturmschargruppen im katholischen Jungmännerverband – und später noch durch Verhaftungen anderer Jugendführer aus unserer Erzdiözese nachdrücklich gewarnt. Hans Niermann, der Nachfolger Franz Stebers, schrieb in diesen Jahren bedeutungsschwer und voller Ahnung: „Wohin willst Du uns führen Herr? Was steht für uns bereit? Wir stiegen schon die Stufen schwer in diese neue Zeit ..." Franz Steber wurde erst nach langjähriger Haft mit schweren Gesundheitsschäden aus der Gestapo-Haft entlassen. Hans Niermann fiel an der Front.

1937 wurde auch einer unserer Jugendführer, der cand. theol. Paul Steden aus Altenhundem, einige Monate in „Schutzhaft" genommen. Sein „Staatsverbrechen" war: Er hatte geholfen, die Papst-Enzyklika „Mit brennender Sorge", die am 21. April 1937 in allen katholischen Kirchen Deutschlands verlesen werden sollte, zur Verteilung zu bringen.Viele Mitglieder der katholischen Verbände sind damals als Kuriere tätig gewesen, um dieses päpstliche Rundschreiben gegen den Nationalsozialismus von den Diözesansitzen in die einzelnen Pfarreien zu bringen. Dass dies in aller Heimlichkeit geschehen musste, kennzeichnet die wachsende Bedrohung auch der kirchlichen Verkündigung.

Inzwischen wurde auch die Situation der katholischen Verbände immer schwieriger. Einer der infamsten Angriffe auf ihre Eigenständigkeit kam im Mai 1936 durch die verschärfte Anwendung des Verbotes der Doppelmitgliedschaft, das die gleichzeitige Mitgliedschaft bei NS-Gliederungen und kirchlichen Verbänden untersagte. Die wiederholten Interventionen des Vatikans und der deutschen Bischöfe gegen diese tückische Aushebelung der Schutzbestimmungen für die katholischen Verbände – die Auseinandersetzungen erstreckten sich über zwei Jahre – hatten nur eine vorübergehende Aussetzung in der Anwendung des Doppelmitgliedschafts-Verbotes erreichen können. Seine nunmehr rigorose Anwendung, vor allem durch die Hitlerjugend und durch die Deutsche Arbeitsfront, bedeutete aber für viele unserer Mitglieder die massive Gefährdung der Arbeitsstelle oder der Ausbildung, denn die Mitgliedschaft bei einer NS-Gliederung wurde häufig zur Bedingung für einen Arbeits-, Ausbildungs- oder auch Hochschulplatz gemacht.

WER IST WIE GOTT
Holzrelief von Ewald Büngener, einem junger Bildhauer in Altenhundem, 1935

Typisch für das damalige Altenhundem mit relativ vielen Eisenbahnbeamten und Beschäftigten im öffentlichen Dienst war auch der permanente Druck auf Familienväter, die teilweise mit der Drohung einer Strafversetzung oder gar Entlassung veranlasst werden sollten, ihren Kindern die Mitgliedschaft in den katholischen Verbänden zu verbieten.

Unter diesen Umständen und Zwängen konnten die NS-Gliederungen in Altenhundem zwar ihre Mitgliederzahlen erheblich steigern, aber es waren vielfach erzwungene Mitgliedschaften. Es wurde zwar „das Hemd", aber nicht die Gesinnung gewechselt. Und schließlich gab es in Altenhundem trotz all dieser Zwänge nicht wenige, die sich jeder Eingliederung in die NS-Verbände entzogen haben. Freilich: Viel Unsicherheit über die richtige Güterabwägung und mancher innere Konflikt wurden auch durch die Einberufung zum Arbeitsdienst oder zur Wehrmacht zwangsweise beendet.

Die Fahrtenromantik der frühen 30er Jahre war endgültig dahin, aber die geistigen Inhalte unserer Arbeit gewannen an Tiefe. Unvergesslich bleiben in dieser schweren Zeit Glaubenskundgebungen „Auf dem Kohlhagen", in Paderborn und in Altenberg. Es waren für uns große Tage.

Bei einem unserer letzten Jungmänner-Treffen im Kirchhundemer Jugendheim im Jahre 1937 stand eine Meditation über Gertrud von Le Forts „Hymnen an die Kirche" im Mittelpunkt unserer Tagung. Wir hörten Worte nie versiegender Hoffnung – wir hörten auch die bewegende Klage der begnadeten Dichterin: „...und hinter vergreisten Mauern weinen der Heiligen Bilder ihre letzten Tränen zu Gott ..." Wenige Monate später wurde der Katholische Jungmännerverband mit all seinen Gliederungen im Erzbistum Paderborn aufgelöst, seine Zeitschriften wurden verboten.

1939 wurde auch das katholische Jugendhaus in Düsseldorf geschlossen, das neben Haus Altenberg jahrzehntelang das Kraft- und Führungszentrum des katholischen Jungmännerverbandes in Deutschland gewesen war.

Auch nach dem Verbot des katholischen Jungmännerverbandes wurde in manchen Stadt- und Landgemeinden die Jugendarbeit fortgeführt, nun allerdings unter den noch schwierigeren Bedingungen der Illegalität. So war es auch in Altenhundem. Über diese weitere Entwicklung kann ich jedoch nicht mehr aus eigener Erfahrung berichten, da ich im November 1937 Soldat wurde und erst 1949 aus russischer Kriegsgefangenschaft zurückkehrte.

Nach 50 Jahren ist schon manches verblasst. Deshalb muss sich ein Rückblick auf die damalige Zeit wohl darauf beschränken, das Wesentliche nachzuzeichnen. Zusammenfassend möchte ich sagen: Hier soll nichts heroisiert werden, dazu besteht kein Anlass. Wir haben uns zwar im Rahmen unserer Möglichkeiten der Gleichschaltung widersetzt. Es wäre aber unredlich, diese Haltung bewusster Nichtanpassung zu einem aktiven „Widerstandskampf" hochstilisieren zu wollen. Bei einer realistischen Wertung müssen wir uns eingestehen: Mehr als die Bewahrung geistiger Eigenständigkeit gegenüber dem totalitären Zugriff und Unterwerfungsdruck des übermächtigen NS-Staates konnten wir leider nicht erreichen.

Nachtrag vom Autor Robert Droste, Welschen-Ennest in einem Brief vom 20. 12. 2001: „Der Autor dieses Beitrags arbeitet seit 1977 aktiv in der Menschenrechtsorganisation amnesty international mit und sieht diese Arbeit als Konsequenz und Verpflichtung aus seinen Erfahrungen während der menschenverachtenden Nazi-Diktatur und in vierjähriger sowjetischer Gefangenschaft."

Paul Tigges:

Die Zerschlagung der kirchlichen Verbände*

In den Jahren zwischen 1937 und 1939 ist Hitler auf dem Höhepunkt seiner Macht. Der Anschluss Österreichs, das Münchner Abkommen mit dem Einmarsch ins Sudetenland und die „Reichskristallnacht" sind dafür äußere Zeichen. Der Nationalsozialismus hat sich in Deutschland fest etabliert. Immer weniger glaubt man, auf Andersdenkende, die Kirchen und das Ausland, Rücksicht nehmen zu müssen. Ein offener Kirchenkampf bricht aus. Der katholische Jungmännerverband wird verboten, einige Führer kommen in Haft, die konfessionellen Schulen werden in Gemeinschaftsschulen umgewandelt, Kreuze und Religionsunterricht sollen aus den Schulen verschwinden. Martin Niemöller als Hauptvertreter der Bekennenden Kirche wird verhaftet und ins KZ eingewiesen.

1. Polizeiverordnung, betreffend Auflösung des katholischen Jungmännerverbandes der Erzdiözese Paderborn vom 27. 7. 1937

Staatspolizeiliche Anordnung, betreffend Auflösung des katholischen Jungmännerverbandes der Erzdiözese Paderborn (Amtsblatt der Preußischen Regierung in Arnsberg vom 7. August 1937, S. 105)

Bekanntmachungen der Geheimen Staatspolizei.

Im Einvernehmen mit dem Geheimen Staatspolizeiamt Berlin wird hiermit gemäß § 1 der Verordnung des Herrn Reichspräsidenten zum Schutze von Volk und Staat vom 28. 2. 1933 (RGBl. I S. 83) der katholische Jungmännerverband der Erzdiözese Paderborn aufgelöst, da die im katholischen Jungmännerverband zusammengeschlossenen Jungmännervereine mit ihren Untergliederungen (Sturm- und Jungscharen sowie Pfadfinderschaften St. Georg) unter Duldung und Förderung des Bundesamtes in Dortmund durch Wanderfahrten, Zelten und sportliche Spiele gegen die Verordnung, betr. Verbot der Betätigung der konfessionellen Jugendverbände, vom 23. 7. 1935 (GS. Nr. 18 S. 105) laufend verstoßen haben.
Das Vermögen wird beschlagnahmt und sichergestellt.
Jegliche Zuwiderhandlungen werden gemäß § 4 der Verordnung vom 28. 2. 1933 mit Gefängnis nicht unter einem Monat oder mit Geldstrafe von 150,- bis 15 000,- Reichsmark bestraft.

Dortmund, 27. 7. 1937.

Der Leiter der Geheimen Staatspolizei
– Staatspolizeistelle Dortmund –:
Dr. Schöngarth.

Herk.
Kreisarchiv Olpe

---

* *entnommen einem Beitrag zur Ausstellung „Hakenkreuz im Sauerland" des Schieferbergbau-Museums Schmallenberg-Holthausen 1988/89*

Die katholische Kirche macht sich nichts mehr vor. Das Konkordat von 1933, von der NS-Seite ausgehöhlt und mehrfach gebrochen, ist praktisch tot. Die kirchliche Seite nennt die Dinge beim Namen. Am 27. März 1937 wird von allen Kanzeln in Deutschland die Enzyklika „Mit brennender Sorge“ verlesen. Pius XI. spricht offen aus, dass die NS-Machthaber nicht nur das von ihm mit äußerstem Bedenken unterzeichnete Konkordat verletzen, sondern auch die Rechte der Katholiken im Reich unterdrücken. Er kündigt den entschlossenen Widerstand der Kirche gegen künftige Verletzungen verbürgter Rechte an und rechnet scharf mit der nationalsozialistischen Weltanschauung ab. Die NS-Vokabeln Rasse, Volk und Staat werden mit heidnischer Götzenverehrung gleichgestellt und als Verfälschung der göttlichen Ordnung gebrandmarkt. Die Geheime Staatspolizei verbietet Druck und Veröffentlichung des päpstlichen Rundschreibens, kann aber nicht verhindern, dass es von den Kanzeln der katholischen Kirchen verlesen wird.

Im Dezember 1937 richtet sich der Erzbischof von Paderborn Caspar Klein in einem Hirtenschreiben an seine Gläubigen und fordert sie auf, gegen die Einführung der Gemeinschaftsschule Einspruch zu erheben. Er nennt dieses Vorhaben der Nationalsozialisten einen „Angriff auf die Seelen der Kinder“ und den Plan, „den katholischen Glauben und das Christentum in der heranwachsenden Jugend zu untergraben“.

An die Jugend in Deutschland

aus der Enzyklika von Papst Pius XI., 1937*

Zu dieser Zeit – genau am 4. März 1937–- erschien auch die Enzyklika von Papst Pius XI. „Mit brennender Sorge“, ein Rundschreiben, das in der ganzen Welt ein großes, aber auch erschrecktes Echo fand, die NSDAP und den NS-Staat aber zum Rasen brachte. Natürlich wurde sie beschlagnahmt, aber da waren einige tausend Exemplare, und zwar von München aus, schon verschickt. Sie wurde tausendfältig abgeschrieben, auch vervielfältigt und auf diese Weise weit verbreitet. Aus der Fülle der Darlegungen in der Enzyklika hier nur das besondere Wort des Papstes an die Jugend in Deutschland:

„Von tausend Zungen wird heute vor euren Ohren ein Evangelium verkündet, das nicht vom Vater im Himmel geoffenbart ist. Tausend Federn schreiben im Dienst eines Scheinchristentums, das nicht das Christentum Christi ist. Druckerpresse und Radio überschütten euch Tag für Tag mit Erzeugnissen glaubens- und kirchenfeindlichen Inhaltes und greifen rücksichts- und ehrfurchtslos an, was euch hehr und heilig sein muß. Wir wissen, dass viele von euch um der Treue zu Glauben und Kirche, um der Zugehörigkeit zu kirchlichen, im Konkordat geschützten Vereinigungen willen düstere Zeiten der Verkennung, der Beargwöhnung, der Schmähung, der Verneinung eurer vaterländischen Treue, vielfacher Schädigung im beruflichen und gesellschaftlichen Leben ertragen mussten und müssen. Es ist Uns nicht unbekannt, wie mancher ungenannte Soldat Christi in euren Reihen steht, der trauernden Herzens, aber erhobenen Hauptes sein Schicksal trägt und Trost allein findet in dem Gedanken, für den Namen Jesu Schmach zu leiden (Apg. 5,41). Wer das Lied der *Treue zum irdischen Vaterland* singt, darf nicht in *Untreue an seinem Gott, an seiner Kirche,* an seinem *ewigen Vaterland* zum Überläufer und Verräter werden. Man redet zu euch viel von *heldischer Größe* – in bewusstem und unwahrem Gegensatz zur Demut und Geduld des Evangeliums. Warum verschweigt man euch, dass es auch ein Heldentum gibt im sittlichen Kampf?

Man redet euch viel vor von den *menschlichen Schwächen in der Geschichte der Kirche*. Warum verschweigt man euch die *Großtaten,* die ihren Weg durch die Jahrhunderte begleiteten, die *Heiligen,* die sie hervorbrachte, den *Segen,* der aus der lebendigen Verbindung zwischen dieser Kirche und eurem Volke für die abendländische Kulturwelt floss?“

---

* *entnommen: „Zwischen Kreuz und Hakenkreuz“ von Augustinus Reineke*

Theo Köhren, geboren und aufgewachsen in Warstein

Erinnerungen eines alten Sturmschärlers an NS- und Kriegszeit

In Warstein bin ich geboren und aufgewachsen. Dort hatte sich in den 20er Jahren des vorigen Jahrhunderts aus einer Wandergruppe des DJK (Deutsche Jugendkraft) ein katholischer Jugendbund entwickelt. Dieser Bund nannte sich „Kreuzfahrer". Dort wurde ich Mitglied. Die Kreuzfahrer waren dem Quickborn verwandt.

Neben den religiösen und bündischen Zielen setzten sie auch politische Akzente, weil sie dem „Friedensbund deutscher Katholiken" – FDK – nahestanden.

Als dann 1933 die Nationalsozialisten an die Macht kamen, war die Konfrontation mit ihnen vorprogrammiert. In der dunklen Zeit unseres Vaterlandes haben wir manchmal gesungen: „Wer jetzig Zeiten leben will, muß haben ein tapferes Herze. Es sind der argen Feind soviel, bereiten uns groß Schmerze."

Wir hatten erkannt, was die Stunde geschlagen hatte. Wenn braune Kolonnen durch die Städte und Dörfer zogen und grölten: „...hängt die Juden, stellt die Bonzen an die Wand!", so war uns das wie ein böser Traum. Meine Chefin hatte es wohl anders gemeint, als sie mir am ersten Tag meiner Drogistenlehre sagte: „Theo, jetzt ist ‚Kreuzfahrerei' zu Ende. Jetzt beginnt der Ernst des Lebens." Dass meine Jugendzeit vorbei war, ehe sie richtig begonnen hatte, wurde mir klar, als mich mein Chef nach einem Jahr wegen antinazistischer Bemerkungen aus der Lehre werfen wollte. Auch dem neuen Betriebsleiter meines Vaters behagte es nicht, dass seine vier Kinder abseits standen. All dessen ungeachtet, lebten wir unser Leben, und noch klingen mir Worte im Ohr, die einer unserer älteren Freunde aus dem *Frohen Leben*, der Zeitschrift des *FDK*, vorlas – eine wirksame Handgranate war entwickelt: „Versagt euch ihnen, sagt NEIN!"

Wenig später, unser Heim war noch nicht beschlagnahmt und versiegelt, stürmte ein kleiner Trupp von SS-Männern polternd in unsere Jugendrunde, um uns einzuschüchtern. Nicht wenige Jungen wurden bei Wanderungen aufgegriffen, mussten Hausdurchsuchungen mit Beschlagnahme von Unterlagen über sich ergehen lassen oder wurden zu Verhören vorgeladen und zu Geldbußen von ca. 300 RM verurteilt. Jungscharführer Karl G. wurde zum Kreuzverhör der Gestapo in Dortmund-Hörde überstellt. Bei ihm hatte man einen Geheimbefehl von Baldur von Schirach, „Bekämpfung der katholischen Jugendverbände", gefunden.

Darin hieß es: „...im Wiederholungsfall ist mit den brutalsten Mitteln einzuschreiten, um so den Gegner zu vernichten und auszurotten..."

Den vertraulichen Erlass der Reichsjugendführung vom 28. Oktober 1936 hatte der Pfarrer von Altenhundem Warsteiner Kreuzfahrern bei einem Treffen übergeben. Auf dem Gerät der Provinzialheilanstalt vervielfältigt, wurde das Papier bis nach Arnsberg zu den Quickbornern verteilt. Noch liefen die Verfolgungen und Schikanen der braunen und schwarzen Machthaber verhältnismäßig glimpflich ab. Mit viel Phantasie, aber auch in jugendlicher Unbekümmertheit gelang es immer wieder, die Häscher der Gestapo, die vor Wochenenden und Feiertagen, in aller Morgenfrühe ihre jugendlichen Opfer am Stadtrand von Warstein erwarteten, auszutricksen. So fanden sich 1934 noch ca. fünfzig Kreuzfahrer heimlich im Warsteiner Wald, an den „KRONeichen" ein, zählten doch die Kronen der Drei Könige, mit den Farben des Marienblümchens, zu ihrem Banner. Der Bund der Kreuzfahrer-Jungenschaft hatte sich, auf Grund seiner pazifistischen Grundhaltung, bei der hitlerschen Machtübernahme aufgelöst, die einzelnen Gruppen bestanden zwar fort, aber mit Übergang zur katholischen Strumschar.

Ungeachtet der Bespitzelung fanden Heimabende, Michaelsfeiern, Einkehrtage, Fahrten nach Kloster Brunnen und Altenberg und Wallfahrten im kleinen und kleinsten Kreis statt. Unvergessen ist für mich auch die Jugendfeier am Dreifaltigkeitssonntag im Jahr 1937 im vollbesetzten Paderborner Dom mit Erzbischof Caspar Klein.

Immer wieder wurden Kontakte zu den Arnsberger Quickbornern/Sturmschärlern und Gruppen im Sauerland gepflegt; auch waren die unterschiedlichsten Hütten im Briloner Wald häufig ein Treffpunkt.

Ein Foto vom „Kirchgang nach Hoppecke" von 1934 bringt das zum Ausdruck. Vor allem Zeltlager an der Möhne- oder Edertalsperre waren dabei immer ein besonderes Erlebnis. Das Pfingstlager im Jahre 1934 dürfte den Teilnehmern aus besonderem Grund unvergesslich sein. In Willingen flatterte stolz über dem großen SA-Treffen das Hoheitszeichen des „erwachten Großdeutschen Reiches". Zu nächtlicher Stunde jedoch war die Hakenkreuzfahne tief gesunken, als Bauchwickel wurde sie zum blinden Passagier des „fahrenden Volkes". Das schwarze „Kreuz mit Haken" ward feierlich im Edersee versenkt, und die Hauptakteure trugen am nächsten Tag neue rote Badehosen.

Das herausragende Ereignis der Sturmschar war die Romfahrt der katholischen Jugend Ostern 1935 mit rund 2000 Teilnehmern. Aus unserer Kreuzfahrer-Sturmschar-Gemeinschaft nahmen daran sechs der älteren Freunde teil. Der Papst sprach beim Empfang deutliche Worte zur Lage in Deutschland und begrüßte jeden Jungen mit Handschlag. Die Empörung der Nazis im Reich war dementsprechend. Bei der Rückkehr stand die Gestapo an der Schweizer Grenze zum Empfang der jugendlichen Romfahrer bereit. „An drei oder vier Stellen wurden wir abgefangen und sämtlicher Klamotten beraubt", äußerte sich einer der Jungen. Doch selbst in dieser kritischen

Situation verlor eine Gruppe nicht ihren Humor. Mein Bruder erzählte immer wieder: „An Stelle der verbotenen Fahrtenmesser steckten bei uns ‚friedliche Zahnbürsten' in unseren Koppeln, was die strammen Wachtposten verständlicherweise in Rage versetzte."

Aufgrund der eindrucksvollen Demonstration der deutschen katholischen Jugend, die internationale Beachtung fand, und nach dem Affront war die immer härter werdende Auseinandersetzung mit dem totalitären System vorprogrammiert.

Ein harter Schnitt ergab sich für die katholische Jugendarbeit mit immer weiteren Verboten und Bespitzelungen durch die Einführung der allgemeinen Wehrpflicht. Die Armee war in den ersten Jahren für manche Jugendliche eine Zuflucht vor der Verfolgung durch die Gestapo, da die nationalsozialistische Partei so gut wie keinen Einfluss auf die Wehrmacht hatte. Dabei ergaben sich jedoch auch schwerwiegende Fragen: nach der „rechtmäßigen Obrigkeit", nach dem „gerechten Krieg" und der „Vaterlandsverteidigung". Mein älterer Bruder schrieb mir im Feldpostbrief, „...ich sitze hier bequem in der Etappe, während unsere Freunde draußen verbluten". Wenig später ruhte er in russischer Erde. Seine letzten Worte beim Abschied von seiner Braut waren: „Ich komme wieder, wir müssen ja die Kirche verteidigen."

Ich wurde 1938 Soldat und war bei der 6. Armee in Russland. Und dann kamen mir in den schier endlosen Weiten Russlands immer wieder Texte eines Liedes, das uns an Dschingis Khan, den „wilden Reiter" der Mongolen erinnerte, quälend in den Sinn: „...hinter uns bleibt Not und Elend ...rauchige Dörfer ...und Verzweifelung steht den Menschen im Gesicht..." Als sich dann viel zu früh „General Winter" mit unerbittlicher Härte anmeldete, sah ich ein einziges Mal ein Propagandaplakat im Frontbereich, und das mit einem persönlichen Wort Hitlers an seine Soldaten: „Vor Einbruch des Winters wird der Sieg unser sein."

Aber unsere Fahrzeuge steckten in meterhohem Schnee, Temperaturen bis – 40 Grad, und dann auf unserem HVPl (Hauptverbandsplatz) verwundete, verlauste, flecktyphuskranke, sterbende, tote Kameraden; einer schrieb: „Wenn der Tod tausendfach vorbeirast und man ihn tausendfach gesehen hat, dann liebt man das Leben wie nie zuvor. Man hat keine Angst vor dem Tod, denn er ist der Anfang eines neuen Lebens. Aber wenn man die Sonne morgens aufgehen sieht, so weiß man doch, wie schön das Leben ist und wie gerne man leben möchte."

In diesen Tagen war ein Brief meines Freundes, Pater Franz Röttgermann, der Kontrolle in die Hände gefallen. Er hatte geschrieben: „Hier vorne erfrieren sich die Landser die Beine, und hinten in Orel laufen die Offiziere in Filzstiefeln herum." Der verständnisvolle Divisionskommandeur unterband das anstehende Kriegsgerichtsverfahren,

Strafkompanie oder Schlimmeres hätte ihm gedroht. Im Disziplinarverfahren wurde er „nur“ vom San.-Unteroffizier zum einfachen Soldaten degradiert und bekam dazu vierzehn Tage „Bau“ bei Wasser und Brot. Stalingrad erlebte er nicht mehr, eine Mine hatte ihm ein Bein weggerissen, im Olsberger Lazarett habe ich ihn im Urlaub besuchen können.

In Smolensk, das im Juli 1941 noch umkämpft wurde, hat er seit der bolschewistischen Revolution von 1917 wieder die erste Messe mit uns drei Sanitätssoldaten gefeiert. In kleinen Dörfern, in denen wir unseren leichten Verbandsplatz hatten, konnte er immer wieder kleine Kinder taufen, wenn die russischen Omas merkten, dass er Pope war. Mit ihm und vielen weiteren Priesterkameraden, die manchmal bei uns, oft in kleinen Bauernkaten, ihren vielleicht letzten Gottesdienst feierten, erlebten wir Sanitätssoldaten in kleinsten Gruppen kleine lebendige Kirche.

Meine Mutter schrieb mir in diesem ersten Russlandwinter: „Jetzt werden hier (in Warstein) die Kranken nach Hadamar transportiert und umgebracht.“ Der Feldpostbrief hätte auch wohl nicht der Gestapo in die Hände fallen dürfen.

Was mussten Familienväter und teils junge Menschen, oft kaum dem Kindesalter entwachsen, nicht alles ertragen. Fast unerträglich war die Sorge um die Lieben daheim und dazu viele Trauernachrichten.

Nach dem Krieg erst erfuhr ich, dass ein Freund, Wilhelm Korte, aus unserer Jugendgruppe in den letzten Monaten des Krieges wegen Wehrkraftzersetzung hingerichtet wurde. Von dem unsäglichen Leid, von den Ängsten, Nöten und Verfolgungen in der Heimat, vom keineswegs nur „stillen“ Heldentum der Frauen, Mütter, von den Mädchen ist kaum einmal die Rede. Vielleicht bringt ein kurzer Feldpostbrief von meiner späteren Frau ein wenig davon zum Ausdruck.

Lieber Theo! Peine, 9. 10. 1943 – 70 –

Ganz kurz will ich Dir schreiben, dass wir alles gut überstanden haben. Großer Gott, war das ein Angriff! Peine blieb verschont, aber Hannover sieht traurig aus, ganz furchtbar! Die Flüchtlinge sind auf den Bahnhöfen in großen Scharen. Ist das ein Elend! Herrgott hilf! Ludwig blieb verschont, er kam noch in letzter Minute aus dem brennenden Keller. Entsetzliches hat er mitgemacht, er zittert jetzt noch oft. Aber wir haben ihn lebend, Gott Dank. Ich werde Montag nicht nach Sehnde gehen, ich muss mich krank melden, da ich heute wegen Überarbeitung ohnmächtig geworden bin. Morgen mehr!

In herzlicher Liebe, Deine Ursula

Sie stammte aus einer Sauerländer Familie, hatte 1937/38 in Elkeringhausen die Mission gemacht und wurde wegen ihres kirchlichen Dienstes und ihrer Jugendarbeit dienstverpflichtet. Sie musste zusammen mit polnischen Zwangsarbeitern, zum Teil bei 40 Grad unter Tage in der Munitionsfabrik (Muna) Sehnde arbeiten. Wie sich später ergab, trug ihre Personalakte den Vermerk „nur im Arbeitshaus zu beschäftigen". Später jedoch holte sie der Stabszahlmeister, kein Nazi, als Sekretärin in sein Büro. Immer wieder war es ihr möglich, heimlich auf Muna-Papier R. Schneider-Texte und Bischof Galen-Briefe zu schreiben und das mit „Approbation" von Theologieprofessor Riebartsch. Von der Feldpost wurden sie anstandslos befördert, ohne auch nur einmal aufzufallen. Die Hoffnungsworte von Reinhold Schneider werde ich nie mehr vergessen: *„Allein den Betern kann es noch gelingen...", „Gebete verändern nicht die Welt. Aber die Gebete ändern den Menschen. Und Menschen ändern die Welt",* so Albert Schweizer. Und damit schließt sich der Kreis, Aufbruch im „Zusammenbruch". Doch das nicht ohne Erinnerung, nicht ohne Trauerarbeit, denn: „Die Vergangenheit ist nicht tot, sie überprüft uns in der Gegenwart", so sagt es Siegfried Lenz. Im Winter, Dezember 1941, schrieb mir „Soldatenmutter Becker" aus Dortmund voller Begeisterung von der großen Feier der Einführung des neuen Erzbischofs in Paderborn.

Das waren oftmals Nachrichten wie aus einer anderen Welt. Von der sich anschließenden Verhaftungswelle der Gestapo gegenüber rund 30 Jungen der katholischen Jugend, die in der Steinwache in Dortmund einsaßen, verhört, schikaniert und misshandelt wurden, erfuhr ich erst nach der Entlassung aus der Kriegsgefangenschaft im Jahre 1945; nachdem ich seit 1938 bei der Wehrmacht dienstverpflichtet und in Frankreich, in Russland (vor Stalingrad bei der 6. Armee) und Italien bei der Feldtruppe im Sanitätsdienst eingesetzt war.

Gab es Widerstand von katholischer Seite?*

Olpe, 15. 11. 1988

Wie auf evangelischer, so kommt es auch auf katholischer Seite in der „Welle der Reichskristallnacht“ zu Veranstaltungen. Ich werde zu einem Vortrag in die Realschulaula der Kreisstadt gelockt. Das Thema lautet: Die Nationalsozialisten und die katholische Kirche. Wie der Redner am Pult sagt, lautet der Untertitel seines Vortrages: Gab es Widerstand in der katholischen Kirche? Der Redner ist Professor Ulrich Wagener. Er ist katholischer Priester, stammt aus dem Siegerland und doziert als Professor für Kirchengeschichte an der katholischen Fachhochschule NRW in Paderborn. Gleichzeitig ist er der Vorsitzende der Kommission für kirchliche Zeitgeschichte im Erzbistum Paderborn.

„Die zeitliche Entfernung macht es immer schwieriger, mit der Aufarbeitung der Nazizeit fertig zu werden. Zeitzeugen sterben aus – drei Generationen mit unterschiedlichen Ausgangspositionen stehen sich gegenüber – die Quellen sind sehr zahlreich – aber wer hat schon Zeit, sie zu lesen. Der Begriff Widerstand ist schillernd. Was man eventuell aus damaliger Sicht als Widerstand aufgefasst hat, ist für die heutige Jugend nicht begreifbar. Vier Stufen von Widerstand kann man im kirchlichen Bereich unterscheiden:

Das Meckern, oft über äußere Dinge, was schon zur Anzeige und Verhaftung führen konnte.

Das äußere Schweigen, verbunden mit innerer Ablehnung und Abstimmung über die Füße; das konnte die Teilnahme an einer Wallfahrt oder Prozession sein, bei Beamten genügte oft der Kirchenbesuch.

Der öffentliche Protest; wir kennen ihn von Bischof von Galen oder der Weißen Rose; dazu rechne ich auch katholische Jugendliche, die 1941 an der Bischofsweihe in Paderborn teilnahmen oder die Galenbriefe verteilten; dazu kann man auch die wenigen rechnen, die wegen der Verfolgung der Juden offen ihre Meinung sagten.

Der Widerstand mit der Waffe, so z.B. beim 20. Juli 1944: diese Möglichkeit war aber bei den damaligen Kontrollen nur wenigen vorbehalten und stellte Katholiken vor die Gewissensentscheidung des Tyrannenmordes.“

Im Folgenden geht der Redner ausführlich auf die Situation der Kirche und ihre Einstellung zum Nationalsozialismus ein, und zwar zwischen 1930 und 1934.

„Der Nationalsozialismus war erst 1930 eine politische Größe. Die NSDAP wurde von den deutschen Bischöfen einstimmig abgelehnt. Katholische Kirche und Nationalsozialismus seien unvereinbar. Katholiken, die Mitglieder der NSDAP wurden, setzten

---

* *entnommen dem Buch „Flucht nach Ägypten“ von Paul Tigges, 1994, S. 216 ff.*

sich der Gefahr der Exkommunikation aus. Am 28. 3. 1933, zwei Monate, nachdem Hitler Kanzler geworden war, wurde von den Bischöfen die Verurteilung des Nationalsozialismus zurückgenommen. Einige Monate später wurde das Konkordat abgeschlossen. Dies war ein genialer Schachzug Hitlers. Er brachte die Kirche in Zugzwang. Das Schwanken der Bischöfe, besonders deutlich an Kardinal Faulhaber von München zu sehen, brachte große Unsicherheit über die katholischen Gläubigen, die scharenweise in Hitlers Partei gingen. 1934 begann die Ernüchterung, als mit dem Röhm-Putsch führende Katholiken wie Prälat Klausener und der DJK-Vorsitzende Probst ermordet wurden. Brüning floh ins Ausland.

In der Auseinandersetzung mit den Ideen des Nationalsozialismus war die katholische Kirche gespalten. Gewisse Vorstellungen Hitlers wie der Antibolschewismus und der Nationalstolz wurden akzeptiert. Abgelehnt wurden weiterhin die NS-Ideologie und die Rassenvorstellungen. Sie galten nach wie vor als heidnisch. Das Problem war, dass Hitler auf legalem Wege Kanzler wurde und legitimer Staatschef war. So wurden zum Beispiel der Saaranschluß und die Angliederung Österreichs von kirchlicher Seite begrüßt.

Zu dem Zwiespalt gegenüber Hitlers Plänen kam der Zwiespalt in der deutschen Bischofskonferenz. Der konziliante Kardinal Bertram von Breslau stand dem Bischof Preising von Berlin gegenüber, der für ein schärferes Vorgehen der Kirche eintrat. Bedrückend ist, dass die deutschen Bischöfe bis 1945 keine gemeinsame Linie gegen Hitler fanden. Man wollte nicht als schlechter Deutscher gelten. Es entschuldigt nichts, wenn sogar die Juden z.T. diesem Wahn verfallen sind. Die Haltung vieler Katholiken-auch der Bischöfe – war: Überleben wollen und seine Identität bewahren. Aber, so fragen wir uns heute, genügte das bei der Verfolgung und Tötung von Juden, Zigeunern, Bibelforschern und anderen? Der Vorwurf an die katholische Kirche bleibt: Sie sorgte sich um den eigenen Bestand und war oft blind gegenüber der Not anderer. Die Kritik am Verhalten der katholischen Kirche in der NS-Zeit begann 1963 mit Hochhuths ‚Stellvertreter'. Das Theaterstück, in dem Papst Pius XII. im Mittelpunkt steht, war für die Katholiken ein Schock. Bis dahin hatten sie in dem Glauben gelebt, die katholische Kirche habe sich im Gegensatz zur evangelischen Kirche bewährt, wenn man einmal von der kleinen Gruppe der Bekennenden Kirche absieht. Jetzt müssen wir uns vor allem mit der jüngeren Generation auseinandersetzen, weil das Bild der katholischen Kirche in der NS-Zeit zwiespältig ist."

In der anschließenden Diskussion prallen die Meinungen heftig aufeinander. Eine junge Frau übt massive Kritik an den Rechtfertigungsversuchen des Redners, so dass, als sie nicht aufhört, einige ältere Frauen entrüstet den Saal verlassen. Ein Mann kritisiert, dass sich die Kommission für Zeitgeschichte, die sich beim Erzbistum in Paderborn gebildet hat, viel zu sehr um die Rolle der Priester kümmert und die katholischen Laien vernachlässigt. Auch bei den kath. Laien habe es Opfer und Verfolgte gegeben.

Zu einer Antwort kommt es aber nicht, weil sich ein Mann, vielleicht 60, mit einer rauchiglauten Stimme vordrängt und nicht aufhört mit Anklagen und bohrenden Fragen: Stimmt es nicht, dass bis vor einigen Jahren in der Karfreitagsmesse mit „oremus und flectamus genua" gehetzt wurde: „Lasset uns beten für die ungläubigen Juden.", anstatt im Judentum die Schwesterreligion zu sehen? Die Kirche hat total versagt. Hätten die 50 000 katholischen Priester in Deutschland von der Kanzel einstimmig gegen die Kristallnacht protestiert, wären nicht 6 Millionen Juden umgebracht worden.

Ohne eine Antwort zu erwarten, lässt sich der Sprecher in seinen Vorwürfen nicht stoppen und verlässt schließlich laut protestierend den Saal. Die meisten Besucher sind inzwischen aufgestanden und hinausgegangen.

Widerstand aus christlicher Haltung

Es gab nicht nur die Weiße Rose*

Der Freundeskreis der „Weißen Rose“ war primär eine von tiefgründiger christlicher Überzeugung und Verantwortung geprägte Gruppe von Studenten-Soldaten evangelischer und katholischer Konfession, die sich Mitte 1942 gebildet hatte. „Weiße Rose“ nannte man sich möglicherweise nach einer Legende, die vom alten Zisterzienserkloster beim Altenberger Dom, der späteren Zentrale des katholischen Jungmännerverbandes, erzählt wird. Nach dieser Legende sah der Mönch des Klosters, der als nächster sterben würde, drei Tage vor seinem Tod an seinem Platz im Chor der Kirche eine weiße Rose. Sie galt als Hinweis auf den nahen Tod dieses Mönches und als Mahnung, sich auf das Sterben vorzubereiten. – Die Mitglieder der „Weißen Rose“ beschäftigten sich wie mit Kunst, Religion und Literatur so auch mit Politik. „Wir suchen eine Erneuerung des schwerverwundeten deutschen Geistes von innen her zu erreichen“, stand auf einem der Flugblätter, die sie verfassten und verteilten, um zur Bildung von Widerstandsgruppen gegen das Nazi-Regime aufzurufen. Sie wurden verhaftet, zum Tode verurteilt, und für drei von ihnen wurde der dritte Tag der alten Legende buchstäbliche und blutige Wirklichkeit. Die „Weiße Rose“ war, wie gesagt, keine rein katholische Gruppe, aber sie war eine Gemeinschaft unter dem Kreuz: Die Geschwister Scholl waren evangelisch, Willi Graf kam aus dem kath. Neudeutschland, verließ diesen Bund aber und schloss sich dem „Grauen Orden“ an, in dem sich die schärfsten Nazigegner verbanden; Christoph Probst ließ sich in der Todeszelle die Taufe spenden und die Wegzehrung reichen. Die „Weiße Rose“ stand im schärfsten Kampf gegen alles, was mit dem Hakenkreuz zu tun hatte.

Nach der Verhaftung und Hinrichtung dieser jungen Menschen lag eine tiefe Betroffenheit auf uns, die in dem Maße dann wuchs, wie wir allmählich die näheren Umstände des ganzen Geschehens erfuhren. Nach dem Kriege kleidete Franz Joseph Schöningh im „Hochland“ das in die Worte: „Wer heute einige Flugblätter der ‚Weißen Rose’ mit dem Blick des politisch Erfahrenen liest, ist geradezu erschüttert von deren religiöser und ethischer Glut und zugleich niedergeschlagen von der politischen Kindlichkeit, die sich hier offenbart.“

Natürlich hatte der Widerstand gegen die Diktatur im Dritten Reich wie alles Lebendige verschiedene Stufen, Arten und Weisen. Es gab grundsätzlichen und aktuellen Widerstand, passiven und aktiven, öffentlichen und persönlichen; nicht zuletzt gab es auch den geistigen Widerstand. Er reichte von der Weigerung, sich anzupassen, bis

** Der Titel ist entnommen dem Buch „Jugend zwischen Kreuz und Hakenkreuz“ von A. Reineke, S. 179–181*

zum Engagement bei allem, was nicht nationalsozialistisch war; er ging im Raum der Kirche bis zur Bereitschaft, ins Gefängnis oder Konzentrationslager zu gehen. Vom Verhalten der „Weißen Rose" und einigen ähnlichen Geschehnissen abgesehen, zeigte sich ein aktiver Widerstand gegen das NS-Regime in der Kirche kaum mehr, nachdem Hitler im Jahre 1933 durch freie Wahlen zur Macht gekommen war. Das Pauluswort im Römerbrief von der in Gott gegründeten Autorität aller staatlichen Herrschaft schien keinen offenen Widerstand zu rechtfertigen. Hitler und seine Leute hatte man als gottgewollte Obrigkeit einfach anzuerkennen. Auch als es immer deutlicher wurde, dass viele Maßnahmen des NS-Staates nicht mit dem göttlichen Gesetz übereinstimmten und das Wort aus der Apostelgeschichte, man müsse Gott mehr gehorchen als den Menschen, gegen das Wort des Paulus von der gottgesetzten Obrigkeit im Römerbrief gestellt wurde, gab es einen öffentlichen aktiven Widerstand seitens der Kirche nicht. Zwar ließ die Enzyklika „Mit brennender Sorge" aufhorchen, löste aber keinen spürbaren und geschlossenen kirchlichen Widerstand aus.

Der Widerstand gegen Rosenbergs „Mythus" blieb weithin akademisch. Gegen die Nürnberger Rassengesetze des Jahres 1935 und die dann öffentlich beginnende Verfolgung der Juden und der verschiedenartigen Minderheiten in den KZs kenne ich seitens der Kirche kein klares und mutiges Wort an die Öffentlichkeit. Da schwieg auch Clemens August, der Bischof von Münster; erst in seinen drei bekannten Predigten gegen die Euthanasie und die Tötung der Geisteskranken (1941) hörten die Gläubigen ein lange erwartetes mutiges Bischofswort.

Etwas anderes ist es mit den kleinen aktuellen „Widerständen" bei konkreten Anlässen oder an einzelnen Orten, bei der Jugend. Da gab es handfeste Auseinandersetzungen mit der HJ, vor allem in den dreißiger Jahren, Schlägereien, wie sie aber auch sonst unter Jugendlichen vorkamen. Ihre Motive waren mannigfaltig, wurden aber kaum um Grundsatzfragen ausgetragen. Davon unterschied sich schon das, was im Sommer 1943 in Bielefeld geschah. Da wurde der 17-jährige Heinz-Udo Hallau aus der Jodokusgemeinde, ein besonders eifriger Junge in der Messdienergruppe, in einem „Verhör" der HJ, vermutlich unter Leitung des Bannführers, so zusammengeschlagen, dass er drei Monate später an den Folgen starb. In dem „Verhör" sollte er zu Aussagen über die Jugendarbeit in der Pfarrgemeinde erpresst werden. Solche und ähnliche Vorkommnisse gab es allenthalben, wenn auch nicht alle daran Beteiligten wie Udo Hallau ihre Haltung mit dem Blute besiegeln mussten.

Zum Vorfeld aktiven Widerstandes, meine ich, müsste man auch schon das bewusste Tragen des Christus-Zeichens zählen, den oft staunenswerten Einsatz beim Vertrieb der „Jungen Front" und des „Michael", das mutige Werben anderer Jungen für die kirchliche Arbeit und nicht zuletzt den regelmäßigen Gottesdienstbesuch; er war ein ständiger stiller Protest gegen das verhasste NS-Regime.

Bei der Jugend kam der konkrete passive Widerstand oft in staunenswerten Geschehnissen schon bei Zehnjährigen zum Ausdruck. Sie nahmen Hohn und Spott von Mitschülern und Lehrern in Kauf, Zurücksetzung und Drohung. Oft ist natürlich zwischen aktivem und passivem Widerstand nicht zu unterscheiden, es geht beides ineinander über, so bei den Jungen, die nach der Bischofsweihe ins Gefängnis kamen. Sie alle hatten illegal ihre Gruppenarbeit fortgesetzt, standen also praktisch in aktivem Widerstand; sie alle aber mussten auch zwischen drei und sieben Wochen im Gefängnis dafür büßen und taten es in jener Tapferkeit, von der es heißt, dass sie sich im Durchhalten als noch stärker erweist als im Angreifen. Die Wochen der Haft gingen zu Ende, aber der Verweis von der Schule und die Entfernung aus dem Beruf belasteten als harte Strafe die Familie und Zukunft der Jungen.

Das Jahr 1941 aus kirchlicher Sicht*

Das neue Jahr begann mit all den Schwierigkeiten, mit denen das alte geschlossen hatte, den äußeren, die durch den Krieg mit seinen Folgen gegeben waren, den inneren, die konsequent aus der „Entkonfessionalisierung des gesamten öffentlichen Lebens" folgten. Im Leben der Gemeinden erstreckten sie sich von der Aufhebung der kirchlichen Kindergärten bis zum Verbot des Religionsunterrichts, von der Einziehung immer mehr junger Männer und Geistlicher zum Wehrdienst bis zum organisierten Kampf gegen die Ordensleute in einem gnadenlosen Klostersturm. Ununterbrochen erfolgten neue Maßnahmen, um die Seelsorge zu erschweren oder sie möglichst zum Erliegen zu bringen, vieles unter dem Vorwand, der Krieg habe seine eigenen Gesetze. Nach den Vorstellungen und dem Willen des Parteidogmatikers Rosenberg sollte die Kirche geistig und organisatorisch verkümmern. So wurden damals auch alle Gauleiter streng angewiesen, den Einfluss der Kirche im öffentlichen Leben restlos zu beseitigen ... Die Verfolgung der Kirche geschah besonders deutlich und offen im Warthegau, dem besetzten polnischen Gebiet, wo die Kirche ihres öffentlichen Status beraubt und zu einem privaten Verein degradiert wurde. Das Ziel der Nazis war hier deutlich zu erkennen.

Außerordentlich aktiv wurde im Jahr 1941 die gesamte Jugend bei der Vervielfältigung und Verbreitung der drei Predigten des Bischofs von Galen gegen die Gewaltmethoden der Nazis und die Tötung der Geisteskranken. Ohne unsere mutige und einsatzbereite Jugend wären diese Predigttexte nicht wie in einem Lauffeuer in Stadt und Land bekannt geworden. Unsere Jungen waren mit einer Begeisterung unterwegs, bei der sicher neben dem Glaubenszeugnis auch der Kitzel des Geheimdienstes eine Rolle spielte.

Am 26. Januar war Erzbischof Caspar Klein gestorben. Ihm waren wie die Jugend des Erzbistums so auch die Jugendseelsorger zu großem Dank verpflichtet, nicht zuletzt ich ganz persönlich. Wie er sich öffentlich zur Jugend und vor die Jugend stellte, haben wir bereits gehört. Weniger bekannt ist, wie er sich auch sonst für das Recht der Jugend einsetzte und gegen alles unklare Taktieren Einspruch erhob. Caspar Klein war kein Mann spektakulärer Taten und großen Auftretens in der Öffentlichkeit, aber er war auch nicht der übervorsichtige und zögerliche Bischof, für den ihn der eine oder andere hielt. Klein war ein Mann von großer westfälisch-sauerländischer Grundsatztreue. So war Erzbischof Klein sehr verärgert, als nach Abschluss des Konkordats im Juli 1933 von rechtsstehenden Kreisen im deutschen Katholizismus auf Initiative von Papens die Arbeitsgemeinschaft Katholischer Deutscher gegründet wurde. Sie wurde vom Frei-

---

** Der Text ist entnommen dem Buch „Jugend zwischen Kreuz und Hakenkreuz" von A. Reineke, S. 133–134*

burger Erzbischof Gröber „aufrichtig begrüßt"; er wünschte ihr „weiteste Verbreitung". Darüber beklagte sich Erzbischof Klein beim Vorsitzenden der deutschen Bischofskonferenz, Kardinal Bertram, und missbilligte scharf diese Empfehlung. Ähnlich reagierte Bischof Klein einige Wochen später, als am 22. November Kardinal Bertram sehr verärgert den deutschen Bischöfen mitteilte, einige deutsche Bischöfe seien entschlossen, die katholischen Jugendverbände fallenzulassen. Das sei Verrat an der Jugend und Preisgabe des Konkordats, antwortete da in ungewöhnlich scharfer Form Erzbischof Klein; er jedenfalls halte sich verpflichtet, „für den Fortbestand der katholischen Jugendverbände mit voller Kraft einzutreten". Erzbischof Klein gehörte zu der Gruppe der Bischöfe im deutschen Episkopat, die in klarer Ablehnung des Nationalsozialismus zu Kardinal Schulte von Köln standen, seinem Vorgänger auf dem Bischofsstuhl von Paderborn; er stand nicht bei den ängstlichen und wenig entschlussbereiten Bischöfen um Kardinal Bertram, noch weniger bei den zeitweise mit dem Nationalsozialismus sympathisierenden Bischöfen um Erzbischof Gröber.

Die drei Predigten des Bischofs von Münster aus dem Jahr 1941 – die sogenannten Galenbriefe

Abdruck entnommen dem Heft „Kardinal von Galen" herausgegeben vom Domkapitel Münster 1993

Clemens August Graf von Galen

Clemens August Graf von Galen wurde am 16. März 1878 auf Burg Dinklage in Oldenburg geboren. Als 11. von 13 Kindern wuchs er in der Geborgenheit einer gläubigen Familie auf. Er besuchte das Jesuitengymnasium in Feldkirch und machte 1896 das Abitur in Vechta.

Nach einer kurzen Zeit des Philosophiestudiums in Freiburg (Schweiz) entschloss er sich, Priester zu werden. Er studierte in Innsbruck und Münster Theologie und wurde am 28. Mai 1904 in Münster zum Priester geweiht.

Nach der Priesterweihe wurde er zunächst Domvikar am Dom in Münster. Zugleich bekam er den Auftrag, seinen Onkel, Weihbischof Maximilian Gereon Graf von Galen, auf den Firmreisen zu begleiten.

1906 wurde er zum Kaplan an St. Matthias in Berlin ernannt. Damit begann eine 23-jährige priesterliche Tätigkeit in der damaligen Reichshauptstadt. Nach einigen Jahren seelsorglicher Tätigkeit als Kuratus an St. Clemens wurde er 1919 Pfarrer von St. Matthias. Er erlebte in Berlin die schwere Zeit des Ersten Weltkrieges, die Wirren der Nachkriegszeit und einen großen Teil der Weimarer Zeit. Die Diasporasituation in der Großstadt Berlin stellte ihn vor große pastorale Anforderungen.

1929 wurde Clemens August Graf von Galen ins Bistum Münster zurückgerufen und zum Pfarrer der Stadt- und Marktkirche St. Lamberti in Münster ernannt.

Nach dem Tod des Bischofs Johannes Poggenburg wurde Clemens August Graf von Galen zum Bischof von Münster ernannt. Am 28. Oktober 1933 empfing er die Bischofsweihe. Er wählte als Wahlspruch das Wort „Nec laudibus nec timore", „Weder durch Lob noch durch Furcht".

Bischof Clemens August begann sein bischöfliches Wirken mit der Eröffnung der „Ewigen Anbetung" in der St. Servatii-Kirche in Münster. Dies ist bezeichnend für seine tiefe persönliche Frömmigkeit. Sie zeigte sich auch in einer lebendigen Marienverehrung. Gern und häufig pilgerte er allein in der Morgenfrühe nach Telgte, um am Gnadenbild der Schmerzhaften Mutter die heilige Messe zu feiern.

Schon in seinem ersten Fastenhirtenbrief 1934 entlarvte Bischof Clemens August die neuheidnische Ideologie des Nationalsozialismus. Immer wieder trat er in den folgenden Jahren für die Freiheit der Kirche und der kirchlichen Verbände und für den Erhalt des Religionsunterrichts ein, sowohl in Eingaben an die zuständigen staatlichen Stellen als auch in öffentlichen Ansprachen und Predigten. Er wußte sich dabei von den

Clemens August Graf von Galen

Priestern und Laien im Bistum Münster getragen. Vor allem seine zahlreichen Firmungsreisen durch die Dekanate des Bistums wurden trotz aller Schikanen der nationalsozialistischen Partei und der Geheimen Staatspolizei zu unübersehbaren Kundgebungen des Glaubens und der Solidarität.

Als Alfred Rosenberg in seinem „Mythus des 20. Jahrhunderts“ die Kirche und den christlichen Glauben angriff, übernahm Bischof Clemens August die Verantwortung für eine von katholischen Wissenschaftlern verfasste Gegenschrift, die „Studien zum Mythus“, und ließ sie als Beilage zum Amtsblatt des Bistums Münster veröffentlichen.

In einer großen Predigt im Dom zu Xanten klagte Bischof Clemens August im Frühjahr 1936 das nationalsozialistische Regime an, Christen wegen ihres Glaubens zu diskriminieren, ins Gefängnis zu werfen und sogar zu töten. Er sagte: „Es gibt in deutschen Landen frische Gräber, in denen die Asche solcher ruht, die das deutsche Volk für Märtyrer hält.“ Diese Predigt fand bis über die Grenzen Deutschlands hinaus Widerhall. Schon damals rechnete Bischof Clemens August mit der Möglichkeit, dass auch er der Freiheit beraubt und an der Ausübung des bischöflichen Amtes gehindert werden könnte. Bischof Clemens August gehörte zu den Bischöfen, die Papst Pius XI. im Januar 1937 nach Rom einlud, um mit ihnen über die Situation in Deutschland zu sprechen und das Weltrundschreiben „Mit brennender Sorge“ vorzubereiten, in dem er das nationalsozialistische Regime vor der Weltöffentlichkeit anklagte.

Gemeinsam mit den übrigen Bischöfen trat Bischof Clemens August in verschiedenen Hirtenbriefen der Rassenideologie des Nationalsozialismus entgegen. Er gehörte zu den Bischöfen in der Fuldaer Bischofskonferenz, die ein energisches Auftreten gegen den Nationalsozialismus, vor allem auch in der Öffentlichkeit, forderten.

1941, als das „Dritte Reich“ auf dem Höhepunkt seiner Macht stand, begannen die staatlichen Stellen Klöster zu beschlagnahmen und Ordensleute zu vertreiben. Gleichzeitig wurde bekannt, dass größere Aktionen zur Tötung geistig behinderter Menschen durchgeführt wurden. In drei großen Predigten am 13. und 20. Juli sowie am 3. August prangerte der Bischof in aller Öffentlichkeit diese Unrechtsmaßnahmen an.

In seiner Predigt in der St. Lamberti-Kirche in Münster am 13. Juli 1941 sagte er: „Keiner von uns ist sicher, und mag er sich bewusst sein, der treueste, gewissenhafteste Staaatsbürger zu sein, mag er sich völliger Schuldlosigkeit bewusst sein, dass er nicht eines Tages aus seiner Wohnung geholt, seiner Freiheit beraubt, in den Kellern und Konzentrationslagern der GSTP (der Geheimen Staatspolizei) eingesperrt wird.“ Er weist mit allem Nachdruck darauf hin: „Die Gerechtigkeit ist das einzig tragfeste Fundament aller Staatswesen. Das Recht auf Leben, auf Unverletzlichkeit, auf Freiheit ist ein unentbehrlicher Teil jeder sittlichen Gemeinschaftsordnung ... Wir fordern

Gerechtigkeit! Bleibt dieser Ruf ungehört und unerhört, wird die Herrschaft der Königin Gerechtigkeit nicht wiederherstgestellt, so wird unser deutsches Volk und Vaterland trotz des Heldentums unserer Soldaten und ihrer ruhmreichen Siege an innerer Fäulnis und Verrottung zugrunde gehen."

In einer Predigt in der Überwasserkirche in Münster am 20. Juli 1941 wandte er sich erneut gegen die ungerechten Übergriffe des Staates: „Hart werden, fest bleiben! Wir sehen und erfahren es deutlich, was hinter den neuen Lehren steht, die man uns seit Jahren aufdrängt, denen zuliebe man die Religion aus den Schulen verbannt hat, unsere Vereine unterdrückt hat, jetzt katholische Kindergärten zerstören will: abgrundtiefer Hass gegen das Christentum, das man zerstören will! ... Hart werden, fest bleiben! Wir sind in diesem Augenblick nicht Hammer, sondern Amboss... Fragt den Schmiedemeister, und lasst es euch von ihm sagen: Was auf dem Amboss geschmiedet wird, erhält seine Form nicht nur vom Hammer, sondern auch vom Amboss. Der Amboss kann nicht und braucht auch nicht zurückzuschlagen. Er muss nur fest, nur hart sein. Wenn er hinreichend zäh, fest, hart ist, dann hält meistens der Amboss länger als der Hammer. Wie hart der Hammer auch zuschlägt, der Amboss steht in ruhiger Festigkeit da und wird noch lange dazu dienen, das zu formen, was neu geschmiedet wird."

Am 3. August 1941 klagt Bischof Clemens August in der Lambertikirche das nationalsozialistische Regime des Mordes an geistig kranken Menschen an. Er weist darauf hin, dass seine schriftlichen Einsprüche und Proteste nichts genutzt haben. „So müssen wir damit rechnen, dass die armen, wehrlosen Kranken über kurz oder lang umgebracht werden. Warum? ... Weil sie nach dem Urteil eines Amtes, nach dem Gutachten irgendeiner Kommission ‚lebensunwert' geworden sind, weil sie nach diesem Gutachten zu ‚unproduktiven Volksgenossen' gehören! Man urteilt: Sie können nicht mehr produzieren, sie sind wie eine alte Maschine, die nicht mehr läuft, sie sind wie ein altes Pferd, das unheilbar lahm geworden ist. Sie sind wie eine Kuh, die nicht mehr Milch gibt. Was tut man mit solch alter Maschine? Sie wird verschrottet. Was tut man mit einem lahmen Pferd, mit solch einem unproduktiven Stück Vieh? Nein, ich will den Vergleich nicht zu Ende führen, so furchtbar seine Berechtigung ist und seine Leuchtkraft... Wenn einmal zugegeben wird, dass Menschen das Recht haben, ‚unproduktive' Mitmenschen zu töten – und wenn es jetzt auch nur arme, wehrlose Geisteskranke trifft – dann ist grundsätzlich der Mord an allen unproduktiven Menschen, also den unheilbar Kranken, den Invaliden der Arbeit und des Krieges, dann ist der Mord an uns allen, wenn wir alt und altersschwach und damit unproduktiv werden, freigegeben."

Diese Predigten des Bischofs erregten weiterhin Aufsehen. Sie wurden geheim vervielfältigt und weitergegeben bis über die Grenzen Deutschlands hinaus. Der Bischof rechnete damit, daß die Gestapo ihn nach diesen Predigten verhaften würde. Der damalige Reichsleiter Bormann schlug Hitler vor, den Bischof von Münster zu verhaften und zu erhängen. Die nationalsozialistische Führung fürchtete jedoch, dass in einem solchen Fall die Bevölkerung des Bistums Münster für die Dauer des Krieges abzuschreiben sei. Es bedrückte den Bischof, dass an seiner statt 24 Weltpriester und 13 Ordensgeistliche aus der Diözese Münster ins Konzentrationslager gebracht wurden und 10 von ihnen ums Leben gekommen sind.

Der Krieg zerstörte den Dom und die Wohnung des Bischofs. In den letzten Monaten des zu Ende gehenden Krieges, als die Stadt Münster fast ganz zerstört war, fand er Aufnahme im St. Josefs-Stift in Sendenhorst.

In den schweren Monaten der Nachkriegszeit war Bischof Clemens August eine Persönlichkeit, an der viele sich aufrichteten. Mit Freimut trat er auch den Besatzungsbehörden entgegen, wenn es galt, Not und Unrecht zu beseitigen oder zu verhindern. Entschieden widersprach er der damals umgehenden Meinung von der Kollektivschuld der Deutschen.

Papst Pius XII. berief Bischof Clemens August am 18. Februar 1946 in das Kardinalskollegium. Es war eine Ehrung für seine unerschrockene Haltung in der Zeit des Nationalsozialismus. Der überfüllte Petersdom jubelte ihm, dem „Löwen von Münster", zu, als er aus der Hand des Papstes die Kardinalswürde entgegennahm.

Am 16. März wurde Kardinal von Galen bei seiner Rückkehr nach Münster von einer großen Volksmenge begeistert empfangen. Vor den Trümmern des Domes hielt er seine letzte Ansprache. Am Tag darauf erkrankte er schwer. Eine Operation konnte keine Hilfe mehr bringen. Er starb am 22. März 1946 und fand sein Grab in der Ludgeruskapelle des zerstörten Domes.

Zu seinem Tod schrieb der Vorsitzende des Landesverbandes der jüdischen Gemeinde an den Kapitularvikar in Münster: „Kardinal von Galen war einer der wenigen pflichtbewussten Männer, der den Kampf gegen den Rassenwahn in schwerster Zeit geführt hat. Wir werden dem Toten ein ehrendes Gedenken bewahren."

Am 22. Oktober 1956 hat Bischof Michael Keller auf Bitten der Priestergemeinschaft „Confraternitas Sacerdotum bonae voluntatis" den Seligsprechungsprozess für seinen Vorgänger eingeleitet. Anlässlich seiner zweiten Deutschlandreise besuchte Papst Johannes Paul II. am 1. Mai 1987 den Dom zu Münster, um die Persönlichkeit des Kardinals zu ehren und an seinem Grab zu beten.

Reinhard Lettmann +
Bischof von Münster

Predigt des Bischofs von Münster, Clemens August Graf von Galen, am Sonntag, dem 13. Juli 1941, in der St. Lambertikirche zu Münster

Meine lieben Katholiken von Sankt Lamberti!

Es war mir ein Bedürfnis, heute von der Kanzel der Stadt- und Marktkirche aus persönlich mein bischöfliches Hirtenwort zu den Ereignissen der vergangenen Woche zu verlesen und besonders meinen früheren Pfarrkindern meine innige Teilnahme auszusprechen. Gerade in einigen Bezirken der Lambertigemeinde, freilich auch an anderen Stellen der Stadt, sind ja die Verwüstungen und Verluste besonders groß. Ich hoffe, dass durch das Eingreifen der zuständigen städtischen und staatlichen Stellen, besonders aber auch durch eure Bruderliebe und die Erträgnisse der heutigen Kollekte für die Hilfsaktion des Caritasverbandes und der Pfarrcaritas, ein Teil der Not behoben wird.

Ich hatte mir vorgenommen, noch ein kurzes Wort hinzuzufügen über den Sinn der göttlichen Heimsuchung: wie Gott uns darin sucht, um uns zu sich heimzuholen! Gott will Münster zu sich heimholen! Wie waren unsere Vorfahren bei Gott, in Gottes heiliger Kirche heimisch! Wie war ihr Leben so ganz getragen vom Glauben an Gott, geführt von der heiligen Furcht Gottes und von der Liebe Gottes; das öffentliche Leben wie das Familienleben und auch das Geschäftsleben. War es in unseren Tagen noch immer so? Gott will Münster zu sich heimholen!

Darüber wollte ich heute noch einige Gedanken euch aussprechen. Aber ich muss für heute darauf verzichten, denn ich sehe mich genötigt, etwas anderes heute hier öffentlich zur Sprache zu bringen: ein erschütterndes Ereignis, das gestern, zum Abschluss dieser Schreckenswoche über uns gekommen ist.

Noch steht Münster unter dem Eindruck der furchtbaren Verwüstungen, die der äußere Feind und Kriegsgegner in dieser Woche uns zugefügt hat. Da hat gestern, zum Schluss dieser Woche, gestern, am 12. Juli, die Geheime Staatspolizei die beiden Niederlassungen der Gesellschaft Jesu, des Jesuitenordens, in unserer Stadt, Haus Sentmaring an der Weseler Straße und das Ignatius-Haus an der Königstraße beschalgnahmt, die Bewohner aus ihrem Eigentum vertrieben, die Patres und Brüder genötigt, unverzüglich, noch am gestrigen Tage, nicht nur ihre Häuser, nicht nur unsere Stadt, sondern auch die Provinz Westfalen und die Rheinprovinz zu verlassen. Und das gleiche harte Los hat man ebenfalls gestern den Missionsschwestern von der Umbefleckten Empfängnis in Wilkinghege, an der Steinfurter Straße, bereitet. Auch ihr Haus wurde beschlagnahmt, die Schwestern sind aus Westfalen ausgewiesen und müssen Münster bis heute Abend 6 Uhr verlassen. Die Ordenshäuser und Besitzungen sind samt Inventar zu Gunsten der Gauleitung Westfalen-Nord enteignet.

So ist also der Klostersturm, der schon länger in der Ostmark, in Süddeutschland, in den neu erworbenen Gebieten, Warthegau, Luxemburg, Lothringen und anderen Reichsgebieten wütet, auch hier in Westfalen ausgebrochen. Wir müssen uns darauf gefasst machen, dass in den nächsten Tagen solche Schreckensnachrichten sich häufen, dass auch hier ein Kloster nach dem anderen von der Gestapo beschlagnahmt wird und seine Bewohner, unsere Brüder und Schwestern, Kinder unserer Familien, treue deutsche Volksgenossen, wie rechtlose Heloten auf die Straße geworfen, wie Schädlinge aus dem Lande gehetzt werden.

Und das in diesem Augenblick, wo alles zittert und bebt vor neuen Nachtangriffen, die uns alle töten, einen jeden von uns zu einem heimatlosen Flüchtling machen können! Da jagt man schuldlose, ja hochverdiente, von Unzähligen hochgeachtete Männer und Frauen aus ihrem bescheidenen Besitz, macht man deutsche Volksgenossen, unsere münsterischen Mitbürger zu heimatlosen Flüchtlingen.

Weshalb? Man sagt mir: „Aus staatspolizeilichen Gründen!" Weitere Gründe wurden nicht angegeben. Kein Bewohner dieser Klöster ist eines Vergehens oder Verbrechens beschuldigt, vor Gericht angeklagt oder gar verurteilt! Und wäre einer schuldig, so mag man ihn vor Gericht stellen! Aber darf man dann auch die Schuldlosen strafen?

Ich frage euch, vor deren Augen die Patres der Jesuiten, die Immakulata-Schwestern seit Jahren ihr stilles, nur der Ehre Gottes und dem Heil der Mitmenschen geweihtes Leben geführt haben, ich frage euch: „Wer hält diese Männer und Frauen eines strafwürdigen Vergehens schuldig? Wer wagt es, gegen sie eine Anklage zu erheben?" Wer es wagt, der mag seine Anklage beweisen! Nicht einmal die GStP hat solche Anklage erhoben, geschweige denn ein Gericht oder die Staatsanwaltschaft!

Ich bezeuge es hier öffentlich als Bischof, dem die Überwachung der Orden amtlich zusteht, dass ich die größte Hochachtung habe vor den stillen, bescheidenen Missionsschwestern von Wilkinghege, die heute vertrieben werden. Sie sind die Gründung meines hochverehrten bischöflichen Freundes und Landsmannes, des Bischofs P. Amandus Bahlmann, der sie hauptsächlich für die Mission in Braslilien gegründet hat, in der er selbst, hochverdient um das Deutschtum in Brasilien, bis zu seinem vor drei Jahren erfolgten Tode unermüdlich und segensreich gewirkt hat.

Ich bezeuge als deutscher Mann und als Bischof, dass ich vor dem Jesuitenorden, den ich seit meiner frühen Jugend, seit fünfzig Jahren, aus nächster Beobachtung kenne, die größte Hochachtung und Verehrung empfinde, dass ich der Gesellschaft Jesu, meinen Lehrern, Erziehern und Freunden, bis zum letzten Atemzug in Liebe und Dankbarkeit verbunden bleiben werde. Und dass ich heute um so größere Verehrung für sie hege, heute, in dem Augenblick, wo an ihnen die Vorhersage Christi an seine Jünger wieder in Erfüllung geht: „Wie sie mich verfolgt haben, werden sie auch euch verfolgen. Wenn ihr von der Welt wäret, so würde die Welt das Ihrige lieben. Weil ihr nicht von der Welt seid, sondern ich euch aus der Welt erwählt habe, darum hasst euch die Welt."

So begrüße ich heute von dieser Stelle aus, auch im Namen der treuen Katholiken der Stadt Münster und des Bistums Münster, diese von Christus Erwählten, von der Welt Gehassten, in inniger Liebe bei ihrem Auszug in die unverdiente Verbannung.

Möge Gott sie belohnen für all das Gute, das sie uns getan haben! Möge Gott nicht uns und unsere Stadt dafür strafen, dass solch ungerechte Behandlung und Verbannung hier seinen treuen Jüngern und Jüngerinnen zugefügt wird! Möge Gottes Allmacht alsbald die teuren Verbannten, unsere Brüder und Schwestern, wieder hierher zurückführen.

Meine lieben Diözesanen! Um der schweren Heimsuchung willen, die durch die feindlichen Angriffe über uns gekommen ist, wollte ich zunächst in der Öffentlichkeit schweigen über andere kürzlich erfolgte Maßnahmen der GStP, die meinen öffentlichen Protest geradezu herausfordern. Aber wenn die GStP keine Rücksicht nimmt auf jene Ereignisse, durch die Hunderte unserer Mitbürger obdachlos geworden sind, wenn sie gerade in diesem Augenblick fortfährt, schuldlose Mitbürger auf die Straße zu werfen, des Landes zu verweisen, dann darf ich auch nicht mehr zögern, meinen berechtigten Protest und meine ernste Warnung öffentlich auszusprechen.

Schon mehrfach und noch vor kurzer Frist haben wir es erlebt, dass die Gestapo unbescholtene, hochangesehene deutsche Menschen ohne Gerichtsurteil und Verteidigung gefangen setzte, ihrer Freiheit beraubte, aus der Heimat auswies und irgendwo internierte. In den letzten Wochen wurden sogar zwei Mitglieder meines engsten Beirates, des Domkapitels unserer Kathedralkirche, von der GStP plötzlich aus ihren Wohnungen geholt, aus Münster abtransportiert, in weitentlegene Orte verbannt, die ihnen als Zwangsaufenthalt angewiesen wurden. Auf meine Proteste beim Reichskirchenminister habe ich in den seitdem vergangenen Wochen eine Antwort überhaupt noch nicht erhalten. Aber so viel konnte durch telefonische Rückfrage bei der Gestapo festgestellt werden: Bei keinem der beiden Herren Domkapitulare liegt der Verdacht oder die Anklage einer strafbaren Handlung vor. Sie sind völlig ohne jede eigene Schuld, ohne Anklage und die Möglichkeit der Verteidigung durch Verbannung bestraft.

Meine Christen! Hört genau zu: Es ist uns amtlich bestätigt, dass den Herren Domkapitularen Vorwerk und Echelmeyer kein Vorwurf einer strafbaren Handlung gemacht wird. Sie haben nichts Strafwürdiges getan! Und dennoch sind sie mit Verbannung gestraft!

Und warum? Weil ich etwas getan habe, das der Staatsregierung nicht genehm war. Bei den vier Besetzungen von Domherrenstellen in den letzten zwei Jahren hat die Regierung in drei Fällen mir mitgeteilt, dass ihr die Ernennung nicht genehm sei. Weil nach den Bestimmungen des Preußischen Konkordates von 1929 ausdrücklich ein Einspruchsrecht der Regierung ausgeschlossen ist, habe ich in zwei von jenen vier

Fällen die Ernennung dennoch vollzogen. Ich habe damit kein Unrecht getan, ich habe nur mein verbrieftes Recht ausgeübt. Ich kann das jederzeit beweisen. Man möge mich vor Gericht stellen, wenn man glaubt, dass ich gesetzeswidrig gehandelt habe. Ich bin sicher, kein unabhängiges deutsches Gericht wird mich wegen meines Vorgehens bei Besetzung der Domherrenstellen verurteilen können!

Ist es deswegen, dass man nicht ein Gericht, sondern die GStP eingesetzt hat, deren Maßnahmen im deutschen Reich einer gerichtlichen Nachprüfung leider nicht unterliegen? – Der physischen Übermacht der GStP steht jeder deutsche Staatsbürger völlig schutzlos und wehrlos gegenüber. Völlig wehrlos und schutzlos! Das haben viele deutsche Volksgenossen im Laufe der letzten Jahre an sich erfahren: so unser lieber Religionslehrer Friedrichs, der ohne Verhandlung und Gerichtsurteil gefangengehalten wird, so die beiden Herren Domkapitulare, die in der Verbannung weilen, so erfahren es jetzt unsere Ordensleute, die gestern und heute plötzlich aus ihrem Eigentum, aus Stadt und Land vertieben werden.

Keiner von uns ist sicher, und mag er sich bewusst sein, der treueste, gewissenhafteste Staatsbürger zu sein, mag er sich völliger Schuldlosigkeit bewusst sein, dass er nicht eines Tages aus seiner Wohnung geholt, seiner Freiheit beraubt, in den Kellern und Konzentrationslagern der GStP eingesperrt wird.

Ich bin mir darüber klar: das kann auch heute, das kann auch eines Tages mir geschehen. Weil ich dann nicht mehr öffentlich sprechen kann, darum will ich heute öffentlich sprechen, will ich öffentlich warnen vor dem Weiterschreiten auf einem Wege, der nach meiner festen Überzeugung Gottes Strafgericht auf die Menschen herabruft und zu Unglück und Verderben für unser Volk und Vaterland führen muss.

Wenn ich gegen diese Maßnahmen und Bestrafungen der GStP protestiere, wenn ich öffentlich die Beseitigung dieses Zustandes und die gerichtliche Nachprüfung oder Zurücknahme aller Maßnahmen der GStP fordere, dann tue ich nichts anderes, als was auch der Generalgouverneur und Reichsminister Dr. Hans Frank getan hat, der im Februar dieses Jahres in der Zeitschrift der „Akademie für Deutsches Recht" (1941, 2. Heft, S. 25) geschrieben hat: „Wir wollen jene solide Ausgeglichenheit der inneren Ordnung, die das Strafrecht nicht umkippen lässt in die absolute Autorität staatsanwaltlicher Verfolgungsmacht gegenüber einem von vornherein verurteilten und jeglicher Verteidigungsmittel beraubten Angeklagten ... Das Recht muss dem Einzelnen die legale Möglichkeit zur Verteidigung, zur Aufklärung des Tatbestandes und damit zur Sicherung gegen Willkür und Unrecht bieten ... Sonst sprechen wir besser nicht von Strafrecht, sondern nur von Strafgewalt ... Es ist unmöglich, das Rechtsgebäude zugleich mit einer völlig verteidigungslosen Verdammung zu kombinieren ... Unsere

Aufgabe ist es – ebenso laut und nachdrücklich wie andere, die Autorität in jeder Form vertreten – zum Ausdruck zu bringen, dass wir die Autorität des Rechts als wesentlichen Bestandteil einer dauernden Macht mutig zu vertreten haben." So schrieb Herr Reichsminister Dr. Hans Frank.

Ich bin mir bewusst, dass ich als Bischof, als Verkünder und Verteidiger der von Gott gewollten Rechts- und Sittenordnung, die jedem Einzelnen ursprüngliche Rechte und Freiheiten zuspricht, vor denen nach Gottes Willen alle menschlichen Ansprüche haltmachen müssen, berufen bin, gleich dem Minister Frank die Autorität des Rechts mutig zu vertreten und eine verteidigungslose Verdammung Schuldloser als himmelschreiendes Unrecht zu verurteilen!

Meine Christen! Die Gefangensetzung vieler unbescholtener Personen ohne Verteidigungsmöglichkeit und Gerichtsurteil, die Freiheitsberaubung der beiden Herren Domkapitulare, die Aufhebung der Klöster und die Ausweisung schuldloser Ordensleute, unserer Brüder und Schwestern, nötigen mich, heute öffentlich an die alte, niemals zu erschütternde Wahrheit zu erinnern: „Justitia est fundamentum regnorum!" Die Gerechtigkeit ist das einzig tragfeste Fundament aller Staatswesen!

Das Recht auf Leben, auf die Unverletzlichkeit, auf Freiheit ist ein unentbehrlicher Teil jeder sittlichen Gemeinschaftsordnung. Wohl steht es dem Staate zu, strafweise seinen Bürgern diese Rechte zu beschränken, aber diese Befugnis hat der Staat nur gegenüber Rechtsbrechern, deren Schuld in einem unparteiischen Gerichtsverfahren nachzuweisen ist. Der Staat, der diese von Gott gewollte Grenze überschreitet und die Bestrafung Unschuldiger zulässt oder veranlasst, untergräbt seine eigene Autorität und die Achtung vor seiner Hoheit in den Gewissen der Staatsbürger.

Wir haben es in den letzten Jahren leider immer wieder beobachten müssen, dass mehr oder weniger schwere Strafen, meistens Freiheitsstrafen, verhängt und vollzogen wurden, ohne dass den Bestraften in einem ordnungsgemäßen Gerichtsverfahren eine Schuld nachgewiesen wäre und ohne dass ihnen Gelegenheit gegeben wurde, ihr Recht zu verteidigen, ihre Schuldlosigkeit nachzuweisen. Wie viele deutsche Menschen schmachten in Polizeihaft, in Konzentrationslagern, sind aus ihrer Heimat ausgewiesen, die niemals von einem ordentlichen Gericht verurteilt worden sind oder die nach Freispruch vor Gericht oder nach Verbüßung der vom Gericht verhängten Strafe erneut von der GStP gefangengenommen und in Haft gehalten werden! Wie viele sind aus ihrer Heimat und aus dem Ort ihrer Berufsarbeit ausgewiesen! Ich erinnere erneut an den ehrwürdigen Bischof von Rottenburg, Johann Baptist Sproll, einen Greis von 70 Jahren, der vor kurzem sein 25-jähriges Bischofsjubiläum fern seiner Diözese in der Verbannung feiern musste, weil ihn die GStP vor drei Jahren aus seinem Bistum ausgewiesen hat. Ich nenne nochmals unsere beiden Domkapitulare, die hochwürdigen Herren Vorwerk und Echelmeyer. Ich gedenke unseres verehrungswürdigen Herrn Religionslehrers Friedrichs, der im Konzentrationslager schmachtet. Weitere Namen zu nennen, will ich mir heute versagen. Der Name eines evangelischen Mannes, der im Weltkrieg als deutscher Offizier und Unterseebootkommandant sein Leben für Deutschland eingesetzt hat und nachher als evangelischer Pfarrer auch in Münster gewirkt hat und der jetzt schon seit Jahren seiner Freiheit beraubt ist, ist Euch allen bekannt, und wir alle haben die größte Hochachtung vor der Tapferkeit und dem Bekennermut dieses edlen deutschen Mannes. An diesem Beispiel seht ihr, meine Christen, dass es nicht ein konfessionell-katholisches Anliegen ist, das ich heute öffentlich vor euch bespreche, wohl aber ein christliches, ja ein allgemein menschliches und nationales, religiöses Anliegen.

„Die Gerechtigkeit ist das Fundament der Staaten!" Wir beklagen es, wir beobachten es mit größter Sorge, dass wir sehen, wie dieses Fundament heute erschüttert wird, wie die Gerechtigkeit, die natürliche und christliche Tugend, unentbehrlich für den geordneten Bestand jeder menschlichen Gemeinschaft, nicht für alle unzweideutig erkennbar gewahrt und hochgehalten wird. Nicht nur um der Rechte der Kirche willen, nicht nur um der Rechte der menschlichen Persönlichkeit willen, sondern auch aus Liebe zu unserem Volke und in ernster Sorge um unser Vaterland erbitten wir, verlangen wir, fordern wir: Gerechtigkeit! Wer muss nicht fürchten für den Bestand eines Hauses, wenn er sieht, dass die Fundamente untergraben werden!

„Die Gerechtigkeit ist das Fundament der Staaten!" Die Staatsgewalt kann nur dann der rechtswidrigen Gewaltanwendung des zufällig Stärkeren, der Unterdrückung der Schwachen und ihrer Erniedrigung zu unwürdigem Sklavendienst mit Ehrlichkeit und der Aussicht auf dauernden Erfolg entgegentreten, wenn auch die Inhaber staatlicher Machtmittel sich in Ehrfurcht beugen vor der königlichen Majestät der Gerechtigkeit und das strafende Schwert nur im Dienst der Gerechtigkeit gebrauchen. Nur jener Gewalthaber wird auf ehrliche Gefolgschaft und den freien Dienst ehrenhafter Männer rechnen können, dessen Maßnahmen und Strafverfügungen im Lichte unparteiischer Beurteilung als jeder Willkür entrückt und mit der unbestechlichen Waage der Gerechtigkeit abgewogen sich erweisen. Darum erzeugt die Praxis der Verurteilung und Bestrafung ohne die Möglichkeit der Verteidigung, ohne Gerichtsurteil, „die verteidigungslose Verdammung von vornherein Verurteilter", wie Reichsminister Dr. Frank es nannte, ein Gefühl der Rechtlosigkeit und eine Gesinnung ängstlicher Furchtsamkeit und knechtischer Feigheit, die auf die Dauer den Volkscharakter verderben und die Volksgemeinschaft zerreißen müssen.

Das ist die Überzeugung und die Besorgnis aller rechtlich denkenden deutschen Menschen. Das hat ein hoher Justizbeamter im Jahre 1937 im Reichsverwaltungsblatt offen und mutig ausgesprochen. Er schrieb: „Je größer die Machtvollkommenheit einer Behörde ist, umso notwendiger ist eine Gewähr für einwandfreie Handhabung; denn umso schwerer werden Missgriffe empfunden, umso größer ist auch die Gefahr der Willkür und des Missbrauchs. Wird die Verwaltungsgerichtsbarkeit ausgeschlossen, so muss in jedem Fall ein geordneter Weg für unparteiische Kontrolle gegeben sein, so dass kein Gefühl der Rechtlosigkeit aufkommen kann, das jedenfalls auf die Dauer die Volksgemeinschaft schwer schädigen müsste“ (Reichsverwaltungsblatt 1937, S. 572 – Herbert Schelcher, Präsident des Sächsischen Oberverwaltungsgerichts in Dresden).

Bei den Anordnungen und Strafverfügungen der GStP ist die Verwaltungsgerichtsbarkeit ausgeschlossen. Da wir alle keinen Weg kennen, der für eine unparteiische Kontrolle der Maßnahmen der GStP, ihre Freiheitsbeschränkungen, ihre Aufenthaltsverbote, ihre Verhaftungen, ihres Gefangenhaltens deutscher Volksgenossen in Konzentrationslagern gegeben wäre, so hat bereits in weitesten Kreisen des deutschen Volkes ein Gefühl der Rechtlosigkeit, ja feiger Ängstlichkeit Platz gegriffen, das die deutsche Volksgemeinschaft schwer schädigt. – Die Pflicht meines bischöflichen Amtes, für die sittliche Ordnung einzutreten, die Pflicht meines Eides, in dem ich vor Gott und vor dem Vertreter der Reichsregierung gelobt habe, nach Kräften „jeden Schaden zu verhüten, der das deutsche Volk bedrohen könnte“, drängen mich, angesichts der Taten der GStP, diese Tatsache öffentlich warnend anzusprechen.

Meine Christen! Man wird mir vielleicht den Vorwurf machen, mit dieser offenen Sprache schwäche ich jetzt im Kriege die innere Front des deutschen Volkes. Demgegenüber stelle ich fest: Nicht ich bin die Ursache einer etwaigen Schwächung der inneren Front, sondern jene, die ungeachtet der Kriegszeit, ungeachtet der augenblicklichen Not, ja, jetzt hier in Münster zum Abschluss einer Schreckenswoche schauriger Feindesangriffe, schuldlose Volksgenossen ohne Gerichtsurteil und Verteidigungsmöglichkeit in harte Strafe nehmen, unsere Ordensleute, unsere Brüder und Schwestern, ihres Eigentums berauben, auf die Straße setzen, aus dem Lande jagen! Sie zerstören die Rechtssicherheit, sie untergraben das Rechtsbewusstsein, sie vernichten das Vertrauen auf unsere Staatsführung.

Und darum erhebe ich im Namen des rechtschaffenen deutschen Volkes, im Namen der Majestät der Gerechtigkeit und im Interesse des Friedens und der Geschlossenheit der inneren Front meine Stimme, darum rufe ich laut als deutscher Mann, als ehrenhafter Staatsbürger, als Vertreter der christlichen Religion, als katholischer Bischof: „Wir fordern Gerechtigkeit!“

Bleibt dieser Ruf ungehört und unerhört, wird die Herrschaft der Königin Gerechtigkeit nicht wiederhergestellt, so wird unser deutsches Volk und Vaterland trotz des Heldentums unserer Soldaten und ihrer ruhmreichen Siege an innerer Fäulnis und Verrottung zu Grunde gehen!

Lasset uns beten für alle, die in Not sind, besonders für unsere verbannten Ordensleute, für unsere Stadt Münster, dass Gott weitere Prüfungen von uns fern halte, für unser deutsches Volk und Vaterland und seinen Führer!

Predigt des Bischofs von Münster, Clemens August Graf von Galen, am Sonntag, dem 20. Juli 1941, in der Liebfrauenkirche zu Münster

Am heutigen Sonntag wird in allen Gemeinden der Diözese, die bisher selbst nicht durch Kriegsschäden gelitten haben, die von mir angeordnete Kollekte gehalten für die Bewohner der Stadt Münster. Ich hoffe, dass es durch das Eingreifen der dafür zuständigen staatlichen und städtischen Stellen und durch die brüderliche Hilfe der Katholiken unseres Bistums, deren Spenden die Caritasstellen verwalten und verteilen werden, gelingen wird, vielerlei Not zu lindern.

Gott sei Dank: Seit mehreren Tagen haben neue Angriffe der Kriegsgegner unsere Stadt nicht mehr erreicht. Aber leider muss ich es sagen: Die Angriffe unserer Gegner im Innern des Landes, deren Beginn ich am vorigen Sonntag in St. Lamberti besprochen habe, sind in der letzten Woche, unbekümmert um unsere Proteste, unbekümmert um das Herzleid, das dadurch den Betroffenen und ihren Angehörigen bereitet wird, fortgeführt worden.

Am vorigen Sonntag habe ich es öffentlich beklagt, als himmelschreiendes Unrecht bezeichnet, dass die GStP die Ordensniederlassungen der Immakulata-Schwestern in Wilkinghege und der Jesuiten in Münster aufgehoben, Häuser und Inventar beschlagnahmt und die Bewohner auf die Straße gejagt, aus der Heimat vertrieben hatte. Auch das Lourdeskloster an der Frauenstraße in Münster wurde für die Gauleitung beschlagnahmt. Ich wusste damals noch nicht, dass am gleichen Tage, am Sonntag, dem 13. Juli, die GStP das Kamilluskolleg in St. Mauritz-Sudmühle und unsere Benediktinerabtei St. Josef in Gerleve bei Coesfeld besetzt, beschlagnahmt und die Patres und Brüder dort vertrieben hatte. Sie mussten am gleichen Tage Westfalen verlassen. Am 15. Juli wurden auch die Benediktinerinnen von der Ewigen Anbetung in Vinnenberg bei Warendorf ausgetrieben und über die Provinzgrenze gejagt. Am 17. Juli mussten die Kreuzschwestern in Haus Aspel bei Rees ihr Besitztum und den Kreis Rees verlassen. Hätte nicht christliche Liebe sich all dieser Obdachlosen erbarmt, so wären diese Frauen und Männer dem Hunger und den Unbilden der Witterung überlassen. Vor wenigen Stunden bekam ich nun auch noch die Trauernachricht, dass gestern am 19. Juli zum Abschluss dieser zweiten Schreckenswoche für unser Münsterland die GStP auch das deutsche Provinzialhaus der Missionare vom heiligsten Herzen Jesu, das euch allen wohlbekannte große Missionskloster in Hiltrup, besetzt, beschlagnahmt und enteignet hat. Die noch dort wohnenden Patres und Brüder mussten bis gestern Abend 8 Uhr ihr Heim und ihren Besitz verlassen. Auch sie sind aus Westfalen und wiederum auch aus der Rheinprovinz ausgewiesen.

Die dort noch wohnenden Patres und Brüder: Ich sage das mit besonderer Betonung: denn aus den Reihen der Hiltruper Missionare stehen zur Zeit, wie ich kürzlich zuverlässig erfuhr, 161 Männer als deutsche Soldaten im Felde, teilweise direkt vor dem

Feinde, 53 Patres von Hiltrup sind als Sanitäter im Dienste der verwundeten Soldaten tätig, 42 Theologen und 66 Brüder dienen als Soldat mit der Waffe dem Vaterland, sind teilweise schon mit dem Eisernen Kreuz, dem Sturmabzeichen und anderen Auszeichnungen geschmückt. Ähnlich ist es bei den Patres Kamillianern von Sudmühle, bei den Jesuiten von Sentmaring und bei den Benediktinern von St. Josef in Gerleve! Während diese deutschen Männer, in treuer Kameradschaft mit den anderen deutschen Brüdern, unter Einsatz ihres Lebens, gehorsam ihrer Pflicht, für die Heimat kämpfen, wird ihnen im Vaterland rücksichtslos und ohne jeden Rechtsgrund die Heimat genommen, das klösterliche Vaterhaus zerstört! Wenn sie, wie wir hoffen, siegreich wiederkommen, finden sie ihre Klosterfamilie von Haus und Hof vertrieben, ihre Heimat von Fremden, von Feinden besetzt.

Was soll das? Wie soll das enden? Es handelt sich nicht etwa darum, für obdachlose Bewohner von Münster eine vorübergehende Unterkunft zu schaffen. Die Ordensleute waren bereit und entschlossen, ihre Wohnung für solche Zwecke aufs äußerste einzuschränken, um gleich anderen Obdachlose aufzunehmen und zu verpflegen. Nein, darum handelt es sich nicht: Im Immakulatakloster in Wilkinghege richtet sich, wie ich höre, die Gaufilmstelle ein. Man sagt mir, in der Benediktinerabtei St. Josef werde ein Entbindungsheim für uneheliche Mütter eingerichtet. Was in Sentmarin, in Sudmühle und Vinnenberg eingezogen ist, habe ich noch nicht erfahren. Ich bin ja überhaupt ohne amtliche Benachrichtung gelassen. Und keine Zeitung hat bisher von den gefahrlosen Siegen berichtet, die in diesen Tagen die Beamten der GStP über wehrlose deutsche Männer und schutzlose deutsche Frauen errungen haben, und von den Eroberungen, die die Gauleitung in der Heimat am Eigentum deutscher Volksgenossen gemacht hat!

Am gleichen Montag, dem 14. Juli, habe ich an die Reichskanzlei des Führers in Berlin ein Telegramm gesandt mit folgendem Wortlaut: „Nachdem seit dem 6. Juli die Kriegsgegner die Stadt Münster in furchtbaren Nachtangriffen zu zerstören suchen, hat die GStP am 12. Juli begonnen, die Klöster und Ordenshäuser in Stadt und Umgebung zu beschlagnahmen und samt Inventar zu Gunsten der Gauleitung zu enteignen. Die Bewohner, schuldlose deutsche Männer und Frauen, ehrenhafte Mitglieder deutscher Familien, deren Angehörige zum Teil als Soldaten für Deutschland kämpfen, werden ihres Heimes beraubt, auf die Straße gejagt, aus der Heimatprovinz verbannt. Ich bitte den Führer und Reichskanzler im Interesse der Gerechtigkeit und der Geschlossenheit der inneren Front um Schutz für die Freiheit und das Eigentum dieser ehrenwerten deutschen Menschen gegen die Willkürmaßnahmen der GStP und gegen die Beraubung zu Gunsten der Gauleitung." Ähnliche Bitten habe ich telegraphisch dem Reichsstatthalter für Preußen, Reichsmarschall Hermann Göring, dem Reichsinnenminister, dem Reichskirchenminiser und schließlich auch noch dem Oberkommando der Wehrmacht unterbreitet. Ich hatte gehofft, dass, wenn nicht Erwägungen der Gerechtigkeit, so doch wenigstens die Erkenntins der Folgen für die Geschlossenheit der inneren Front jetzt im Kriege jene Stellen bewegen würde, dem Vorgehen der GStP gegen unsere Brüder und Schwestern Einhalt zu tun, und dass man schuldlosen deutschen Frauen ritterlichen Schutz nicht versagen würde. Es war vergebens: das Vorgehen wurde fortgesetzt, und jetzt ist bereits eingetreten, was ich schon lange vorausgesehen und am vorigen Sonntag vorausgesagt habe: Wir stehen vor den Trümmern der inneren Volksgemeinschaft, die in diesen Tagen rücksichtslos zerschlagen worden ist!

Ich habe den Regierungspräsidenten, die Herren Minister, das Oberkommando der Wehrmacht eindringlich darauf hingewiesen, wie die Gewalttaten gegen unbescholtene deutsche Männer, wie diese Rohheit gegenüber wehrlosen deutschen Frauen, die aller Ritterlichkeit Hohn spricht und nur aus einem abgründigen Hass gegen die christliche Religion und gegen die katholische Kirche entspringen kann, wie diese Machenschaften geradezu wie Sabotage und Sprengungen der Volksgemeinschaft wirken.

Volksgemeinschaft mit den Männern, die unsere Ordensleute, unsere Brüder und Schwestern ohne Rechtsgrund, ohne Untersuchung, Verteidigungsmöglichkeit und Gerichtsurteil wie Freiwild aus dem Lande hetzen? Nein! Mit ihnen und allen dafür Verantwortlichen ist mir keine Gemeinschaft im Denken und Fühlen mehr möglich! Ich werde sie nicht hassen,ich wünsche von Herzen, daß sie zur Einsicht kommen und sich bekehren: – wie ich auch sofort ein fürbittendes Gebet zum Himmel gesandt habe für die Seele des am 5. Juli plötzlich verstorbenen Ministerialdirigenten Roth. Er war katholischer Priester der Erzdiözese München, war seit Jahren ohne Erlaubnis und gegen den Willen seines Bischofs Beamter im Reichskirchenministerium und hat gar viele die Rechte der Kirche verletzende, die Würde der Kirche kränkende Schriftsücke für den Minister Kerrl verfaßt und unterzeichnet. Jetzt ist er bei einer Bootsfahrt auf dem Inn verunglückt und im reißenden Strom ertrunken. Gott sei seiner armen Seele gnädig!

So wollen wir nach dem Gebot des Heilands beten für alle, die uns verfolgen und verleumden! Aber, solange sie sich nicht ändern, solange sie fortfahren, Unschuldige zu berauben, aus dem Lande zu treiben, einzukerkern, solange lehne ich jede Gemeinschaft mit ihnen ab!

Nein, die Gemeinsamkeit in Gesinnung und Streben in unserem Volk ist gegen unseren Willen, ungeachtet unserer Warnungen unheilbar gestört. Ich kann mir nicht vorstellen, dass unsere alteingesessenen Bürger und Bauern, Handwerker und Arbeiter, dass unsere Frauen, dass eure Väter, Brüder und Söhne, die jetzt an der Front ihr Leben für Deutschland einsetzen, mit den Verfolgern und Vertreibern unserer Ordensleute irgendwie Gesinnungsgemeinschaft pflegen werden.

Wir werden ihnen gehorchen, soweit sie als Vertreter der rechtmäßigen Obrigkeit uns Befehle zu erteilen haben. Aber Gesinnungsgemeinschaft, ein Gefühl innerer Verbundenheit mit diesen Kirchenverfolgern, mit diesen Klosterstürmern, die wehrlose Frauen und Mädchen, Kinder unserer besten Familien, unsere Schwestern aus ihrer klösterlichen Heimat jagen, wo sie, teilweise seit Jahrzenten, in Arbeit und Gebet unserem Volke nur Gutes getan haben, das kann es für uns nicht geben! Ich müsste mich schämen vor Gott und vor euch, ich müsste mich schämen vor unseren edlen deutschen Vorfahren, vor meinem ritterlichen seligen Vater, – der meine Brüder und mich mit unerbittlichem Ernst zu zarter Hochachtung vor jeder Frau und jedem Mädchen, zu ritterlichem Schutz aller unschuldig Bedrängten, besonders jener, die als Frauen Abbilder unser eigenen Mütter, ja der lieben Gottesmutter im Himmel sind, ermahnt, erzogen und angeleitet hat, – wenn ich Gemeinschaft halten würde mit jenen, die schutzlose Frauen aus Heim und Heimat vertreiben und obdachlos und mittellos aus dem Land jagen!

Dazu kommt, was ich schon am letzten Sonntag in der Lambertikirche ausführlich bewiesen habe, was ich heute noch einmal mit großem Ernst aus Liebe zu Volk und Vaterland warnend wiederhole: Dieses strafweise Vorgehen der GStP gegen Schuldlose, ohne gerichtliches Verfahren, ohne Verteidigungsmöglichkeit, die „verteidigungslose Verdammung von vornherein Verurteilter und jeglicher Verteidigungsmittel Beraubter“, wie Reichsminister Dr. Frank es genannt hat, zerstört die Rechtssicherheit, untergräbt das Rechtsbewusstsein und vernichtet das Vertrauen auf die Staatsführung.

Gewiss, wir Christen machen keine Revolution! Wir werden weiter treu unsere Pflicht tun im Gehorsam gegen Gott, aus Liebe zu unserem deutschen Volk und Vaterland. Unsere Soldaten werden kämpfen und sterben für Deutschland, aber nicht für jene Menschen, die durch ihr grausames Vorgehen gegen unsere Ordensleute, gegen ihre Brüder und Schwestern, unsere Herzen verwunden und dem deutschen Namen vor Gott und den Mitmenschen Schmach antun. Wir kämpfen tapfer weiter gegen den äußeren Feind. Gegen den Feind im Innern, der uns peinigt und schlägt, können wir nicht mit Waffen kämpfen. Es bleibt uns nur ein Kampfmittel: starkes, zähes, hartes Durchhalten.

Hart werden! Fest bleiben! Wir sehen und erfahren jetzt deutlich, was hinter den neuen Lehren steht, die man uns seit einigen Jahren aufdrängt, denen zuliebe man die Religion aus den Schulen verbannt hat, unsere Vereine unterdrückt hat, jetzt katholische Kindergärten zerstören will: abgrundtiefer Hass gegen das Christentum, das man ausrotten möchte. Wenn ich recht unterrichtet bin, hat das ja auch der Schulungsleiter

Schmidt vor 14 Tagen in der Stadthalle hier vor einem zwangsweise geladenen Publikum, darunter Schüler und Schülerinnen, offen ausgesprochen, und Herr Kreisleiter Miering hat begeistert Beifall gespendet und versprochen, für die Ausführung solcher Pläne sich einzusetzen.

Hart werden! Fest bleiben! Wir sind in diesem Augenblick nicht Hammer, sondern Amboss. Andere, meist Fremde und Abtrünnige, hämmern auf uns, wollen mit Gewaltanwendung unser Volk, uns selbst, unsere Jugend neu formen, aus der geraden Haltung zu Gott verbiegen.

Wir sind Amboss und nicht Hammer! Aber seht einmal zu in der Schmiede! Fragt den Schmiedemeister und lasst es euch von ihm sagen: Was auf dem Amboss geschmiedet wird, erhält seine Form nicht nur vom Hammer, sondern auch vom Amboss. Der Amboss kann nicht und braucht auch nicht zurückzuschlagen, er muss nur fest, nur hart sein! Wenn er hinreichend zäh, fest, hart ist, dann hält meistens der Amboss länger als der Hammer. Wie heftig der Hammer auch zuschlägt, der Amboss steht in ruhiger Festigkeit da und wird noch lange dazu dienen, das zu formen, was neu geschmiedet wird. – Was jezt geschmiedet wird, das sind die zu Unrecht Eingekerkerten, die schuldlos Ausgewiesenen und Verbannten. Gott wird ihnen beistehen, dass sie Form und Haltung christlicher Festigkeit nicht verlieren, wenn der Hammer der Verfolgung sie bitter trifft und ihnen ungerecht Wunden schlägt.

Was in diesen Tagen geschmiedet wird, sind unsere Ordensleute, Patres, Brüder und Schwestern. Ich habe vorgestern einen Teil der Vertriebenen in ihren provisorischen Unterkünften besuchen können und mit ihnen gesprochen. Ich habe mich erbaut und begeistert an der tapferen Haltung der braven Männer, der schwachen, wehrlosen Frauen, die man roh und rücksichtslos aus ihrer Klosterheimat, aus der Kapelle und der Nähe des Tabernakels verjagte, die erhobenen Hauptes, im Bewusstsein ihrer Schuldlosigkeit in die ungewisse Verbannung gehen, vertrauend auf jenen, „der Vögel des Himmels speist und die Lilien des Feldes kleidet", ja freudig, in jener Freude, die der Heiland seinen Jüngern anbefiehlt: „Selig seid ihr, wenn euch die Menschen verfolgen und hassen um meinetwillen! Freuet euch und frohlocket, denn euer Lohn ist groß im Himmel!" Wahrhaftig, diese Männer und Frauen sind Meisterwerke der göttlichen Schmiedewerkstatt. Was in dieser Zeit geschmiedet wird zwischen Hammer und Amboss, ist unsere Jugend: die heranwachsende, die noch unfertige, die noch bildungsfähige weiche Jugend! Wir können sie den Hammerschlägen des Unglaubens, der Christentumsfeindlichkeit, der falschen Lehren und Sitten nicht entziehen.

Was wird ihnen vorgetragen und aufgedrängt in ihren Heimabenden und den Dienststunden jener Jugendvereinigungen, denen sie, wie man sagt, unter Zustimmung ihrer

Eltern freiwillig beigetreten sind? Was hören sie in den Schulen, in die heute alle Kinder ohne Rücksicht auf den Willen der Eltern hineingezwungen werden? Was lesen sie in den neuen Schulbüchern? Lasst euch doch, christliche Eltern, die Bücher zeigen, besonders die Geschichtsbücher der höheren Schulen! Ihr werdet entsetzt sein, mit welcher Unbekümmertheit um die geschichtliche Wahrheit dort versucht wird, die unerfahrenen Kinder mit Misstrauen gegen Christentum und Kirche, ja mit Hass gegen den christlichen Glauben zu erfüllen! In den bevorzugten staatlichen Lehranstalten, den Hitlerschulen und den neuen Lehranstalten für künftige Lehrer und Lehrerinnen, wird jeder christliche Einfluss, ja jede wirkliche religiöse Betätigung grundsätzlich ausgeschlossen. – Und was geschieht mit den im letzten Frühjahr unter Hinweis auf die Luftgefahr in ferne Gegenden verschickten Kindern? Wie steht es mit dem Religionsunterricht für sie und mit der Übung der Religion? Christliche Eltern, um all das müsst ihr euch kümmern, sonst versäumt ihr eure heiligsten Pflichten, sonst könnt ihr nicht bestehen vor eurem Gewissen und vor jenem, der euch die Kinder anvertraut, damit ihr sie auf den Weg zum Himmel führt!

Wir sind Amboss, nicht Hammer! Ihr könnt eure Kinder, das edle, aber noch ungehärtete und ungestählte Rohmetall, leider den Hammerschlägen der Glaubensfeindlichkeit, der Kirchenfeindlichkeit nicht entziehen. Aber auch der Amboss formt mit. Lasst euer Elternhaus, lasst eure Elternliebe und -treue, lasst euer vorbildliches Christenleben der starke, zähe, feste und unerschütterliche Amboss sein, der die Wucht der feindlichen Schläge auffängt, der die noch schwache Kraft der jungen Menschen immer wieder stärkt und befestigt in dem heiligen Willen, sich nicht verbiegen zu lassen aus der Richtung zu Gott.

Was in dieser Zeit geschmiedet wird, sind fast ohne Ausnahme wir alle. Wie viele sind abhängig durch Pensionen, Staatsrenten, Kinderbeihilfen und Anderes! Wer ist denn heute noch unabhängig und freier Herr in seinem Besitz oder Geschäft? Es mag sein, dass, zumal im Kriege, eine starke Überwachung und Lenkung, ja auch die Zusammenfassung und Zwangssteuerung von Produktion und Wirtschaft, von Erzeugung und Verbrauch notwendig sind, und wer wird das nicht aus Liebe zu Volk und Vaterland willig tragen! Aber damit ist auch eine Abhängigkeit jedes Einzelnen von vielen Personen und Dienststellen gegeben, die nicht nur die Freiheit des Handelns beschränken, sondern auch die freie Unabhängigkeit der Gesinnung in schwere Gefahr und Versuchung bringen, wenn diese Personen und Dienststellen zugleich eine christentumsfeindliche Weltanschauung vertreten und bei den von ihnen abhängigen Menschen durchzusetzen suchen. – Erst recht ist solche Abhängigkeit gegeben bei allen Beamten. Und welcher Mut, welcher Heldenmut mag für manche Beamten dazu gehören, sich trotz allen Druckes noch immer als echte Christen, als treue Katholiken zu erweisen und öffentlich zu bekennen!

Wir sind zur Zeit Amboss, nicht Hammer! Bleibt stark und fest und unerschütterlich wie der Amboss bei allen Schlägen, die auf ihn niedersausen, in treustem Dienst für Volk und Vaterland, aber auch stets bereit, in äußerstem Opfermut nach dem Wort zu handeln: „Man muss Gott mehr gehorchen als den Menschen!" Durch das vom Glauben geformte Gewissen spricht Gott zu jedem von uns. Gehorcht stets unweigerlich der Stimme des Gewissens. – Nehmt euch zum Beispiel und Vorbild jenen preußischen Justizminister der alten Zeit – ich habe ihn früher schon einmal erwähnt –, dem einst sein König Friedrich der Große das Ansinnen stellte, er solle sein gesetzmäßig gefälltes Gerichtsurteil nach dem Wunsche des Monarchen umstoßen und abändern. Da hat dieser echte Edelmann, ein Herr von Münchhausen, seinem König die prachtvolle Antwort gegeben: „Mein Kopf steht eurer Majestät zur Verfügung, aber nicht mein Gewissen!" Er wollte damit sagen: Ich bin bereit, für meinen König zu sterben, ja ich würde im Gehorsam sogar den Tod von Henkershand annehmen. Mein Leben gehört dem König, nicht mein Gewissen; das gehört Gott! Ist das Geschlecht solcher Edelleute, die so gesinnt sind und so handeln, sind die preußischen Beamten dieser Art ausgestorben? Gibt es nicht mehr Bürger und Bauern, Handwerker und Arbeiter von gleicher Gewissenhaftigkeit und gleichem Edelmut? – Das kann, das will ich nicht glauben! – Und darum noch einmal: Werdet hart! Werdet fest! Bleibt standhaft, wie der Amboss unter den Hammerschlägen! Es kann sein, dass der Gehorsam gegen Gott, die Treue gegen das Gewissen mir oder euch das Leben, die Freiheit, die Heimat kostet. Aber: „Lieber sterben als sündigen!" Möge Gottes Gnade, ohne die wir nichts vermögen, euch und mir diese unerschütterliche Festigkeit geben und erhalten!

Meine lieben Katholiken von Münster! Nachdem in der Nacht vom 7. zum 8. Juli das Seitenschiff des Domes von einer Sprengbombe durchschlagen war, hat in der folgenden Nacht eine an der Außenwand herabkommende Bombe den Ludgerusbrunnen, das Denkmal der Rückkehr des seligen Bischofs Johann Bernhard aus der Verbannung im Jahr 1884, zerstört. Die Statuen der beiden Bischöfe Suitger und Erpho an beiden Seiten des Denkmals sind stark beschädigt. Fast unzerstört geblieben ist die Steinfigur des hl. Ludger, des Apostels unseres Münsterlandes und ersten Bischofs von Münster. Segnend und zum Himmel weisend erhebt er die unbeschädigt gebliebene rechte Hand, gleich als sollte uns durch die fast wunderbare Errettung dieses Bildes die Mahnung zugerufen werden: „Was auch kommen mag, haltet euch fest an dem von Gott geoffenbarten, von den Vorfahren ererbten katholischen Glauben: In aller Zerstörung menschlicher Werke, in aller Not und Sorge, in aller Bedrängnis und Verfolgung: Empor die Herzen!"

St. Ludger ermahnt euch, ich, sein 70. Nachfolger auf münsterischem Hirtenstuhl, ermahne euch mit den Worten, die in der ersten Christenverfolgung der Apostel Petrus, der erste Papst, den bedrängten Christen schrieb: „Demütigt euch unter Gottes allmächtige Hand, dann wird er zur rechten Stunde euch erhören. Werft alle Sorgen auf ihn, denn er nimmt sich eurer an. Seid nüchtern und wachsam, denn euer Feind, der Teufel, geht umher wie ein nach Beute brüllender Löwe ... Widersteht ihm standhaft im Glauben ...

Der Gott aller Gnaden, der euch durch Jesus Christus berufen hat, nach kurzer Leidenszeit in seine Herrlichkeit einzugehen, er wird euch ausrüsten, stärken, festmachen! Ihm sei Ehre und Herrschaft von Ewigkeit zu Ewigkeit. Amen“ (1 Petr 5). Lasset uns beten für unsere verbannten Ordensleute, für alle, die ungerecht leiden müssen, für alle Notleidenden, für unsere Soldaten, für Münster und seine Bewohner, für unser Volk und Vaterland und seinen Führer.

Predigt des Bischofs von Münster, Clemens August Graf von Galen, am Sonntag, dem 3. August 1941, in der St. Lambertikirche zu Münster

Ich muss leider mitteilen, dass die GStP auch in dieser Woche ihren Vernichtungskampf gegen die katholischen Orden fortgesetzt hat. Am Mittwoch, dem 30. Juli, hat die GStP das Provinzialhaus der Schwestern Unserer Lieben Frau in Mülhausen, Kreis Kempen, das früher zum Bistum Münster gehörte, besetzt und für aufgehoben erklärt. Die Schwestern, von denen viele aus unserem Bistum stammen, wurden zum größten Teil ausgewiesen und mussten noch am gleichen Tage den Kreis verlassen. Nach glaubwürdigen Nachrichten ist am Donnerstag, dem 31. Juli, das Kloster der Missionare von Hiltrup in Hamm ebenfalls von der GStP besetzt und beschlagnahmt worden. Die dort verbliebenen Patres sind ausgewiesen.

Ich habe bereits am 13. Juli hier in der Lambertikirche nach der Vertreibung der Jesuiten und Missionsklarissen aus Münster öffentlich festgestellt: Keiner der Bewohner der Klöster ist eines Vergehens oder Verbrechens beschuldigt, vor Gericht angeklagt oder gar verurteilt. Wie ich höre, werden jetzt in Münster Gerüchte verbreitet, dass diese Ordensleute, insbesondere die Jesuiten, doch wegen gesetzwidriger Verfehlungen, ja sogar wegen Landesverrat angeklagt oder sogar überführt seien. Ich erkläre: Das ist eine gemeine Verleumdung deutscher Volksgenossen, unserer Brüder und Schwestern, die wir uns nicht gefallen lassen. Gegen einen Burschen, der vor Zeugen es wagte, Derartiges zu behaupten, habe ich bereits Strafanzeige bei dem Herrn Oberstaatsanwalt erstattet. Ich spreche die Erwartung aus, dass der Mann schleunigst zur Verantwortung gezogen wird und dass unsere Gerichte noch den Mut haben, Verleumder, die es wagen, unbescholtenen deutschen Volksgenossen, nachdem ihnen schon ihr Eigentum genommen wurde, auch noch die Ehre zu rauben, zur Verantwortung zu ziehen und zu bestrafen. Ich fordere alle meine Zuhörer, ja alle anständigen Mitbürger auf, von heute ab, falls in ihrer Gegenwart solche Anschuldigungen gegen die aus Münster ausgewiesenen Ordensleute ausgesprochen werden, sofort den Namen und die Wohnung des Anklägers und der etwa anwesenden Zeugen festzustellen. Ich hoffe, es gibt hier in Münster noch Männer, die den Mut haben, zur gerichtlichen Klarstellung solcher die Volksgemeinschaft vergiftender Beschuldigungen durch offenes Eintreten mit ihrer Person, ihrem Namen, nötigenfalls mit ihrem Eide mitzuwirken. Diese bitte ich, falls vor ihnen solche Beschuldigungen gegen unsere Ordensleute ausgesprochen werden, alsbald bei ihrem Pfarrer oder auch beim Bischöflichen Generalvikariat das zu melden und zu Protokoll zu geben. Ich bin es der Ehre unserer Ordensleute, der Ehre unserer katholischen Kirche und auch der Ehre unseres deutschen Volkes und unserer Stadt Münster schuldig, dass ich durch Strafanzeige bei der Staatsanwaltschaft für die gerichtliche Klarstellung des Tatbestandes und für die Bestrafung gemeiner Verleumder unserer Ordensleute Sorge trage. (Nach der Verlesung des Tagesevangeliums vom 9. Sonntag nach Pfingsten: „... als Jesus Jerusalem nahe kam und die Stadt sah, weinte er über sie ..." Luk 19,41–47).

Meine lieben Diözesanen! Eine erschütternde Begebenheit ist es, die das heutige Sonntagsevangelium berichtet. Jeusus weint! Der Sohn Gottes weint! Wer weint, der leidet Schmerzen, Schmerzen am Leibe oder am Herz. Jesus litt damals nicht dem Leibe nach und doch weinte er. Wie groß muss der Seelenschmerz, das Herzensweh dieses tapfersten der Männer gewesen sein, dass er weinte! Warum weinte er? Er weinte über Jerusalem, über die heilige, ihm so teuere Gottesstadt, die Hauptstadt seines Volkes. Er weinte über ihre Bewohner, seine Volksgenossen, weil sie nicht erkennen wollten, was allein von seiner Allwissenheit vorausgesehenen, von seiner göttlichen Gerechtigkeit vorausbestimmten Strafgerichte abwenden könnte: „Wenn du es doch erkenntest, was dir zum Frieden dient!" Warum erkennen es die Bewohner von Jerusalem nicht? Nicht lange vorher hat Jesus es ausgesprochen: „Jerusalem, Jerusalem, wie oft wollte ich deine Kinder versammeln, wie eine Henne ihre Küchlein unter ihre Flügel sammelt. Aber du hast nicht gewollt!" (Luk 13,34).

Du hast nicht gewollt. Ich, dein König, dein Gott, ich wollte! Aber du hast nicht gewollt. Wie geborgen, wie behütet, wie beschützt ist das Küchlein unter den Flügeln der Henne; sie wärmt es, sie nährt es, sie verteidigt es. So wollte ich dich beschützen, behüten, gegen jedes Ungemach verteidigen. Ich wollte! Du hast nicht gewollt!

Darum weint Jesus, darum weint dieser starke Mann, darum weint Gott. Über die Torheit, über das Unrecht, über das Verbrechen des Nichtwollens. Und über das daraus entstehende Unheil, das seine Allwissenheit kommen sieht, das seine Gerechtigkeit verhängen muss, wenn der Mensch den Geboten Gottes, allen Mahnungen seines Gewissens, allen liebevollen Einladungen des göttlichen Freundes, des besten Vaters, sein Nichtwollen entgegensetzt: „Wenn du es doch erkennst, noch heute, an diesem Tage, was dir zum Frieden dient! Aber du hast nicht gewollt!" Es ist etwas Furchtbares, etwas unerhört Ungerechtes und Verderbenbringendes, wenn der Mensch seinen Willen gegen Gottes Willen stellt! Ich wollte! Du hast nicht gewollt! Darum weint Jesus über Jerusalem.

Andächtige Christen! In dem am 6. Juli dieses Jahres in allen katholischen Kirchen Deutschlands verlesenen gemeinsamen Hirtenbrief der deutschen Bischöfe heißt es: „Gewiss gibt es nach der katholischen Sittenlehre positive Gebote, die nicht mehr verpflichten, wenn ihre Erfüllung mit allzu großen Schwierigkeiten verbunden wäre. Es gibt aber auch heilige Gewissensverpflichtungen, von denen niemand uns befreien kann, die wir erfüllen müssen, koste es, was es wolle, koste es uns selbst das Leben: Nie, unter keinen Umständen darf der Mensch außerhalb des Krieges und der gerechten Notwehr einen Unschuldigen töten." Ich hatte schon am 6. Juli Veranlassung, diesen Worten des gemeinsamen Hirtenbriefes folgende Erläuterung hinzuzufügen: „Seit einigen Monaten hören wir Berichte, dass aus Heil- und Pflegeanstalten für Geisteskranke auf Anordnung von Berlin Pfleglinge, die schon länger krank sind und vielleicht unheilbar erscheinen, zwangsweise abgeführt werden. Regelmäßig erhalten dann die Angehörigen nach kurzer Zeit die Mitteilung, der Kranke sei verstorben, die Leiche sei verbrannt, die Asche könne abgeliefert werden. Allgemein herrscht der an Sicherheit grenzende Verdacht, dass diese zahlreichen unerwarteten Todesfälle von Geisteskranken nicht von selbst eintreten, sondern absichtlich herbeigeführt werden, dass man dabei jener Lehre folgt, die behauptet, man dürfe sogenanntes ‚lebensunwertes Leben' vernichten, also unschuldige Menschen töten, wenn man meint, ihr Leben sei für Volk und Staat nichts mehr wert. Eine furchtbare Lehre, die die Ermordung Unschuldiger rechtfertigen will, die die gewaltsame Tötung der nicht mehr arbeitsfähigen Invaliden, Krüppel, unheilbar Kranken, Altersschwachen grundsätzlich freigibt!"

Wie ich zuverlässig erfahren habe, werden jetzt auch in den Heil- und Pflegeanstalten der Provinz Westfalen Listen aufgestellt von solchen Pfleglingen, die als sogenannte „unproduktive" Volksgenossen abtransportiert und in kurzer Zeit ums Leben gebracht werden sollen. Aus der Anstalt Marienthal bei Münster ist im Laufe dieser Woche der erste Transport abgegangen!

Deutsche Männer und Frauen! Noch hat Gesetzeskraft der § 211 des Reichsstrafgesetzbuches, der bestimmt: „Wer vorsätzlich einen Menschen tötet, wird, wenn er die Tötung mit Überlegung ausgeführt hat, wegen Mordes mit dem Tode bestraft." Wohl um diejenigen, die jene armen Menschen, Angehörige unserer Familien, vorsätzlich töten, vor dieser gesetzlichen Bestrafung zu bewahren, werden die zur Tötung bestimmten Kranken aus der Heimat abtransportiert in eine entfernte Anstalt. Als Todesursache wird dann irgendeine Krankheit angegeben. Da die Leiche sofort verbrannt wird, können die Angehörigen und auch die Kriminalpolizei es hinterher nicht mehr feststellen, ob die Krankheit wirklich vorgelegen hat und welche Todesursache vorlag. Es ist mir aber versichert worden, dass man im Reichsministerium des Innern und auf der Dienststelle des Reichsärzteführers Dr. Conti gar kein Hehl daraus mache, dass tatsächlich schon eine große Zahl von Geisteskranken in Deutschland vorsätzlich getötet worden ist und in Zukunft getötet werden soll.

Das Reichsstrafgesetzbuch bestimmt in § 139: „Wer von dem Vorhaben ... eines Verbrechens wider das Leben ... glaubhafte Kenntnis erhält und es unterlässt, der Behörde oder dem Bedrohten hiervon zur rechten Zeit Anzeige zu machen, wird ... bestraft."

Als ich von dem Vorhaben erfuhr, Kranke aus Marienthal abzutransportieren, um sie zu töten, habe ich am 28. Juli bei der Staatsanwaltschaft beim Landgericht Münster und bei dem Herrn Polizeipräsidenten in Münster Anzeige erstattet durch eingeschriebenen Brief mit folgendem Wortlaut:

„Nach mir zugegangenen Nachrichten soll im Laufe dieser Woche (man spricht vom 31. Juli) eine große Anzahl Pfleglinge der Provinzheilanstalt Marienthal bei Münster als sogenannte ‚unproduktive Volksgenossen' nach der Heilanstalt Eichberg überführt werden, um dann alsbald, wie es nach solchen Transporten aus anderen Heilanstalten nach allgemeiner Überzeugung geschehen ist, vorsätzlich getötet zu werden. Da ein derartiges Vergehen nicht nur dem göttlichen und natürlichen Sittengesetz widerstreitet, sondern auch als Mord nach § 211 des Reichsstrafgesetzbuches mit dem Tode zu bestrafen ist, erstatte ich gemäß § 139 des Reichsstrafgesetzbuches pflichtgemäß Anzeige und bitte, die bedrohten Volksgenossen unverzüglich durch Vorgehen gegen die den Abtransport und die Ermordung beabsichtigenden Stellen zu schützen und mir von dem Veranlassten Nachricht zu geben."

Nachricht über ein Einschreiten der Staatsanwaltschaft oder der Polizei ist mir nicht zugegangen.

Ich hatte bereits am 26. Juli bei der Provinzialverwaltung der Provinz Westfalen, der die Anstalten unterstehen, der die Kranken zur Pflege und Heilung anvertraut sind, schriftlich ernstesten Einspruch erhoben. Es hat nichts genützt! Der erste Transport der schuldlos zum Tode Verurteilten ist von Marienthal abgegangen! Und aus der Heil- und Pflegeanstalt Warstein sind, wie ich höre, bereits 800 Kranke abtransportiert worden.

So müssen wir damit rechnen, dass die armen, wehrlosen Kranken über kurz oder lang umgebracht werden. Warum? Nicht weil sie ein todeswürdiges Verbrechen begangen haben, nicht etwa, weil sie ihren Wächter oder Pfleger angegriffen haben, so dass diesem nichts anderes übrigblieb, als dass er zur Erhaltung des eigenen Lebens in gerechter Notwehr dem Angreifer mit Gewalt entgegentrat. Das sind Fälle, in denen neben der Tötung des bewaffneten Landesfeindes im gerechten Kriege Gewaltanwendung bis zur Tötung erlaubt und nicht selten geboten ist.

Nein, nicht aus solchen Gründen müssen jene unglücklichen Kranken sterben, sondern darum, weil sie nach dem Urteil irgendeines Amtes, nach dem Gutachten irgendeiner Kommission ‚lebensunwert' geworden sind, weil sie nach diesem Gutachten zu den ‚unproduktiven' Volksgenossen gehören. Man urteilt: Sie können nicht mehr Güter produzieren, sie sind wie eine alte Maschine,die nicht mehr läuft, sie sind wie ein altes Pferd, das unheilbar lahm geworden ist, sie sind wie eine Kuh, die nicht mehr

Milch gibt. Was tut man mit solch alter Maschine? Sie wird verschrottet. Was tut man mit einem lahmen Pferd, mit solch einem unproduktiven Stück Vieh?

Nein, ich will den Vergleich nicht bis zu Ende führen – so furchtbar seine Berechtigung ist und seine Leuchtkraft!

Es handelt sich hier ja nicht um Maschinen, es handelt sich nicht um Pferd oder Kuh, deren einzige Bestimmung ist, dem Menschen zu dienen, für den Menschen Güter zu produzieren! Man mag sie zerschlagen, man mag sie schlachten, sobald sie diese Bestimmungen nicht mehr erfüllen. Nein, hier handelt es sich um Menschen, unsere Mitmenschen, unsere Brüder und Schwestern! Arme Menschen, kranke Menschen, unproduktive Menschen meinetwegen. Aber haben sie damit das Recht auf Leben verwirkt? Hast du, habe ich nur so lange das Recht zu leben, solange wir produktiv sind, solange wir von anderen als produktiv anerkannt werden?

Wenn man den Grundsatz aufstellt und anwendet, dass man den ‚unproduktiven' Mitmenschen töten darf, dann wehe uns allen, wenn wir alt und altersschwach werden! Wenn man die unproduktiven Mitmenschen töten darf, dann wehe den Invaliden, die im Produktionsprozess ihre Kraft, ihre gesunden Knochen eingesetzt, geopfert und eingebüßt haben! Wenn man die unproduktiven Mitmenschen gewaltsam beseitigen darf, dann wehe unseren braven Soldaten, die als schwer Kriegsverletzte, als Krüppel, als Invaliden in die Heimat zurückkehren!

Wenn einmal zugegeben wird, dass Menschen das Recht haben, ‚unproduktive' Mitmenschen zu töten – und wenn es jetzt zunächst auch nur arme, wehrlose Geisteskranke trifft –, dann ist grundsätzlich der Mord an allen unproduktiven Menschen, also an den unheilbar Kranken, den arbeitsunfähigen Krüppeln, den Invaliden der Arbeit und des Krieges, dann ist der Mord von uns allen, wenn wir alt und altersschwach und damit unproduktiv werden, freigegeben. Dann braucht nur irgendein Geheimerlass anzuordnen, dass das bei den Geisteskranken erprobte Verfahren auf andere ‚Unproduktive' auszudehnen ist, dass es auch bei den unheilbar Lungenkranken, bei den Altersschwachen, bei den Arbeitsinvaliden, bei den schwerkriegsverletzten Soldaten anzuwenden ist. Dann ist keiner von uns seines Lebens mehr sicher. Irgendeine Kommission kann ihn auf die Liste der ‚Unproduktiven' setzen, die nach ihrem Urteil ‚lensbensunwert' geworden sind. Und keine Polizei wird ihn schützen und kein Gericht seine Ermordung ahnden und den Mörder der verdienten Strafe übergeben! Wer kann dann noch Vertrauen haben zu einem Arzt? Vielleicht meldet er den Kranken als ‚unproduktiv' und erhält die Anweisung, ihn zu töten. Es ist nicht auszudenken, welche Verwilderung der Sitten, welch allgemeines gegenseitiges Misstrauen bis in die Familien hineingetragen wird, wenn diese furchtbare Lehre geduldet, angenommen und befolgt wird. Wehe den Menschen, wehe unserem deutschen Volk, wenn das heilige Gottesgebot: „Du sollst nicht töten!", das der Herr unter Donner und Blitz auf Sinai verkündet hat, das Gott unser Schöpfer von Anfang an in das Gewissen der Menschen geschrieben hat, nicht nur übertreten wird, sondern wenn diese Übertretung sogar geduldet und ungestraft ausgeübt wird!

Ich will euch ein Beispiel sagen von dem, was jetzt geschieht. In Marienthal war ein Mann von etwa 55 Jahren, ein Bauer aus einer Landgemeinde des Münsterlandes – ich könnte euch den Namen nennen –, der seit einigen Jahren unter Geistesstörungen leidet und den man daher der Povinzial-Heil- und Pflegeanstalt Marienthal zur Pflege anvertraut hat. Er war nicht richtig geisteskrank, er konnte Besuche empfangen und freute sich immer, so oft seine Angehörigen kamen. Noch vor 14 Tagen hatte er Besuch von seiner Frau und von einem seiner Söhne, der als Soldat an der Front und Heimaturlaub hatte. Der Sohn hängt sehr an seinem kranken Vater. So war der Abschied schwer. Wer weiß, ob der Soldat wiederkommt, den Vater wiedersieht, denn er kann ja im Kampf für die Volksgenossen fallen. Der Sohn, der Soldat, wird den Vater wohl sicher auf Erden nicht wiedersehen, denn er ist seitdem auf die Liste der Unproduktiven gesetzt. Ein Verwandter, der den Vater in dieser Woche in Marienthal besuchen wollte, wurde abgewiesen mit der Auskunft, der Kranke sei auf Anordnung des Ministerrats für Landesverteidigung von hier abtransportiert. Wohin, könne nicht gesagt werden. Den Angehörigen wird in einigen Tagen Nachricht gegeben werden.

Wie wird diese Nachricht lauten? Wieder so, wie in anderen Fällen? Dass der Mann gestorben sei, dass die Leiche verbrannt sei, dass die Asche gegen Entrichtung einer Gebühr abgeliefert werden könne? Dann wird der Soldat, der im Felde steht und sein Leben für die deutsche Volksgenossen einsetzt, den Vater hier auf Erden nicht wiedersehen, weil deutsche Volksgenossen in der Heimat ihn ums Leben gebracht haben!

Die von mir ausgesprochenen Tatsachen stehen fest. Ich kann die Namen des kranken Mannes, seiner Frau, seines Sohnes, der Soldat ist, nennen und den Ort, wo sie wohnen. „Du sollst nicht töten!" Gott hat dieses Gebot in das Gewissen der Menschen geschrieben, längst ehe ein Strafgesetzbuch den Mord mit Strafe bedrohte, längst ehe Staatsanwaltschaft und Gericht den Mord verfolgten und ahndeten. Kain, der seinen Bruder Abel erschlug, war ein Mörder, lange bevor es Staaten und Gerichte gab. Und er bekannte, gedrängt von der Anklage seines Gewissens: „Größer ist meine Missetat, als dass ich Verzeihung finden könnte! ... jeder, der mich findet, wird mich, den Mörder töten!" (Gen 4,13).

„Du sollst nicht töten!" Dieses Gebot Gottes, des einzigen Herrn, der das Recht hat, über Leben und Tod zu bestimmen, war von Anfang in die Herzen der Menschen geschrieben, längst bevor Gott den Kindern Israels am Berg Sinai sein Sittengesetz mit jenen lapidaren, in Stein gehauenen kurzen Sätzen verkündet hat, die uns in der Heiligen Schrift aufgezeichnet sind, die wir als Kinder aus dem Katechismus auswendig gelernt haben.

„Ich bin der Herr, dein Gott!“ So hebt dieses unabänderliche Gesetz an. „Du sollst keine fremden Götter neben mir haben!“ Der einzige, überweltliche, allmächtige, allwissende, unendlich heilige und gerechte Gott hat diese Gebote gegeben, unser Schöpfer und einstiger Richter! Aus Liebe zu uns hat er diese Gebote unserem Herzen eingeschrieben und sie uns verkündet; denn sie entsprechen dem Bedürfnis unserer von Gott geschaffenen Natur; sie sind die unabdingbaren Normen eines vernunftmäßigen, eines gottgefälligen, eines heilbringenden und heiligen Menschenlebens und Gemeinschaftslebens. Gott, unser Vater, will mit diesem Gebot uns, seine Kinder, sammeln, wie die Henne ihre Küchlein unter ihre Flügel sammelt. Wenn wir Menschen diesen Befehlen, diesen Einladungen, diesem Rufe Gottes folgen, dann sind wir behütet, beschützt, vor Unheil bewahrt, gegen das drohende Verderben verteidigt wie die Küchlein unter den Flügeln der Henne.

Das achte Gebot: „Du sollst kein falsches Zeugnis geben, du sollst nicht lügen!“ Wie oft wird es frech, auch öffentlich, verletzt!

Das siebente Gebot: „Du sollst nicht fremdes Gut dir aneignen!“ Wessen Eigentum ist noch sicher nach der willkürlichen und rücksichtslosen Enteignung des Eigentums unserer Brüder und Schwestern, die katholischen Orden angehören? Wessen Eigentum ist geschützt, wenn dieses widerrechtlich beschlagnahmte Eigentum nicht zurückerstattet wird?

Das sechste Gebot: „Du sollst nicht ehebrechen!“ Denkt an die Anweisungen und Zusicherungen, die der berüchtigte Offene Brief des inzwischen verschwundenen Rudolf Heß, der in allen Zeitungen veröffentlich wurde, über den freien Geschlechtsverkehr und die uneheliche Mutterschaft gegeben hat. Und was kann man sonst noch über diesen Punkt auch hier in Münster an Schamlosigkeit und Gemeinheit lesen und beobachten und erfahren! An welche Schamlosigkeit in der Kleidung hat die Jugend sich gewöhnen müssen. Vorbereitung späteren Ehebruchs! Denn es wird die Schamhaftigkeit zerstört, die Schutzmauer der Keuschheit.

Jetzt wird auch das fünfte Gebot: „Du sollst nicht töten!“ beiseitegesetzt und unter den Augen der zum Schutz der Rechtsordnung und des Lebens verpflichteten Stellen übertreten, da man es sich herausnimmt, unschuldige, wenn auch kranke Mitmenschen, vorsätzlich zu töten, nur weil sie ‚unproduktiv‘ sind, keine Güter mehr produzieren können.

Wie steht es mit der Befolgung des vierten Gebotes, das Ehrfurcht und Gehorsam gegen die Eltern und Vorgesetzten fordert? Die Stellung der Autorität der Eltern ist schon weithin untergraben und wird mit all den Anforderungen, die gegen den Willen der Eltern der Jugend auferlegt werden, immer mehr erschüttert. Glaubt man, dass aufrichtige Ehrfurcht und gewissenhafter Gehorsam gegen die staatliche Obrigkeit erhalten bleiben, wenn man fortfährt, die Gebote der höchsten Obrigkeit, die Gebote Gottes, zu übertreten, wenn man sogar den Glauben an den einzig wahren, überweltlichen Gott, den Herrn des Himmels und der Erde bekämpft, ja auszurotten versucht?

Die Befolgung der drei ersten Gebote ist ja schon lange in der Öffentlichkeit in Deutschland und auch in Münster weithin eingestellt. Von wie vielen wird der Sonntag nebst den Feiertagen entweiht und dem Dienste Gottes entzogen! Wie wird der Name Gottes missbraucht, verunehrt und gelästert!

Und das erste Gebot: „Du sollst keine fremden Götter neben mir haben!“ Statt des einzig wahren, ewigen Gottes macht man sich nach Gefallen eigene Götzen, um anzubeten: die Natur oder den Staat oder das Volk oder die Rasse. Und wie viele gibt es, deren Gott in Wirklichkeit nach dem Wort des hl. Paulus ‚der Bauch ist‘ (Phil 3, 19), das eigene Wohlbefinden, dem sie alles, selbst Ehre und Gewissen opfern, der Sinnesgenuss, der Geldrausch, der Machtrausch! Dann mag man es auch versuchen, sich selbst göttliche Befugnisse anzumaßen, sich zum Herrn zu machen über Leben und Tod der Mitmenschen.

Als Jesus nach Jerusalem kam und die Stadt sah, weinte er über sie und sprach: „Wenn du es doch erkenntest, noch heute, an diesem Tage, was dir zum Frieden dient! Nun aber ist es vor deinen Augen verborgen. Siehe, es werden Tage über dich kommen, wo deine Feinde dich zu Boden schmettern werden, dich und deine Kinder, und in dir keinen Stein auf dem anderen lassen werden, weil du die Tage deiner Heimsuchung nicht erkannt hast.“

Mit seinen leiblichen Augen schaute Jesus damals nur die Mauern und Türme der Stadt Jerusalem, aber göttliche Allwissenheit sah tiefer, erkannte, wie es innerlich mit der Stadt stand und mit ihren Bewohnern: „Jerusalem, wie oft wollte ich deine Kinder sammeln, wie die Henne ihre Küchlein unter ihre Flügel sammelt, aber du hast es nicht gewollt!“ Das ist der große Schmerz, der Jesu Herz bedrückte, der seinen Augen Tränen entlockt. Ich wollte dein Bestes. Aber du willst nicht!

Jesus sieht das Sündhafte, das Furchtbare, das Verbrecherische, das Verderbenbringende dieses Nichtwollens! Der kleine Mensch, das hinfällige Geschöpf, stellt seinen geschaffenen Willen gegen Gottes Willen! Jerusalem und seine Bewohner, sein auserwähltes und bevorzugtes Volk, stellte seinen Willen gegen Gottes Willen! Trotzt töricht

Kardinal von Galen kurz vor seinem Tod 1946. Foto Hermann Greve, Münster; entnommen dem Buch: Bierbaum, Nicht Lob nicht Furcht, Münster 1962

und verbrecherisch dem Willen Gottes! Darum weint Jesu über die abscheuliche Sünde und über die unausbleibliche Bestrafung. Gott lässt seiner nicht spotten!

Christen von Münster! Hat der Sohn Gottes in seiner Allwissenheit damals nur Jerusalem und sein Volk gesehen! Hat er nur über Jerusalem geweint? Ist das Volk Israel das einzige Volk, das Gott mit Vatersorge und Mutterliebe umgeben, beschützt, an sich gezogen hat! Und das nicht gewollt hat!? Das Gottes Wahrheit abgeleitet, Gottes Gesetz von sich geworfen und so sich ins Verderben gestürzt hat? Hat Jesus, der allwissende Gott, damals auch unser deutsches Volk geschaut, auf unser Westfalenland, unser Münsterland, den Niederrhein? Und hat er auch über uns geweint? Über Münster geweint? Seit tausend Jahren hat er unsere Vorfahren und uns mit seiner Wahrheit belehrt, mit seinem Gesetz geleitet, mit seiner Gnade ernährt, uns gesammelt, wie die Henne ihre Küchlein unter ihre Flügel sammelt. Hat der allwissende Sohn Gottes damals gesehen, dass er in unserer Zeit auch über uns das Urteil sprechen muss: „Du hast nicht gewollt. Seht, euer Haus wird euch verwüstet werden!“ Wie furchtbar wäre das!

Meine Christen! Ich hoffe, es ist noch Zeit, aber es ist die höchste Zeit! Dass wir erkennen, noch heute, an diesem Tage, was uns zum Frieden dient, was allein uns retten, vor dem göttlichen Strafgericht bewahren kann: daß wir rückhaltlos und ohne Abstrich die von Gott geoffenbarte Wahrheit annehmen und durch unser Leben bekennen! Dass wir die göttlichen Gebote zur Richtschnur unseres Lebens machen und ernst machen mit dem Wort: lieber sterben als sündigen! Dass wir in Gebet und aufrichtiger Buße Gottes Verzeihung und Erbarmen herabflehen auf uns, auf unsere Stadt, auf unser

Land, auf unser liebes deutsches Volk! Wer aber fortfahren will, Gottes Strafgericht herauszufordern, wer unsern Glauben lästert, wer Gottes Gnade verachtet, wer gemeinsame Sache macht mit jenen, die unsere Jugend dem Christentum entfremden, die unsere Ordensleute berauben und vertreiben, mit jenen, die unschuldige Menschen, unsere Brüder und Schwestern, dem Tode überliefern, mit dem wollen wir jeden vertrauten Umgang meiden, dessen Einfluss wollen wir uns und die Unsrigen entziehen, damit wir nicht angesteckt werden von seinem gottwidrigen Denken und Handeln, damit wir nicht mitschuldig werden und somit anheimfallen dem Strafgericht, das der gerechte Gott verhängen wird über alle, die gleich der undankbaren Stadt Jerusalem nicht wollen, was Gott will. O Gott, lass uns doch alle heute, an diesem Tage, bevor es zu spät ist, erkennen, was uns zum Frieden dient! O heiligstes Herz Jesu, bist zu Tränen betrübt über die Verblendung und die Missetaten der Menschen, hilf uns mit deiner Gnade, dass wir stets das erstreben, was dir gefällt, und auf das verzichten, was dir missfällt, damit wir in deiner Liebe bleiben und Ruhe finden für unsere Seelen! Amen.

Paul Tigges:

Hitler: Nach dem Endsieg werden wir ihn aufhängen

Im August 2003 fuhren meine Frau und ich zu einem Treffen ehemaliger Studenten nach Neustadt in der Pfalz. Dort trafen sich Männer und Frauen, die sich nach dem Krieg in der Gruppe Albertus Magnus der katholischen Studentengemeinde Marburg zusammengefunden hatten. Bei diesem dreitägigen Treffen erzählte ich an einem Abend über unser Buch, das im Herbst erscheinen soll und über die Verhaftung katholischer Jugendlicher in der NS-Zeit berichtet. Einer der Teilnehmer meldete sich zu Wort: Er könne auch etwas Interessantes zum Thema des Buches sagen, das gewiss interessieren würde. Es war Ernst Iskenius, Apotheker in Marsberg.

Ich wusste von ihm, dass er aus einer alten Apothekerfamilie stammt, die ihre Anfänge auf die Zeit Napoleons zurückführt. Wie er mir am Tage vorher erzählt hatte, hielt seine Familie in der NS-Zeit treu zur Kirche und war „schwarz wie die Nacht". Vater und Mutter waren nicht in der Partei und die Kinder schickten sie nicht in die HJ. Als Schüler der Rektoratsschule war er bis zum Verbot im Marsberger ND. Nach dem Abitur in Bad Godesberg kam er in den Reichsarbeitsdienst und war danach bis zum Kriegsende Soldat.

Ernst Iskenius berichtet uns dann – wir sitzen in der Abenddämmerung im Biergarten des Hotels –, wie er 1942 im Telefondienst der Luftnachrichtentruppe ein wichtiges Gespräch über den Bischof von Galen mitbekommen hat. Ich bitte ihn hinterher, als wir nach Einbruch der Dunkelheit unsere Zimmer aufsuchen, mir dieses Gespräch für unser Buch schriftlich zukommen zu lassen. Hier sein Brief.

Ernst Iskenius *Marsberg, 28. VIII. 03*
Bilsteinweg 2, 34431 Marsberg

Lieber Paul! Ich hoffe, Ihr hattet eine gute Rückfahrt.
Sehr beglückt von dem harmonischen Treffen in Neustadt bin ich wieder wohlbehalten in Marsberg gelandet. Verabredungsgemäß schreibe ich Dir über mein abgehörtes Gespräch im Kriegsjahr 42 in der Ukraine. Von Berlin kamen wir über den Semmering bei Wien in der Ukraine zum Einsatz. Ich war damals bei der Luftnachrichtentruppe und hatte ein großes Trägerfrequenzgerät zu betreuen. Man konnte damit über einen Draht zur gleichen Zeit 16 verschiedene Gespräche führen und zur gleichen Zeit 144 Fernschreiben absetzen. Zum ersten Mal wurde diese Nachrichtenübermittlung in der Wehrmacht beim Südostfeldzug ausprobiert. Ich betreute die Leitung zum Hauptquartier Hermann Göring.
Im Sommer 1942 hörte ich in der Ukraine zufällig ein Gespräch zwischen Münster und Berlin. Ich weiß nicht sicher, wer in Münster am Apparat war. Vielleicht der Oberprä-

sident, jedenfalls eine höhergestellte Persönlichkeit. Den Anfang des Gespräches habe ich nicht mitbekommen. Der Anrufer aus Münster sprach mit Reichsleiter Bormann in Berlin, dem Chef der Reichskanzlei. Er beschwerte sich über Bischof von Galen. Er sagte: „Der Bischof von Münster hat mal wieder in der Kirche gegen die Euthanasie gewettert und hat die Regierung in Berlin scharf angegriffen. Das Volk wird während des Krieges gegen seine Regierung aufgehetzt. Man darf das nicht weiter dulden und muss den Mann verhaften."

Reichsleiter Bormann am anderen Ende der Verbindung antwortete: „Ich bin ganz Ihrer Meinung, dass er verhaftet wird. Aber", besann er sich, „die Entscheidung über die Verhaftung eines Bischofs kann ich nicht selber fällen, sondern nur der Führer Adolf Hitler. Ich werde umgehend die Entscheidung des Führers einholen und Sie benachrichtigen."

Ich blieb in der Leitung und wartete gespannt auf das Ergebnis. Mein Heimatort Marsberg wurde ja mit seinen Landesanstalten von der Frage der Euthanasie besonders berührt. Ich hatte über meine Eltern von den Galenbriefen gehört, hatte sie aber nicht gelesen.

Nach einer halben Stunde rief Bormann zurück und sagte: „Ich habe dem Führer die Sache vorgelegt. Er hat entschieden: Von einer Verhaftung des Bischofs sollte man zum jetzigen Zeitpunkt absehen, weil die Verhaftung des Bischofs bei der kämpfenden Truppe wie in der Heimat zu viel Unruhe bringen würde. Aber am Ende des Krieges werden wir bei der Siegerparade den Bischof auf dem Marktplatz in Münster öffentlich aufhängen."

Ich habe seinerzeit keinerlei schriftliche Unterlagen angefertigt, da wir monatlich unterschreiben mussten, dass wir die strengen Geheimhaltungsvorschriften befolgten.

Ernst Iskenius

Gruppe Albertus Magnus der katholischen Studentengemeinde Marburg bei einem ihrer jährlichen Treffen, hier 1991 vor der Kirche in Berghausen/Sauerland. HintereReihe (der größte) Ernst Iskemius, vordere Reihe fünfte v. l. Gisela Tigges, die die Führung durch die alte romanische Kirche machte.

Werner F. Cordes:

Treueversprechen katholischer Jugendlicher des Dekanats Attendorn aus den Jahren 1940 und 1941

Schon mehrfach sind in der Literatur über das Dritte Reich die Vorgänge nach der Wahl des Erzbischofs Dr. Lorenz Jaeger am 19. Oktober 1941 behandelt worden[1], teilweise mit unterschiedlicher oder sogar gegensätzlicher Beurteilung des Verhaltens Lorenz Jaegers im Zusammenhang mit der Verhaftung zahlreicher Jugendlicher aus dem Bistum Paderborn. Auch die militärische Art und Sprache des ehemaligen Erzbischofs sind seit langem Gegenstand der öffentlichen Diskussion.

Zu beiden Aspekten vermögen vielleicht Treueerklärungen der Mannesjugend des Dekanates Attendorn aus den Jahren 1940 und 1941 erhellend beitragen.

Anlass für die Entstehung des ersten der beiden Dokumente war das goldene Priesterjubiläum des Erzbischofs Dr. Caspar Klein am 21. März 1940. Die männliche Jugend aller damals 61 Dekanate gestaltete jeweils ein Blatt zu Ehren des Bischofs. Die einzelnen Blätter ergaben zusammengebunden einen stattlichen Folioband, der dem Bischof überreicht wurde und der heute in der Dokumentationsstelle für kirchliche Jugendarbeit im Jugendhaus Hardehausen verwahrt wird.[2]

Das Titelblatt formulierte und unterschrieb der 1939 zum Diözesenjugendseelsorger berufene Augustinus Reineke. Er fasst die Glückwünsche der einzelnen Dekanate zusammen mit den Worten: „Jungen und Jungmänner, Laienhelfer und Jugendseelsorger des Erzbistums Paderborn wünschen ihrem Oberhirten zur Feier des 50-jährigen Priesterjubiläums Gottes reichsten Segen.“

Die Beiträge der einzelnen Dekanate sind formal und inhaltlich von sehr unterschiedlicher Qualität. Auffällig durch ihre künstlerische Gestaltung sind die Blätter von Attendorn und Menden, die durch den Attendorner Gymnasiallehrer für Kunst, Karl Müller, und den Mendener Maler Dr. Franz Dameris ausgeführt wurden.

Das Attendorner Blatt überrascht durch den Gegensatz zwischen der Idylle des Wallfahrtsortes Waldenburg im Bild und einem kämpferischen Text aus zwei Zitaten. Dort heißt es: „Dazu haben wir uns ja nicht dem Kriegsdienst verschrieben, um immer nur an den Frieden zu denken, um dem Dienste auszuweichen und uns zu drücken! Der Herr ist uns als Erster vorangegangen im Kampf. Er, der Waffenmeister voll Ausdauer.“ (Cyprian) „Wenn das Kriegsheer Gottes solche Feldherren hat, wer wollte da den Fahneneid brechen?“ (Clemens von Rom)

---

[1] *Heribert Gruß, „Erzbischof Lorenz Jaeger als Kirchenführer im Dritten Reich“, Paderborn 1995, S. 108 bis 138. – Augustinus Reineke, „Jugend zwischen Kreuz und Hakenkreuz“, Paderborn 1987 (2), S. 145 bis 147. – Paul Tigges, „Jugendjahre unter Hitler“, Iserlohn 1984, S. 170, 172 und 174.*

[2] *Für freundliche Unterstützung und Überlassung der Bildvorlage bin ich Herrn Franz Hucht von der Dokumentationsstelle für kirchliche Jugendarbeit im Jugendhaus Hardehausen zu Dank verpflichtet.*

Zunächst erscheint es schwierig, einen Zusammenhang zwischen Anlass, Bild und Text herzustellen, doch dieser Eindruck täuscht. Ein Blick auf das Blatt des benachbarten Dekanates Elspe zeigt, dass man dort auch auf einen Marienwallfahrtsort als Gegenstand der Vignette zurückgegriffen hat, auf die Wallfahrtskirche Kohlhagen. Wenn auch der zugehörige Text ein anderes Motiv, das der Pilgerschaft als Auftrag, gestaltet, so gibt es doch einen gemeinsamen Hintergrund.

Die Auseinandersetzung der katholischen Verbände mit Gestapo und Hitlerjugend hatte sich spätestens seit 1935 immer mehr verschärft. In einem Hirtenwort vom 15. April 1935 zu Angriffen auf die kirchliche Jugendarbeit sagt Caspar Klein[3] anlässlich eines Treffens der katholischen Jugendvereinigungen der Erzdiözese: „Sie (die Bischofsstadt Paderborn) sah ca. 12000 bis 15000 Mitglieder... um ihren Oberhirten und den hochverdienten Generalpräses Prälat Wolker geschart, einzig zu dem Zwecke, um den Treueschwur zu Gott, Kirche und Vaterland frischfroh, wie aus einer Seele und einem Munde, zu erneuern."

Die Zeit der reinen Glückwünsche war vorbei, und man benutzte jede Gelegenheit, Zeichen der Treue und des Kampfeswillens zu setzen.

Waldenburg und Kohlhagen bedeuteten für die Jugend unter dem Nationalsozialismus eine Mischung zwischen Wallfahrtsort, romantischer Einsamkeit und Treffpunkt mit konspirativem Hintergrund.[4]

Die militanten Sprüche offenbaren jedoch bei genauerer Betrachtung mehr romantisch verklärten Kampfgeist als aktuelles politisches Wollen.

Aus dem gesamten Umfeld der katholischen Jugend in jener Zeit, so auch in den hier näher untersuchten Dekanaten, ist vielfach die völlig unpolitische Einstellung der Jugendlichen belegt. So bezeichnete Robert Droste[5] als Zeitzeuge das Denken der Mitglieder in den katholischen Jugendverbänden als „primär nicht politisch" und „stark geprägt von der Romantik neuer Lebensformen in der Begegnung mit der Natur."

Dieses der Natur und der Gemeinschaft zugewandte freie Leben, zu dem vor allem der Jugendgottesdienst, die Gruppenwanderung (auch als Wallfahrt) und das gemeinsame Singen gehörten, wollte man gegen den Zugriff des Nationalsozialismus, der nur noch die „Hitlerjugend" mit ihrer Zwangsmitgliedschaft gelten ließ, verteidigen.

---

[3] *Reineke (wie Anmerkung 1), Dokument 4, S. 256.*

[4] *Vgl. dazu: Paul Josef Cordes, „Die katholische Kirche im Kreis Olpe", in: Der Kreis Olpe, Oldenburg 1977, S. 41.*

[5] *Robert Droste, Rückblick, in: Paul Tigges (wie Anmerkung 1), S. 149.*

Klärt sich schon unter diesen Gesichtspunkten der scheinbare Gegensatz zwischen Bild und Text des Attendorner Glückwunsches an Erzbischof Caspar Klein, so wird der Zusammenhang noch deutlicher, wenn man die Personen berücksichtigt, welche für die Entstehung verantwortlich waren.

Peter Hoberg, Vikar in Attendorn, wurde am 13. September 1902 in Rehringhausen bei Olpe geboren. Nach dem Theologiestudium erhielt er am 24. März 1928 in Paderborn die Priesterweihe und trat eine Stelle in Castrop-Rauxel an. Von dort wurde er 1935 nach Attendorn versetzt, wo er bis 1942 blieb.

Seit 1939 entwickelte sich eine freundschaftliche Beziehung zu Karl Müller, seinem Wohnungsnachbarn im alten, 1945 durch Bomben zerstörten Kolpinghaus an der Promenade (Ostwall). Trotz unterschiedlicher Herkunft – Karl Müller, am 1. Juni 1909 in Plauen im Vogtland geboren, schloss sich schon als Schüler der „freideutschen" Wandervogelbewegung an, der er bis zu seinem Tode verbunden blieb, während Peter Hoberg aus der katholischen Jugendarbeit kam – und verschiedener Konfession wurden die beiden Männer gute Freunde und waren sich einig in ihrer Gegnerschaft zum Nationalsozialismus.

Es konnte nicht ausbleiben, dass Peter Hoberg bei gegebener Gelegenheit den begabten und an der staatlichen Kunstschule Plauen sowie der Kunstakademie Dresden bestens ausgebildeten Karl Müller bei Gestaltungsaufgaben um Hilfe bat. So entstand eine der schönsten Darstellungen des Wallfahrtsortes Waldenburg und in Verbindung mit der kunstvollen Schrift das wohl eindrucksvollste Blatt des dem Erzbischof gewidmeten Bandes.

Man darf annehmen, dass die beteiligten Jugendlichen voll damit übereinstimmten. Wie naturverbunden und romantisch diese jungen Menschen damals trotz Krieg und aller Gefährdung der Jugendarbeit durch den Nationalsozialismus in ihrem Denken noch waren, darüber geben Briefe von Hubert Keseberg, dem neben Erich Berghoff führenden Kopf der Attendorner katholischen Jugend (illegale Pfarrjugend), Auskunft.[6] Am 30. 4. 1942 schreibt er als Soldat an den Freund Erich Berghoff: „Gestern morgen marschierte die Komp. in den Sonnenaufgang hinein. Trotz aller Härte und Strenge ist dieses Leben schön, schön besonders, weil ich mich innerlich wieder frei fühle." (Keseberg war 1941 nach der Bischofsweihe bis zum Ende des Jahres sieben Wochen in Gestapohaft in Dortmund). In einem Brief vom Juni 1942 („Sommersonnenwende") sagt er weiter: „Gestern morgen haben wir im Turnzeug einen Waldmarsch gemacht. Herrlich war das!", und im selben Schreiben: „Sonnenwende – Zeitenwende, Dir

[6] *Reineke (wie Anmerkung 1), Dokument 11/1, S. 313f.*

Glückwunsch an Erzbischof Caspar Klein am 31. Mai 1940

geweiht sind Feuerbrände/Frühling starb – daß Sommer werde, neue Frucht aus alter Erde! ... Jetzt steigt so mancher Abend an der Sperre[7] auf. Das Feuer brannte, Stunden, die Erlebnisse wurden! Und die ich jetzt immer wieder neu erlebe, daraus Kraft holend."

Die bisher zitierten Stellen sind, trotz allem, was Keseberg durch die Gestapo erlitten hatte, von der Ausbildungssituation im friedlichen Höxter her verständlich. Aber auch aus dem Kessel von Stalingrad schreibt er nach heftigsten Kämpfen in vorderster Linie noch zu Weihnachten 1942, kurz vor seinem Tode: „Die unendliche Steppe ist eine weiße Fläche geworden. Wie schön war's im Sauerland im Winter. Gedanken daran bewegen mich heute viel stärker als sonst – und dann am Fest des Friedens."[8]

Erich Berghoff, der Adressat dieser Briefe, unterzeichnet die Erklärung an den Bischof als „Der Laienhelfer". Dieser Begriff bedarf eines besonderen Hinweises. Am 1. August 1937 wurde der Jungmännerverband im Erzbistum Paderborn durch Verordnung des Leiters der Geheimen Staatspolizei in Dortmund aufgehoben.[9] Damit waren die Funktionen der Jugendführer zu strafbaren Tatbeständen geworden und durften die bisherigen Bezeichnungen nicht mehr verwendet werden. In einem mutigen Hirtenschreiben[10], das sich gegen die Maßnahme der Gestapo wendet, ordnet der Erzbischof die Errichtung eines „Bischöflichen Jugendamtes" an und stellt fest: „Die Jugendseelsorger wie die jugendlichen Laienhelfer der Seelsorger arbeiten weiter im bischöflichen Auftrag." Hier tritt der neue Begriff des Laienhelfers an die Stelle der verbotenen.[11]

Die dem Bischof gewidmeten, selbst als Zitate ungewöhnlich militant erscheinenden Sprüche sind kein Einzelfall, sondern stehen schon in einer Tradition. Ludwig Wolker, Generalpräses der katholischen Jugendverbände Deutschlands, hatte bereits 1934 in dem im Jugendführungsverlag Düsseldorf erschienenen zweiten Teil des katholischen Jugendliederbuches „Das Singeschiff" („feldgraues Gewand, ein Soldatengewand") im Vorwort geschrieben: „Neue kämpferische Zeit ist angebrochen. Neuer kämpferischer Wille ist aufgebrochen in der jungen deutschen Nation. Es geht um Freiheit und Ehre des Vaterlandes, es geht um deutsches Wesen und deutsche Seele: ‚Uns rufet die Stunde, uns dränget die Zeit./Zu Wächtern, zu Rittern hat Gott uns geweiht.' So laßt uns singen als rechte Soldaten des Vaterlandes und des Gottesreiches! Uns selbst ersingen und singend unseren Brüdern und Schwestern tausendfach erwecken: Freimut und Starkmut

[7] *Gemeint ist die Listertalsperre bei Attendorn.*
[8] *Reineke (wie Anmerkung 6), S. 316.*
[9] *Reineke (wie Anmerkung 1), Dokument 6/1, S. 263.*
[10] *Reineke (wie Anmerkung 9), S. 262 f.*
[11] *Reineke (wie Anmerkung 9), S. 265.*

und Sturmmut! Mannestreue und Volkstreue und Gottestreue!"[12] Von hier führt eine gerade Linie – auch über das Attendorner Dokument – hin zu den viel diskutierten, durch militärische Sprache geprägten Äußerungen des 1941 gewählten Erzbischofs Lorenz Jaeger.

An ihn ist die zweite Treueerklärung aus dem Dekanat Attendorn gerichtet. Die schwungvolle Zeichnung eines trommelschlagenden Jungen vor einem Lagerfeuer mit Zelten und einer angedeuteten Waldkulisse erinnert an Zeltlager, wie sie auch Lorenz Jaeger vielfach mitgemacht hatte.[13] Zur Zeichnung von Karl Müller gehört der Text: „Die katholische Mannesjugend des Dekanates Attendorn ruft ihrem neuen Erzbischof Laurentius frohen und bewegten Herzens ein herzliches ‚Ad multos annos!' zu. Sie fühlt sich dem neuen Oberhirten, der auch in schwerer Zeit als geistlicher Führer und Berater ihr treu zur Seite stand, der das einfache Leben der Jungen auf Fahrt, in Lager und Zelt miterlebte, besonders verbunden, und sie wird Treue mit treuer Gefolgschaft vergelten./Mit allen Gläubigen der Erzdiözese wird sie unaufhörlich beten: ‚Gott schütze unseren Erzbischof Laurentius. Er stehe fest und leite seine Herde mit Deiner Kraft, o Herr, in Deinem erhabenen Namen.'"

Die Erklärung ist nur noch als Entwurf erhalten. Das Original wurde wahrscheinlich beim Brand des bischöflichen Palais 1945 vernichtet.[14]

Die Unterschriften für die Jungen und die Jugendseelsorger fehlen im Entwurf, dürften jedoch im Original mit denen des Glückwunsches an Erzbischof Caspar Klein übereingestimmt haben.

Auffällig ist, dass der Vertreter der Jugendlichen nicht wie im Jahr vorher als „Der Laienhelfer", sondern „Für die Jungen" unterschreibt. Das ist gefährlich und lässt darauf schließen, dass das Schriftstück auf sicherem Wege übermittelt werden sollte.

Die Lage der Jugendseelsorge spitzte sich im Jahr der Bischofsweihe zu. Demonstrationen in Verbindung mit den Paderborner Feierlichkeiten führten zu Verhaftungen unter den Jugendlichen und zu Verhören unter der beteiligten Geistlichkeit. Auch bei Peter Hoberg wurde die Gestapo (Daniel) vorstellig. Man versuchte herauszufinden, ob er regelmäßig Gruppenstunden in seiner Wohnung veranstaltet hatte.[15]

An vielen Orten der Diözese, darunter Altenhundem, Attendorn und Olpe, wurden etwa 35 Jungen verhaftet und erst zu Weihnachten 1941 entlassen. Unter diesen war

---

[12] *Ludwig Wolker, in: Das Singeschiff, 2. Teil, Das graue Singeschiff, Düsseldorf 1934, S. 3.*

[13] *Für freundliche Auskünfte zum Nachlass Lorenz Jaeger bis 1945 bin ich Herrn Sander vom Diözesanarchiv Paderborn zu Dank verpflichtet. – Gruß (wie Anmerkung 1), S. 51 und Abb.*

[14] *Entwurf in Privatbesitz Attendorn.*

[15] *Mündliche Mitteilung von Frau Maria Hoberg an Verfasser.*

auch der verstorbene Erzbischof Johannes Joachim Kardinal Degenhardt. Eine Schlüsselrolle spielte für die Gestapo der Attendorner Hubert Keseberg, der sogar körperlich gequält wurde, um ihn zu Aussagen zu veranlassen. Ziel der Gestapo war es, etwas über die Struktur der neuen Jugendarbeit zu erfahren.

Augustinus Reineke, der damalige Diözesenjugendseelsorger, hat in einem verschlüsselten Tagebuch[16] den 2. Januar 1942 als Datum einer Konferenz beim Erzbischof über „Einzelfragen der Jugendarbeit" festgehalten. Außer ihm nahmen Peter Hoberg und drei weitere Geistliche teil.

Die Annahme, dass Peter Hoberg bei dieser Gelegenheit dem Bischof die Glückwünsche und die Treueerklärung der Attendorner Jugendlichen übergeben habe, konnte nach einer Veröffentlichung in der Zeitschrift „Sauerland" auf Grund einer Leserzuschrift berichtigt werden.

Der Brief von Dr. Josef Rettler aus Arnsberg-Müschede, der als 14-Jähriger am 19. Oktober 1941 die Bischofsweihe in Paderborn miterlebt hat, enthält wichtige Aussagen zur zeitlichen und sachlichen Einordnung und damit zur Bedeutung des zweiten Attendorner Dokuments.[17]

Ohne etwas über die veröffentlichte Treueerklärung Attendorner Jugendlicher an den neu geweihten Erzbischof Lorenz Jaeger zu wissen, hat R. bereits 1983 einige ihm wichtig erscheinende Sachverhalte aus dem Zusammenhang der Bischofsweihe schriftlich Augustinus Reineke, dem Autor des Buches „Jugend zwischen Kreuz und Hakenkreuz", mitgeteilt.[18] R. schreibt: „Zur Bischofsweihe fuhren wir mit anderen Jugendlichen aus Hüsten, Neheim und Arnsberg mit der RLE (Ruhr-Lippe-Eisenbahn) nach Soest und stiegen dort in den Zug nach Paderborn um. Mir ist in Erinnerung, dass dieser Zug stark mit Jugendlichen mit gleicher Zielrichtung besetzt war.

In dem Wagen – mit offenen Abteilen – waren u.a. auch Jugendliche, die in einer Rolle eine Urkunde für den neuen Bischof hatten. Die Rolle war mit der Anschrift des Bischofs versehen. Über die Rolle kam es zum Gespräch. So erfuhr ich, dass diese Rolle von Attendorn mitgebracht wurde."

R. berichtete weiter, dass ein Fremder im Abteil sich mit den Worten: „Wir haben uns doch schon einmal gesehen", an einen der Jungen gewandt und sich nach den näheren Umständen der Fahrt erkundigt habe. Dieser Mann sei in Lippstadt ausgestiegen.

---

[16] *Reineke (wie Anmerkung 1), S. 150.*

[17] *Brief vom 24. 9. 1997, Dr. Josef Rettler an Verfasser.*

[18] *Brief vom 21. 11. 1983, Dr. Josef Rettler an Pfarrer Augustinus Reineke.*

Im Hinblick auf die der Bischofsweihe folgende Verhaftung zahlreicher Jugendlicher bemerkt R. abschließend: „Ob Zusammenhänge zwischen unserer Bahnfahrt nach Paderborn, jenem Mann, der in Lippstadt ausgestiegen ist, und der Verhaftung bestehen, kann ich nicht sagen. Nur ein etwas dumpfes Gefühl, etwas Ungewisses ist mir nie aus den Gedanken gekommen, so oft ich von der Bischofsweihe hörte."

Nach diesen Ausführungen kann wohl kaum ein Zweifel daran bestehen, dass die Attendorner Treueerklärung an Lorenz Jaeger von den Jungen im Zug mit nach Paderborn genommen und am Weihetag, dem 19. 10. 1941, dem Bischof überreicht wurde. Als zutreffend erweist sich die Annahme, dass das Dokument wegen seiner Brisanz persönlich übermittelt worden ist.

Darüber hinaus rückt durch die Ausführungen des Josef Rettler ein weiterer Gesichtspunkt in den Vordergrund. Die Attendorner illegale Pfarrjugendgruppe um Erich Berghoff, Hubert Keseberg, Toni Schnüttgen und Günter Stumpf war offensichtlich durch ihre weitläufigen Aktivitäten auffällig geworden. In Attendorn lag das südwestfälische Zentrum für die Verteilung verbotener Rundbriefe und Jugendschriften, hier wurden auch die drei Predigten des Bischofs von Galen, welche sich vehement gegen die Tötung der Geisteskranken und überhaupt gegen die Gewaltmethoden der Nationalsozialisten wandten, in großem Umfang vervielfältigt und verbreitet. Es gab ein Verteilersystem mit Schwerpunkten im Raum Hagen, im Bereich Arnsberg/Sundern, in Altenhundem und vor allem in Attendorn.

Einen gewissen Höhepunkt erreichte die Tätigkeit der Attendorner Gruppe unter Führung von Hubert Keseberg mit der demonstrativen Fahrt, auf der man offensichtlich auch mit dem Geschenk für den Bischof etwas unvorsichtig in der Öffentlichkeit umgegangen zu sein scheint.

Die Gestapobeamten Buschmann aus Dortmund und Meier aus Paderborn haben Augustinus Reineke gegenüber zugegeben, man sei der illegalen Tätigkeit der verhafteten Jugendlichen bei den Feierlichkeiten in Paderborn auf die Spur gekommen.[19]

Für die Gestapo eröffneten sich über Denunzianten und Beobachter Möglichkeiten des Zugriffs, der dann auch folgerichtig am 6. November, gut zwei Wochen nach der Bischofsweihe, mit der Verhaftung der Attendorner Jungen Clement, Keseberg, Schnüttgen und Stumpf seinen Anfang nahm. Beschlagnahmte Verteilerlisten und andere Unterlagen lösten dann weitere Verhaftungen aus.[20]

---

[19] *Augustinus Reineke (wie Anmerkung 1), S. 144*

[20] *Paul Tigges (wie Anmerkung 1), S. 159*

Die Begeisterung, mit der sich eine Reihe Mitglieder der illegalen Pfarrjugend für ihre Ziele einsetzte und die über das hinausging, was ihre geistlichen Führer erwarteten, war es wohl, die den Vikar und Jugendseelsorger Peter Hoberg zu den durch seine Schwester überlieferten Worten veranlasste: „Das ist eine wertvolle Jugend, die können nicht von mir lernen, ich kann von denen lernen."[21]

[21] *Mündliche Mitteilung von Frau Maria Hoberg an Verfasser*

Arnold Papenheim:

Bischofsweihe 1941 in Paderborn

Kellerkinder, so nannten wir uns manchmal etwas selbstironisch, wenn wir am Sonntagmorgen im Heizungskeller unsere Gruppenstunde hielten. Wir, das waren Jugendliche zwischen 14 und 17 Jahren, die, geprägt durch die verbotene katholische Jugendbewegung, unter der Leitung von Rudi Friemauth zusammenkamen. In Ermangelung einer Bleibe überließ uns, die wir auch ehemalige Messdiener waren, Küster Wilmes freundlicherweise den Schlüssel zum Heizungskeller der Kirche. Neben vielen schönen Erlebnissen, die wir in unserer jungen Gemeinschaft hatten, hinterließen zwei Ereignisse einen besonders nachhaltigen Eindruck: die Weihe des neuen Bischofs Lorenz Jaeger am 19. Oktober 1941 in Paderborn und die Geschehnisse, die danach folgten.

Eine Teilnahme an der Bischofsweihe stand für uns außer Frage. Über einen tadellos funktionierenden Nachrichtendienst nahmen wir mit Freunden im Sauerland, Siegerland und Dortmund telefonisch Kontakt auf. Natürlich wurde äußerst vorsichtig formuliert.

Abgesprochen wurde u.a., die Banner, soweit sie Hausdurchsuchungen entgangen waren, mitzubringen und als äußeres Kennzeichen ein weißes Hemd zu tragen. (Tracht war ja verboten!)

Erstaunlich hoch war die Zahl der Jugendlichen, die nach Paderborn fahren wollten. Die Fahrt verlief ohne Zwischenfall. In Paderborn selbst war Polizei zusammengezogen, und SA-Trupps marschierten in den Straßen. Einmal nur wurden wir angehalten, weil wir die Hakenkreuzfahne nicht gegrüßt hatten. Dank der guten Organisation des von der Jugend so hochgeschätzten Diözesan-Jugendseelsorgers Augustinus Reineke war alles gut vorbereitet. Lieder wurden eingeübt, Gebetstexte verteilt und Quartiere angewiesen.

Bischofsweihe 1941, Lorenz Jaeger auf dem Weg zur Feier mit der Jugend.

Am Sonntag verlief der Festgottesdienst ruhig und ohne Zwischenfälle, unabhängig vom Geist oder Ungeist die-

Katholische Jugendgruppen aus Attendorn in Paderborn bei der Bischofsweihe, Fotos privat. Fotos aus „Jugendjahre unter Hitler".

ser Zeit. Während der Weihehandlung hatte sich eine große Menschenmenge auf dem Domplatz eingefunden. Ungeachtet aller Vorsichtsmaßnahmen schallten Bekenntnislieder über den Platz, es wurde laut gebetet. Als dann der Bischof aus dem Dom kam, kannte die Begeisterung keine Grenzen. „Heil, Heil unserem Bischof!", so rief die begeisterte Menge immer wieder. Im Nu flatterte eine Vielzahl von Bannern über den Platz. Wir schwenkten das Neheimer ND-Banner, das wir natürlich mitgenommen hatten. Einer von uns hatte das Fahnentuch während der Fahrt um den Leib gebunden, die Stange war in mehrere Teile zersägt worden und konnte zum Gebrauch wieder zusammengesetzt werden. Das Heilrufen wurde als ganz klare Opposition gegen das „Heil Hitler", den Gruß der damaligen Machthaber, gebraucht, obwohl der Gruß „Heil" oder „Heil dir" bei uns in der Jugend üblich war.

Am Nachmittag fand dann in der überfüllten Marktkirche eine Jugendfeier mit dem neuen Erzbischof statt. Seine Predigt wurde immer wieder durch Klatschen und Heilrufe unterbrochen. Was Jaeger gesagt hat, ist mir nicht in Erinnerung geblieben. Die Feierstunde schloß mit dem Glaubensbekenntnis und dem Gebet des Herrn. Dieser Tag war für uns unvergesslich. Erlebten wir doch eine schon lange unterdrückte katholische Gemeinschaft, die öffentlich ihrer Verbundenheit zu Kirche und Bischof Ausdruck gab und allen Verfolgungen trotzte.

Einen Monat später kam dann, was wir befürchtet hatten: Verhaftungen und Hausdurchsuchungen. Die Gestapo ging gegen viele Jugendliche vor, die an der Bischofsweihe in Paderborn teilgenommen hatten.

Unser Gruppenleiter, Rudi Friemauth, Jahrgang 1923, wurde am 19. 11. 1941 von der Gestapo verhaftet und nach Dortmund ins Gefängnis gebracht. Beschlagnahmt wurden Bücher, Fotos und ein Vervielfältigungsapparat, mit dem wir unsere Rundbriefe abgezogen hatten. Sein Linolschnitt „Advent" gibt uns Auskunft über Ohnmacht und Verzweiflung in jenen qualvollen Stunden. In den Augen der damaligen Machthaber waren solche Jugendliche Staatsfeinde und Verbrecher und deshalb nicht mehr „wehrwürdig". Reichten die Beweise nicht oder lagen andere Gründe vor? Rudi Friemauth wurde jedenfalls zwei Tage vor Weihnachten aus der Haft der Geheimen Staatspolizei (Gestapo) entlassen. Er „durfte" oder musste dann auch Soldat werden, und wie die meisten unserer Gruppe ist er aus dem Krieg nicht zurückgekommen. Er fiel am 25. Januar 1943 in Russland.

Verhör des Jugendseelsorgers Augustinus Reineke vor dem Sondergericht in Dortmund am 4. und 8. März 1943

Gedächtnisprotokoll* (Durchschrift im Archiv des Jugendhauses Düsseldorf)

Am 1. März erhielt ich vom Oberstaatsanwalt in Dortmund die Vorladung „zu einer Vernehmung als Beschuldigter auf den 4. März 1943, 9.00 Uhr". An Ort und Stelle stellte ich fest, dass es sich um die Staatsanwaltschaft beim Sondergericht handelte. Die Vernehmung leitete Staatsanwalt Köhne, der dabei unterstützt wurde von Kriminal-Sekretär Buschmann, einem Herrn der Gestapo in Dortmund, mir seit 1½ Jahren bekannt durch Verhaftungen, Haussuchungen und Verhöre von Geistlichen und Jungen des Bistums. Am 4. März dauerte das Verhör von kurz nach 9.00 bis kurz nach 19.00 Uhr mit kurzer Pause um 14.00 Uhr. „Wegen vorgerückter Zeit" wurde der Schluss des Verhörs auf Montag, den 8. März, vertagt. An diesem Tage dauerte das Ganze von 8.30 bis 17.30 Uhr, mit Pause gegen 16.00 Uhr.

Als Grund meiner Vorladung wurde mir vom Staatsanwalt angegeben: Versuche und Bestrebungen, verbotene katholische Jugendverbände – katholischer Jungmännerverband und Neudeutschland – fortgeführt bzw. wiederaufzurichten versucht zu haben. Um dieses illegale Tun eines Großteils unserer Seelsorger und Jungen hätte ich als Diözesan-Jugendseelsorger gewusst, hätte es geduldet, ja ich sei mitschuldig an all den illegalen Betätigungen.

Zunächst ging es um die Fortführung bzw. Wiederaufrichtung des katholischen Jungmännerverbandes (KJMV). Soweit ich mich noch entsinnen kann, suchte man das folgendermaßen zu begründen:

Bei der Auflösung des KJMV seien die bisherigen Präsides einfach als „Jugendseelsorger" im Amt geblieben; es hätte sich also nichts gegen früher geändert (1).

Ich selbst hätte in meinen Arbeitsanweisungen immer wieder hingewiesen auf die alten Zeitschriften des KJMV (Wacht, Scheideweg usw.), die seit dem Verbot des KJMV auch verboten gewesen wären (2).

Ich hätte Anweisungen gegeben, auch für nichtreligiöse Heimabende, wie sie vorher im KJMV üblich gewesen seien. Ferner hätte ich Lieder angegeben, die nicht als religiös angesehen werden könnten (3).

Die Jungen hätten in alter Weise Fahrten gemacht (4).

Anstelle der verbotenen Zeitschriften hätten die Jungen einen Ersatz herausgegeben. Zur Vervielfältigung dieses Ersatzes hätten Geistliche den Jungen ihre Apparate zur Verfügung gestellt, ja selbst Beiträge geschrieben (5).

Statt der Bezirks-Führertreffen des KJMV seien „Einkehrtage" gehalten worden, die in Wirklichkeit nichts anderes als verkappte Führertreffen gewesen wären (6).

---

* *aus „Jugendjahre zwischen Kreuz und Hakenkreuz" von Augustinus Reineke, S. 321–324*

Einer der Jungen habe sich selbst als „Gauführer“ bezeichnet und bei seiner Einziehung dies Amt einem andern übergeben (7).

Bei den von mir abgehaltenen Einkehrtagen, auch bei der Bischofsweihe, hätten die Jungen teilweise verbotene „Kluft“ getragen, ebenso Abzeichen (Totenkopf) (8).

Diese Bestrebungen seien weit über unser Bistum hinausgegangen. Man sprach von 800 Jungen, die in diese Dinge verwickelt seien. (Den z.Zt. verhafteten Jungen wurden Listen mit Namen aus dem ganzen Reiche vorgelegt, und sie wurden gefragt, wen sie davon kannten.) (9)

Auf diese und andere „Vorhaltungen“ antwortete ich zunächst, dass ich mich genauestens an die mir von meinem Erzbischof gegebenen Anweisungen gehalten hätte, nämlich die Neuordnung der Jugendseelsorge durchzuführen nach den Bischöflichen Richtlinien von 1936. Auf Konferenzen und in persönlichen Besprechungen hätte ich diese Linie immer klar und eindeutig vertreten. Das könnten alle Jugendseelsorger des Bistums bezeugen. Ich sei auch davon überzeugt, dass die Jugendseelsorger in den Dekanaten und Gemeinden sich danach gerichtet hätten. Wenn tatsächlich illegale Arbeit nachgewiesen würde, dann könne es sich m.E. nur um örtliche Verstöße handeln, bei denen aber zu berücksichtigen sei, 1. dass die Jungen auch das Recht auf ein Privatleben hätten, dass nicht für alles, was sie täten, schlechthin die Pfarrei oder das Bistum verantwortlich gemacht werden könnte; 2. dass manches, was die Jungen in diesem Alter (es handelte sich um sechzehn- bis zwanzigjährige) unternähmen, jugendpsychologisch leicht verständlich und erklärlich sei und darum nicht im eigentlichen Sinne als „illegal“ angesprochen werden dürfe. – Was die Seelsorger und auch der Diözesanhelfer im Rahmen der von mir gegebenen Anweisungen getan hätten, decke ich völlig; aber auch hier gelte das Wort vom Privatleben. Sollten im Einzelnen tatsächlich Verstöße durch die Genannten vorgekommen sein, so müsse ich mich selbstverständlich davon distanzieren, würde auch scharf eingeschritten sein, wenn ich darum gewusst hätte.

Zu den einzelnen Vorhaltungen sagte ich dann:

zu 1.: Der Diözesanpräses Kretschmar sei nicht als Diözesanjugendseelsorger ins Jugendseelsorgeamt berufen worden. Auch manche Dekanats-Jugendseelsorger seien s.Zt. neu ernannt. Alle Jugendseelsorger auszuwechseln sei weder möglich noch nötig gewesen, da die Präsides im KJMV ja auch die Seelsorger der Jugend gewesen seien.

zu 2.: Von einem Benutzungsverbot der alten Zeitschriften sei mir nichts bekannt. Sie seien bei den Haussuchungen anlässlich des Verbotes der KJMV im Jahre 1937 nicht beschlagnahmt worden, wären sogar noch weiter erschienen und bezogen.

zu 3.: Die mir vorgehaltenen Heimabende seien absolut als religiös anzusehen, das Gleiche gelte auch von den Liedern.

zu 4.: Fahrten zu machen in kirchlicher Jugendgemeinschaft sei nicht möglich. Das hätte ich immer klar und deutlich betont. Aber als deutsche Jungen hätten auch unsere Jungen das Recht auf Wald und Wasser und Sonne und könnten und müssten darum auch als Einzelne, mit ihren Familien, in der HJ usw. sich das deutsche Vaterland erwandern.

zu 5.: Von diesen Vervielfältigungen – „Zeitschriften" – wüsste ich nichts, ich sähe sie – sie wurden mir vorgelegt – jetzt zum ersten Male.

zu 6.: Was ich als Einkehrtage angesetzt hätte, seien auch im Vollsinn des Wortes Einkehrtage gewesen. Bei der Größe des Bistums hätte ich sie oft bezirksweise halten müssen, wozu ich volles Recht gehabt hätte.

zu 7.: Im KJMV sei der Begriff „Gau" überhaupt nicht gebräuchlich gewesen, also auch nicht „Gauführer" oder dergl. Ich wisse von solch einer Bezeichnung nichts, sie sei gegebenenfalls nicht anders denn als Ausfluss eines jugendlichen Geltungsbedürfnisses zu verstehen.

zu 8.: „Kluft" hätte ich nirgends und nie bemerkt. Zur „Kluft" gehöre notwendig, dass wenigstens drei die gleiche Kleidung trügen. Kurze Hosen, Sporthemden usw. trügen im Sommer alle Jungen. Das sei jugendgemäße Kleidung, aber keine Kluft. Abzeichen hätte ich nie gesehen, kenne auch keine.

zu 9.: Über das Bistum hinaus seien mir in der vorgehaltenen Richtung weder Geistliche noch Jungen bekannt.

Gegen die mir vorgehaltene staatsfeindliche Einstellung der Jungen habe ich energisch protestiert, nicht zuletzt mit dem Hinweis darauf, dass von den s. Zt. verhafteten Jungen bereits vier ihre positive Haltung zu Vaterland und Volk durch die Hingabe ihres Lebens bewiesen hätten und der Hauptbeschuldigte, Hubert Keseberg aus Attendorn, zu den Stalingradkämpfern gehört habe und so über sein Geschick bis heute nichts bekannt geworden sei.

Fortsetzung am 8. März

Gleich zu Anfang der Vernehmung hielt man mir vor, der Satz im Hirtenbrief des verstorbenen Erzbischofs Kaspar Klein zur Auflösung des Jungmännerverbandes in unserm Bistum vom 4. August 1937: „... Die Jugendseelsorge ... ist in allen Pfarrgemeinden im Sinne und vollem Umfange der Bischöflichen Richtlinien für Jugendseelsorge vom April 1936 weiter durchzuführen als allgemeine Pfarrjugendseelsorge wie als Seelsorge in Form der religiösen Gemeinschaftsabende, Bibelstunden usw.", sei nichts anderes als die Aufforderung zur Weiterarbeit in der alten Form, und dieser Eindruck hätte bei der Jugend besonders dadurch erweckt werden müssen, dass der

Erzbischof sehr stark betont habe, er erhöbe gegen das Verbot öffentlich Protest. In dieser Linie seien auch die „Richtlinien" des Gesamtepiskopates von 1936 zu deuten, die z.B. offen lebendige Jugendgemeinschaften (Kernscharen) forderten, „wie sie sich in den kirchlichen Jugendverbänden bewährt haben". Überhaupt seien die Hirtenbriefe der Bischöfe so, dass sie sich zwar hüteten, zu illegalem Tun aufzufordern; aber sie ließen die entscheidenden Fragen offen, und daran entzünde sich dann gerade das illegale Tun der Jugend.

Eine besondere Stellung nähme da der Bischof von Münster ein, der durch seine bekannten Predigten der Jugend geradezu den Stoff gegeben hätte, nach dem sie dann mit Freude gegriffen hätte.

Ich habe zu den einzelnen Vorhaltungen energisch Stellung genommen, vor allem solche den Bischöfen vorgeworfenen Unterstellungen klar und deutlich zurückgewiesen. Wenn z.B. der Erzbischof Kaspar in dem genannten Hirtenschreiben sage, er erwarte strenge Disziplin aller Gruppen und aller Einzelnen, dann sei ihm das ernst, und wir Geistlichen und unsere Jugend nähmen ein solches Bischofswort, wie es gemeint sei. Für die der Jugendseelsorge vorgehaltenen Verfehlungen könnten so auf keinen Fall die Bischöfe verantwortlich gemacht werden.

Nachdem noch die Arbeit meines Diözesanhelfers Josef Stemmrich zur Sprache gekommen war, kam man auf die Weiterführung von Neudeutschland zu sprechen. Die verhafteten und verhörten Jungen haben übereinstimmend ausgesagt, ich hätte um ihre illegale Arbeit gewusst und mich von Anfang an schärfstens dagegen gewandt. Es wurden viele Einzelheiten erwähnt, die mir aber nur zum Teil bekannt waren.

Augustinus Reineke
Diözesanjugendseelsorger der Mannesjugend
Erzdiözese Paderborn

Wolfgang Dierker über sein Buch „Himmlers Glaubenskrieger – Der Sicherheitsdienst der SS und seine Religionspolitik 1933 bis 1941“ *

Die Selbstmordattentate des 11. September 2001 erscheinen als neuartige Bedrohung freiheitlicher Gesellschaften. An den Tätern beunruhigt uns eine Mischung aus heilsgewisser Todesbereitschaft und kühler Berechnung. Dieser hybride Terrorismus erschüttert unser Sicherheitsgefühl; gleichwohl ist er nicht gänzlich neu. Die Geschichte der totalitären Diktaturen bietet zahlreiche Beispiele. Eines davon ist der Sicherheitsdienst (SD) der SS, Heinrich Himmlers geheimer Nachrichtendienst. Seine Überwachung und Unterdrückung der christlichen Kirchen, die bis vor kurzem kaum erforscht war, liefert Anschauungsmaterial für die Gefährlichkeit politischer Religionen. Im Sicherheitsdienst wuchs eine Elite maßlos radikaler, aber zugleich sachlich vorgehender Weltanschauungskämpfer heran.

Bedeutendster Kirchenreferent des SD war der ehemalige geistliche Präfekt Albert Hartl, 1904 im oberbayerischen Rossholzen als Sohn eines Volksschullehrers geboren. Als Priester und Religionslehrer am Erzbischöflichen Knabenseminar in Freising geriet Hartl seit 1933 in Konflikt mit seinem Vorgesetzten. In einem Aufsehen erregenden Heimtückeprozess denunzierte er ihn Anfang 1934 wegen regimekritischer Äußerungen und führte damit seine Verurteilung herbei. Es kam zum völligen Bruch Hartls mit seiner Kirche. Beim SD brachte er es bis 1941, als er wegen einer Verletzung seiner Dienstpflichten ausscheiden musste, zum Gruppenleiter im Reichssicherheitshauptamt. Grundlage der Feindbilder des SD war Hitlers Weltanschauung. Deren Kern, so erklärte er in „Mein Kampf“, sei nicht ihr theoretisches Niveau, sondern ihre Verwirklichung.

Ideologische Fixierungen und politische Praxis gehörten im Denken Hitlers zusammen, und diese Haltung setzten die Vordenker im SD in ihrer Arbeit um. Im Fortbestand christlicher, insbesondere katholischer Deutungsmuster im Alltag, etwa im katholischen Schrifttum oder in der katholisch inspirierten Wissenschaft und Kunst, lag für den Sicherheitsdienst die eigentliche Bedrohung des Nationalsozialismus. Schon Ende 1934 forderte der SD, die Kirchen vom Staat zu trennen und ihnen nur die Rechte privater Vereine zuzugestehen. Ohne staatliche Privilegien und ganz auf sich selbst gestellt, sollten sie im mächtigen geistigen und politischen Sog des Nationalsozialismus verschlungen werden. In visionären Worten forderte der SD eine nationalsozialistische Kulturrevolution: „Nur durch den friedlichen Sieg einer stärkeren Idee kann Rom und kann das Christentum überwunden werden.“ Diesen radikalen Feindbildern zum Trotz behielt der Sicherheitsdienst stets die übergeordnete politische Lage im Blick. So kritisierte der SD immer wieder die hasserfüllten, überzogenen Zwangsmaßnahmen lokaler

** Schöningh 2001; aus dem Rheinischen Merkur vom 11. Januar 2002*

Parteigliederungen und staatlicher Stellen gegen kirchliche Amtsträger und Einrichtungen. Im August 1935 klagte die SD-Kirchenabteilung: „Wenn einem Bischof von der HJ ins Auto gespuckt wird, wenn von Angehörigen von Parteigliederungen die Heime katholischer Vereine demoliert werden, so unterstützt man dadurch nur die Arbeit unserer Gegner. Weitaus am meisten aber wird den politischen Kirchen durch die innere Unwahrhaftigkeit kleiner und großer Parteiführer in die Hände gearbeitet." Wie der SD im Kampf gegen die Kirchen vorging, zeigt das Beispiel der katholischen Jugendvereine.

Im Frühjahr 1936 forderten Hartl und seine Mitarbeiter eine „Vernichtung des in der Form der katholischen Aktion und des katholischen Vereinswesens organisierten Katholizismus". Bald mussten sie aber einsehen, dass Hitler und die nationalsozialistische Führung dies mit Rücksicht auf die Stimmung in der deutschen Bevölkerung und das Bild des „Dritten Reiches" im Ausland vorläufig ablehnten. Deshalb zielte der SD darauf ab, das katholische Vereinswesen allmählich und stückweise zu zerschlagen.

Seit Sommer 1937 wurden, in Zusammenarbeit mit der Gestapo, die katholischen Jugendvereine und ein Diözesanverband nach dem anderen beseitigt. „Staatsfeindliches Verhalten", etwa angebliche Verbindungen zu Kommunisten, erschien als Rechtfertigung. Als Erstes traf es den Katholischen Jungmännerverband im Erzbistum Paderborn, der am 27. Juli 1937 in einer planmäßigen Aktion von SD und Gestapo aufgelöst wurde. Nach außen hin trat zwar nur die Staatspolizeistelle Dortmund in Erscheinung, die die Maßnahme mit unerlaubtem Wandern, Zelten und sportlichen Spielen begründete, doch im Hintergrund stand der SD. Da die Auflösung im Erzbistum Paderborn zu großer Unruhe in der Bevölkerung führte, wartete man in Westdeutschland zunächst ab. Anfang 1939 wurde der katholische Jungmännerverband dann vollständig aufgelöst.

Gemessen an seinen hoch gesteckten Zielen, das Christentum zu überwinden und alles katholisch bestimmte Wirken in Deutschland zu beseitigen, ist der SD gescheitert.

Dennoch wurden viele Einzelziele der radikalen Parteikräfte verwirklicht, neben der Auflösung katholischer und evangelischer Organisationen auch die Beseitigung der Bekenntnisschulen und die Herabminderung des kirchlichen Rechtsstatus' in den angegliederten Gebieten. Die Triebfeder solcher Radikalität liegt im Verhältnis von weltanschaulicher Überzeugung und politischer Praxis. Schon Zeitgenossen wie der britische Journalist Frederick August Voigt bezeichneten dieses Verhältnis als „politische Religion". Damit suchten sie das bisher unbekannte Ausmaß politischer Gewalt und ihre Rechtfertigung durch „letzte" Ziele zu bezeichnen. Der Kampf des SD gegen die katholische Kirche, die dieser zutreffend als heilsgeschichtliche Konkurrentin erkannte, dokumentiert die Gefährlichkeit politischer Religionen. Ihre Anhänger verbanden Fanatismus und Sachlichkeit und machten den Nationalsozialismus zum erbitterten, nur aus Taktik im Zaume gehaltenen Gegner von Christentum und Kirchen.

Verhaftung katholischer Jugendlicher durch die Gestapo Dortmund 1941/42

Bruno Tigges*

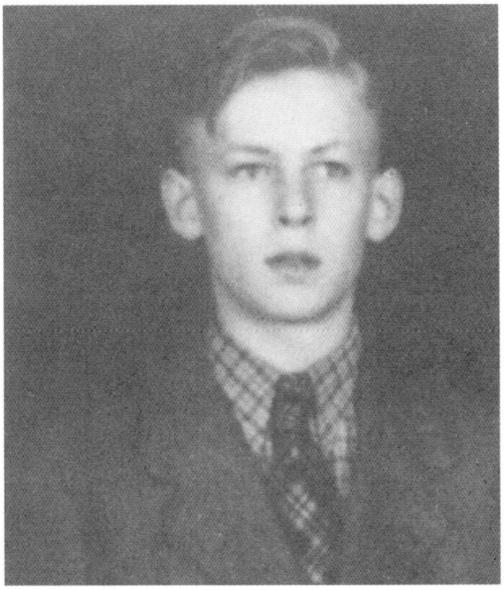

geb. 5. 8. 1924 in Fredeburg, Schüler
in Haft 19. 11. bis 23. 12. 1941
von der Oberschule in Attendorn verwiesen
gestorben 5. 5. 1959 in Düsseldorf

Erinnerungen im Familienkreis, in einer Lokführerfamilie mit acht Kindern

Es war auf Elisabeth, am 19. November 1941. Mutter machte sich fertig, um ihre Freundin, Hebbeckers Lieschen, zu besuchen. Sie war zum Namenstagskaffee eingeladen. Vater war im Dienst. Bruno aß wie immer verspätet zu Mittag, nachdem er mit dem Zuge vom Gymnasium in Attendorn gekommen war. Anschließend ging er in den Keller und holte Anmachholz und Briketts, um für die Schularbeiten im Wohnzimmer den Ofen anzuheizen. Da schellte es an der Haustür. Maria, damals fünf Jahre alt, lief hinaus, um zu öffnen. Plötzlich entstand im Flur ein lautes Geschrei und Gepolter: „Das heißt nicht Guten Tag, das heißt Heil Hitler!", und schon drängten sich zwei Männer in dunkler Uniform in die Wohnung und verlangten Bruno Tigges zu sprechen. Bruno stand da mit Holz und Briketts, ohne sich zu rühren. Sie führten ihn ins Wohnzimmer. Keiner durfte mitkommen, auch Mutter nicht. Bald darauf kamen sie wieder heraus, und Bruno musste ihnen sein Zimmer unterm Dach zeigen. Dort haben sie alles durchsucht und vieles wie seine Fotoalben und sein Fahrtenmesser mitgenommen. Ohne nähere Begründung wurde Bruno für verhaftet erklärt und zum Auto geführt. Wir alle schauten erschrocken und ratlos hinterher.

Die Angaben zur Bruno Tigges sind weitgehend dem Buch „Jugendjahre unter Hitler", 1984 entnommen

Was unsere Mutter in ihrer Not alles unternommen hat: Sie trifft den Pastor einen Tag nach der Verhaftung Brunos an der Bahnschranke. „Herr Pastor, Sie müssen an den Bischof schreiben, nur der kann helfen." „Der Bischof kann da auch nichts machen. Ihm sind die Hände gebunden." „Wenn uns die Kirche nicht helfen kann, dann muss ich mich an die einflussreichen Leute aus der Partei wenden." „Frau Tigges, Sie werden sich doch diesen Nazihalunken nicht unter die Füße legen!" Ihr Kommentar später, als sie davon erzählte: Er wusste nicht, wozu ich in der Lage war, um mein Kind zu retten. Beim Kriminalkommissar, der im Ort wohnte: „Bedanken Sie sich bei den Vikaren. Die haben die Jungen aufgehetzt." Beim Vikar: „Ich kann nichts machen, ich bin machtlos. Vor einem halben Jahr hat mich die Gestapo schon einmal nach Dortmund vorgeladen und verwarnt. Wenn ich in diese Geschichte hineingezogen werde, geht's mir schlecht. Frau Tigges, sagen Sie niemand, dass Sie bei mir waren."

Beim Nazi-H. in der Nachbarschaft: „Liebe Frau Tigges, ich will sehn, was sich machen lässt. Wir führen keinen Krieg gegen Kinder. Wir haben Wichtigeres zu tun." Einige Tage später schickt er Bescheid, die Jungen seien bei der Gestapo in Dortmund in Haft. Der Vater fährt daraufhin mit einem Koffer voll Wäsche und Lebensmittel zur Gestapostelle, darf den Koffer dort lassen. Bruno hat ihn nie bekommen. Man versichert ihm, die Jungen würden bald entlassen, es seien ja tüchtige Kerle, nur stünden sie auf der falschen Seite.

Beim Oberstudiendirektor in Attendorn: „Frau Tigges, warum lassen Sie sich jetzt erst sehen und nicht früher schon einmal beim Elternsprechtag. Sie hatten doch zwei Söhne bei uns. Sie hätten besser auf das achten sollen, was der Junge getan hat. Ich kann nichts ausrichten."

Bruno war schon einmal im Mai des Jahres die Entlassung von der Oberschule angedroht worden, weil er mit der gesamten Klasse am Christi-Himmelfahrts-Tage die Schule geschwänzt hatte. Es war ein jugendlicher Protest dagegen, dass die Naziregierung einige christliche Feiertage abgeschafft hatte.

Noch eine Episode von unserer Mutter.

Als Bruno Ende 1941 verhaftet war, machte meine Mutter mit zwei Freundinnen, die wie sie aus dem Bödefelder Kirchspiel stammten, eine Wallfahrt nach Kohlhagen. Alle drei waren Frauen von Lokführern in Altenhundem. Nachdem sie an den Stationen des Aufstiegs und in der Bergkirche ihre Gebete verrichtet und der schmerzhaften Muttergottes ihren Kummer anvertraut hatten, kehrten sie in der Wirtschaft neben der Kirche ein. Die Wirtschaft war voller Menschen. Die drei Mütter saßen in einer Ecke für sich, tranken eine Tasse Kornkaffee, aßen dazu ihr Butterbrot und schütteten sich in ihrem heimatlichen Bödefelder Platt ihr Herz aus. Es blieb nicht aus, dass sie über

Familie des Lokführers Paul Tigges 1939; oben links Bruno Tigges

Hitler schimpften, der die Söhne als Soldaten in den Krieg holte oder sogar ins Gefängnis warf, ihre Familien gefährdete, andere Länder überfiel und das ganze deutsche Volk ins Unglück stürzte. Das Plattdeutsche benutzten sie wie eine Art Geheimsprache, um nicht von anderen gehört zu werden. Als sie schließlich aufbrechen, entdecken sie im Flur ein Hitlerbild. Eine von ihnen ruft: „Do hänget dai Duiwel!" und spuckt auf das Bild. Doch jetzt schrecken die drei Frauen zusammen und schauen sich ängstlich um, ob sie jemand gehört oder gesehen hat. Eine von ihnen nimmt ihr Taschentuch und wischt das Bild ab. Danach beeilen sich die Wallfahrerinnen, so schnell wie möglich, vom Ort des Gebetes wegzukommen.

Bruno hat nie Einzelheiten über seine Verhaftung erzählt. Er wollte darüber nicht sprechen. Die Gestapo muss ihn aber sehr schikaniert haben. Einmal machte er nämlich eine Bemerkung: Sie hätten mich totschlagen können, ich hätte keinen Namen verraten.

Die Enttäuschung der Eltern, dass Bischof und Kirche nichts unternommen und schon gar nicht geholfen haben, war sehr groß. Wir fühlten uns sehr isoliert und verlassen und hatten große Angst. Wir haben viel gebetet, besonders zur Mutter Gottes. Und als Bruno am Ende einer Neuntägigen Andacht plötzlich vor der Tür stand, war es uns ein Wunder, und das ist es für uns immer noch.

Bruno stand nach seiner Rückkehr unter Polizeiaufsicht und musste sich jede Woche melden. Auch als er schon Soldat war, kam hin und wieder ein Polizist und erkundigte sich nach der Feldpostnummer, oder er schickte seinen Sohn. Eine eigentliche katholische Jungengruppe hat es in Altenhundem seit Brunos Verhaftung 1941 nicht mehr gegeben. Die Älteren waren in der Regel Soldat. Wir Mädchen sind bis 1945 jede Woche in den Keller des katholischen Jugendheims gegangen und hatten dort unsere Heimabende. Es gab mehrere Mädchengruppen. Helene Stracke war die Seele des Ganzen. Wenn Vikar Schwingenheuer auf Heimaturlaub war, hat er sich jedes Mal um uns gekümmert und manchen Heimabend für uns gestaltet. Die religiösen Glaubensstunden einmal wöchentlich abends in der Kirche haben uns viel gegeben. Daneben gab es den BDM-Dienst. Bruno wurde im Frühjahr 1942, als er versuchte das während der Haft in Unterprima Versäumte nachzuholen, vom Gymnasium in Attendorn verwiesen. Von der Bannführung in Olpe bekam er Bescheid, dass er aus der HJ ausgestoßen sei. Er war 17 Jahre alt. Um der Gefahr zu entgehen, zum Arbeitsdienst eingezogen zu werden – er vermutete, dass dieser mehr als die Wehrmacht parteipolitisch geführt wurde – meldete Bruno sich freiwillig als Soldat. Im Sommer 1942 wurde er zur Infanterie eingezogen und kam sechs Wochen später nach Russland. Bruno wurde im Winter 1942/43 an Kopf und Arm verwundet. Nachdem er einige Zeit in einem bayerischen Lazarett verbracht hatte, musste er 1943 wieder nach Russland zurück, obwohl die Kopfwunde nicht ganz ausgeheilt war. Noch auf dem Hinweg zur Front wurde er im Mittelabschnitt zum zweiten Mal verwundet, diesmal schwer. Ein Granatsplitter hatte die rechte Brust und die Lunge durchschlagen. Es war fast ein Wunder, dass er überlebte. Nach langem Lazarettaufenthalt in Kiew und Bernburg an der Saale wurde er ein halbes Jahr später in Göttingen operiert. Die Ärzte mussten ihm den rechten Lungenflügel und einen Teil der Rippen entfernen. Den Splitter konnten sie nicht finden, der dann erst nach dem Kriege im Herzen entdeckt wurde. Bruno kehrte 1944 als schwerverwundeter Soldat nach Hause zurück.

Bruno Tigges kurz nach der Haft, aufgenommen von Erich Berghoff

Altenhundem, den 27. 12. 1941

Lieber Paul!
Nachdem die Weihnachtstage vorüber sind, komme ich erst jetzt dazu, Dir zu schreiben. Wir hatten viel Besuch, alle wollten Bruno sehen und sprechen, Verwandte, Bekannte, Nachbarn und vor allem seine Jungen. Einer kam nach dem andern. Jeder wollte etwas wissen. Aber Bruno durfte ja nichts erzählen. Deshalb ist er heute für eine Woche nach Meschede gefahren. Tante Franziska hat ihn eingeladen. Sie will ihn erst mal füttern.

Unsere größte Weihnachtsfreude war, als unser Bruno am Tag vor Heiligabend ankam. Wir saßen in der Küche und waren am beten. Frau Steiner hatte mir ein Büchlein von Lourdes gegeben, eine neuntägige Andacht an die Muttergottes. Es ist ein ziemlich langes Gebet, für jeden Tag ein anderes. Die Kinder sagten schon, nun sind die neun Tage um und Bruno kommt doch nicht. Wir hatten das letzte Gegrüßt seist du Maria gebetet, so schellte es, und Bruno kam rein. Du glaubst nicht, wie dies auf uns alle gewirkt hat.

Bruno ist sehr mager geworden. Er wird sich nun wohl in acht nehmen. Er hat aber noch denselben Mut.

Es waren schwere Wochen. Vater und ich haben viel mitgemacht. Wir sind schmal geworden. Es gab Stunden, da glaubte ich, ich könnte nicht mehr leben. Wir konnten nicht anders helfen als mit Beten. Wir sind alle jeden Morgen in die Messe gegangen und haben jeden Abend zusammen eine Andacht gehalten. Auch hier im Ort wurde viel für Bruno gebetet. Vielleicht war es eine Prüfung zum Guten. Du weißt, wie oft wir es Bruno gesagt haben, wenn du in der Patsche sitzt, hilft dir keiner. So war es auch. Ich war in Attendorn beim Direktor, auch bei den Eltern der anderen Jungen. Vater war eine Woche nach der Verhaftung in Dortmund. Dort hat man ihm gesagt, Bruno sei verhaftet worden, weil er zweimal an größeren Treffen teilgenommen hat.

Alles Gute Dir in Norwegen zum Neuen Jahr

wünschen Dir Mutter, Vater
und Geschwister.

Altenhundem, den 24. 12. 41

Allmächtiger Gott,
durchflutet vom neuen Lichte Deines menschgewordenen Wortes bitten wir: Laß in unsern Werken widerstrahlen, was durch den Glauben in der Seele leuchtet! (Oratio der zweiten Weihnachtsmesse)

Lieber Paul!

Seit gestern bin ich wieder frei, auch zwei Dutzend andere, die mit mir in Haft saßen. Ich bin etwas schmaler geworden. Aber geschadet haben mir diese 5 Wochen sicher nicht. Es war ein rechter Advent, eine Zeit der Sehnsucht und Erwartung, eine Zeit der Buße und eine Zeit der Gotteserkenntnis; auch wenn wir vielleicht am meisten an uns selbst gedacht haben. In diesem Jahr haben wir wohl zum ersten Mal den Advent richtig verstanden. Wir warteten auf die Erlösung, und die kam dann. Das Beten und Opfern für uns war nicht umsonst gewesen.

Als wir letzten Sonntag zu neun Jungen in einer Zelle zusammensaßen, haben wir eine kleine Adventsfeier versucht. Irgendeiner hatte den »Wanderer zwischen beiden Welten« von Walter Flex hereingeschmuggelt. Wir lasen aus diesem Buch und machten uns Gedanken über einige Worte von Ernst Wurche. Ernst Wurche spricht von dem Gebet zu Gott, »daß wir nicht um Befreiung aus aller Not beten sollen, sondern um Kraft«. Wir müßten bereit sein, den Willen Gottes über unsern Willen zu stellen, und wir dürften, wenn Gott uns Leiden schickt, ihn nicht gleich bestürmen, daß er das Übel von uns nimmt. »Vater, wenn Du willst, so nimm diesen Kelch von mir! Doch nicht mein, sondern Dein Wille geschehe«. Daß dies nicht so einfach ist, wie es sich sagt, ist wohl selbstverständlich. Kennst Du das Heft »Das entscheidende Gebet«? Da heißt es, das entscheidende Gebet ist: Herr, Du kannst mit mir machen, was Du willst. Gib mir nur Klarheit und Kraft.

Ich wünsche Dir ein frohes und gesegnetes Weihnachtsfest und ein glückliches Neues Jahr.

Bruno

Bruno Tigges als Lehrer an der Volksschule Altenhundem

Er schrieb an die Schulbehörde in Münster, er glaube, jetzt genug für Volk und Vaterland geleistet zu haben, und da er aufgrund seiner Verwundung keinen praktischen oder handwerklichen Beruf ausüben könne, möge man ihm die Genehmigung geben, wieder zur Schule zu gehen, um das Abitur zu machen. Bruno wurde daraufhin am Gymnasium in Attendorn wieder zugelassen und machte noch Ostern 1945, kurz vor dem Einmarsch der Amerikaner, das Abitur.

Es erhebt sich die Frage, ob nicht Bruno und die anderen mit ihm verhafteten Jungen bewusst an die Front in Russland geschickt worden sind, ähnlich wie die Strafgefangenen. Es fällt auf, dass von den 28 Jungen fast die Hälfte gefallen ist, ein unwahrscheinlich hoher Prozentsatz.

Bruno war nach dem Ende des Krieges ca. sechs Wochen im amerikanischen Gefangenenlager Rheinberg. Er überlebte das Hungerlager trotz seiner schweren Verwundung. Er studierte dann Theologie und Pädagogik und war als Volksschullehrer in Altenhundem tätig. Er starb 1959 nach einer Herzoperation, als man in einer Düsseldorfer Klinik versuchte, den Granatsplitter des Krieges aus dem Herzen herauszuholen. Bruno hinterließ eine Frau und zwei kleine Kinder.

Bei Josef Thöne

Ein Abend bei Josef Thöne – wir nannten ihn Zappel – heute Klempnermeister wie sein Vater und Bruder. Er war ein Freund meines Bruders Bruno und mit ihm aktiv in der Gruppe tätig.

Er erzählt: „Unsere Gruppe bestand 1940/41. Die Anregung zur Bildung kam von Essen; Stemmerich, Ingenhoven u.a. waren öfter in Altenhundem. Schwingenheuer hatte wohl vermittelt. Wir hatten außerdem Kontakt mit der Attendorner Gruppe. Wir trafen uns mit ihnen und den Essenern im Dollenbruch, an der Listertalsperre und in Kloster Brunnen. Wir hatten ja kein Geld und machten alles zu Fuß oder, mit dem Fahrrad, wir nahmen uns Butterbrote mit und tranken das Wasser aus dem Bach. Wir machten Heimabende, sangen Lieder, lasen aus Briefen und Büchern, sprachen über Glaubensfragen, machten Wanderungen und Fahrten. Wir waren kaum politisch.

Allerdings die Predigten des Bischofs von Münster haben wir verteilt, an Bekannte oder haben sie im Zuge liegen gelassen. Bruno brachte diese Sachen von Attendorn mit, er war ja dort auf der Schule. Am Tage, als Bruno verhaftet wurde, habe ich alles, was ich zu Hause hatte, Matrizen, Rundbriefe, die Vervielfältigungsmaschine in einen Wäschekorb gepackt und in Oberließens Laube versteckt. Keiner wusste etwas davon außer mir. Bei Brunos Verhaftung haben sie ja alles durchsucht und das Haus auf den Kopf gestellt. Bruno hat nach der Verhaftung nichts erzählt, er durfte nicht sprechen. Der führende Kopf in Attendorn war wohl Keseberg, er wurde schon zu Hause brutal zusammengeschlagen. Bei ihm fanden sie die Namensliste für die Rundbriefe, die von Attendorn ausgingen, darauf auch Brunos Name. Keseberg saß 14 Tage in einer Sonderzelle, hat aber nichts verraten, ist später gefallen. Mir fällt eine Äußerung unseres Vikars aus dieser Zeit ein: „Was nützt es, wenn ich offen rede und protestiere, dann bin ich am nächsten Tag verhaftet und kann nichts mehr ausrichten. Ich arbeite lieber in der Stille.“

Eine andere Erinnerung betrifft Frau Neuhaus. Sie war eine große schwarzhaarige Frau. Eines Tages kam sie zu unserer Mutter und schenkte ihr ein silbernes Milchkännchen. Sie bedankte sich, weil die Mutter und unsere Familie ihnen, den Juden, immer geholfen hatten. Mutter weigerte sich, das Geschenk anzunehmen; es ist heute noch im Besitz meiner Schwester. Frau Neuhaus meinte, sie würden ja doch bald abgeholt.

Brunos Gruppe1940/41

Übernachtung im Hochsitz

Beim Abkochen, hockend Josef Thöne, links Rudolf Schmidt

Heimabend 1940

Von Josef Thöne erhielt ich einen Brief ausgehändigt, den ein katholischer Jugendführer aus Essen an Bruno geschrieben hat. Der Brief ist vom 26. 11. 1940 datiert und enthält eine Anleitung, wie der erste Heimabend der neugegründeten Jungengruppe in Altenhundem gestaltet werden soll. Weil der Brief vieles von dem Denken und Empfinden der Jungen und der damaligen katholischen Jugendbewegung überhaupt verrät, sei er hier in seinen wesentlichen Teilen wiedergegeben.

Heimabend

A. Der Knabe (Rilke)

Ich möchte einer werden so wie die, die durch die Nacht mit wilden Pferden fahren, mit Fackeln, die gleich aufgegangenen Haaren in ihres Jagens großem Winde wehn. Vorn möcht ich stehen wie in einem Kahne, groß und wie eine Fahne aufgerollt. Dunkel, aber mit einem Helm von Gold, der unruhig glänzt. Und hinter mir gereiht, zehn Männer aus derselben Dunkelheit, mit Helmen, die wie meiner unstet sind, bald klar wie Glas, bald dunkel, alt und blind. Und einer steht bei mir und bläst uns Raum mit der Trompete, welche blitzt und schreit, und bläst uns eine schwarze Einsamkeit, durch die wir rasen wie ein rascher Traum. Die Häuser fallen hinter uns ins Knie, die Gassen biegen sich uns schief entgegen, die Plätze weichen aus: wir fassen sie, und unsre Rosse rauschen wie ein Regen.

B. Stunde im Heim

1. *Schweigen stehen!*
2. *Ich möchte einer werden so wie die, die durch die Nacht mit wilden Pferden fahren (einer spricht)*
3. *Wir träumen oft (Lied)*
4. *Ein Junge (aus der Wacht Oktober 1936) sitzen!*
5. *Macht hoch die Tür (Kirchenlied)*
6. *Parzival (aus der Wacht Oktober 1935)*
7. *Wer holt uns über (Lied)*
8. *Führerwort stehen!*
9. *Der Satan löscht die Lichter aus (Kirchenlied)*
10. *Persönlich formuliertes Gebet*
    etwa so: Herr, Du hast uns allen Kraft
    gegeben. Schenke uns allen, wir bitten Dich, die
    Gnade, diese Kraft einsetzen zu können zu Deiner
    Ehre. Amen!

C. Gedanken zum ersten Heimabend in Altenhundem
Wir leben in einer großen Zeit. In einer Zeit des Umbruchs. Es ist Krieg. Unsere Brüder sind Soldaten. Alles ist Spannung.
Wir, die wir zu Hause sind, kennen oft keine andere Sehnsucht, als nach draußen an die Front zu kommen. Herauszukommen aus der Banalität unserer Umgebung. Aus der Langweiligkeit der Schule, der Arbeit. Wir wissen, es passieren große Dinge in der Welt, aber an uns gehen sie vorüber. Unsere Tage schleichen dahin, leer und langweilig. Und doch sind wir die Jungenschaft, voller Leben und Kraft, die wir irgendwo einsetzen wollen. »Wir träumen oft von großen Dingen« singen wir. Und wie langweilig, hohl und leer sind unsere Tage, die Tage in der Schule und im Beruf. Ist unsere Situation nicht die gleiche wie die des Jungen, von dem wir hörten. Der von seiner Arbeit nach Hause geht und in eine Pfütze tritt, die ihm dadurch interessant wird. Der den Freund sucht, dem er sich hingeben kann. Den er noch nicht gefunden hat. Aber er wird nie aufhören, diesen großen Freund zu suchen.
Wir wollen in das Reich Gottes. Darum müssen wir den Blick schärfen für die Dinge in uns, damit wir um so tiefer glauben können.
Kraft ist in uns allen, Kraft, mit der wir etwas anfangen wollen. Was gibt es Schöneres, als seine Kraft einzusetzen für das Höchste. Was gibt es Edleres, als dem Höchsten zu dienen wie Christopherus.
Dieses Höchste dürfen wir uns aber nicht selbst machen. Das tun die anderen. Alles mögliche ist ihr Gott, dem sie dienen. Beruf, Geld, Macht, ein Mensch. Du sollst keine fremden Götter neben mir haben. Das Größte und Höchste, dem wir dienen wollen, dürfen wir uns nicht selbst setzen. Es wird uns von Gott gesetzt. Es ist Christus. Es ist das Kind, das uns Weihnachten geschenkt wird. Das uns erlösen wird, wenn wir bereit sind, ihm zu dienen.
Bruno. Das sind die Gedanken des Führerwortes. Schreib Dir alles neu auf, ehe Du in den Abend gehst. Was ich schreibe, sind Anregungen. Du kannst es ändern. Müht Euch und arbeitet.

Heil allen Kameraden!

Helmut

siehe auch Dokumente, Seite 380

Arnsberg

Heribert Lange

Heribert Lange (Mitte) mit zwei Freunden (von links Rudolf Friemauth, Heribert Lange, Günter Stumpf)
geb. 1923, Schüler
in Haft 19. 11. bis 23. 12. 1941
von der Oberschule verwiesen.
War Leiter der Jugend-Vollzugsanstalt Siegburg,
lebte in Bonn,
gestorben 24. 10. 2003

Brief von Heribert Lange-Brandenburg an Karl Föster, Arnsberg

Siegburg, 24. 5. 1984

Lieber Karl,

dank für Deinen Brief. Unsere Aktivitäten damals kannst Du als Nachfolger u.a. der von den Nazis verbotenen Jugendverbände „Sturmschar" und „Neudeutschland" sehen. Wir hatten von beiden etwas übernommen, z.B. den Berater: Büngeners Ebb (Eberhard Büngener), Liederbücher vom „Quickborn", die Bibliothek vom „ND". Es war eine lockere Fortführung dessen, was die Nazis verboten hatten, nämlich außerhalb des kirchlichen Raumes Lebensformen zu entwickeln, die nicht rein religiöser Natur waren (Fahrten, Zeltlager, Sport, pp.). Häufigstes Ziel war Kloster Brunnen. Geistlicher Mentor war Jupp Schulte, Pfarrvikar von Westenfeld. Um nicht aufzufallen, verließen wir einzeln die Stadt und trafen uns dann irgendwo in den Wäldern zur Weiterfahrt. Diu (lateinisch = lange) war mein Spitzname. Odo Peilstöcker, Karl-Heinz Böhmer (Neffe des Propstes), Wolfgang und Gert Schulte waren Mitschüler. Anton Müller war ein Freund von Anton Scheffer, stammte aus Grafschaft und war in Marburg Medizinstudent. Bei ihm waren wir zum Skilaufen. Anton Scheffer war im Kloster Knechtsteden auf der Schule gewesen und leitete bis zu seiner Einberufung zur Wehrmacht die Gruppe. Alle Fahrten waren unerlaubt und führten dazu, dass ich später aus der HJ ausgeschlossen wurde, weil ich mich, wie es hieß, am illegalen Auf- und Ausbau des verbotenen Kath. Deutschen Jungmännerverbandes betätigt hatte.

Hinzu kam, daß wir zusammen mit anderen Gruppen im Sauerland (Meschede, Menden, Attendorn, Altenhundem) Rundbriefe und u.a. die Predigt des Bischofs von Münster, Graf Galen, gegen die Liquidierung von Geisteskranken verbreitet hatten. Das führte nach meiner Verhaftung auch dazu, dass ich die Schule verlassen mußte, um „die Ehre eines deutschen Mannes als Soldat wiederzugewinnen".

Es kann sein, daß das Rundzelt von der „Sturmschar" übernommen worden war. Vielleicht darf ich noch erwähnen, daß wir uns in der damaligen Zeit keineswegs als Helden fühlten. Es waren mehr sportlich abenteuerliche Unternehmungen von Leuten, die alle die Nazis nicht mochten wegen ihrer Kirchenfeindlichkeit und sich ohne Bedenken über die damaligen Bestimmungen hinwegsetzten, was ja auch jahrelang gut ging. Erst Ende 1941 ging die Sache schief. Das kann meines Erachtens auch nur der Grund dafür gewesen sein, weshalb das Tagebuch plötzlich abgebrochen wurde und man die letzten Seiten entfernt hat. Denn im November 1941 war die Attendorner Gruppe aufgeflogen, und wir haben uns gegenseitig gewarnt vor weiteren Hausdurchsuchungen der Gestapo, die dann auch einsetzten.

Ich hoffe, dieses „Erinnerungsprotokoll" hilft Dir ein wenig weiter bei Deiner Chronik. Einer der wenigen von damals, die noch leben, ist Karl Hoff aus Menden, Theodor-Hürth-Straße 15. Er kann bestimmt noch über viele Einzelheiten berichten.

Viele Grüße an Dich
Dein Heribert Lange-Brandenburg

Attendorn

Bericht über Festnahmen durch die Gestapo*

Attendorn, den 3. Dezember 1941

Auf Anordnung des Landratsamtes Olpe erstatte ich über die Festnahme von fünf jungen Burschen aus Attendorn durch die Gestapo in Dortmund folgenden Bericht:

Vor etwa 10 bis 14 Tagen machte der Oberinspektor H. bei dem Landratsamt Olpe mir fernmündlich Vorhaltungen, weshalb dem Landratsamt Olpe von hier nicht gemeldet worden ist, dass eine Anzahl Schüler von der hiesigen Oberschule durch die Gestapo festgenommen worden seien. Das Landratsamt Olpe habe dieses von einer anderen Ortspolizeibehörde erfahren. Ich habe Oberinspektor H. mitgeteilt, dass hier von einer Festnahme von Schülern der hiesigen Oberschule nichts bekannt ist. Hier sei nur bekannt, dass fünf junge Burschen von hier, und zwar zwei Büroangestellte, zwei Fabrikarbeiter und ein Polstererlehrling von der Gestapo festgenommen worden seien. Eine Mitteilung vom Polizeibüro aus hierüber sei deswegen unterlassen worden, weil Herr Bürgermeister Sch., der nach Olpe fahren wollte, dieses dort persönlich melden wollte. Auf Veranlassung des Herrn H. habe ich dann den Direktor der Oberschule von hier fernmündlich um Mitteilung gebeten, ob Schüler der Oberschule durch die Gestapo in Dortmund festgenommen worden seien. Der Direktor der Oberschule Dr. Overmann von hier erklärte mir, dass ihm hier von nichts bekannt sei. Ich habe darauf Hr. H. beim Landratsamt Olpe wunschgemäß sofort die Erklärung des Direktors O. fernmündlich übermittelt. Oberinspektor H. fragte dann noch nach den Gründen der Festnahme der jungen Burschen. Ich habe darauf erwidert, dass mir der Grund von Stapobeamten nicht mitgeteilt worden sei. Es kursiert lediglich in der Stadt das Gerücht, dass die festgenommenen Burschen eine Predigt des Bischofs von Münster vervielfältigt und verbreitet haben sollten.

Von der Gestapo Dortmund sind hier folgende Personen festgenommen und nach Dortmund abgeführt worden:
Polstererlehrling Georg Clement, geb. am 7. 2. 1925 in Dortmund; Bürogehilfe Hubert Keseberg, geb. am 15. 9. 1923 in Attendorn; Bürogehilfe Günter Stumpf, geb. am 24. 6. 1924 in Attendorn; Fabrikarbeiter Anton Schnüttgen, geb. am 20. 6. 1920 in Attendorn; Fabrikarbeiter Erich Berghoff, geb. am 14. 9. 1913 in Attendorn

Nach Mitteilung des Gerichtsgefängnisses Herne sitzt Berghoff im Gerichtsgefängnis in Herne ein. Nachträglich hat Hr. Bürgermeister mir mitgeteilt, dass die vorgenannten Burschen, wie ihm ein Stapobeamter mitgeteilt hat, wegen Bildung einer verbotenen Organisation und Verbreitung einer vervielfältigten Predigt des Bischofs von Münster festgenommen worden seien.

gez. W., Stadtinspektor

**entnommen „Jugendjahre unter Hitler", Seite 216, Herkunft Kreisarchiv Olpe*

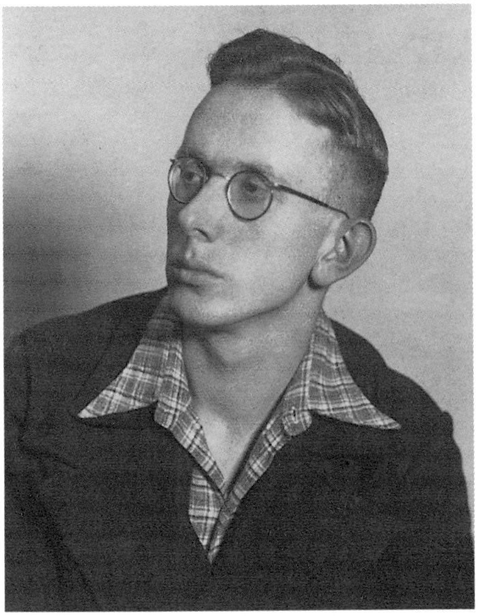

Erich Berghoff

geb. 14. 9. 1913 in Elberfeld, Arbeiter;
später Industriemeister
in Haft 19. 11. bis 23. 12. 1941
gestorben 1990 in Attendorn

Erich Berghoff, Attendorn*

Bin bei Erich Berghoff am Hohlen Weg in Attendorn und frage nach Bruno. „Ihn habe ich gut gekannt, ich war öfter in Altenhundem in Ihrem Elternhaus. Ihr Vater war Eisenbahner, im Hause liefen viele Kinder herum. Nach dem Kriege haben wir uns aus den Augen verloren. Als ich später einmal nach Bruno fragte, war er schon tot."

Erich Berghoff tastet vorsichtig nach dem Glas Orangensaft. Wegen einer Augenkrankheit hat er schon vor Jahren seinen Beruf als kaufmännischer Angestellter aufgeben müssen, war in Aachen und Nürnberg tätig und ist auf seine alten Tage nach Attendorn zurückgekehrt. Der lange, etwas gebeugte Mann lehnt sich im Sessel zurück und faltet die Hände über den Bauch. Stockend und mit einem leichten Zittern des Kopfes erzählt er: „Ich bin Jahrgang 1913. Bis 1933 war ich bei den katholischen Jungen der Kreuzfahrer. Im Mai lösten die Kreuzfahrer sich auf. Man sah keine Möglichkeit der Betätigung mehr. Ich ging zum Jungmännerverband, wurde später Bezirksführer. Bis 1941 habe ich drei Hausdurchsuchungen über mich ergehen lassen, 1934, 1936 und 1940. Schallplatten, Bücher, was die alles so mitnahmen. 1940/41 hatten wir in Attendorn eine recht aktive Gruppe. In der Firma zogen wir die Galenbriefe ab, zu Tausenden, der Bürovorsteher überließ uns Papier und deckte uns. Wir haben

* *Bericht ist entnommen aus „Jugendjahre unter Hitler"*

sogar ein Schreiben des Kreisleiters Fischer an alle Ortsgruppenleiter mit abgezogen und angeheftet. Darin hieß es, zurzeit würden Predigten des Bischofs von Münster vervielfältigt und verteilt. Die Texte seien echt, man solle versuchen, die Urheber festzustellen. Und dann die Geschichte in Paderborn. Wir haben geschrien und gejubelt „Wir wollen unsern Bischof sehen!“.

Keseberg, Schnüttgen und Stumpf wurden vor mir verhaftet. Keseberg hat man wohl mit Schlägen und Sonderzelle zugesetzt, um weitere Namen herauszubekommen. Am 19. November wurde ich nachmittags von zu Hause abgeholt. Ich durfte nicht einmal ein Butterbrot mitnehmen. Für einige Stunden steckten sie mich ins Spritzenhaus Grevenbrück. Es war bitterkalt. In der Nacht holte man mich heraus und schob mich in den Wagen. Auf dem Rücksitz saß Bruno. „Ja, du“ – „Auch du“ begrüßten wir uns. Irgendwie waren wir froh, dass wir zusammen waren. Die Fahrt ging zunächst nach Arnsberg und dann nach Hagen. In Arnsberg wurde noch ein dritter abgeholt und zu uns ins Auto gesteckt, Heribert Lange. In den Wochen der Haft befanden wir uns in der gleichen Anstalt, wenn auch meist in Einzelzellen. Zuerst steckten wir zwei bis drei Tage in Hagen, eine kahle Zelle, nur ein Eimer. Dann ging es zur Steinwache nach Dortmund. Aber hier war alles überfüllt, wir mussten weiter nach Herne. Dort waren wir vielleicht zwei bis drei Wochen in Einzelzellen. Der Wachtmeister betitelte uns nur als katholische Schweine. Wir sahen uns mittags beim Rundgang, durften aber nicht miteinander sprechen. Mit Pfeifen von Wanderliedern durch die Tür und die Flure erfuhren wir, dass noch mehr von unserer Truppe in den anderen Zellen saßen.

Schließlich kamen wir wieder nach Dortmund, zunächst in Einzelzellen. Auf den Fluren ging es wüst zu, Brüllen, Schläge, Schreie. Manchmal fanden regelrechte Verurteilungen statt. Häftlinge mussten antreten, wurden gefragt, was sie verbrochen hätten. Ein Russe oder Pole sagte: „Kartoffeln gestohlen.“ Und schon brüllte es: „10 Jahre KZ.“ In Dortmund begannen dann erst unsere Vernehmungen, die kein Ende nehmen wollten. In der letzten Woche waren wir zu elf Mann in einer Zelle, darunter Kriminelle mit ihren kahlen Köpfen, aber auch sechs von den katholischen Jungen. Hier traf ich Bruno wieder. Wir waren glücklich, zusammen zu sein, manchmal lachten wir laut und waren übermütig. Nur einer hatte immer wieder Angst, lag auf dem Boden und horchte nach draußen. Er war kein Richtiger von unserer Seite, war irgendwie dazwischen geraten. In Fretter haben sie ja einen namens Quinke verhaftet, er hatte von sich aus die Galenbriefe abgezogen und verteilt. Er ist nicht wiedergekommen. Die Eltern bekamen die Asche zugeschickt.

Es gelang uns sogar, einen Schott in die Zelle zu schmuggeln. Die Polizeibeamten waren nicht so übel, gehörten zur alten Polizei und drückten schon mal ein Auge zu.

Einer war Mitglied einer Sekte. Als wir ihn fragten, warum er diese Arbeit mache, sagte er, er wolle nicht ins KZ kommen. An einem Abend haben wir zu sechst einen Heimabend durchgeführt, mit Liedern und Gebeten. Einer von Menden hat das in einer Zeichnung festgehalten. Sechs schwarze Gestalten stehen um eine brennende Kerze."

Erich Berghoff macht eine Pause. Seine Frau ist eingetreten und schüttet uns nochmals vom Saft ein. Als ich ihn nach Lorenz Jaeger frage, winkt er ab, hebt sich aus seinem Sessel und tastet sich vorsichtig zum Schrank. Dann überreicht er mir ein Postkartenfoto mit Lorenz Jaeger in Uniform und EK I. „Er war ein schöner Offizier. Die meisten Bischöfe haben versagt, der Osnabrücker und der Innitzer in Wien, der hat sogar den Führer nach dem Einmarsch begrüßt. Nur einige wie Faulhaber und Galen haben sich bewährt. Aber auch Galen erst reichlich spät. Na ja, ob ich heute noch den Mut aufbrächte wie damals, ich glaube nicht. Ich kann auch manche Lehrer vom hiesigen Gymnasium verstehen, die wegen ihrer Familie in der Partei waren. Als ich nach dem Kriege Bürgermeister in Attendorn war, habe ich einigen geholfen, dass sie wieder in den Dienst kamen. Und was die Juden angeht, da haben wir alle versagt. Ich mache mir heute noch Vorwürfe, daß ich nichts getan habe. Kein Bischof, kein Geistlicher hat etwas unternommen oder ein Wort von der Kanzel gesagt. In Attendorn hatten wir eine ganze Reihe Juden. Die beiden letzten haben sich das Leben genommen, bevor sie abgeholt wurden. Die Bevölkerung von Attendorn war ziemlich indifferent, die Lehrer waren bis auf wenige Ausnahmen in der Partei, unter den Arbeitern ein paar Kommunisten, an der Post einige Nazifanatiker, die die Preußen uns geschickt haben, außerdem ein Fabrikant, ein überzeugter Nazi, aber die fallen hinterher immer wieder auf die Beine. Widerstandskämpfer oder Leute, die wegen ihrer Überzeugung eingesperrt wurden, hat es nicht gegeben, nur ein Franziskanerpater, der einige Monate weg war."

Brief von Erich Berghoff

an den Freund Heinz Nolte, nachdem Erich aus der Haft zurückgekehrt war. Heinz ist als Soldat in Russland und war vorher Mitglied der Gruppe.
Er ist in Russland gefallen.

Attendorn, 10. 1. 42

Lieber Heinz!

Vor mir habe ich eine ganze Reihe Briefe liegen, die ich in den letzten Wochen bekommen habe. Da Deine in der Mehrzahl sind, will ich Dir auch den ersten Brief nach langer Zeit zukommen lassen.

Am Tage vor Weihnachten war ich wieder frei. Es waren für mich und alle anderen Wochen der Besinnung.

In der Einsamkeit der Zelle hat man so recht Zeit dazu, über sein Leben und das Leben überhaupt nachzudenken. Da ist Schweigen und Zeit zur Sammlung.

Einen solchen Advent habe ich noch nicht gehabt. Nicht nur, dass man auf seine Freiheit wartet. Sondern man wird sich hier so recht bewußt, was es um den tiefsten Sinn unseres Advents ist. Wo man ohne allen Kerzenschein, Tannenduft und dergleichen auf den Kern der Dinge gewiesen wird. „Adveniat regnum tuum". Es war eine wirkliche „Heimkehr zur Weihnacht".

Ich weiß nicht, wie Du den Advent und das Weihnachtsfest erlebt hast. Sicher ist es Dir nicht einfach geworden. Du wirst das Erlebnis anders gehabt haben als ich.

Es klingt ja auch mehr als komisch, vom Frieden zu reden, wo eine Welt widerhallt vom Unfrieden.

Doch das ist ja nicht das Letzte und Tiefste, der äußere Frieden der Welt.

Daß im eigenen Herzen Frieden ist und Ruhe und Sicherheit in Gott, das ist der Sinn dieser Kriegsweihnacht. –

Aber verzeih, ich schreibe ja fast einen Weihnachtsbrief, und wenn Du ihn erhältst, ist sicher schon Februar.

Lieber Heinz.

Einen Nachmittag habe ich noch Ski gelaufen, und jetzt gehen die Bretter an die Front. Oft denke ich an Dich, bei der „Saukälte".

In der nächsten Woche fahre ich mal wieder nach Dortmund. Diesmal aber für 6 Wochen zur Vorbereitung auf die Meisterprüfung. Ich hoffe, daß es gut geht. Fritz Tiedeken war diese Woche für 3 Tage hier mit Braut. Er sieht gut aus und ist jetzt Feldwebel. Läuft allerdings noch auf Krücken. Nach menschlichem Ermessen werde ich Dir in der nächsten Zeit wieder öfter schreiben. Du wartest sicher darauf. Etwas zu lesen schicke ich Dir auch.

Dir alles Gute und gute Heimkehr

Herzlichen Gruß, Dein Erich

Georg Clement

geb. 1925 in Dortmund, Sattlerlehrling, in Attendorn
später Angestellter beim Stadttheater Dortmund
in Haft 6. 11. bis Anfang Dezember 1941
gestorben 14. 2. 2001 in Bochum

Bochum, im Juli 1987

Lieber Patrick!

Dir und Deiner Braut alles Gute, und Gottes Segen.

Ich möchte Dir, jetzt nach 15 Jahren, Deinen Wunsch erfüllen, Dir zu erzählen, wie es im Gefängnis war. So hattest Du damals gefragt. Da Du aber erst 9 Jahre alt warst, und ich Dir keine Märchen erzählen wollte, habe ich Dich auf später vertröstet. Da Du aber der einzige junge Mensch bist, der sich dafür auch heute noch interessiert, wie mir Deine Eltern versicherten, will ich nun damit beginnen.

Als ich 9 Jahre alt war, im Jahre 1934, und zur ersten heiligen Kommunion gegangen war, trat ich in die katholische Jungschar ein. Sie wurde von unserem Vikar Langes geleitet. In den Heimabenden wurde gesungen, gespielt und gelacht, aber es wurden auch religiöse Themen besprochen. Bevor ich hier weiter schreibe, muss ich noch auf eine Begebenheit zum Tag der Machtergreifung durch die Nazis im Jahre 1933 zurückkommen.

In der Etage über uns wohnten Sozialdemokraten, deren jüngster Sohn so alt wie ich war. Er kam weinend mit seiner Mutter vom Einkaufen aus dem „Dorf", wie man wohl die meisten Zentren der Vorstädte im Ruhrgebiet nennt. „Warum heulst du denn so erbärmlich?" fragte ihn meine Mutter. „Weil alle Kinder eine Hakenkreuzfahne haben, nur ich nicht." – „Komm in 10 Minuten wieder, dann habe ich für dich und unseren

Georg auch eine Fahne“, entgegnete sie. Sie kramte aus einer Schublade einen alten roten Bettbezug, schnitt da zwei etwa 25 cm im Quadrat große Stücke aus, malte auf beide Seiten des Stoffes mit Schneiderkreide einen Kreis mit Hakenkreuz. Diese Lappen befestigte sie an zwei Latten. Willi und ich, stolz, die größten Fahnen zu haben, liefen ins Dorf. Dort angekommen, nahm uns ein SA-Mann die durch den Wind vom Hakenkreuz befreiten Fahnen ab mit den Worten: „Ihr Kommunistenblagen.“ Willi und ich konnten das Schmunzeln unserer Mütter erst viele Jahre später verstehen. 1937 wurde die Jungschar von den NAZIS (Nationalsozialisten) verboten. Ich wurde ganz krank. Meine Eltern glaubten, ich solle es doch mal bei dem Jungvolk probieren. Das war die NS-Jugend vom 10. bis 14. Lebensjahr. Ich kam mit denen aber nicht klar, denn da wurden wir schon fast militärisch gedrillt, und ich konnte so schlecht gehorchen. Dazu kam noch, dass unser neuer Klassenlehrer ab 1937 ein SA-Mann war. Ich hatte aber doch noch Glück, dass wir einen Lehrer für den Religionsunterricht bekamen. Vorher hatten wir eine Lehrerin, bei der mußten wir alles auswendig lernen. Das lag mir genauso wenig wie der totale Gehorsam. Der Erfolg war, dass mir bei ihr nur Fünfen gelangen. Bei dem neuen Lehrer war das ganz anders. Nicht wer die Geschichte auswendig konnte, sondern wer sie am besten erzählte, bekam eine gute Note. So hatte ich von da ab wenigstens in zwei Fächern eine Zwei, denn Naturlehre, heutzutage nennt man es Physik – Fremdworte durften damals nicht gebraucht werden –, war neben Religion mein Lieblingsfach. Bei meinem Klassenlehrer, dem SA-Mann, kam ich auf keinen grünen Zweig. Für ihn war ich nur der schwarze Georg. Die Rechenarbeiten konnten richtig sein, ich bekam trotzdem nur eine Drei oder Vier, weil die Zahlen so schlecht zu lesen waren. Dazu muss ich aber sagen, dass ich nach einer Scharlacherkrankung wirklich nicht mehr schön schreiben konnte. Zu der Zeit war ich sehr oft verzweifelt, so dass mich unser Vikar und auch der Pastor immer wieder trösteten und mich mahnten, alles nicht zu ernst zu nehmen.

Im Jahre 1935 wurde der Samstag zum Staatsjugendtag erklärt. Das hieß: nicht Unterricht in der Schule, sondern Dienst beim Jungvolk. Ich weiß es nicht, war es Glück oder Pech? Zu der Zeit habe ich für unseren Bäcker Brot ausgetragen. Dabei hatte ich mich verhoben und fast einen Hodenbruch erlitten. Daraufhin wurde ich vom Vertrauensarzt der HJ vom Dienst befreit. So musste ich mit einigen Schülern, welche nicht im Jungvolk waren, zum Werkunterricht. Und bei welchem Lehrer? Natürlich bei unserem Klassenlehrer, dem wir so den freien Samstag kaputtmachten. Das wurde für uns aber kein Unterricht, sondern ein richtiger Arbeitstag. Wir mussten massenweise Bilderrahmen herstellen, in die dann Sprüche aus den NS-Schulungsheften eingelegt wurden. Für die Religionsstunde musste einer unserer Mitschüler ein Kruzifix an der Wand hinter dem Lehrerpult anbringen, welches er von der Hausmeisterin bekam. Eines Tages hatte er ein etwas größeres erwischt, so dass es über den Rahmen des Führerbildes hinausragte. Der Führer war Adolf Hitler. Ob bewusst oder nicht, jedenfalls hat er an diesem Tag vergessen, das Kreuz wieder abzunehmen. Als die Pause beendet war und der Klassenlehrer das Kreuz sah, ließ er sofort den Rektor, welcher auch Parteigenosse war, holen. Die wollten uns dann klar machen, daß dies eine Beleidigung des Führers sei. Sie hatten aber wohl nicht mit dem Widerstand der Klasse gerechnet. Dann entfachte sich eine hitzige Diskussion, die unser Klassenlehrer damit beenden wollte, indem er sagte: „Ihr wisst wohl gar nicht, dass der da oben ein Jude war." Worauf ich ihm antwortete: „Für mich gibt es nur Menschen, gleich welcher Rasse sie angehören. Ich werde auch zukünftig mit Judenkindern spielen."

Kurz darauf wurde der Religionsunterricht aus der Schule verbannt. Wir konnten von da ab nur noch an einem freiwilligen Unterricht, welcher von den Geistlichen außerhalb der Schulzeit gehalten wurde, teilnehmen. Zur Ehre meiner Klassenkameraden muss ich aber sagen, dass sich fast alle an dem Unterricht beteiligten. Etwas später wurde unser Lehrer für den Naturlehreunterricht durch einen anderen, welcher auch Uniformträger war, ersetzt. Die Quittung für mein Verhalten kam mit dem Zeugnis zum Ende des 7. Schuljahres. Ich wurde nicht versetzt. Nach heftigen Protesten aus der Klasse und einem Gespräch meiner Mutter mit dem Klassenlehrer wandelte dieser die Worte „nicht versetzt" um in den Satz „steigt seines Alters wegen".

Bis auf die Sensation, dass ich im letzten Jahr der Schule noch der schnellste Läufer wurde, geschah bis zur Schulentlassung nichts besonderes Aufregendes mehr. Nur weil ich von meinem Glauben und Handeln überzeugt war, geborgen im Schoß einer intakten Familie, und in der freundschaftlichen Verbundenheit mit unseren Geistlichen habe ich diese Zeit unbeschadet überstehen können.

Dass unser Klassenlehrer und der Rektor sich nach den Pausen immer noch was zu erzählen hatten. Manchmal nur Minuten, oft auch länger, gelegentlich auch die ganze Stunde. Die Folge war, dass es in der Klasse dann laut wurde. Kam er dann mit rotem Kopf in die Klassen, hob er je nach vorhergegangener Lautstärke eine Hand hoch, manchmal beide, dies öfter auch zweimal. Das hieß für den nächsten Tag fünf, zehn oder zwanzig Seiten Strafarbeiten. Schlagen konnte er wie ein Sadist, kam er erst richtig in Fahrt, dann traf er öfter die Waden als Hosenböden. Um sich vor dieser Pein zu schützen, kamen einige in Uniform zur Schule, denn Hitlerjungen durften nicht geschlagen werden.

Im Sommer 1938 fand eine Volksabstimmung zum Münchener Abkommen statt. Der Vater unseres Vikars lag an diesem Tag auf dem Sterbebett. Im Wahllokal stellte man fest: „Ah, der Pfaffe hat noch nicht gewählt." Zweimal wurde er telefonisch aufgefordert, im Wahllokal zu erscheinen. Verständlicherweise kam er dieser Aufforderung nicht nach. Daraufhin kam ein Anruf, er möge sofort zu einer bestimmten Familie kommen. Dort läge der Mann im Sterben und wünsche die Letzte Ölung. Dort angekommen sah er, dass der Mann kerngesund in seiner Wohnung saß. Als der Vikar das Haus wieder verlassen hatte, tauchten plötzlich Photographen auf, um ihn auf die Platte zu bannen. Die Hände vors Gesicht haltend, konnte er in ein nahegelegenes Krankenhaus flüchten und abwarten, bis diese Halunken abgezogen waren.

Nun musste ich mich langsam für einen Beruf entscheiden. Da wir im Naturlehre-Unterricht schon einiges von Elektro-, Benzin- und Diesel-Motoren gehört hatten, hätte ich gerne einen Beruf aus diesen Branchen gehabt. Am liebsten wollte ich Elektro-Techniker werden. Bei der Berufsberatung erfuhr ich, dass diese Lehrstellen schon alle besetzt seien. Man riet mir dort zu einer Polsterer- und Dekorateurlehre, denn dies sei ein Beruf der Zukunft, weil der Wohlstand es bald allen Menschen ermögliche, sich Gardinen vor die Fenster hängen zu lassen und schöne Polstermöbel leisten zu können. Man habe auch schon einen Lehrmeister für mich, ganz in der Nähe. Es war der Innungsobermeister in unserer Stadt, wo wir damals wohnten. Leider war auch er ein Funktionär der NSDAP.

Wie ich gerade so aufschaue, sehe ich Euer Familienbild vor mir. Ich glaube, Du denkst: „Gab es denn nur Braune?" Nein, muss ich sagen. Viele Rote gab es in unserem Viertel und einige Schwarze. Da diese sich nicht vermischten, hatten wir auch keine Braunen, als Beweis dafür folgende Begebenheit: Es gab einen Fliegeralarm zur Probe. Statt in den Keller gingen wir, weil neugierig, zur nächsten Straßenecke. Bevor die Entwarnung kam, ließ ein älteres Fräulein einen Donner los, knallte die Hacken zusammen, erhob die Hand zum Deutschen Gruß und sagte: „Alles was aus dem braunen Haus kommt, muß gegrüßt werden." Alle lachten laut, wäre ein Brauner in der Nähe gewesen, hätte man sie bestimmt für längere Zeit nicht mehr sehen können.

Wie Du sicherlich weißt, bekam Dein Vater den gleichen Klassenlehrer wie ich. Er wurde oft von ihm gehänselt: „Na, du Bruder des schwarzen Georg." Obwohl Dein Vater die Aufnahmeprüfung für die Realschule bestand, durfte er diese nicht besuchen, weil sein Lehrer eine entsprechende negative Beurteilung ausgestellt hatte.

Am Wochenende bekamen wir unsere Wochenzeitung der Kirche. Darin suchte ein Meister aus Attendorn im Sauerland einen Lehrling des eben genannten Berufs. Meinen Vater für diese Stelle zu gewinnen, war nicht schwer, da er ja selbst im Sauerland geboren war. Nach Bewerbung und Vorstellung brachte er mich Ostern 1939 nach Attendorn. Dies wurde zwar eine harte, aber schöne Zeit, denn es gab hier wieder so etwas wie die

In der Rüspe, im Keller eines verlassenen Hauses

Am Nordseedeich

An der Listertalsperre

Im Wald

Jungschar. Weil die aber verboten war, nannten wir uns Pfarrjugend. Donnerstags hatten wir unsere Heimabende. An diesen Wochenenden wurde im Frühjahr und Herbst gewandert, im Sommer ging es an die Listertalsperre und im Winter mit meinem Freund Siegfried zum Rodeln oder Schlittschuhlaufen auf den Stausee, denn wir hatten keine Skier. Es war alles so schön für mich, und die Welt war in Ordnung.

Am 1. 9. 1939 begann der Krieg. Da besannen sich die Größen der Hitlerjugend, dass alle Jugendlichen Mitglieder der HJ sein müssten, und forderten uns letztmalig auf, ihr beizutreten. Nach vielen Überlegungen meldeten sich die meisten unserer Gruppe, wie mein Freund und ich, zur Feuerwehr-, Flieger- oder Marine-HJ, denn da hatten wir mit der eigentlichen HJ nicht viel zu tun, weil es mehr um die Spezialausbildung ging.

Anfangs hatten wir unsere Heimabende noch im ehemaligen Gemeindehaus. Da man uns dort aber sehr leicht belauschen konnte, zogen wir in einen leerstehenden Raum neben dem Altar in der Kirche. Hier wähnten wir uns sicher. Eines Abends kam einer von uns etwas später und sah, wie welche von der HJ uns mit einem Mikrophon belauschen wollten. Am nächsten Tag haben einige von uns eine Holzwand vor das Fenster gezogen und Sägemehl zwischen Holzwand und Fenster geschüttet. So war die Quelle verstopft. Ein anderes Mal haben die Gleichen die Älteren unserer Gruppe, als sie aus der Bibelstunde kamen, vermummt überfallen.

Da alle Nicht-NS-Presseerzeugnisse verboten waren, gingen wir daran, selbst etwas auf die Beine zu bringen. Wir nannten sie Rundbriefe. Später kamen dazu die Predigten des Bischofs von Münster, Clemens August Graf von Galen, der „Löwe von Münster" genannt, der sich u.a. in seinen Predigten in scharfer Form gegen die Vernichtung „unwerten Lebens" wandte.

Da ich einen weiten Weg zur Berufsschule hatte, etwa 60 km bis Siegen im Süden und Verwandte in der Gegenrichtung etwa 40 km entfernt in einem kleinen Dorf bei Sundern wohnten, war ich der Großverleger dieser Region. Fuhr ich in die Schule, traf ich Helene aus Altenhundem,* (Helene Stracke, Dekanatsjugendführerin für die weibl. Jugend; siehe „Jugendjahre unter Hitler" von Paul Tigges, S. 153.) um ihr die heiße Ware zu übergeben. An einem Donnerstag, als ich wieder Briefe bei mir hatte, traf ich sie leider nicht. Als ich in der Schule meine Tasche auspackte, sah mein Nachbar den großen Umschlag mit den Briefen. Er fragte: „Was hast du denn da?" Darauf sagte ich aus Verlegenheit: „Das ist geheim." Er erwiderte: „Dann gehört auch ein Stempel ‚Geheim' aufgedrückt." Und tat es auch. Die Folgen darauf wirst Du später erfahren.

Am nächsten Samstag fuhr ich per Fahrrad die Verwandten besuchen, mit einer vollen Tasche Rundbriefe. Der erste Stopp war bei meinem Patenonkel. Als er am Sonntagmorgen mit mir zur Kirche ging, sagte er zu mir: „Ich habe gestern Abend in deine Tasche geguckt und die Schriften gesehen. Könntest du mir die Predigten des Bischofs aus Münster besorgen?" Worauf ich ihm antwortete: „Ich will mal sehen, vielleicht Donnerstag, wenn ich aus der Schule komme." Donnerstags trafen wir uns meistens, weil ich am Ort seiner Arbeitsstelle ein und eine halbe Stunde Aufenthalt hatte und er zur gleichen Zeit Feierabend. Nach dem Mittagessen fuhr ich zu Vettern meiner Mutter, wo ich mich bis zum späten Nachmittag aufhielt. Für die Rückfahrt nahm ich einen anderen Weg, um einem Jungen die Briefe zu übergeben, die dieser weiter verteilte. Abends fiel ich müde ins Bett.

Am folgenden Montagnachmittag steht plötzlich mein Patenonkel in der Werkstatttür. Er sagte: „Ich hatte zufällig hier etwas zu erledigen und mir gedacht, du könntest mir die Predigten gleich mitgeben." Da ich keine anderen zur Hand hatte, gab ich ihm die Tüte mit dem Stempelaufdruck „geheim". Am folgenden Donnerstag, als ich aus der Schule kam und ihn von seiner Arbeitsstelle abholen wollte, war von ihm nichts zu

* *Der katholische weibliche Jugendverband wurde zwischen 1933 und 1945 nicht verboten.*

sehen. Nachdem ich mein verspätetes Mittagessen intus und die Arbeit aufgenommen hatte, kommt die Tochter Lisa meines Meisters, im gleichen Alter wie ich, und sprach: „Im Laden ist ein großer Mann, welcher dich sprechen will.“ Ein großer Mann, dachte ich mir, das könnte der jüngste Bruder meines Vaters sein. Als ich in den Laden kam, sah ich aber einen fremden Mann. „Ach du bist der Georg. Zeig mir mal deine Schlafkammer!“ Als wir in meiner bescheidenen Dachkammer angekommen waren, machte er die Schublade meines Waschtisches auf und entlud den ganzen Inhalt in eine große Tasche. „So“, sagte er, „wohl die Geheimnisse drin, los, schließ sie auf!“ Auch dieser Inhalt, meine Post, Fotoalbum und das Tagebuch unserer Gruppe, welches ich zu der Zeit führte, wanderte in die Tasche.

In diesem Augenblick kam mein Meister ins Zimmer und fragte den Herrn, ob er eine Legitimation für sein Tun habe. Daraufhin zog er ein metallenes Schild aus der Tasche mit den Insignien der Gestapo: „Geheime Staatspolizei.“ Er sagte zum Meister: „Ich muß den Georg mal kurz mitnehmen, zum Verhör auf die Polizeiwache.“

In der Wache angekommen, war dort schon ein Zimmer für das Verhör reserviert. Als er sich den Mantel auszog, stand er in der Gestapouniform vor mir und bot mir einen Stuhl ihm gegenüber am Tisch an. „So“, sagte er, „nun erzähl mir mal die Wahrheit, denn katholische Jungen lügen nicht.“ „Ich weiß nicht, was Sie von mir wollen“, erwiderte ich. Da sprang er vom Stuhl auf, riss mich hoch, hielt mich mit der linken Hand in Brusthöhe am Hemd fest und schlug mich mit der rechten, flachen Hand, an der er mehrere Ringe trug, links und rechts ins Gesicht. Von den Schlägen war ich ganz benommen. „Setz dich!“ schrie er mich an. „Und nur die Wahrheit, sonst geht es dir schlecht.“ – „Ich weiß wirklich nicht, was Sie wollen“, sagte ich. Da sprang er wieder auf und schlug mir ins Gesicht. Das spielte sich so noch einige Male ab. Durch das linke Auge konnte ich bald gar nichts mehr sehen, und mit dem rechten nur noch schwach. Nach dem Prügeln sagte er zu mir: „Wenn du jetzt nicht sprichst, kommst du ins Konzentrationslager. Weißt du, was das ist?“ „Nein“, sagte ich, obwohl ich es wusste.

„Ja, da wird keine Musik gemacht, sondern Torf gestochen im Moor. Sei doch nicht so dumm, Georg, du bist doch kein alter Mann von 80, der bald sterben muss, sondern erst 16 Jahre alt und hast das Leben noch vor dir.“ Nachdem ich gesagt hatte, ich verstehe das nicht, gab es wieder Schläge ins Gesicht. Danach sagte er zu mir: „Ich weiß alles über dich“, und legte mir den Umschlag mit dem Stempel „Geheim“ auf den Tisch. „Jetzt aber wachsam“, dachte ich mir. „Kennst du den“, fragte er. „Ja“, sagte ich, weil Lügen eine schwere Sünde in den Augen meines Vaters war. „Also, von wem hast du den Umschlag?“ – „Den fand ich eines Morgens vor der Werkstatttür, als ich diese aufschloss.“ „Nun bin ich es leid, mich weiter mit dir zu beschäftigen. Ich lasse dich jetzt einsperren." Als wir das Zimmer verließen, mussten wir durch ein anderes Zimmer, wo noch zwei Polizisten saßen und eine Frau hinter einer Schreibmaschine, welche sich bei meinem Anblick die Hände vors Gesicht hielt; es wurde ihr ganz übel.

Da im Rathaus, wo sich die Polizeiwache befand, aber keine Arrestzellen waren, brachte er mich zur Amtsverwaltung, wo es diese gab. Zur gleichen Zeit, als mein Verhör begann, hatten Hubert, unser Gruppenleiter, und Günther Feierabend. Sie mussten an dem Geschäft meines Meisters vorbeikommen. Die gleiche Tochter meines Meisters, welche mir den Besuch des Gestapomannes Buschmann angesagt hatte, informierte die beiden von dem, was geschehen war. Die beeilten sich, noch einige zu benachrichtigen, das bei ihnen vorhandene Material zu verstecken. Der eine versteckte es auf dem Boden, unter dem Heu, der andere hatte es im Garten vergraben. Später mussten sie Zeichnungen machen, wo ihre Verstecke waren. Beim Günther wurde der Garten seiner Eltern umgewühlt und beim Hubert das Heu bei Regen vors Haus geworfen. Erich, unser Senior, der einige Tage nach uns verhaftet wurde, hat den Fußboden des Badezimmers aufgenommen und seine Sachen darunter verstaut. So ist wenigstens etwas gerettet worden. Bis ca. 22.00 Uhr lag ich in meiner Zelle und zitterte vor Angst und Kälte. Einmal kam der Hausmeister und fragte: „Was hast du denn verbrochen?" Ich gab ihm zur Antwort: „Sie kennen mich doch, dann müssen Sie auch wissen, dass ich kein Verbrecher bin." Plötzlich hörte ich das Geräusch eines Autos. Kurz darauf wurde die Zellentür geöffnet, und ich durfte nach oben kommen. Da stand der Herr Buschmann mit einem Namensvetter vor mir und sagte: „Du kannst jetzt nach Hause gehen, du musst aber damit rechnen, dass auch du noch geholt wirst." Dann nahm er mich in Empfang und führte mich zu dem mir schon bekannten Wagen, einem kleinen BMW. Auf dem Rücksitz kauerten Anton, Günther und Hubert. Ich musste mich nun dazuquetschen. Buschmann und der Fahrer rauchten unterwegs die Zigaretten, welche sie bei den Hausdurchsuchungen bei uns gefunden hatten, die eigentlich für unsere (schon eingezogenen) Freunde bestimmt waren.

Buschmann verbot uns jegliches Gespräch während der Fahrt nach Dortmund. Ich konnte es mir nicht verkneifen, ihm zu sagen, dass es mich freue, einmal umsonst nach Hause zu kommen. Als wir fast die Hälfte des Weges hinter uns hatten, meldete sich einer von uns, er müsse austreten. „Dann aber alle, denn ich will nicht noch dreimal halten." Einzeln mussten wir von dem Rücksitz aus dem Wagen krabbeln und unser Geschäft machen. Dabei hielt er uns jeweils am linken Arm fest. Da gab es ein Gewühle in der Enge des Autos!

Kurz nach Mitternacht landeten wir im Polizeigefängnis der Stadt Dortmund. Da wir nicht gemeinsam in eine Zelle durften, auch nicht mit bestimmten anderen Häftlingen, wurden Listen gewälzt. Es musste gewährleistet sein, dass wir untereinander keinen Kontakt bekommen konnten. Danach wurden wir gefilzt. Nur das Notwendigste durften wir behalten. Beim Filzen riss der oberste Knopf meiner Hose ab. So musste ich immer eine Hand in der Tasche halten, um die Hose nicht zu verlieren.

Nun verteilte man uns auf verschiedene Zellen. Ich kam in eine, die für vier Mann eingerichtet war. Als Glückspilz war ich der Dreizehnte, welcher sich hier niederlassen durfte. „Na Kumpel, deinen blauen Augen nach kommst du sicherlich aus einer Schlägerei hier im Norden", murmelte jemand. „Nein ich bin nur geschlagen worden", antwortete ich. „Oh ja!" murmelte der Schlaftrunkene weiter, „dann wissen wir schon Bescheid. Leg dich hin und versuch zu schlafen." Der einzige freie Platz war im engsten Umkreis des Klos. Da bei 13 Insassen der Lokus fast immer besetzt war, hatte ich bald das Gefühl, Sommersprossen zu bekommen, und rief: „Ich halte das hier nicht mehr aus!" Ein Älterer, KAB-Mitglied aus unserer Nachbargemeinde, wie ich am nächsten Tag erfuhr, gab mir den Rat: „Komm, leg dich zwischen die Pritschen, wenn es auch eng ist und du dich, um dich umdrehen zu können, erst aufstehen musst. Es ist schon angenehmer hier zu liegen."

Am Morgen gegen 6.00 Uhr mussten wir aufstehen, auch ich, obwohl ich während der letzten 25 Stunden kein Auge zugetan hatte. Damit wir keinen Kontakt mit anderen aufnehmen konnten, ging es zellenweise in den Gemeinschaftswaschraum zur Katzenwäsche. Kurz darauf gab es Frühstück, welches im Lichthof ausgegeben wurde. An den ersten drei Tagen gab es morgens und abends nur trocken „Brot" und „Kaffee-Ersatz". Vom vierten Tag an gab es „mit", das heißt „mit Belag". Morgens nannte sich das Marmelade und abends Leberwurst. Am vierten Morgen, als es das erste Mal „mit" gab, wünschte mir ein Kumpel mit folgenden Worten guten Appetit: „Das ist sowieso keine Marmelade. Da haben die Küchenbullen auf der Brotscheibe eine Wanze mit dem Messer platt geklopft." Beim Mittagessen gab es auch „mit" und „ohne". Das bedeutete: in den ersten acht Tagen war das Essen „ohne" Gewürze und ohne Einlage. Ab dem neunten Tag gab es „mit", bestehend aus wenigen Kartoffeln und Weißkohl, viel Kümmel – von Würze nichts zu schmecken. Und Fleisch hätte man selbst mit einer Lupe nicht entdecken können. Zudem war es nicht gekocht, sondern nur kurz gewellt. Als der Kumpel von der KAB sah, dass ich das Zeug nicht runterkriegen konnte, bot er mir an, meine Suppe zu essen, und gab mir dafür Brot, welches seine Schwester gebracht hatte. Nach einigen Tagen ging das Brot aber zur Neige, und ich musste mich doch noch an die Hauskost gewöhnen.

An den Fenstern waren Drahtglasscheiben so angebracht, dass man den Himmel und die Wolken kaum sehen konnte. Die vier Privilegierten, welche auf den Pritschen schlafen durften, stapelten ihre Strohsäcke und Decken so auf, dass die anderen neun auch sitzen konnten.

Außer dem Klo, einem Hocker und einem kleinen Tisch gab es nichts in der Zelle. Der Mann der KAB und noch einige warteten auf Schönwetter, d.h. Entlassung in die Freiheit, denn ihre KZ- oder Zuchthausstrafen hatten sie schon hinter sich. Gegen die anderen wurde noch ermittelt. „Wir können uns denken, warum du hier bist. Erzähl uns bitte nichts, denn es könnte für dich und uns Nachteile bringen", sagte der KAB-Mann. Nach dem Frühstück wurden die Zellen gesäubert. Ich, der Jüngste, musste die Nachbarzelle in Ordnung bringen. Dort lag ein Junge, so alt wie ich, den die Schläger der Gestapo so fertiggemacht hatten, dass er fast bewegungsunfähig war. Während ich ihn trocken legte, hat er mir das zuflüstern können, auch dass er in Hamm zu Hause sei. Als ich auch noch den Urin aufgetrocknet und die Zelle geschrubbt hatte, musste ich in meine Zelle zurück. So gern wäre ich bei ihm geblieben, um ihm helfen zu können. Leider durfte ich es nicht. In meine Zelle zurückgekehrt, verkroch ich mich in eine Ecke auf der Pritsche. Immer wieder dachte ich nur: „Warum bringen diese Schufte zwei geschundene, gleichgesinnte Jungen zusammen, obwohl es nicht sein soll." Ich verstand es einfach nicht.

Plötzlich fragte jemand: „Muß heute einer zum Verhör?" – Da niemand „ja" sagt, haben wir ja einen guten Tag. Zwei oder drei, die Geld bei sich hatten, waren beim Friseur, um sich rasieren zu lassen. Bei der Gelegenheit konnten sie dort Kautabak kaufen. Den verteilten sie auf die Raucher. Die einen schnitten ihn mit einer Rasierklinge gleich klein, andere priemten ihn erst. Die restlichen Insassen wuschen ihn erst im Klopott, um ihm die Stärke zu nehmen. Danach drehten sie aus Zeitungspapier pfeifenähnliche Gebilde und stopften sie mit dem Tabak. „Jetzt fehlt nur noch Feuer", dachte ich mir. Stumm, aber strahlend zog unser Stubenältester ein Lineal unter der Tischplatte hervor, in dem in einer Stirnholzseite ein Feuerstein eingedrückt war. Ein anderer reichte ihm eine Glasscheibe, welche er aus einer Fuge der Pritsche hervorzauberte. Der Nächste opferte seine Zahnbürste, die er in seiner Jacke trug. Alle Raucher standen nun mit einem Fidibus bereit.

Der Stubenälteste schabte mit der Scherbe einige feine Späne von der Zahnbürste, die zu der Zeit noch aus leicht entflammtem Zelluloid bestand. Danach kratzte er mit der Scherbe so an dem Feuerstein vorbei, dass die Funken in die Späne der Zahnbürste fielen. Es gab eine große Flamme, alle Fidibusse brannten, und die Pfeifen qualmten. Die Luft war in kurzer Zeit ganz blau, und ich war durch dieses Feuerwerk total erschrocken. „Wo habt ihr nur die Klamotten her?" fragte ich den Akteur. „Eine Zahnbürste hat fast jeder. Die Feuersteine habe ich mitgebracht, und da hatten wir vor einigen Tagen einen hier, der bekam einen Tobsuchtsanfall. Er schlug mit der bloßen Hand die Fensterscheibe ein und meinte, wir hätten nun Scherben zum Feuer machen, und er komme ins Krankenhaus, so einfach ist das", erzählte der Akteur.

Manchmal versuchten wir uns auch als Jongleure. Wir machten uns aus Zeitungen Spitztüten und balancierten sie, je nach Geschicklichkeit, auf der flachen Hand, den Fingerspitzen und die Könner gar auf der Nasenspitze. Eines Tages hatte ich mich mal wieder hingelegt. Die Hüften, die Kniegelenke und Knöchel waren schon blau angelaufen. Da hörte ich lautes Schreien und Stöhnen. Es wollte sicherlich einer beim Verhör nicht ausspucken. „Um ihn gesprächig zu machen, hat man ihn auf das Folterrad geschnallt und bearbeitet ihn jetzt mit Knuten", erklärte mir einer der Mitgefangenen, der diese Tortur schon mitgemacht hatte. Auch in der Steinwache in Dortmund nannte man den brutalsten Schläger „Iwan den Schrecklichen".

Nach etwa 8 Tagen Haft mussten Günther und ich zum Verhör zur Gestapodienststelle in Hörde. Auf dem Hof stand die blaue Minna schon fahrbereit, mit einem Polizisten als Begleitung. Während er uns einzeln in verschiedene Zellen einsperrte, sagte er: „Es wird unterwegs kein Wort gesprochen, sonst gibt es was auf den Arsch." Da der Polizist mit ins Fahrerhaus stieg, konnten wir uns doch noch einiges zuflüstern. So z.B., daß wir alles auf uns nehmen wollten, um andere vor Inhaftierungen zu verschonen.

Als Ersten wollte Buschmann mich vernehmen. Es lief gut für mich. Bevor das Verhör begann, klingelt das Telefon. Am anderen Ende der Leitung war mein Lehrmeister. Er versuchte meinem Vernehmer klar zumachen, daß er mich dringend in der Werkstatt brauche, denn er habe den Wehrmachtsauftrag, in Kürze Matratzen für schwerverwundete Soldaten zu liefern. Das Gespräch, es dauerte ca. 15 Minuten, endete mit den Worten Buschmanns: „Unsere Staatsinteressen gehen vor." In dem Augenblick, als das Verhör fortgesetzt werden sollte, klingelte wieder das Telefon. Am Apparat war einer der Chefs von Günther und Hubert. Auch er versuchte Buschmann klar zumachen, daß er die für den Sieg wichtigen Aufträge nicht erfüllen könne. Dieses Gespräch dauerte noch länger, endete aber mit dem gleichen Satz wie bei dem ersten mit meinem Meister. Bevor Buschmann mit dem Verhör fortfahren konnte, klopfte es an der Tür. „Herein!" rief er. Zu unserer Überraschung kam meine Mutter ins Zimmer. „Was wollen Sie denn hier?" fragte er sie. „Nachdem ich seit Tagen versucht habe, meinen Sohn im Gefängnis besuchen zu können, dies mir aber verwehrt wurde, habe ich es bei Ihrem Chef versucht. Hier ist die Besuchserlaubnis." Sie nahm mich mit Tränen in den Augen in ihre Arme und fragte diesen Rohling: „Haben Sie meinen Sohn so zugerichtet?" Dieser entgegnete: „Er wollte nicht die Wahrheit sagen. Darum musste ich so handeln. Ab heute ist er ja geständig. Er wird auch bald, wenn er so bleibt, nach Hause dürfen." Obwohl an diesem Tag und später zwischen uns kein Gespräch mehr zustande kam, sagte er das. „Darf ich meinem Sohn das Fahrgeld für die Straßenbahn zur Heimfahrt geben?“ fragte meine Mutter. „Ja, Sie dürfen, aber jetzt müssen Sie gehen“, antwortete er. Nachdem er meiner Mutter den Passierschein unterschrieben und sie gegangen war, sagte er zu mir: „Georg, deine Vernehmung ist zu Ende, den anderen nehme ich mir in der Wache vor.“

Günther und ich kamen gerade zur Essenausgabe im Gefängnis an. Günther mußte unten vor der Tür der Wache stehen bleiben, und mich wollte die Polizei in die Zelle bringen. In diesem Augenblick kam Hubert aus seiner Zelle. Ich rief: „Heil Hubert, unten steht Günther!“ Er erwiderte meinen Gruß, beugte sich über das Geländer des Lichthofs und grüßte Günther ebenso mit erhobener Hand. An diesem Tag überwachte der Polyp, „Iwan der Schreckliche“ genannt, die Essenausgabe. Er schubste Hubert, ohne daß dieser sein Essen empfangen konnte, in die Zelle zurück. Im gleichen Augenblick erschien unten unser Vernehmer. „Was ist da oben los?“ schrie er Iwan an.

Bischofsweihe im Oktober 1941 in Paderborn. Zug der Geistlichen (Dechanten) zur Bischofsweihe im Dom. In der Mitte mit Blick zum Fotografen Dechant Schwunk, Attendorn.

„Der hier oben droht dem da unten", gab er in seinem ostpreußischen Dialekt zurück. Wie wir später erfuhren, war Hubert seit dem zweiten Tag der Inhaftierung in einer sogenannten Tobzelle, die nur aus nackten vier Wänden bestand, untergebracht. Man hatte ihn nach diesem Vorfall so zusammengeschlagen, daß er mit zwei Zähnen minus nach Hause kam.

Am nächsten Tag durfte meine Mutter zum ersten Male für mich saubere Wäsche abgeben. Es kamen dann zwei ganz öde Wochen: Balancieren mit Tüten, Rauchen, Austauschen von Tricks und – für mich vorwiegend – Schlafen. Da alles dies verboten war, stellte sich dann immer einer von uns mit dem Hinterkopf zur Tür vor den Spion. So fanden wir immer genug Zeit, uns in eine anständige Positur zu bringen, wenn Iwan bölkte: „Gehst du von der Tür weg!"

Am dritten Samstag seit Beginn unseres Aufenthaltes wurden Anton, Günther und ich in eine Einmannzelle gepfercht. Anton, ein Mann wie eine knorrige Eiche, wollte sich am Morgen des Sonntags von Günther die ersten Tanzschritte beibringen lassen. Er tat es aber so unbeholfen, daß ich eigentlich lachen mußte. Ich konnte es aber nicht, denn mir war ganz heiß. Ich bat die beiden, an die Tür zu klopfen, weil ich kaum atmen konnte. Als der Polizist die Tür öffnete, fragte ich ihn: „Könnten Sie bitte die Heizung abstellen?" – „Das kann ich. Ich tue es aber nicht", war die Antwort. Etwas später bekam ich eine richtige Atemnot. Meine Freunde klopften noch einmal an die Tür. Als der Polizist mich nach Luft ringen sah, schickte er einen Kalfaktor zum Fiebermessen. Das Thermometer zeigte 42 Grad. Dann kam ein Wachtmeister, ein Katholik, der zuständig für das Gesundheitswesen war. Er beugte sich zu mir und sagte: „Ich bring dich hier raus." Ein paar Minuten später saß ich in der blauen Minna mit einem Polizisten, der mich in die Städtischen Krankenanstalten brachte. Es war gegen 14 Uhr, als gerade der Hauptstrom der Besucher eintraf. Viele schauten uns an und dachten wohl: „Was hat das Kerlchen nur ausgefressen." Auf dem Weg vom Haupteingang zu dem Haus, in das ich eingewiesen wurde, kam es zu folgendem Dialog mit dem Polizisten: „Was hast du denn verbrochen?" – „Ich bin kein Verbrecher!" – „Warum bist du denn bei uns?" –„Aus politischen Gründen." – „Hast du denn Ahnung von Politik?" – „Das weiß ich nicht. Aber die in Berlin glauben es wohl." – „Wir lassen das Thema besser", meinte er dann. So gingen wir die letzten Schritte schweigend zur Isolierstation. Hier lautete die Diagnose: Verdacht auf Diphtherie. Nach einigen Tagen stellte sich für mich positiv heraus, daß der Befund negativ sei. Gleich danach konnte ich nach Hause fahren, denn mit dem Tag, an dem ich ins Krankenhaus kam, war ich aus der Haft entlassen. Am nächsten Tag konnte meine Mutter die letzten meiner Habseligkeiten aus dem Gefängnis abholen. Dabei wurde ihr bedeutet, daß kein Mensch erfahren dürfe, wo ich war. Es könnte sich für mich belastend auswirken. Das Verfahren würde nämlich nach dem gewonnenen Krieg fortgeführt.

Die Kopfschmerzen, die ich seit den Schlägen des Buschmann hatte, verstärkten sich von Tag zu Tag. Darum schickte mich mein Vater an einem der nächsten Tage zum Arzt. Der Arzt wollte wissen, ob ich in letzter Zeit krank war. Nachdem ich ihm geschildert hatte, warum ich im Krankenhaus war, und er mich untersucht hatte, war er der Meinung, daß ich eine Nervenentzündung im Kopf habe. Da mein Vater keine Zeit hatte, ging meine Mutter am folgenden Tag zu dem Arzt, um ihn zu fragen, ob die Ursache der Nervenentzündung Schläge an den Kopf sein könnten. „Ganz bestimmt", sagte er. „Sicherlich hat ihr Sohn langen Hafer vom Meister bekommen." „Nein", sagte meine Mutter. „Es war einer von der Gestapo." – „Ja, wissen Sie liebe Frau, so genau kann man das nicht feststellen. Ich rate ihnen, nichts gegen die Gestapo zu unternehmen, denn auf dem Weg würden Sie sich noch tiefer ins Unglück reiten."

Nach einigen Tagen hielt mich nichts mehr in Dortmund, denn ich wollte in Attendorn sein, wenn meine Freunde nach Hause durften. Aber der Arzt, der mich dort behandeln sollte, empfahl mir, mich bei dem Kollegen in Dortmund weiter behandeln zu lassen. So fuhr ich wieder dort hin. Heiligabend kam die erlösende Nachricht per Postkarte, daß meine Leidensgenossen zu Hause sind.

So war für uns ein richtiger Advent in Erfüllung gegangen. Daraufhin fuhr ich gleich nach dem Weihnachtsfest nach Attendorn. Dort erfuhr ich, dass sie von einer großen Schar der Bürger Attendorns empfangen wurden. Erich ging bald nach Dortmund zurück, zu einem Meisterlehrgang, obwohl Buschmann ihm und mir angedroht hatte, daß es mit seiner Meister- und meiner Gesellenprüfung nichts werde. Hubert und Anton wurden nach kurzer Zeit zur Wehrmacht einberufen. Sie sind beide gefallen. Günther

In einer Zelle der Steinwache beim Besuch vom 26. 10. 2000, (v. l. n. r.) Frau Kather, Schwester von Josef Lappe, Museumsführerin, Dr. Hubert Wichtmann, Frau Mechthild Barra, Tochter von Georg Clement.

und ich wurden von unserem neuen Erzbischof Lorenz Jaeger, welcher am 19. Oktober 1941, gut zwei Wochen vor unserer Verhaftung, geweiht worden war, zu einer Audienz im Leokonvikt eingeladen. Er dankte uns für die Standfestigkeit und bat uns, weiterzumachen.

Günthers Einberufung ließ auch nicht lange auf sich warten. Kurze Zeit leitete ich noch unsere Gruppe. Im Herbst wurde ich zum RAD (Reichsarbeitsdienst) eingezogen. Als ich den Gestellungsbefehl bekam, sagte mein Meister: „Georg, pack deinen Koffer. Fahr nach Hause und verlebe noch ein paar schöne Tage in deiner Familie!" Bei der Gelegenheit erfuhr ich von meinen Eltern, dass der im Nebenhaus wohnende Kriminalbeamte meiner Mutter im Vertrauen gesagt hatte, er sollte im Auftrag der Gestapo aufpassen, ob wir des öfteren Besuch bekommen würden. Nach meiner Einberufung mussten meine Eltern jede Anschriftänderung der Gestapo melden.

Fast hätte ich vergessen, unseren Dechant Schwunk zu erwähnen. An einem Sonntag nach unserer Inhaftierung sagte er von der Kanzel: „Nun beten wir ein Vaterunser und Ave-Maria für unsere Jungen in Dortmund." Die Folge war, dass er sich in Westfalen und im Rheinland nicht mehr aufhalten durfte. Er emigrierte nach Würzburg.

6. August 1987
4630 Bochum, Am Rechteck 6

Lieber Patrick!

Soeben habe ich es geschafft und die erste Etappe vom Leben des Jungen Georg gerafft zu Papier gebracht. Es war die Zeit des Nationalsozialismus. Möchtest Du die anderen zwei Etappen des Mannes Georg, vom Sozialismus in Rußland und der Sozialdemokratie in Deutschland, kennen lernen, so laß es mich wissen. Vielleicht könntest Du mich mal hier in Bochum interviewen? Denke daran, daß ich nicht mehr der Jüngste bin.

Mit herzlichen Grüßen, Dein Onkel Georg

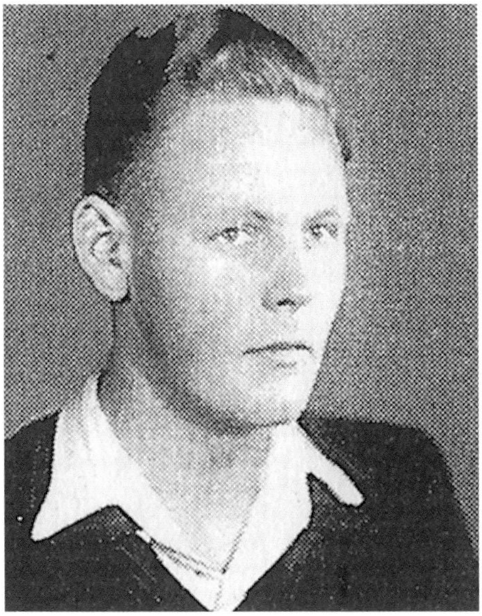

Hubert Keseberg

geb. 1923 in Attendorn, kaufm. Angestellter
in Haft 6. 11. bis 23. 12. 1941
gefallen im Januar 1943 in Stalingrad

Hubert Keseberg, Attendorn von Karl H. Falk

Hubert Keseberg wuchs als ältester von drei Brüdern in einer Arbeiterfamilie auf. In der Schulzeit fiel er nicht besonders auf, es sei denn, durch besondere Leistungen. Dem Rat des Lehrers, Hubert zum Gymnasium gehen zu lassen, konnten die Eltern aus finanziellen Gründen nicht nachkommen. Hubert gehörte mit fünf oder sechs anderen Jungen unserer Klasse zu denen, die erst 1936 bei der Schaffung der „Staatsjugend" Mitglied des Jungvolks wurden. Bis dahin gehörte er zur Jungschar des Jungmännervereins bzw. dessen illegaler Nachfolger.

In Attendorn gab es aus der Tradition der Kreuzfahrer eine starke Gruppe der Sturmschar, die auch in der Illegalität bündisch weiter lebte und den Kern der Pfarrjugend darstellte. Durch die Vikare Peter Hoberg und Franz Josef Grumpe wurde diese Lebensausrichtung auf besondere Weise gefördert. Es ist daher nicht verwunderlich, dass wir in diese Gruppe hinein wuchsen, besonders auch deshalb, weil die vier bis fünf Jahre älteren eine gewisse Patenschaft übernahmen.

Die Patenschaft für Hubert übernahm mit der Zeit Erich Berghoff, der Führer der Pfarrjugend. Daraus ergab sich eine besondere Entwicklung. Obwohl Hubert nach wie vor unauffällig war, konnte man bei ihm eine besondere Ausstrahlung feststellen. Bei Gesprächen und im Meinungsaustausch hatte er ein Niveau, das spürbar über dem unseren war. Es war selbstverständlich, dass er eine Jungschargruppe leitete und ebenso selbstverständlich unsere Gruppe übernahm, als die meisten der Älteren eingezogen wurden.

Der Kontakt mit einigen anderen Gruppen im Sauerland wurde durch ihn besonders gesucht. Treffen in Meschede mit Vikar Grumpe oder in Meinkenbracht mit Vikar Schulte bzw. mit Vikar Müller in Neger, aber auch Treffen und Zeltlager mit anderen Gruppen in der Rüspe, an den Bruchhauser Steinen usw. wurden von ihm mit initiiert, ebenso unsere kleinen und großen Fahrten. Da das Schrifttum, aus dem wir lebten, verboten wurde, kam von Hubert die Idee, mit einem Rundbrief unsere Gesinnung und unser Wollen darzustellen und die Gemeinsamkeit zu erhalten.

Als Kaufmannsgehilfe hatten er und Günter Stumpf die technischen Voraussetzungen dafür, vor allem da der Firmenchef Gerätschaften und Material zur Verfügung stellte. So kamen die Rundbriefe, die von Hubert und einigen anderen verfasst wurden, aber auch die Predigten des Bischofs v. Galen aus Münster ins gesamte Sauerland und zu den Soldaten an die Front.

Hubert war bei den ersten, die von der Gestapo verhaftet, verhört und misshandelt wurden. Bald nach seiner Freilassung aus dem Gestapo-Gefängnis „Steinwache" in Dortmund am 23. 12. 1941 wurde er zu den Pionieren nach Höxter eingezogen. Kurz nach Weihnachten 1942 ist Hubert in Stalingrad gefallen.

In der Rüspe Hubert Keseberg rechts, Karl Falk links

Gebet vor dem Mittagessen in der Gruppe; Hubert Keseberg, hintere Reihe, Mitte, im weißen Oberhemd; Ort: Köhlerplatz bei Oberneger, Krs. Olpe

Hubert Keseberg: Soldatenbriefe an seinen Freund Erich Berghof (in Auszügen)*

Höxter, 30. 4. 1942
Lieber...

...Gestern morgen marschierte die Kompanie in den Sonnenaufgang hinein. Trotz aller Härte und Strenge ist dies Leben schön, schön besonders, weil ich mich innerlich wieder frei fühle. E., Du kannst mir glauben, alles hat wieder klare Grenzen bekommen. Der Dienst arbeitet unbewusst an dem Tiefsten im Menschen. Die Stubenkameradschaft ist fein. So vieles Gekünstelte fällt von jedem Einzelnen ab. Eine echte Freude steht abends immer zwischen uns. Unsaubere Witze gibt es schon längst nicht mehr.

Heribert aus A. schrieb gestern aus Münster. Gib mit bitte die Anschrift von Rudi, Bruno und Hannes S...

---

vgl. auch „Rundbriefe" in „Nachlese" Seiten 396 bis 404

Höxter, 19. 5. 1942

Pfingsten! „O, Du Licht der Seligkeit, mach Dir unser Herz bereit, dring in unsre Seelen ein!“ E., Dir einen frohen Pfingstgruß, Pfingsten als Soldat verleben – viele Gedanken steigen da auf...

Höxter, 22. 5. 1942

Lieber E.

Da gilt es auch als Soldat etwas zu erneuern im Geist. Manchmal wird es schwer zu glauben, dass auch durch uns im grauen Rock die Kraft, die Glut, die Macht des Geistes kund werden könne. Daß durch uns im Geist sich alles erneuern könne. – Wir haben vieles erlebt in der Gefangenschaft in D. oder sonstwo. Trotzdem muss ich versuchen, als Soldat an das Umwälzende des Geistes zu glauben. Und ich habe diesen Glauben gefunden im vollen „Ja“ zum unbedingten Einsatz als Mannschaft des Volkes.

Höxter, Sommersonnenwende 1942

Es ist Sonntagmittag. Die Sonne brennt heiß. Eben war ich in Corvey im Pontifikalamt des Erzbischofs. Der Gang jeden Sonntag nach C. ist mir der liebste geworden.

Am Montagabend war ich bei Laurentius (Erzbischof). In allen Sachen steht er vollkommen hinter uns. Er sagte wörtlich: „Und die Jugendarbeit ist trotz allem die wichtigste Arbeit, und ich werde das meinen Herren Dechanten und Pfarrern schon beibringen. Nur etwas Zeit brauche ich noch.“

Gestern Morgen haben wir im Turnzeug einen Waldmarsch gemacht. Herrlich war das!

E., heute der Tag lässt so manches wach werden, was wir gemeinschaftlich erleben.
Sonnenwende – Zeitenwende, Dir geweiht sind Feuerbrände.
Frühling starb – dass Sommer werde, neue Frucht aus alter Erde!

...Vieles muss ich vergessen, und das Vergessen ist schwer. – Aber ich muss es versuchen. – Dein Brief ist fein. So etwas hilft über vieles hinweg, wenn man weiß, dass ein Mensch mitfühlt und versteht. ...Jetzt steigt so mancher Abend an der Sperre auf. Das Feuer brannte. Stunden, die Erlebnisse wurden! Und die ich jetzt immer wieder neu erlebe, daraus Kraft holend. Wie manches Verwandte habe ich hier entdeckt. Auch hier, in allen brennt ein Feuer...

Lebten wir nicht unser ganzes junges Christenleben als Soldatenleben! Waren und sind wir nicht Soldaten im tiefsten Sinne? Litten wir nicht als Soldaten im Gefängnis? Ist Märtyrersein nicht Erfüllung und letzte Bestimmung eines Soldaten!

Unsere feldmarschmäßige Ausrüstung liegt gebündelt und griffbereit. Wann uns der Marschbefehl erreicht, wissen wir nicht ...

Höxter, 9. 8. 1942

...Inzwischen erhielt ich Eure Karte aus Oberhundem. Die Grüße erwidere ich herzlich. Du hast mir den Mund wässerig gemacht. Warte, ich komme in vierzehn Tagen, dann gehts noch mal rund.

Ich wäre gern erst noch zu Hause gewesen. Es hat nicht sein sollen. Dies ganze Soldatenleben ist mir symbolhaft für die Fahrt als Kämpfer zu Gott. Und in den Tiefen der Geheimnisse dürfen wir auch nicht fragen: „Wieso?“ und „Warum?“. Gott fordert! Und schließlich kann Leben – tiefes Leben – nur durch Kampf bestehen.

E. Dir nochmals Dank, dass Du kamst.

Zum Schluss Dir und allen Kameraden Heil und frohen Gruß.

Dein H.

Rußland, 16. Okt. 1942

Zwei Tage bin ich nun schon hier bei der Truppe. In einem Erdbunker leben wir zu acht Mann. Ich bin als Funker hier eingesetzt. Die ganze Division ist motorisiert. Das ist viel wert. Drei Wochen Transport liegen hinter uns, oft schwere Tage in Staub und Hitze.

Was nun weiter werden wird, weiß keiner. Die Beschießung von Stalingrad kann man gut hören. Der Kampf tobt in unmittelbarer Nähe.

Wie ist es nun dort noch? Wenn möglich, schreibe mir verschiedene Anschriften von Rudi, Anton, Jupp und Toni Sch. Auch was sonst passiert ist und noch passiert. Schreib mal darüber, ich bin gespannt darauf.

Bald naht der Tag, an dem wir das „Einjährige“ feiern können. Am 6. November vorigen Jahres begann unsere „Erholungszeit“. Montag vor einem Jahr waren wir in Paderborn zur Bischofsweihe.

An alles denkt man hier unwillkürlich. Alles ist so grundsätzlich anders geworden, dass ich mich oft selbst nicht wiedererkenne.

Die Kameraden sind hier so ganz anders als in der Ausbildungszeit. Sie haben viel erlebt und mancher fiel an ihrer Seite.

Wofür das alles sein muss – Gott wird es wissen. Ich hatte leise gehofft, Rudi hier beim Pi.Btl. zu finden. Daraus ist natürlich nichts geworden.

Rußland, 15. November 1942
Lieber E.

Es ist schon spät und doch möchte ich Dir diesen Brief schreiben, nachdem ich erfuhr, daß Toni schon seit einem Vierteljahr nicht mehr lebt – gefallen. Ein großer Schmerz für seine Eltern und wohl auch für uns alle. Wieviel erlebten wir mit ihm zusammen. In allem, was er tat, lag Gehorsam. Und Gehorsam hat er gezeigt bis zur höchsten Vollendung.

Du und ich wissen um ihn. Er war einer der Besten. – Das Leben ist hart. Wir stehen darin als Kämpfer. Trotzdem hoffen wir alle auf ein Wiedersehen. Toni wird nicht mehr dabei sein. Gott weiß, wer noch mehr in Rußland bleibt... Kalt ist's geworden, aber auch das geht vorbei...

Rußland (Stalingrad), 10. Dezember 1942
Lieber E.

...14 Tage harter, ununterbrochener Einsatz liegen hinter mir. Viel schreiben kann ich nicht, nur das eine – es waren schlimme Tage. Unsere Lage ist hier zwischen Wolga und Don, wie Du sicher weißt, nicht besonders günstig. 14 Tage haben wir nun im Graben gesteckt. Ich war mit Funkgerät im vordersten Bunker. Oft kommen die Russen mit „Hurra". Dann raus in den Graben. In Hemdsärmeln...

Tagsüber kann man den Kopf nicht über den Graben tun. Vorgestern Nacht kam dann endlich Ablösung.

Jetzt ist Ruhe, wie lange? – Keiner weiß es.

Wie schwer der Einsatz war, kannst Du daran ermessen, daß zwei Kompanieführer fielen und ungefähr jeder zweite Mann etwas abbekommen hat.

Jetzt ist nun bald Weihnachten. Wie ich das Fest verleben werde, ist noch nicht klar. Oft vergleiche ich den Advent dieses Jahres mit dem vorigen Jahres. Hier sind wir eingekesselt, und wann die Erlösung kommt, weiß niemand.

Eine Bitte: Wenn Du Fotos machst, schick mir ab und zu eins. Und sag meinen Eltern Bescheid, daß ich geschrieben habe. Ich habe zwar auch nach Hause geschrieben, aber für das Ankommen der Briefe kann man nicht garantieren.

Dir einen guten Wunsch zu Weihnachten.

Denk etwas im Gebet an mich! Das ist eine Bitte, die mancher andere als zu gewöhnlich empfindet. Du weißt ja. Die Hilfe von oben und das Vertrauen darauf ist hier alles.

Hoffen wir auf ein glückliches Wiedersehen in der Heimat – im Sauerland,

Dein H.

Rußland, Weihnachten 1942
Lieber E.

Vor einigen Tagen erhielt ich Deinen Weihnachtsbrief mit dem Heft und den Fotos. Das hat mir große Freude gemacht. Den Brief habe ich gestern, am Hl. Abend, wieder hervorgeholt. Lebendig stand mir in der letzten Zeit immer wieder Dortmund vor Augen. Wie haben wir nach der Erlösung Weihnachten gefeiert. Hart waren die Wochen gewesen, und ein jeder von uns hatte tiefe Freude im Herzen.

Heute wird das ganze Fest bestimmt in den Gedanken an daheim. Heimweh – wie Du sagst – steckt in uns, und mancher der Kameraden sitzt schweigend in der Ecke des Bunkers.

Die unendliche Steppe ist eine weiße Fläche geworden. Wie schön wars im Sauerland im Winter. Gedanken daran bewegen mich heute viel stärker als sonst – und dann am Fest des Friedens. Wann wird Frieden sein? – Aber immer denke ich dabei, wenn ein feiges Gefühl mich umlauert, an Hans N. und Toni S.

„Ich bin auf einer Fahrt, von der mich nichts mehr wenden mag.“

Dir einen herzlichen Weihnachtsgruß und Glück zum Neuen Jahr, Dein H.

Toni Schnüttgen

geb. 1920, Schlosser
in Haft 6. 11. bis 23. 12. 1941
gefallen 17. 8. 1942 in Russland

Besuch bei Vikar Hoberg in Rheringhausen
Toni Schnüttgen vordere Reihe l., Hubert Keseberg hintere Reihe l., Erich Berghoff hintere Reihe Mitte

Elisabeth Schulte
geb. Schnüttgen

57439 Attendorn, den 8. 1. 2001
Gerhard-Hauptmann-Str. 11
Tel.: 0 27 22/5 45 35

Sehr geehrter Herr Föster!

Zum neuen Jahr wünsche ich Ihnen zunächst Gesundheit und Gottes Segen. Über Ihren Brief bezüglich meines Bruders Toni Schnüttgen war ich überrascht.

Zu Ihren einzelnen Fragen kann ich Ihnen Folgendes mitteilen:

Von Beruf war mein Bruder Fabrikarbeiter. Er war in der Jungschar und hat 1941 die Briefe von Kardinal von Galen vervielfältigt und verteilt. Von der Gestapo wurden bei uns zu Hause die Druckmaschinen gesucht. Sie wurden aber nicht gefunden. Sie waren

Katholische Jugendgruppe Attendorn 1939–41: In der selbstgebauten Waldhütte oberhalb von Attendorn; zweiter von links Toni Schnüttgen, rechts Günter Stumpf (oben links). An der Listertalsperre (oben rechts), Sonnenwendfeuer (unten links), an der Listertalsperre (unten rechts). Fotos privat

bei meinem späteren Ehemann auf dem Heuboden versteckt. Ferner wurde im Jahre 1941 die Flurprozession verboten. Kein Priester ging mit. Die Leute gingen aber trotzdem, und mein Bruder Toni hat vorgebetet. Seine engsten Freunde waren Günter Stumpf, Erich Berghoff und Hubert Keseberg und andere. Die Namen sind mir entfallen. Im Okt./Nov. 1941 wurde er verhaftet und in der Pfarrkirche aus der Sakristei abgeholt. Kurz vor Weihnachten kam er aus Dortmund zurück. Meine verstorbene Schwester Maria war nach Dortmund gefahren, um sich für Toni einzusetzen. Sie sprach mit Herrn Buschmann von der Gestapo. Dieser sagte, er hätte nichts Besonderes auszusetzen, er wollte aber mal kommen, um mit den Eltern Rücksprache zu halten. Als meine Schwester nach Hause kam, hatte sie den Mantel noch nicht ausgezogen, da stand die Gestapo schon hinter ihr und durchsuchte die ganze Wohnung.

Anfang 1942 bekam Toni den Einberufungsbescheid zum Militär. Darüber war er froh, weil er damit rechnete, nochmals von der Gestapo abgeholt zu werden. Im Februar 1942 kam er dann zum Einsatz und ist bereits am 17. August 1942 gefallen. Im Sommer 1942 kam mein Vetter Heinrich Schnüttgen auf Heimaturlaub. Er hat noch erzählt, dass er Toni in Ostpreußen getroffen hat. Dort ist Toni sonntags herumgelaufen und hat die Kameraden zum Gottesdienst zusammengetrommelt.

Anbei ein Totenzettel von Toni. Vielleicht kann Ihnen Günter Stumpf ja noch mehr Einzelheiten erzählen.

Mit freundlichen Grüßen

Elisabeth Schulte

Elisabeth Schulte

CHRISTUS
rief am 17. Aug. 1942 seinen getreuen Diener
Toni Schnüttgen
von den Schlachtfeldern Rußlands zu sich in sein ewiges Reich.

Im Opfertod vollendete er nach 22 jähriger Fahrt sein Leben, das er in Reinheit und Freude lebte. In heißer Liebe brannte sein Herz für Christus und Deutschland. Keine Prüfung konnte dieses Feuer zerstören, denn diese Liebe war in ihm und nicht um ihn. Wir glauben, daß er in der Herrlichkeit Christi lebt und von dort mächtiger im Leben seiner Brüder sein wird.
Sankt Michael, du Wächter Gottes über Deutschland, geleite ihn, der dich zum mächtigen Helfer sich erkor, vom Schlachtfeld in das ewige Licht. Amen.

Laßt uns männlich sterben für unsere Brüder und keinen Flecken an unserer Ehre dulden!
1. Makk. 9, 10

Günter Stumpf

geb. 24. 6. 1924 in Attendorn,
kfm. Angestellter
in Haft 6. 11. bis 23. 12. 1941
lebt in Attendorn als Steuerberater und Wirtschaftsprüfer

Meine Verhaftung

Wie meine „Leidensbrüder" kam ich aus einer streng katholischen Familie. Es war für uns selbstverständlich, dass wir in der katholischen Jugendbewegung organisiert waren.

Das NS-Regime vereinigte die schulpflichtige Jugend im Jungvolk. In den Schulklassen 7 und 8 haben sich jedoch acht Jungen in Attendorn geweigert, in das Jungvolk aufgenommen zu werden. Wir haben uns in den Jahren 1936 bis 1938 erfolgreich gegen die Übernahme gewehrt.

Mit Beendigung der Volksschulzeit wurde jeder, der nicht freiwillig in die HJ (Hitlerjugend) eintrat, in die Pflicht-HJ übernommen. Die Art des Dienstes in der Pflicht-HJ missfiel mir. Deshalb ließ ich mich in die Feuerwehr-HJ überweisen; später wurde ich Mitglied der Flieger-HJ. Die Ausbildung in der Flieger-HJ war später entscheidend für mich, das Kriegsende zu überleben. Ich war Flugzeugführer der deutschen Luftwaffe.

Nach dem Verbot der Arbeit in der Katholischen Jugend gingen wir in den „Untergrund". Hier trennte sich die Spreu vom Weizen. Auf die verbliebenen Jungen konnten wir uns verlassen.

Das Jahr 1941 brachte Turbulenzen. Am 19. 10. 1941 wurde in Paderborn Dr. Lorenz Jaeger zum Bischof geweiht, der bis dahin Divisionspfarrer bei der deutschen Wehrmacht war. Zu diesem Zeitpunkt konnten nur Bischöfe in ihr Amt gewählt werden, die den „Nazis“ genehm waren.

Bekannt war uns, die wir geschlossen von Attendorn nach Paderborn zur Bischofsweihe fuhren, dass dort die Gestapo eine Abordnung einsetzen würde, um die Aktivitäten der Jugend zu verhindern oder zu unterdrücken. Offenbar war die Gestapo nicht stark genug besetzt, um den begeisterten Aufmarsch der katholischen Jugend zu stoppen. Tausende von Jugendlichen feierten die Inthronisierung des Bischofs und ließen sich trotz Verbot von niemandem beeinflussen. Hier wurde erstmals wieder bekannt, wie viele verbotene Banner noch existierten. Es war ein Fahnenmeer, ein Bekenntnis der Jugend zur katholischen Kirche.

Die Aktivität und Begeisterung der katholischen Jugend waren offenbar Anlass für die Gestapo, die illegale Arbeit der katholischen Jugend zu beenden. So kam die Gestapo am 6. 11. 1941 nach Attendorn, um aktiv zu werden. Wie ein Lauffeuer ging es durch die Stadt: „Die Gestapo ist in Attendorn.“ Trotz Verbot haben wir an diesem Tage um 20.00 Uhr unseren Heimabend in einem der Sakristei gegenüber liegenden Raum der katholischen Pfarrkirche, auch Sauerländer Dom genannt, begonnen, dessen bewusst, dass wir „Besuch“ bekommen würden. Aus diesem Grunde hatten wir im Heimabend nur Kirchenlieder zur Hand. Die verbotenen Wanderliederbücher waren verschwunden. Bereits nach einer Viertelstunde suchten uns zwei Beamte der Gestapo auf, um uns zu verhören. Auf Befragen, was wir hier machen, haben wir den Beamten gesagt, dass wir unseren Heimabend abhalten. Auf den Vorwurf, das sei doch verboten, haben wir nur geantwortet, dass uns ein Verbot der katholischen Jugendarbeit in unserem Rahmen nicht bekannt sei. Wir mussten alle mit zur Polizeiwache in Attendorn. Nach einem Verhör von etwa zwei Stunden wurden die meisten Jungen freigelassen. Nur vier wurden verhaftet, und zwar Hubert Keseberg, Anton Schnüttgen, Heinz Clement und Georg Clement. Ich wurde noch nicht gebraucht und konnte gehen. Mit meinem Vetter Karl Falk haben wir uns dann in seine Bildhauerwerkstatt begeben, um noch einige verbotene Unterlagen verschwinden zu lassen. Diese Unterlagen haben wir in einen Betonklotz einzementiert. Die konnten bis heute noch nicht wieder ausfindig gemacht werden.

Ich kam dann erst gegen Mitternacht nach Hause, nicht ahnend, dass gerade vor meinem Elternhaus die Lichter des Gestapowagens ausgingen. Ich hatte Angst, schließlich war mir bewusst, dass die Gestapo mich mitnehmen wollte. Nach anfänglichem Zögern habe ich doch den letzten Weg bis zu meinem Elternhaus zurückgelegt. Vor dem Elternhaus wurde ich bereits in Empfang genommen und gleich in den bereitstehenden kleinen DKW verfrachtet, in dem bereits Hubert Keseberg, Anton Schnüttgen und Georg Clement saßen. Heinz Clement war entlassen worden, an seiner Stelle wurde ich verhaftet. Meiner Bitte, mich von den Eltern zu verabschieden und Utensilien mitzunehmen, wurde nicht entsprochen. Der Gestapobeamte Buschmann klingelte an der Haustür und sagte meinen Eltern, dass ich für einige Tage mit nach Dortmund müsste. Ich konnte nur noch den Angstschrei meiner Mutter hören. Ich glaube heute, dass wir uns damals gar nicht der Gefahr bewusst waren, was auf uns zukommen konnte. Ich bin der Überzeugung, dass unsere Eltern zur Zeit unserer Verhaftung mehr gelitten haben als wir. Sie waren Unbeteiligte und warteten auf Nachricht von uns. Wir waren an dem Geschehen direkt beteiligt, allerdings mit der Ungewissheit, was mit uns geschehen würde. Gegen 2.30 Uhr wurden wir in das Polizeigefängnis in Dortmund eingeliefert. Alle persönlichen Dinge wurden uns abgenommen, ebenfalls Dinge, mit denen wir uns etwas hätten antun können. Ich kann mich noch gut daran erinnern, als ich gegen 3.30 Uhr in die Zelle 13 im ersten Stock des Gefängnisses reingeschoben wurde. Mir wurde kein Licht in der Zelle gemacht. So lag ich gleich auf der „Schnauze", denn ich stolperte über einen am Boden liegenden Gefangenen. „Pass auf!" war der Aufschrei des am Boden Liegenden. „Leg dich hier hin", sagte ein anderer. Ich war als Dreizehnter in einer Viermannzelle gelandet. Sechs lagen auf den beiden Pritschen, die übrigen Gefangenen lagen auf dem Boden. Diese Feststellung konnte ich jedoch erst am Tage machen, da in der Nacht kein Licht mehr gemacht wurde. In der Beengtheit war es für mich ein „mulmiges" Gefühl. Erst bei Tageslicht konnte ich feststellen, was sich so alles in der Zelle bewegte. Natürlich habe ich in der Nacht kein Auge zugetan.

Zum Frühstück gab es eine etwa 2 cm dicke Brotscheibe, angeblich belegt mit Marmelade, die von der Menge her den Eindruck machte, dass eine Waldbeere auf dem Brot zerdrückt worden sei. Mittags gab es eine Schale „Schlabberkaps", abends wieder eine Scheibe Brot, dazu schwarzen Kaffee. Wenn mir in den ersten beiden Tagen der Hunger vergangen war – ich habe nichts gegessen –, so konnte ich später doch zugreifen, der Hunger trieb es hinein. Es fiel mir schwer, das Gefängnisleben anzunehmen. Offen in einer Ecke des kleinen Raumes stand die Toilette, auf der jeder der Insassen seine Notdurft verrichten musste. Vierzehn Tage kein Hemd zum Wechseln. Wir mussten uns mit der Kleidung begnügen, in der wir verhaftet worden waren. Erst nach mehr als zwei Wochen wurde uns das Nötigste von den Eltern geschickt, die bis dahin keine Nachricht über uns erhalten hatten. Jeder Heimatkontakt war uns untersagt.

Die Mitgefangenen waren ein französischer und ein norwegischer Offizier, polnische und russische Kriegsgefangene, aus dem Zuchthaus Entlassene und Arbeitsunwillige.

Die Stimmung war auf dem Tiefpunkt. Dennoch stimmte nach einigen Tagen jemand ein bekanntes Wanderlied an. In Kürze waren wir ein singendes Gefängnis, denn alle deutschsprechenden Gefangenen sangen mit. Das war im Gefängnis eine Sensation. Auf unserem Flur schrie eine Stimme, den Gesang sofort zu beenden. Wir folgten dem Aufruf, während in der zweiten und dritten Etage der Gesang fortgesetzt wurde. Nach Aufruf auf den nächsten Etagen, den Gesang zu beenden, wurde im ersten Stock der Gesang wieder aufgenommen. Es dauerte eine Zeit lang, bis der letzte Gesang verstummte.

Eine Verständigung zwischen uns jugendlichen Häftlingen war nicht möglich, da jeder von uns getrennt mit fremden Häftlingen untergebracht war. Nach einer Woche etwa meldete ich mich zum Flurfegen. In unserer Jugendgruppe hatten wir einen bestimmten Pfiff, den ich zurzeit meiner Tätigkeit auf dem Flur hören ließ. Bald darauf hörte ich die Antwort von meinem Freund Hubert Keseberg, der nur einige Zellen neben mir in einer Einzelzelle inhaftiert war. Die Verständigung war leider nur von kurzer Dauer. Nach zwei Tagen stellte unser Entführer „Buschmann" fest, dass ich als Untersuchungshäftling mich frei auf unserem Flur bewegen konnte. Der Wachtmann, der mir das Fegen erlaubt hatte, musste sehr darunter leiden.

Die Verhöre begannen etwa nach zwei Wochen. Mal wurde jeder Einzelne verhört, mal auch zu zweit. Die Verhöre waren weniger angenehm. Freunde von mir mussten Schläge hinnehmen, die mir erspart blieben. Bei allen Verhören wurde uns gedroht, dass für unsere verbotene Tätigkeit nur noch das KZ in Frage käme. Im Übrigen hätten unsere Arbeitgeber das Angestelltenverhältnis bereits gekündigt. Bei den Verhören mussten wir feststellen, dass vonseiten der Gestapo immer wieder versucht wurde, uns zu veranlassen, den Klerus zu belasten. Buschmann war der Einzige, der uns verhörte. Auf unsere Frage, warum wir verhaftet worden seien und der Bischof von Galen als Urheber seiner Briefe nicht verhaftet würde, erhielten wir die Antwort, man wolle keine Märtyrer.

Eines Tages wurden Hubert Keseberg und ich gleichzeitig zum Verhör in die unteren Räume zitiert, die oft bis in die Nacht hinein andauerten. Wir hatten uns vorher so weit verständigt, dass wir nichts und niemand verraten wollten. Bei diesem gemeinsamen Verhör wurden wir nochmals nach verbotenen Unterlagen gefragt. Wir antworteten, dass wir über keinerlei Unterlagen mehr verfügen würden. Dann sagte Buschmann Hubert Keseberg auf den Kopf zu, er hätte noch Sachen auf dem Heuboden versteckt und ich hätte Unterlagen im Garten vergraben. Wir schauten uns betroffen an, schließlich stimmte das, was uns vorgehalten wurde. Wir haben jedoch niemals erfahren, wie dieses bekannt geworden ist.

Am Lagerfeuer

Kampfspiele

Auf dem Ebbegebirge

Auf Fahrradtour

Tags darauf sind ein Gestapobeamter und ein Polizist nach Attendorn gefahren und haben die Unterlagen von Hubert Keseberg sofort gefunden. Mein Vater jedoch hatte sich geweigert, die Unterlagen herauszugeben und wusste keine Antwort, als die von mir gefertigte Skizze ihm vorgelegt wurde. Mit Hacke und Schaufel gruben bei regnerischem Wetter die Gestapobeamten ein großes Gartenbeet um, um die vergrabenen Unterlagen zu finden. Sie konnten jedoch nichts mehr auffinden, da mein Vater am Morgen das Bündel mit Unterlagen ausgegraben und bei einem Bekannten versteckt hatte. Lustig war die Übernahme der Unterlagen. Mein Vater hatte diese zu seiner Schwägerin gebracht. Da mein Onkel von der Nachtschicht gekommen war und seinen Schlaf nachholte, wusste man nicht, wo die verbotenen Sachen untergebracht werden könnten. Vorübergehend legte man sie meinem schlafenden Onkel unter die Bettdecke zu seinen Füßen. Mein Vater musste schließlich zugeben, daß er die Unterlagen dort abgegeben hatte. Ohne Zögern wurde das Schlafzimmer meines Onkels betreten und diesem Erschreckten und Unwissenden das Paket unter seiner Bettdecke weggenommen.

Nach Abschluss der Verhöre wurden wir, offenbar wegen Überfüllung des Polizeigefängnisses, nach Herne in ein anderes Polizeigefängnis verlegt. Hier konnten wir durch Mithilfe eines polnischen Jungen, der im Gefängnis als Kalfakter fungierte, miteinander Kontakt aufnehmen, und zwar immer dann, wenn der Polizeioffizier „Heye" das Gefängnis unter lautem Schreien verließ, um seine Wohnung aufzusuchen. Herne war erträglich.

Die letzten Wochen verbrachten wir wieder in Dortmund. Hier war ich bis zur Entlassung am 23. 12. 1941 mit Toni Schnüttgen zusammen.

Mit dem Wunsch, uns künftig für die Hitlerjugend so einzusetzen, wie wir dieses bisher für unsere Jugendarbeit getan haben, wurden wir einen Tag vor Heiligabend entlassen. Unsere Entlassung hatte sich schon in Attendorn herumgesprochen. So wurden wir abends bereits am Bahnhof empfangen.

Wir standen jedoch weiterhin unter Aufsicht der Gestapo. Einige Monate nach der Entlassung erschien Buschmann in Attendorn und holte mich aus dem Büro. Ich sollte ihm die Hütte im Wald zeigen, die unsere Gruppe gebaut hatte. Im Verhör hatten wir bereits gesagt, dass diese Hütte nicht von uns fertiggestellt werden konnte. Es gab zwei Wege zu dieser im Bau befindlichen Hütte, einen bequemeren Fahrweg und einen steilen Schleichweg. Ich machte mir den Spaß und führte Buschmann über den Schleichweg auf die Höhe. Wir krochen stellenweise auf dem Bauch unter Büschen und Dornengestrüpp nach oben. Als wir voller Laub und Dreck auf der Höhe ankamen, schaute Buschmann verdutzt auf aufgeschüttete Erdwälle und einige Pfosten mit Flechtwerk. „Das ist alles?" entfuhr es ihm. Ich verbarg meine Schadenfreude und erklärte ihm, wir hätten ja immer gesagt, dass die Hütte nicht fertiggeworden sei. Auf die Frage, wohin der zweite Weg führe, wurde ihm von mir gesagt, dass dies zwar ein bequemerer Weg, jedoch ein großer Umweg sei.

Günter Stumpf 1947 bei einem Auftritt auf einem Katholikentag in Altenhundem, auf dem unter anderem auch Karl Arnold, der erste Ministerpräsident von Nordrhein-Westfalen, sprach.

Buschmann reagierte verärgert darüber, schließlich mussten wir den unbequemeren Weg wieder zurückschleichen, da sein Wagen anders nicht erreichbar war.

Wenn ich mir im Nachhinein überlege, was wir seinerzeit riskiert haben, muss ich zugeben, dass wir viel Mut zeigten, weil wir von unserer Sache überzeugt waren, aber auch sehr leichtsinnig handelten. Wenn Buschmann uns mit KZ oder Entlassung aus dem Betrieb drohte, haben wir das nicht ernst genommen.

Heute bin ich mir bewusst, dass wir großes Glück gehabt haben. Wir haben gleiches getan wie die Geschwister Scholl, die enthauptet worden sind, oder die Priester aus Lübeck, die erschossen wurden, weil sie Galenbriefe verteilt hatten. Ich glaube, dass die große Anzahl der verhafteten Jugendlichen uns vor Schlimmerem bewahrt hat. Schließlich soll der verantwortliche Staatsanwalt in Dortmund auf Anfrage vom Büro Himmler mitgeteilt haben, dass im Sauerland bereits das Volk aufrührig wäre und die Heimatfront geschwächt würde. Im Übrigen könnten die Jungen besser an der Front gebraucht werden. Man möge das Verfahren bis zum siegreichen Ende zurückstellen. Das war Gottesfügung.

siehe auch Dokumente, Seite 391

Brilon

Johannes Sommer

geb. 9. 6. 1923 in Brilon, Schüler
in Haft 19. 11. bis 23. 12. 1941
von der Oberschule verwiesen
gefallen 15. 2. 1945 bei Breslau

Dr. Josef Jacobi

Kassel, den 4. September 2000
Vor der Prinzenquelle 14

IN MEMORIAM
Johannes Sommer

Sehr geehrter Herr Oberstudiendirektor Fritz,

Lothar Ester gebührt Dank dafür, dass er Ihnen einen Auszug aus der Einlieferungsakte des Gestapo-Gefängnisses Dortmund-Steinwache betr. Johannes Sommer zum Abdruck im letzten Petriner (Seite 131) zur Verfügung gestellt hat.

Da dieser Auszug weder etwas über die Person dieses fest in seinem Glauben verwurzelten jungen Petriners aussagt noch die Gründe nennt, die zu seiner Verhaftung führten, ist es mir ein Anliegen, über das Geschehen, das ich damals unmittelbar miterlebt habe, näher zu berichten.

Johannes Sommer, Sohn des Bäckermeisters Karl Sommer, Brilon, Friedrichstraße 1, stieß nach dem Besuch der achtklassigen Volksschule in Brilon Ostern 1937 in der Quarta zu uns. Die erforderlichen Lateinkenntnisse hatte er sich meines Wissens im Privatunterricht bei Studienrat Rüther erworben. Da er ein sportlicher und überdurchschnittlich guter Schüler war, wurde er von allen sehr schnell akzeptiert und in die Klassengemeinschaft aufgenommen.

In diesem ersten gemeinsamen Schuljahr erinnere ich mich an eine kleine Begebenheit, die ich nicht vergesse. An einem Vormittag erschien in unserer Klasse unser damaliger Oberstudiendirektor Dr. Schoo, der in dem ihm eigenen nasalen Tonfall fragte: „Wer ist noch nicht in der HJ?“ Johannes stand auf. Auf seine weitere Frage: „Warum nicht?“ antwortete Johannes: „Mein Vater wünscht es nicht, und ich möchte es auch nicht.“ Dieses Frage- und Antwortspiel wiederholte sich in den folgenden Jahren noch einige Male, bis die Pflicht-HJ dem ein Ende setzte.

Da ab 1940 in der Schule kein Religionsunterricht mehr erteilt wurde, unterrichtete uns Dr. Brocke mittwochs nach der 5. Stunde privat in der Nikolai-Kirche.

In unserer Freizeit waren wir damals eine kleine verschworene Gruppe von 10 bis 15 Jungen, die sich regelmäßig zu Heimabenden in der alten Käserei hinter dem Vereinshaus trafen. Diese Heimabende, die Johannes leitete, waren für uns immer ein Gewinn, seien es die Gespräche, die wir führten, seien es die Lieder, die wir sangen (Johannes begleitete diese mit seiner Klampfe). Von kirchlicher Seite wurden wir vom damaligen Stadtkaplan Vikar Ernst betreut. Bei ihm trafen wir uns auch manchmal in seinem Wohnhaus in der Kirchstraße.

Am Fronleichnamsfest 1941 schmückten wir den Turm der Propsteikirche mit gelbweißen Fahnen, die wir aus jedem Fenster und jeder Luke hinaushingen; auch den Hahn hatten wir nicht vergessen. Als die Prozession begann, die nur rund um die Kirche herum gegangen werden durfte, läuteten wir zur großen Freude nicht nur der Prozessionsteilnehmer zum letzten Mal alle Kirchenglocken, obwohl dies seitens der Regierung streng verboten war. Begründung: An dem Läuten der Glocken könnten sich die feindlichen Flieger orientieren. Gegen Ende des Krieges wurden dann alle Glocken – bis auf die Bürgerglocke – eingeschmolzen.

Natürlich besprachen und verteilten wir damals auch die vervielfältigten Predigten des Bischofs von Münster, Graf Galen, in denen dieser die Vernichtung sogenannten „unwerten Lebens“ durch die Nationalsozialisten anprangerte.

Sich auf das Vorgesagte beziehend schrieb Johannes später in seinem Tagebuch: „Wenn ich jedoch das Letzte von allen Dingen ins Auge fasse, so muss ich auf die Jungengemeinschaft verweisen, die mir gerade das meiste geschenkt hat. Und heute möchte ich sagen: je mehr ich im ernsten Streben mich hingab an sie, umso mehr weiß ich persönlich – ja, das kann ich von heute aus sogar in einem Maß angeben – : was ich gab an die Gemeinschaft, das bekam ich zurück. Geben ist seliger als Nehmen.“

Dann aber kam der 19. Oktober 1941. An diesem Tage wurde der Kriegspfarrer Lorenz Jaeger im Paderborner Dom zum Bischof geweiht. Natürlich fuhr Johannes an diesem Tag nach Paderborn. Als er uns begeistert vom dort Erlebten berichtete, ahnte er noch nicht, was kurz darauf auf ihn zukam.

Leider schreiben Josef J. Link und Josef A. Slominski in ihrem Buch „Kardinal Jaeger“ (erschienen im Verlag Bonifatius Druckerei Paderborn) nur wenig über die Folgen, die auf einen Teil der Jungen zukamen, die an diesem Tag in hellen Scharen „ihren“ Bischof in Paderborn feierten. Sie berichten darüber auf Seite 16 lediglich: „So waren trotz der Zeiten Ungunst viele Tausende in die Bischofsstadt gekommen. Starkes Polizeiaufgebot sollte die Begeisterung des katholischen Volkes dämpfen. Aber vor allem die Jugend, soweit sie noch nicht zum Militärdienst eingezogen war, feierte den neuen Oberhirten als ‚ihren' Bischof. Die überraschte Gestapo rätselte, wer diesen ‚katholischen Massenaufmarsch' organisiert haben könnte, aber sie machte sich erst hinterher daran, die ‚Verantwortlichen' aufzuspüren. Es gab Verhöre, Drohungen, Verhaftungen. Von all dem erfuhr die Öffentlichkeit nichts, wie es auch verboten war, Bilder über die Bischofsweihe in Deutschland zu veröffentlichen.“

Am 19. November 1941 wurde Johannes während der Schulzeit – wir schrieben einen Deutsch-Aufsatz – von der Gestapo aus dem Petrinum abgeholt. Vorher hatte man sein Elternhaus durchsucht. Ich sehe noch heute unseren damaligen Klassenlehrer Dr. Brox vor mir, der auf Klopfen nach kurzem Gespräch vor der Klassentür mit blassem Gesicht zur Schulbank von Johannes ging und ihm sagte, er möge seine Sachen mitnehmen, er werde draußen erwartet.

Aus dem Gestapo-Gefängnis in Herne, wohin er von der Dortmunder Steinwache verlegt worden war, wurde Johannes einen Tag vor Weihnachten 1941 entlassen. Am Oberkörper und an den Oberarmen hatte er Beulen – wie von Wanzenstichen –. Ihm fehlten einige Backenzähne. Und kurz nach seiner Einberufung zur Wehrmacht am 15. April 1942 lag er einen Monat wegen Nierenversagens im Lazarett. Von dem, was ihm seitens der Gestapo widerfuhr, hat er weder seinen Eltern noch sonst jemandem etwas erzählt. Ihm war wohl mit „Sippenhaft“ gedroht worden.

Am 23. März 1942 wurde Johannes von der damals Städtischen Oberschule für Jungen in Brilon verwiesen. Er schreibt dazu in seinem Tagebuch: „Heute muß ich endlich eintragen, was in den letzten Tagen geschehen ist. So muß ich vor allem den letzten Sonntag herausnehmen: er brachte mir die zweite Isolation, d.h. ich durfte mit sofortiger Wirkung die Schule nicht mehr besuchen. Am Sonntag, dem 23. März 1942, wurde mein Vater zum Direktor Dr. Schoo gerufen, auf nachmittags 15.00 Uhr. Dort erfuhr er, dass ich, sein Sohn Johannes, die Schule weiterhin nicht mehr besuchen dürfe, was in einer Verfügung des Oberpräsidenten von Münster niedergelegt sei. Das ist der Bericht der Tatsache. Schriftliche Stücke als Beweis habe ich persönlich noch nicht erhalten. Ebenso habe ich auch kein Abgangszeugnis erhalten."

Johannes hat den Schulverweis in seinem großen Gottvertrauen ruhig hingenommen. Er schreibt in seinem Tagebuch: „Ich kann sagen, wir stehen alle in Gottes Hand, und er wird's zum Besten leiten. So ist meine Überzeugung."

Am Tag vor seiner Einberufung zur Wehrmacht, am 14. April 1942, hat er wohl sein Abschlusszeugnis erhalten. Er schreibt dazu nur kurz: „...Mein Direktor hat mir heute alles Gute gewünscht. Morgen um 1 Uhr 12 fährt mein Zug, der mich aus der Heimat bringt. Ich hänge mit ganzem Herzen an der Heimat, am Elternhaus..." Weder Johannes noch die Familie Sommer haben Dr. Schoo dies für Johannes tiefgreifende Geschehnis – wie er schreibt – je angelastet. Ich persönlich denke noch heute voller Hochachtung an unseren damaligen Klassenlehrer Dr. Brox, der dieses Abgangszeugnis nicht mit unterschrieben hat. (siehe Dokumente, Seite 411)

Johannes tat als Soldat seine Pflicht für die Heimat in Lappland. Er fiel am 15. Februar 1945 bei den schweren Kämpfen um Breslau, wo ihn, wie ein Kamerad der Familie berichtete, eine Granate völlig zerriss. Er muß seinen Tod geahnt haben, denn er schreibt am Schluss seiner Tagebucheintragungen: „Mag er mich als Opfer hinnehmen, mag er mich noch nicht reif genug finden, seine Kraft wird mich tragen. Gott ist gut!"

Seine Mutter, eine kleine, sehr bescheidene, tief religiöse Frau, hat den Tod ihres Sohnes Johannes, der Priester werden wollte, nie verwunden. Es schmerzte sie besonders, dass ihr Junge, der in seinem kurzen Leben auf Grund seines Glaubens Schweres ertragen musste, nach seinem Tod nicht einmal ein Grab gefunden hat.

Für mich bleiben die gemeinsam erlebten Jugend- und Petrinerjahre, in denen mich mit Johannes viel verband, und unser damaliges Denken und Handeln in steter Erinnerung.

Er war mein Freund.

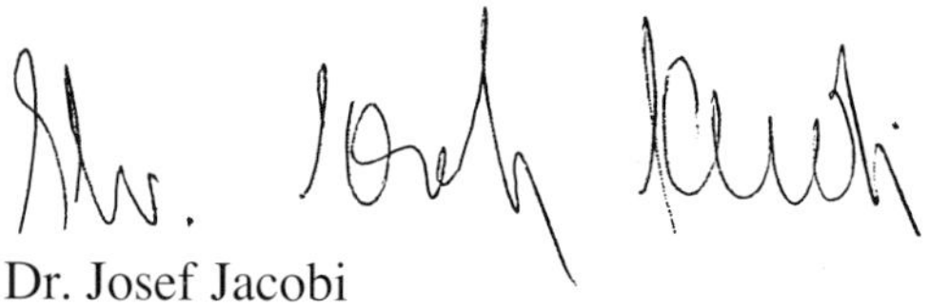

Dr. Josef Jacobi

Vor Pfingsten 1934 zelteten die NDer am Diemelsee, wo auch die „Sturmschar" ihr Zeltlager aufgeschlagen hatte. Man lernte sich kennen und arbeitete von nun an enger zusammen.
Frühstück am Diemelsee Pfingsten 1934: Franz Schrader, Johannes Sommer, Heinz Hoppe und Karl Trimborn (v. l.)

Die Familie des Bäckermeisters Karl Sommer

Johannes schreibt aus der Gestapohaft nach Hause:

Herne, den 8. Dezember 1941

Ihr Lieben!

Gerade erhielt ich Euer Paket. Habt Dank dafür. Es wurde langsam Zeit, daß ich die dreckigen Sachen vom Leibe bekam. Hier kann man schnell Läuse bekommen. Ich habe aber noch keine. Seid deshalb ohne Sorge. In dem Paket lag alles, was ich soweit nötig habe, bis auf das Esszeug, das gerade nicht nötig war, aber doch bestimmt seinen Herrn findet. Deswegen könnt Ihr auch ohne Sorge sein. Die Socken behalte ich noch. Meine 2. Karte mit der Bitte habt Ihr auch.

Hoffentlich kommt mal einer. Meine lange Weile verliert sich mir jetzt, ich habe ja zu lesen und zu lernen.

Schreibt bitte mal, was Ihr sonst noch macht. Sind die ? schon abgeholt? – Sind meine Bücher noch in Ordnung? – Was macht die Backstube? Quält Euch nicht so, Papa, Klein und Gertrud. – Spielt Ihr noch Klavier? d.h. klimpert Ihr, Klein usw.?

Lasst mal alle von Euch hören. – Weiß Fritz von meiner Verhaftung? Ihr habt ihm sicher schon mal geschrieben. Wenn nicht, dann könnt Ihr das ihm leise weinend unter die Weste drücken.

So seid alle gegrüßt mit einem recht frohen „Grüß Gott", denn nur ER vermag zu helfen und zu trösten. Deshalb will ich mit Isaias sprechen: „Werft alle Sorgen auf den Herrn, ja auf den Herrn, denn er ist der Fels in Ewigkeit."

In meinen Gruß schließe ich alle ein; meine Verwandten und Bekannten, Freunde, alle Brüder und Schwestern in Christus. Bitte übermittelt ihnen ebenso ein frohes „Grüß Gott".

Nochmals alles Gute!

Heil Euch allen in Christus
Euer Bruder und Sohn Johannes

12. November 1944

Heil Philo!

Finnland haben wir verlassen, Norwegen hat uns aufgenommen. Hunderte von Kilometern blieben hinter uns – sie sind Zeuge unzähliger Lager, die wir aufgeschlagen haben. Müde macht solches Zigeunerleben, auch seelisch. Man glaubt nicht, welche Kraft es kostet, nicht der Trägheit der Masse zu erliegen. Gottes Schutz habe ich bisher nur zu deutlich verspürt. Und von unserer Gemeinschaft bleibt mir das Gebet füreinander als festes Band, das uns zusammenhält. Das wollen wir nie zerreißen lassen. Als stete Verpflichtung wollen wir es hüten und pflegen.

Ansonsten bleibt uns nicht viel Zeit zum Reden. Die Entscheidung fordert auch uns. Bitten wir den Herrn, dass wir stark sind mit seiner Gnade zur Gloria Dei in einem frohgläubigen „Ja, Vater"!

Es grüßt Dich in der Liebe des Herrn
Dein Hannes

„Gloria Dei – ist unser Leitstern. Gott gebe, daß ich in meinem Sterben und durch es ihn hell und rein aufleuchten lasse vor allen, die ihn sehen wollen, hell und rein von eigener Schuld: Daß mein Leben werde eine kühne Tat der Liebe."

Diese Worte fanden wir an dem Tage in den Aufzeichnungen unseres Jungen, als ein Kamerad die für uns alle so schmerzliche Nachricht überbrachte, daß ihn eine Granate schon am 15. Februar 1945 tödlich verwundete.

Gott schenkte ihn uns am 9. Juni 1923. Er besuchte die Volksschule und später die Oberschule unserer Heimatstadt. Im Februar 1942 nahm man ihm plötzlich die Möglichkeit zum Studium, weil er sein junges Leben dem Königtum Christi in deutscher katholischer Jugend geweiht hatte. Doch sein Wissensdrang erlahmte keineswegs. Ja, besonders jetzt war er bestrebt, sein Wissen zu erweitern, Erfahrungen zu sammeln, um gerade und verantwortungsbewußt seinen Weg zu gehen, für den er sich berufen fühlte; den Weg zum Priestertum. Schwer war allerdings sein Ringen in den Elementen des Krieges, der Natur und des Lebens, denen er ausgesetzt war in der Einsamkeit der Steppe Lapplands

„Großen Seelen
ist der Tod das größte Erleben"

Johannes Sommer

und bei den schweren Kämpfen in unserm Vaterlande.

Eine echte, reine Fröhlichkeit und eine für alle bereite Kraft aber entströmten seinem Wesen. Dadurch war er, frühgereift, vielen bekannten und unbekannten Menschen Führer und Wegweiser. Er fühlte, wie wenig Liebe in der Welt wohnt und, daß Gott Sühnopfer fordert. Und so schreibt er in seinen Aufzeichnungen! „Unser Herz muß bereit werden zum Opfer. Daß es aber rein sei, dazu muß es geläutert werden von Schuld, nur reine Opfer nimmt der Herr als Sühne, sie sind die wertvollsten." Und so galt er wohl vor Gott reif als Opfer. „Mag er mich als Opfer hinnehmen, mag er mich noch nicht reif genug finden, – seine Kraft wird mich tragen. Gott ist gut!"

So ist Johannes von uns gegangen. Er läßt uns zwar als Trauernde zurück, aber mit der tröstenden Gewißheit, daß Gott seinem Sterben nicht die Gnade versagte, die er seinem Leben so vielfältig schenkte. Wir wissen, daß er

ruht in Gottes heiligem Frieden!

Buchdruckerei K. Hecker, Brilon

Ich bin nicht tot –
Ich bin nur wieder
ausgesät von Gott,
zu neuem Leben, neuem
lichten Sein und Blühen
im Herrn

Totenzettel von Johannes Sommer

Fretter

Josef Quinke

geb. 18. 10. 1905 in Fretter, Bäckermeister
aktiv als kath. Jugendführer,
verteilte und verschickte Galenbriefe
verhaftet 17. 5. 1942 bis Ende Juni 1942 im Gestapogefängnis Dortmund,
anschließend im KZ Sachsenhausen,
starb dort am 16. 12. 1942

Paul Tigges: Spurensuche 2. 2. 2002

Mal wieder in Fretter. Ich parke mein Auto auf dem Kirchplatz, der von einer Mauer eingerahmt ist. Ich schaue mich um. Häuser, Geschäfte, Straßen, ein Aushang der St. Matthias-Kirchengemeinde. Im Hintergrund die weiße Kirche mit drei Türmen. In einem Hinterhof reinigt ein Mann sein Auto. Die Straßen sind leer. 11 Uhr morgens, ein sonniger Tag.

Wo soll ich beginnen? 1988 war ich schon einmal hier, als ich einen Beitrag für die Ausstellung „Hakenkreuz im Sauerland" leisten wollte, die das Schieferbaumuseum Holthausen bei Schmallenberg durchführte. Ich suchte damals vergeblich nach Spuren von Josef Quinke.

An zwei Portalen der Kirche versuche ich mein Glück. Sie sind verschlossen. Als ich die dritte Tür an der Turmseite entdecke, öffnet sie sich und ein älterer Mann tritt heraus, in der Hand einige Kerzenreste. Er grüßt mich freundlich.

Ich frage ihn nach dem Pfarrhaus. Er zeigt auf eine Nebenstraße zur Bergseite hin: „Dort im Hintergrund, der weiße Giebel." Dann fügt er hinzu: „Pfarrer Holterhoff, er will uns nach 20 Jahren verlassen und geht nach Olpe. Schade, wir hätten ihn gern behalten." Wir kommen ins Gespräch. Ich erzähle ihm, wer ich bin und dass ich Nachforschungen nach Josef Quinke anstelle. Ob er sich nicht an ihn erinnere. „Ach, wissen

Fahrradtour des Josef Quinke mit einer Jugendgruppe aus Fretter zum Altenberger Dom, ca. 1937/38. Bild oben Vor dem Altenberger Dom, nahe Köln, dem religiösen Zentrum der kath. Jugend im Rheinland und in Westfalen.
Bild unten: Übernachtung in Unterwietsche bei der Bauernfamilie Melcher, die aus Fretter stammt; rechts Josef Quinke. Fotos und Angaben von Paul Wichtmann, Deutmecke.

Sie“, antwortete er, „ich bin erst 1938 geboren. Als das 1942 mit Josef Quinke geschah, war ich erst drei Jahre alt. Was man so von den Eltern und einigen Älteren im Dorf gehört hat, da hat er den Kopf hingehalten für andere und ist so in den Tod gegangen. Hier in der Kirche haben wir ein schönes Fenster, das ihm gewidmet ist. Auch auf dem Kriegsdenkmal und auf einem Straßenschild ist sein Name festgehalten. In unserem Dorfbuch, das der Schützenverein herausgegeben hat, wird über ihn berichtet.“ „Sind Sie Küster hier?“ frage ich ihn. „Das nicht gerade. Aber ich helfe ein wenig in der Kirche, heute ist Lichtmess, und am 5. Februar feiern wir Agatha wie bei Ihnen in Altenhundem.“ Dann zeigt er mit der rechten Hand auf ein Gebäude nahe der Kirche, nachdem er die Kerzenreste in die andere Hand gelegt hat: „Dort war die Bäckerei Quinke, die Familie gibt es hier nicht mehr. Jetzt ist dort ein Geschäft. Sie sehen noch den Anbau mit dem hohen Schornstein. Das war die Backstube.“

Schließlich frage ich den Mann nach dem Bauernhof Wichtmann in Deutmecke, nicht weit von Fretter. Aus diesem Hause sei ja auch ein Sohn Hubert in Haft gewesen, ähnlich wie Josef Quinke. „Ja“, antwortet der Mann und nickt: „Ich habe davon in der Zeitung gelesen, da war eine Veranstaltung in Attendorn, da hieß es, daß diese beiden aus unserer Pfarrgemeinde mit dreißig anderen Jugendlichen bei der Gestapo in Haft waren. Ich bin aus Deutmecke. Vielleicht fragen Sie den älteren Bruder von Hubert Wichtmann, der lebt noch auf dem Hof. Der kann Ihnen sicher auch etwas über Josef Quinke sagen.“

Ich bedanke mich und gehe in die Kirche. Die Kirche ist leer. Weihrauch- und Kerzenduft hängen noch von der Messe her zwischen den Säulen. An der Seite finde ich das Fenster mit dem sterbenden hl. Josef. Die Lichtmess – Sonne funkelt durch das Glas und lässt das Rot des Kelches aufleuchten, den Josef Gott als Zeichen seiner Hingabe überreicht. Über dem Bild die Schrift „Josef Quinke gewidmet“.

Nach einem kurzen Gebet verlasse ich die Kirche und begebe mich zum Pfarrhaus. Nach meinem Läuten öffnet der Pfarrer selbst die Tür, ein zierlicher, etwas bleicher Mann. Ich stelle mich vor und sage, was mein Anliegen ist. Pfarrer Holterhoff weiß sofort Bescheid, worum es geht. Er nickt und bedauert: „Schade, Sie kommen sehr ungelegen. Ich habe einen wichtigen Besuch. Da sind Sie eigens von Altenhundem hierher gekommen und fragen nach Josef Quinke. Ich bin sehr an der Sache interessiert. Ich habe von Ihrer Attendorner Begegnung gelesen. Können Sie nicht in den nächsten Tagen noch einmal wiederkommen und sich vorher telefonisch anmelden?“ Ich nicke dazu und verabschiede mich.

Auf dem Rückweg nach Hause komme ich durch Deutmecke, ein Straßendorf im Frettertal. Am Omnibushalteplatz parke ich vor dem Haus Wichtmann, einst Bauern-

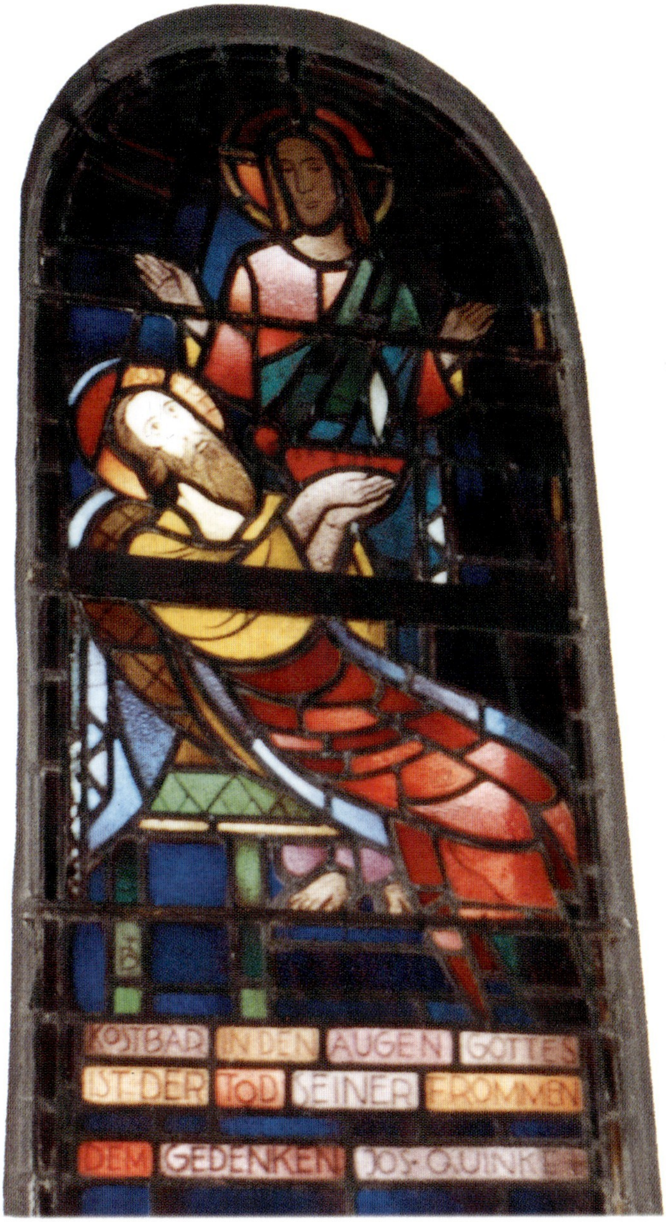

Das Fenster mit dem hl. Josef in der Kirche zu Fretter.

haus und Wirtschaft. In einem Nebengebäude finde ich Paul Wichtmann, nachdem mich seine Frau hineingelassen hat. Der ehemalige Bauer und Gastwirt sitzt in der Stube an einem großen Tisch mit alten Stühlen und begrüßt mich freundlich. Wie er sagt, ist er 85 Jahre alt, sein Sohn macht jetzt die Landwirtschaft mit 65 Stück Rindvieh, aber ohne Milcherzeugung. Er kennt mich durch drei meiner Bücher, die er besitzt, besonders die „Jugendjahre unter Hitler". Ich überreiche ihm einen Zeitungsbericht über unser Treffen in Attendorn, wobei auch sein Bruder beteiligt war.

„Mein Bruder Hubert war damals bei seiner Tante in Hagen, als er verhaftet wurde. Die Tante war dort Studienrätin, und Hubert besuchte ein Hagener Gymnasium. Hinterher waren wir mit vier Brüdern in Russland. Einer ist aus russischer Gefangenschaft nicht zurückgekommen. Zwei waren schwer verwundet, auch Hubert. Er hatte einen Durchschuss, knapp am Rückenmark vorbei und hat lange in verschiedenen Lazaretten gelegen. Vielleicht kommt er ja auf Agatha wie in den vergangenen Jahren." Während Paul Wichtmann erzählt, ruhen seine Hände auf zwei Stöcken, die er zwischen den Knien hält. Seine Frau ist im Hintergrund mit der Küchenarbeit beschäftigt, es ist ja Mittagszeit. Sie hört aber interessiert zu und wirft hin und wieder ein Wort mit ein. Ich frage nach Josef Quinke.

„Das war unser Jugendführer schon bei der Jünglingssolidarität. Später war es der Jungmännerverein. Wir hatten bestimmte Kappen mit 'ner Feder dran. Josef Quinke machte die Heimabende und war in Vielem die rechte Hand vom Pastor. Ich sehe ihn noch an der Kirchentür stehen, wie er nach der Messe „Die Junge Front" verteilt, die später verboten wurde. Im Krieg war er dabei, als einige an die Soldaten aus der Pfarrgemeinde Päckchen schickten, so z.B. eine Mettwurst vom Neujahrssingen. Er hat dann Galenbriefe mit hineingelegt und ist angezeigt worden. Ich war damals schon Soldat und habe im Nachhinein erst davon erfahren. Nach einigen Tagen der Untersuchung in Dortmund soll von dort wie bei Pilatus der Bescheid gekommen sein, sie fänden keine Schuld bei ihm. Bei der Partei hat man geantwortet: Sie sollten ihn da behalten, Josef Quinke sei im Dorf unerwünscht. Und so blieb er im Gefängnis und landete im KZ."

„Gibt es nicht irgendwelche Nachrichten über die Zeit, als Josef Quinke im KZ Sachsenhausen war, Briefe oder Aussagen von Mithäftlingen, die überlebt haben? Auch die von der Behörde angegebene Todesursache mit ‚Typhus' ist ja nicht unbedingt glaubhaft."

Paul Wichtmann zuckt mit den Schultern. „Darüber ist mir nichts bekannt. Am Dorfrand wohnen noch die Nachkommen einer Schwester." Seine Frau nennt mir Namen und Adresse. Ich stehe auf und verabschiede mich und sage: „In der nächsten

Woche will ich noch einmal beim Pfarrer vorsprechen. Vielleicht kann ich dort etwas Näheres erfahren." Als ich schon in der Tür stehe, sagt Paul Wichtmann: „Da fällt mir ein, fragen Sie doch mal Erwin Oberkalkofen, unseren früheren Bürgermeister! Vielleicht weiß er noch etwas. Er hat mir neulich gesagt, sein älterer Bruder sei unter Leitung von Josef Quinke mit einer Gruppe Jungen 1941 zur Bischofsweihe nach Paderborn gefahren. Dort war auch von Hagen aus mein Bruder Hubert."

14 Tage später sitze ich im Zimmer des Pfarrers, das von einem wandhohen geschnitzten Kruzifix geprägt wird.

„Nein", antwortet Pfarrer Holterhoff mir, „da ist nichts im Pfarrarchiv, auch nicht in der Pfarrchronik über Josef Quinke festgehalten, was mit seiner Verhaftung und seinem Aufenthalt im KZ zusammenhängt.

Ich kann Ihnen nur den Bericht zur Verfügung stellen, den Peter Möhring vor zwei Jahren für den DOM verfasst hat.

Peter Möhring hat in Fretter persönlich recherchiert und einige Leute befragt, die Josef Quinke gekannt haben."

Ich erzähle dem Pfarrer, dass ich 1988/1989 an einer Ausstellung „Hakenkreuz im Sauerland" mitgewirkt habe, die auch im Rathaus Finnentrop gezeigt worden sei.

Bei der Ausstellung habe ich Josef Quinke als Opfer dieser Zeit besonders herausgestellt. Während der Vorbereitungen besuchte ich Frau Quinke, die Frau des verstorbenen Bruders Dr. Quinke, in Bamenohl.

Diese stellte mir Fotos und den Totenzettel zur Verfügung. Von ihr hörte ich: „Außer der armen Mutter litt besonders Pfarrer Wiedeking unter dem Schicksal des Josef Quinke. Er besuchte die Mutter damals, als Josef Quinke in Haft war, jede Woche für eine halbe Stunde und betete zusammen mit ihr.

Nach dem Krieg stiftete er für Josef Quinke das Kirchenfenster mit dem hl. Josef."

„Sie folgten dem Ruf ihres Gewissens“ – Die Blutzeugen des Erzbistums Paderborn

von Peter Möhring, entnommen der Wochenschrift „der Dom“

Erstmalig sind auch die Opfer aus dem Laienstande erfasst worden. Eine besondere Gruppe bilden die Blutzeugen der NS-Diktatur. 170 Diözesanpriester, 66 Ordensleute und 119 Laien fielen den nationalsozialistischen Schergen zum Opfer. Aus dem Erzbistum Paderborn starben 20 Personen, sieben von ihnen waren Laien. Während die Namen der Priester und Ordensleute weithin bekannt sind, trifft es für die Laien weniger zu. Bei ihnen ist die Gefahr besonders groß, vergessen zu werden. Wie Nachmeldungen aus einzelnen Pfarrgemeinden inzwischen zeigen, kann die Namensliste der Laienopfer aus der NS-Zeit noch keineswegs als abgeschlossen gelten. DER DOM stellt in dem folgenden Beitrag die Lebensbilder derjenigen Laien aus dem Erzbistum vor, die in das Martyrologium bis jetzt aufgenommen worden sind.

Zu den Opfern gehört der Sauerländer Josef Quinke. Er wurde am 18. 10. 1905 als ältester Sohn des Bäckermeisters Josef Quinke und seiner Ehefrau Maria, geborene Kohle, in Fretter geboren. Unweit von Finnentrop gelegen, zählte Fretter damals etwa 800 Einwohner und bildete eine rein katholische Gemeinde. Quinkes Eltern waren nicht ortsansässig; der Vater stammte aus Burbecke bei Oedingen, die Mutter kam aus Fleckenberg. Josef wuchs im Kreise von Brüdern und Schwestern auf. Schulpflichtig geworden, besuchte er die Volksschule am Heimatort.

Eigentlich dazu bestimmt, eines Tages den elterlichen Betrieb zu übernehmen, trug er sich mit dem Gedanken, Missionar zu werden. Die Eltern stellten sich dem Berufswunsch ihres Sohnes nicht entgegen. Durch Privatunterricht vorbereitet, wurde er am 28. 4. 1919 in die Quarta des Missionsgymnasiums in Bad Driburg aufgenommen, das er nach zweieinhalb Jahren am 3. 1. 1922 wieder verließ. Die tatsächlichen Beweggründe dürften die Krankheit seines drei Jahre jüngeren Bruders Hubert, der 1925 an Tuberkulose starb, und die Erwartungen der Eltern gewesen sein.

Wenn die Bäckerei weiterhin in der Hand der Familie bleiben sollte, gab es für den ältesten Sohn keine andere Wahl, als den Schulbesuch und die Hoffnung auf ein Studium aufzugeben. Unter diesen Umständen erlernte er das Bäckergewerbe und erwarb den Meisterbrief. Als auch der Vater 1928 starb, führte er den Betrieb weiter. Im Beruf blieb er den ursprünglichen Idealen seiner Jugend treu. Zu den Steyler Missionaren hielt er die Verbindung zeitlebens aufrecht. Im Leben der Kirchengemeinde war er fest verwurzelt.

Mit der Machtübernahme durch die Nationalsozialisten im Jahre 1933 änderten sich die Verhältnisse in Fretter in vieler Hinsicht.

Zwar besaß die NSDAP niemals einen Rückhalt in der Bevölkerung, aber linientreue und übereifrige Parteianhänger fanden sich dort wie anderswo. Die politischen Reglementierungen bekam vor allem die Pfarrgemeinde schon bald zu spüren. Ganz im Sinne der ideologischen Gleichschaltung sollten zuerst die Jugendarbeit und die katholischen Vereine zum Erliegen gebracht werden.

Von Anfang an stellte Josef Quinke sich diesen Bestrebungen entgegen. An den Sonntagen sammelte er nach dem Hochamt die Pfarrjugend zu gemeinsamen Unternehmungen um sich und unterlief damit den HJ-Dienst. Mehrmals organisierte er die alljährlichen Liboriuswallfahrten nach Paderborn.

Als der Zweite Weltkrieg ausbrach, ließ er die Kontakte zu den Soldaten aus Fretter, die er ja alle persönlich kannte, nicht abreißen und schickte ihnen Päckchen, denen er Berichte aus der Pfarrgemeinde beifügte. Nach den Aussagen einer Zeitzeugin, die nicht genannt zu werden wünscht, wurden die Texte von ihr im Büro einer Firma am Ort geschrieben und vervielfältigt. Sie selbst wurde deswegen von der Geheimen Staatspolizei zweimal verhört und kam mit der Androhung einer Strafe im Wiederholungsfalle noch glimpflich davon. Da die Berichte politisch unverfänglich gehalten waren, blieb auch Quinke von einer Verhaftung zunächst verschont.

Bedrohlich wurde die Lage für ihn, als er den Feldpostsendungen Abschriften von Hirtenbriefen und Predigten des bei den Nationalsozialisten höchst verhassten Bischofs von Münster, Clemens August Graf von Galen, beilegte. Gemeinsam mit zwei Helfern

Josef Quinke (r.) mit Geschwistern

Josef Quinke mittlere Reihe links mit Angehörigen des kath. Jungmännerverbandes Fretter 1937; rechts Pfarrer Wiedeking

Fronleichnamsstation vor der Bäckerei Quinke in Fretter

vervielfältigte Josef Quinke die Texte auf einem eigenen Abzugsautomat nachts in einer Scheune. Vor allem die Predigt vom 3. 8. 1941 gegen die von Hitler befohlene Euthanasie von geistig Behinderten und unheilbar Kranken erregte größtes Aufsehen. Mit unerschrockener Offenheit sprach Bischof von Galen darin aus, was in den Heilanstalten vor sich ging und in letzter Konsequenz einem jeden drohte: „Wenn man die unproduktiven Mitmenschen gewaltsam beseitigen darf, dann wehe unseren braven Soldaten, die als schwer Kriegsverletzte, als Krüppel, als Invaliden in die Heimat zurückkehren."

Sätze wie dieser trafen voll den Nerv der NS-Machthaber. Mit dem Überfall auf die Sowjetunion gerade sechs Wochen zuvor hatte der Krieg eine weltweite Dimension erreicht. Nichts konnte zu diesem Zeitpunkt der politischen und militärischen Führung des Reiches unwillkommener sein als öffentliche Anklagen eines Bischofs mit ihren unabsehbaren Folgen auf die Stimmung der Soldaten an der Front und der Bevölkerung. Die in der Lambertikirche zu Münster gehaltene Predigt wurde heimlich in zahllosen Abschriften in ganz Deutschland verbreitet. Mit allen zur Verfügung stehenden Mitteln versuchten der Staatssicherheitsdienst und die Geheime Staatspolizei die Verbreitung zu verhindern. Gegen verdächtige Personen, ob Priester oder Gläubige, wurde mit schonungsloser Härte vorgegangen. Josef Quinke war sich des Risikos, das er mit dem Versand einging, vollauf bewusst, dennoch wagte er es. Durch seine Tätigkeit in der Pfarrgemeinde hatte er sich bei den örtlichen Parteifunktionären längst verdächtig genug gemacht. Da er seine Meinung außerdem oftmals freimütig äußerte, fiel er immer wieder von neuem auf. Überliefert ist seine Antwort, als man ihm zu größerer Vorsicht riet: „Meine Kameraden stehen an der Front und müssen ihr Leben einsetzen. Ich will nicht feiger sein als sie."

Wie so oft fand sich auch hier ein Denunziant. Als Absender der Feldpostpäckchen war er ohnehin leicht zu ermitteln. Auf eine Anzeige hin wurden Josef Quinke und Heinrich Wiedeking, der katholische Pfarrer von Fretter, am 17. 5. 1942 von der Gestapo in Dortmund vernommen. Während Pfarrer Wiedeking nach dem Verhör wieder entlassen wurde, blieb Quinke in Untersuchungshaft. In den Vernehmungen erklärte er sich als allein verantwortlich und gab die Namen seiner Helfer trotz Drohungen und Misshandlungen nicht preis. In den ungewissen Wochen der Gefängnishaft bedeuteten Besuche von Angehörigen einen großen Trost für ihn. Nach ihrem Zeugnis ahnte er, dass es für ihn keinen Weg zurück in die Freiheit mehr geben würde. Gefasst und „sehr tapfer" rechnete er mit der Einlieferung in ein Konzentrationslager und mit dem Tode.

Nach einem kurzen Zwischenaufenthalt in dem Gestapogefängnis in Herne, wo ihn die Zeitzeugin einmal besuchte, kam er Ende Juni 1942 in das KZ Sachsenhausen im Norden von Berlin. Da über die dortige Haftzeit und die Todesumstände keine Informationen vorliegen, lässt sich nur erahnen, welchen Grausamkeiten er ausgesetzt gewesen sein muss, dass seine körperliche Widerstandskraft nach sechs Monaten völlig gebrochen war. Josef Quinke starb am 16. Dezember 1942 angeblich an Typhus: Sein Leichnam wurde eingeäschert. Die Todesnachricht übermittelte den Angehörigen die Ortsgendarmerie im Auftrage der Gestapo Dortmund.

In der Pfarrkirche von Fretter ist ihm ein Fenster gewidmet. Es zeigt seinen Namenspatron, den hl. Josef, der sterbend sein Leben, durch eine gefüllte, leuchtende Schale versinnbildlicht, Gott hingibt. Im Ort selbst erinnert die Josef-Quinke-Straße an den im Konzentrationslager zu Tode gequälten Mitbürger.

Josef Quinke war ein Mann aus dem Volke, der redlich seinem Beruf nachging und dem es fern lag, die eigene Person in den Vordergrund zu stellen. Was veranlasste ihn, ein solches Wagnis einzugehen? Früher und schärfer als viele seiner Mitbürger erkannte er den wahren Charakter der NS-Diktatur. Als gläubiger Katholik fühlte er sich durch die Verfolgung der Kirche persönlich herausgefordert. Einem verbürgten Ausspruch zufolge wollte er „für die Sache der Kirche streiten". Indem er die Hirtenbriefe des Bischofs von Galen versandte, wollte er den Soldaten die Augen öffnen und ihnen bewusst machen, dass sie einem Unrechtsstaat dienten.

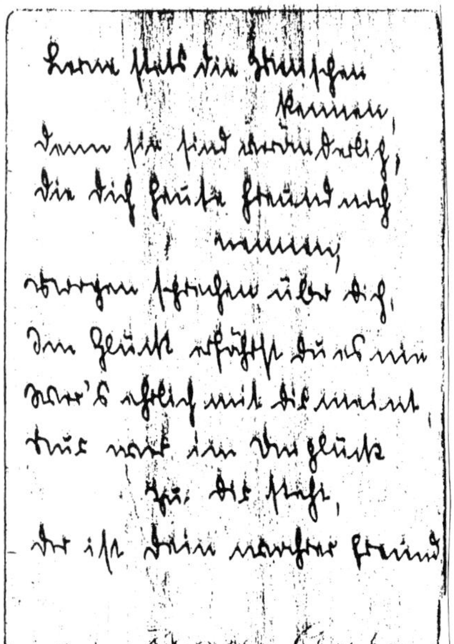

Rückseite des Passfotos von Josef Quinke, von eigener Hand geschrieben

Wer mich vor den Menschen bekennt, den werde auch ich vor meinem Vater bekennen, der im Himmel ist.

†

Bete für den verstorbenen

Bäckermeister

Josef Quinke

geboren in Fretter am 18. Oktober 1905. Nach dem Tode seines Bruders verließ er die Klosterschule in Driburg und kam in die väterliche Bäckerei, die er nach dem frühen Tode des Vaters schon bald übernahm. Er ersetzte der Mutter und den jüngeren Geschwistern den treusorgenden Vater und war der Jugend der Pfarrgemeinde stets ein vorbildlicher Soldat Jesu Christi. Sein Gottvertrauen hat ihn nie verlassen, auch nicht in den schwersten Stunden seines Lebens, und frohen Mutes ging er seinen Weg. Er starb fern der Heimat am 16. Dezbr. 1942.

GEBET.

Gott, Herr der Erbarmung, gib der Seele deines Dieners den Ort der Erquickung, die Seligkeit der Ruhe und die Klarheit des Lichtes. Durch unsern Herrn Jesus Christus. Amen.

August Wohlhage

geb. 23. 3. 1925, Schüler
in Haft 26. 10. 1941 bis 27. 4. 1942,
insgesamt 6 Monate und 2 Tage
von der Oberschule verwiesen
lebt in Geseke, Polizeibeamter

August Wohlhage

59590 Geseke, den 6. 6. 00
Bürener Str. 12

Lieber Herr Föster!

Ihr Schreiben vom 27. 5. 00 mit den beigefügten Unterlagen habe ich erhalten.

Anbei 2 Fotokopien, die klar und deutlich die Gründe meiner Festnahme durch die Gestapo aufzeigen. Auf die Qualen und Leiden dieser Haftzeit will ich gar nicht näher eingehen, da diese ja bekannt sind.

Ich ging aus der kath. Jungschar hervor, habe dann im Frühjahr 1941 die „Bündische Jugend" in Geseke neu gegründet. Die Gründe sind aus den beigefügten Fotokopien sichtbar. Unsere Gruppe bestand bei der Festnahme aus 7 Personen, und zwar 4 Oberschüler, 1 Bürolehrling, 1 Buchdruckerlehrling und 1 Former.

Meine Festnahme durch die Gestapo erfolgte am 26. 10. 41, nachdem u.a. zuvor die bekannten Predigten des Bischofs von Münster – Clemens von Galen – von uns vervielfältigt und verteilt worden waren.

In dieser Sache wurde dann mein Mitstreiter Franz Schulte aus Geseke am 1. 11. 41 ebenfalls durch die Gestapo festgenommen und am 6. 2. 42 zunächst bis zum Gerichtstermin am 28. 3. 42 vor dem Landgericht in Paderborn entlassen. Er wurde zu drei Monaten Gefängnis verurteilt.

Leider sind er und seine Frau vor 2 Jahren verstorben, so dass er nichts mehr dazu sagen kann. Er könnte aber nur genau dasselbe sagen wie ich.

Die anderen Genannten, die ebenfalls von der Gestapo vorl. festgenommen worden waren, wurden jedoch nach ihren Vernehmungen in Geseke wieder entlassen. Einige von ihnen sind auch inzwischen verstorben.

Sie erhielten ebenfalls 4 bis 6 Wochen Gefängnisstrafen. Sie wurden jedoch nicht von der Oberschule verwiesen, wie das bei mir der Fall war.

Nach meiner Haftentlassung begann ich eine Lehre bei der Fhr. v. Kettelerschen Forstverwaltung in Eringerfeld bei Geseke, die durch meine Einberufung zum RAD und der Wehrmacht beendet wurde. Am 8. 5. 45 kam ich bei Nordenham in Gefangenschaft. Am 15. 5. 45 flüchtete ich, um am 19. 5. 45 zu Hause in Geseke bei meinen Eltern anzukommen.

Am 15. 7. 45 trat ich in die damalige Hilfspolizei ein und wurde am 2. 1. 46 in die Kriminalpolizei in Lippstadt übernommen. In dieser versah ich meinen Dienst bis zur Pensionierung im Jahre 1985. In diesen Jahren war ich in den Landkreisen Lippstadt, Kreispolizeibehörde Iserlohn-Land und Soest tätig.

Unsere Festnahme in Geseke hat keine Zusammenhänge mit der „dortigen Verhaftungswelle 1941"; jedenfalls so ich weiß. Ob die „Geistlichen und Lehrer", die meine Leitbilder waren, Verbindungen nach dort hatten, entzieht sich meiner Kenntnis. Möglicherweise ja!

Zu meinem 70ten Geburtstag habe ich mit zwei meiner Enkelkinder nochmals die „Steinwache" in Dortmund aufgesucht. Außer der Unterbringung in der Steinwache war ich u. a. auch zeitweilig (zur Nachtzeit) im Untersuchungsgefängnis „Lübecker Hof" in Dortmund untergebracht. Dieser Bau wurde im Kriege durch Bombenangriffe vernichtet.

Während der Tageszeit wurden wir dann wieder zur Steinwache geholt, damit man weitere Vernehmungen und Gegenüberstellungen mit vermuteten „Gleichgesinnten" durchführen konnte.

Leider sind meine Frau und ich an einem schweren Krebsleiden erkrankt, und ich bin dadurch 100 % schwerbehindert. An einem gemeinsamen Treffen oder dergleichen können wir daher leider nicht teilnehmen.

Im Übrigen möchte ich darauf hinweisen, dass mir 4 Wochen der erlittenen U-Haft wegen hartnäckigen „Schweigens" (Nichtpreisgabe von Geistlichen und Vertrauenspersonen) nicht angerechnet worden sind, so dass ich insgesamt 6 Monate und 2 Tage inhaftiert war.

Zum Schluss grüße ich Sie herzlichst
und verbleibe Ihr

Abschrift von Abschrift

Auszüge aus dem U r t e i l :

5 KLs 2 - 42.

Im Namen des Deutschen Volkes !

Strafsache gegen

I. den Schüler August W o h l h a g e aus Geseke, Bürenerstr.12, geboren am 23.3.1925 zu Geseke, nicht bestraft, am 26.10.1941 in dieser Sache festgenommen und seit dem 15.11.1941 in Untersuchungshaft, z.Zt. im Landgerichtsgefängnis in Paderborn, pp.

.-.-.-.-.-.

Die Strafkammer des Landgerichts in Paderborn hat in der Sitzung vom 28. März 1942, an der teilgenommen haben:

Landgerichtsdirektor Koch
als Vorsitzender,

Landgerichtsrat Dr.Freund
Landgerichtsrat Mackowick
als beisitzende Richter,

Staatsanwalt Venghaus als
Beamter der Staatsanwaltschaft,

Justizsekretär Kruse als
Urkundsbeamter der Geschäftsstelle,

für Recht erkannt:

Unter Einstellung des Verfahrens im übrigen werden verurteilt, sämtliche Angeklagten wegen verbotener Betätigung in einem konfessionellen Jugendverbande, pp.
der Angeklagte W o h l h a g e zu einer Gefängnisstrafe von 5 Monaten, worauf ihm 4 Monate der erlittenen Untersuchungshaft angerechnet werden, pp.

Danach haben sich die Angeklagten der verbotenen Betätigung in einem konfessionellen Jugendverband schuldig gemacht und damit gegen § 1 der Polizeiverordnung gegen die konfessionellen Jugendverbände vom 23.7.1935 (Pr.Ges.S.S.105) in der Fassung der Vo. zur Änderung derselben vom 19.10.1936 (Ges.S.S.159) verstossen. Diese Vorschrift verbietet den konfessionellen Jugendverbänden jede Betätigung, die nicht rein religiöser Art ist. Es kann keinem Zweifel unterliegen, dass die von W o h l h a g e gegründete " bündische Jugend " als konfessioneller Jugendverband im Sinne der genannten Vorschrift anzusehen ist. Es handelt sich dabei um eine Vereinigung von Jungen unter dem selben Namen. Es war bereits vorgesehen, dass der Kreis der ursprünglichen

Mitglieder durch schulentlassene Jungen ergänzt werden sollte. Die Angeklagten hatten förmlich den Beitritt zur bündischen Jugend erklärt. Sie waren sich bewusst, gemeinsam einem Bunde anzugehören; dass es zu der von W o h l h a g e geforderten schriftlichen Beitrittserklärung nicht gekommen ist, kann daran nichts ändern. Als Mitglieder sollten nach Erklärung des anerkannten Führers der " bündischen Jugend ", des Angeklagten W o h l h a g e , nur katholische Jungen aufgenommen werden können. Anlass der Gründung des Bundes war nach den Feststellungen der bei den Angeklagten herrschende Unwille über die angeblich ungerechtfertigte Beschlagnahme von Kirchen und Klostereigentums durch staatliche Organe; sein Zweck der Kampf für die Belange der katholischen Kirche - insbesondere bei der von W o h l h a g e erwarteten - kommenden Auseinandersetzung zwischen Nationalsozialismus und Katholizismus. Der Bund sollte dem aufgelösten katholischen Bunde " Werkjugend " ähnlich sein; er sollte " wie die katholischen Jugendvereine " aufgezogen werden. Das alles war allen Angeklagten, als sie auf Aufforderung des W o h l h a g e ihren Beitritt erklärten, wohl bekannt.

Dass die bündische Jugend keine geschriebenen Satzungen hatte und keine Beiträge erhob, ist für den Charakter des Bundes als einen Verband im Sinne der genannten Vorschrift ganz unwesentlich. pp.

Die Angeklagten haben sich danach sämtlich wegen vorsätzlichen Vergehens gegen § 4 Abs. 1 der Vo. vom 28.2.1933 strafbar gemacht, der Angeklagte W o h l h a g e schon dadurch, dass er nach Erläuterung der von vornherein auf eine verfassungswidrige Betätigung gerichteten Ziele der bündischen Jugend zum Eintritt in diese aufforderte, sämtliche Angeklagten dadurch, dass sie sich in einem konfessionellen Jugendverbande verbotswidrig betätigt haben. Alle Angeklagten haben dies bewusst und in der Erkenntnis, dass sie damit etwas vom Staate missbilligtes ausführten, also vorsätzlich getan.pp.

Die Kostenrechnung (entscheidung) beruht auf §§ 465, 467 St.P.O.

gez. Koch gez.Dr.Freund gez.Mackowiak

Es wird hiermit beglaubigt, dass vorstehende Abschrift auszugsweise mit der Urschrift übereinstimmt. Die Urschriften haben mir vorgelegen.

Geseke, den 15. September 1952

Siegel gez.Heinrich Becker
- Notar in Geseke -

Bescheinige hiermit, dass vorstehende Abschrift von Abschrift mit der Abschrift des Urteils vom 26. März 1942 übereinstimmt.

Polizeistation Menden, den 22.10.1954

175

(Köster) Krim.Sekretär

August Wohlhage

59590 Geseke, den 16. 9. 01
Bürener Str. 12

Lieber Herr Föster,
ich nehme Bezug auf Ihren Anruf vom 9. 9. 01.

Leider ist mein Gesundheitszustand derart, dass ich kaum noch alles übersehen kann (Krebs und Depressionen). Daher nur kurz:
Zunächst die Schreibweise meines Namens und die Anschrift:
August Wohlhage nicht Wohlhagen, Bürener Str. 12 nicht 46.
Diese Anschrift bestand auch bei meiner Festnahme.

Meine Inhaftierung war nicht, wie auf der Liste von Ihnen aufgeführt, 28. 10. 1941 bis 15. 11. 42, sondern vom 26. 10. 41 bis zum 27. 4. 42. Davon vom 26. 10. 41 bis zum 29. 1 .42 in Dortmund, und zwar in der Steinwache und im „Lübecker Hof" (U-Gefängnis). Der Erlass eines Haftbefehls gegen mich erfolgte am 15. 11. 41.

Ich füge Ihnen einen Beschluss des Anerkennungs-Ausschusses Iserlohn-Landkreis v. 5. 12. 52 bei, der den Inhalt des Verfahrens mit Verweisung von der Oberschule konkret aufzeigt. Vom Reg.-Präsidenten in Arnsberg wurde ich unter dem 13. 1. 55 als „religiös Verfolgter" anerkannt und als „erheblich geschädigt" eingestuft.

Über die L e i d e n in der Steinwache brauche ich mich nicht näher zu äußern, denn diese sind allgemein jetzt bekannt. Ich will es auch nicht, da ich mich zu sehr errege und gesundheitliche Schäden davontrage. Ich war erstmalig an meinem 70-jährigen Geburtstag wieder in der Steinwache, und zwar zusammen mit 2 meiner Enkel.

In meinem Bekanntenkreis pp hätte nur Franz Schulte aus Geseke etwas zur „Gestapo und Steinwache Dortmund" sagen können, da er als Mitglied in der von mir gegründeten „Bündischen Jugend" am 1. 11. 41 ebenfalls von der Gestapo festgenommen wurde und bis zum 6. 2. 42 in Haft war. Er wurde auch am 28. 3. 42 von der Jugendstrafkammer beim Landgericht in Paderborn wegen verbotener Betätigung in einem konfessionellen Jugendverband zu 3 Monaten Gefängnis verurteilt.

Franz Schulte und seine Frau sind inzwischen verstorben.

Ihnen und allen Gleichgesinnten alles Gute.
Freundlichst

siehe auch Dokumente, Seite 420

Grevenbrück

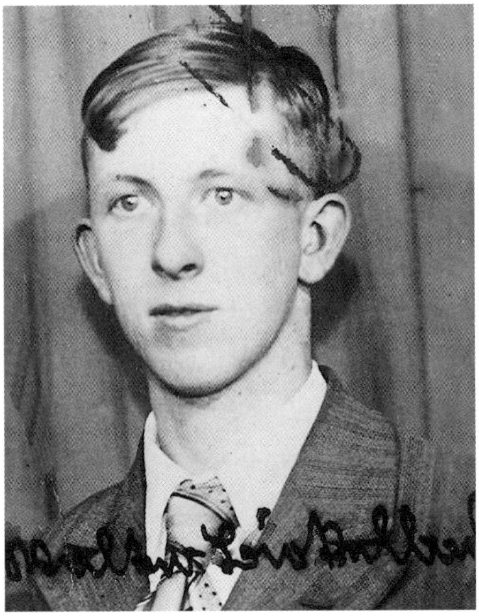

Walter Birkelbach

geb. 15. 3. 1920 in Germaniahütte,
Maschinenschlosser
in Haft 16. 11. bis 23. 12. 1941
vermisst 15. 4. 1943 bei Leningrad

Josef Birkelbach
In der Petmecke
57368 Lennestadt

22. Juli 2001

Herr Föster,
mein Bruder Walter ist am 15. 3. 1920 geboren. Er war Führer der katholischen Jugendgruppe in Grevenbrück. Wir waren zu Hause 5 Brüder. Walter war der Älteste, ich der Jüngste, Jahrgang 1927. Zwei Brüder sind im Krieg gefallen. Wir waren zu drei Brüdern in der katholischen Gruppe. Unsere Eltern waren treue Katholiken. Meine Mutter kam aus einer kinderreichen Försterfamilie bei Brilon. Der Vater war als Briefträger an der Post beschäftigt. Er war dort einer von den zweien, die nicht in der Partei waren. Ich erinnere mich an einen Spruch von ihm, als Walter verhaftet war: Hitler ist kein Meckes, er ist ein General-Meckes. Die Mutter konnte vorher schon den Mund nicht halten. Sie wurde mehrmals angezeigt und vom Ortspolizisten verwarnt.

Mein Bruder wurde am 16. 11. 1941 auf seinem Arbeitsplatz bei der Firma Muhr und Bender in Attendorn von der Gestapo verhaftet. In meinem Elternhaus in Grevenbrück stellte eine zweite Gruppe der Gestapo das Haus auf den Kopf. Was sie suchten, haben sie nicht gefunden. Die „von-Galen-Briefe" lagen im Küchenschrank, und dort haben sie nicht hereingeschaut.

Also: verhaftet am 16. 11. 1941 und überstellt nach Dortmund. Am 26. 11. 1941 ins Polizeigefängnis nach Herne. Am 23. 12. 1941 nach Hause entlassen.

Bei der Heimkehr stand Walter plötzlich vor der Tür. Er hat nie ein Wort über die Haft erzählt.

Und noch Folgendes ist wichtig:

Als Walter verhaftet war, hat sein Freund Herbert Vogt, der auch aktiv in der Gruppe mitarbeitete, einen Brief nach Berlin geschrieben, und zwar an einen Onkel, der im Reichsluftfahrtministerium tätig war. Dieser Onkel hieß Alois Heldmann und war im 1. Weltkrieg zusammen mit Hermann Göring im Jagdgeschwader Richthofen als Flugzeugführer und Leutnant eingesetzt gewesen. 1918 wurde Richthofen abgeschossen, und Göring wurde Richthofens Nachfolger. 1933 holte Hermann Göring seinen einstigen Flugkameraden Heldmann ins Reichsluftfahrtministerium, wo dieser bis zum Generaloberst aufstieg. Alois Heldmann wurde vor einigen Jahren im Alter von 88 Jahren auf dem hiesigen Friedhof beerdigt.

Soviel ich weiß, bat Herbert Vogt 1941 seinen Onkel um Hilfe für den verhafteten Walter Birkelbach. Heldmann soll bei Göring vorstellig geworden sein und mit den anderen Jungen Walters Entlassung aus der Gestapohaft erreicht haben.

In meinem Besitz ist noch eine Mitgliedskarte „Katholischer Jungmänner Verband Deutschland“ (Sturmschar) mit Beitragsmarken bis Juli 1937.

Am 18. Juni 1942 wurde mein Bruder eingezogen nach Landeck in Tirol als Gebirgsjäger. Eingesetzt im Operationsgebiet Nord. Bei den schweren Abwehrkämpfen an der Newa vor Leningrad (St. Petersburg) wurde Walter als vermisst gemeldet am 15. April 1943.

Zu Ihrer Frage nach Keseberg, Hubert habe ich mich bemüht. Aus dem Tagebuch meines Bruders ersehe ich, dass er sich mit Keseberg, Hubert am 27. 4. 1941 in Kloster Brunnen getroffen hat. Dort muss auch Tigges, Bruno (Gruppenführer im Sauerland) oder Tigges, Paul gewesen sein.

P.S. Die Schrift bitte ich zu entschuldigen. Ich muss mit links schreiben. Wenn ich im Falle Keseberg etwas erfahre, melde ich mich.

Paul Tigges:
Nachtrag zum Brief von Josef Birkelbach vom 22. 7. 01

Einige Wochen später übergibt mir der Bruder von Walter Birkelbach zwei Tagebücher der kath. Jungengruppe in Grevenbrück, die von Walter Birkelbach geführt wird. Sie umfassen die Jahre 1941 und 1942. Beide „Bücher" bestehen aus Schulheften mit kartoniertem Umschlag und Schriftlinien. Die Eintragungen von 1941 sind von Walter Birkelbach in Sütterlinschrift geschrieben, während die vom folgenden Jahr in lateinischer Schrift verfasst sind, und zwar, wie Josef Birkelbach erklärt, von Herbert Vogt, dem Nachfolger des Bruders im Amt des Gruppenleiters. Das Gruppenbuch von 1941 beginnt mit dem ☧ und „Treu Heil". Dann der Spruch Pius XII.: Gläubig ist die Jugend, die bewusst Jugend der Kirche sein will und stolz ist, es zu sein!

Das zweite Gruppenbuch setzt an den Anfang: Esto bonus miles Christi! Sei ein guter Soldat Jesu Christi! (Wahlspruch des neuen Erzbischofs Laurentius).

In dem Gruppenbuch von 1941 berichtet Walter Birkelbach über die einzelnen wöchentlichen Gruppenstunden, manchmal knapp, manchmal ausführlicher. In einem Anhang führt er eine Anwesenheitsliste, die die Teilnahme von 66 Jungen mit

Die vier Brüder Birkelbach, links Walter, der älteste, rechts der jüngste, Josef

Die Eltern Birkelbach mit drei ihrer Söhne 1944, nachdem der älteste Sohn Walter schon vermisst ist.

Kreuzchen oder Strich festhält und eine erstaunlich starke Truppe verrät. Bei jedem Gruppentag sind die Jungen aufgeführt, die in der kommenden Woche Altardienst haben. Besondere Erlebnisse werden ausführlicher dargestellt und mit Foto oder Bildkarte ausgeschmückt. Dazu gehören eine Tagung der Gruppenführer in Kloster Brunnen, eine Wallfahrt am Pfingstmontag nach Waldenburg, eine Marienfeier auf dem Kohlhagen oder die Bischofsweihe in Paderborn im Oktober 1941. Seltsamerweise ist die Verhaftung Walter Birkelbachs im November/Dezember des Jahres nicht erwähnt, obwohl das Tagebuch bis zum Jahresende geführt wird. Zur Illustration eines lebendigen Gruppenlebens seien hier einige Eintragungen festgehalten.

Wer die Zeit damals erlebt hat, weiß, was schriftliche Aufzeichnungen in der NS-Zeit bedeuteten. Ob Brief oder Tagebuch, man überlegte jedes Wort. Ein späterer Leser oder Historiker muss zwischen den Zeilen lesen. Was einen Zeitzeugen immer wieder ärgert, ist, wenn nachgeborene Schreiber von Büchern über die NS-Zeit sich naiv auf die Quellen stützen, die mehr verraten durch das, was sie nicht sagen, als durch das, was sie sagen. So liest sich die Eintragung des Walter Birkelbach vom 12. Mai 1941 recht harmlos, als zwei Polizisten den Heimabend besuchten und sich recht höflich verhielten. Es ist anzunehmen, dass die Polizisten aufgrund einer Anzeige kamen und einen Bericht an eine höhere Instanz wie z.B. die Gestapo gegeben haben.

An diesem Heimabend liest der Vikar den Jungen die Geschichte des hl. Tarzisius vor. Walter Birkelbach bemerkt, dass es wohl an keinem Heimabend aufmerksamere Zuhörer gegeben habe als an diesem Abend. Ob er damit auch die beiden Polizisten gemeint hat, bleibt offen, von denen der eine vielleicht ein Nazi-Anhänger und der andere ein braver Familienvater und Katholik war. Interessant in dem Bericht des Walter Birkelbach ist die Verwendung des Begriffs Heldentod für den Märtyrertod des Tarzisius. Nach der Heiligengeschichte hat der Knabe Tarzisius im 3. Jahrhundert in Rom gelebt. Er war mit einer Hostie unterwegs zu einem Kranken, als ihn heidnische Römer überfielen, um mit der göttlichen Wegzehrung ihren Spott zu treiben. Tarzisius hat sich gewehrt und das Allerheiligste geschützt und ist dabei getötet worden. Der Begriff Heldentod war im Krieg Soldaten vorbehalten, was immer man davon halten mag.

Als ich den Bericht des Walter Birkelbach über Tarzisius las, wurde ich an eine Äußerung des Josef Birkelbach erinnert, der über seinen älteren Bruder sagte: Für Walter waren Kirche und Glaube Ein und Alles. Er hätte sich dafür zerreißen lassen.

Erstaunlich ist, dass Walter Birkelbach nach der Haft weiterhin die Heimabende besucht, wenn er auch die Leitung der Gruppenstunden seinem Nachfolger überlässt. Sehr schön ist, dass er, ehe er Soldat wird, am Pfingstmontag 1942 noch einmal mit 36 Jungen eine Wallfahrt nach Waldenburg macht und drei Wochen später, am 15. Juni, in einer Gruppenstunde mit dem Marienlied „Die Schönste von allen" verabschiedet wird. Dreiviertel Jahr später hat ihn der Krieg in Rußland verschlungen. Er wird im April 1943 bei Leningrad als vermisst gemeldet. Diesmal warten die Eltern vergebens. Dem Leser sei das genannte Marienlied wie ein Nachhall auf einen tapferen Streiter Christi angeboten.

*Madonna vor der St. Nikolaus-Kirche in Grevenbrück**

Die Schönste von allen, von fürstlichem Stand,
kann Schönres nicht malen ein englische Hand.
Maria mit Namen,
an ihrer Gestalt all Schönheit beisammen,
Gott selbst wohl gefallt.

Ihr Haupt ist gezieret mit goldener Kron.
Das Zepter sie führet am himmlischen Thron.
Ein sehr starke Heldin, mit englischem Schritt
der höllischen Schlange den Kopf sie zertritt.

Wohlan denn o Jungfrau, der Jungfrauen Bild.
Von Tugenden strahlend, mit Gnaden erfüllt.
Mit Sternen geschmückt, die Sonne sie kleid't,
die Engel des Himmels dein Antlitz erfreut.

Die Sterne verlöschen. Die Sonn', die jetzt brennt,
wird einstens verdunkeln, wenn alles ein End'.
Du aber wirst strahlen noch lang nach der Zeit
in himmlischer Glorie durch all' Ewigkeit.

**Immaculata von Bildhauer Belke, Grevenbrück 1910*

Eine Postkarte und ein Brief von Walter Birkelbach aus der Gestapohaft an die Familie (Abschrift)

Herne, den 26. 11. 41

Ihr Lieben,

viele Grüße aus Herne sendet Euch Walter. Wann ich wiederkomme, weiß ich noch nicht. Wenn ich bis zum 1. nicht wiederkomme, schickt bitte ein Paar reine Strümpfe, und gebt Heuel auf der Fabrik Bescheid. Sonst nichts Neues.
Nochmals viele Grüße
Walter

Absender: Walter Birkelbach, Herne, Polizeigefängnis

Dortmund, den 14. 12. 41

Ihr Lieben,

viele Grüße sendet Euch Walter. Mir geht es noch ganz gut. Die Wäsche habe ich noch in Herne erhalten. Ihr braucht nicht eher reine Wäsche zu schicken, bis ich die schmutzige wieder zurückgeschickt habe. Das Päckchen mit Speck, Butterbroten und Kuchen habe ich gestern Abend erhalten. Ich konnte nicht eher schreiben, weil wir hier nur am 1ten und 15ten schreiben. Seht zu, dass Ihr für Weihnachten den Trainingsanzug bekommt, und ich hatte bei Bleffgen einen großen Schlitten bestellt, holt den auch ab. Wenn Ihr wollt, könnt Ihr mir noch einige Kleinigkeiten schicken, 1 Brot, 1 Paket Zwieback, 1 Stück Seife, Postkarten, 1 Schachtel Zigaretten, Nadel und 10 Meter schwarzen Zwirn, ich habe an meiner Hose die Naht aufgerissen. Geld habe ich noch, braucht Ihr nicht zu schicken. Illustrierte Zeitungen könnt Ihr auch mitschicken, brauchen keine neuen zu sein. Nochmals viele Grüße an Euch alle und an Freunde und Bekannte. Werde wohl bald wieder zu Hause sein.

Walter!

Gruppenbuch der katholischen Pfarrjugend Grevenbrück 1941/42
(Auszug)

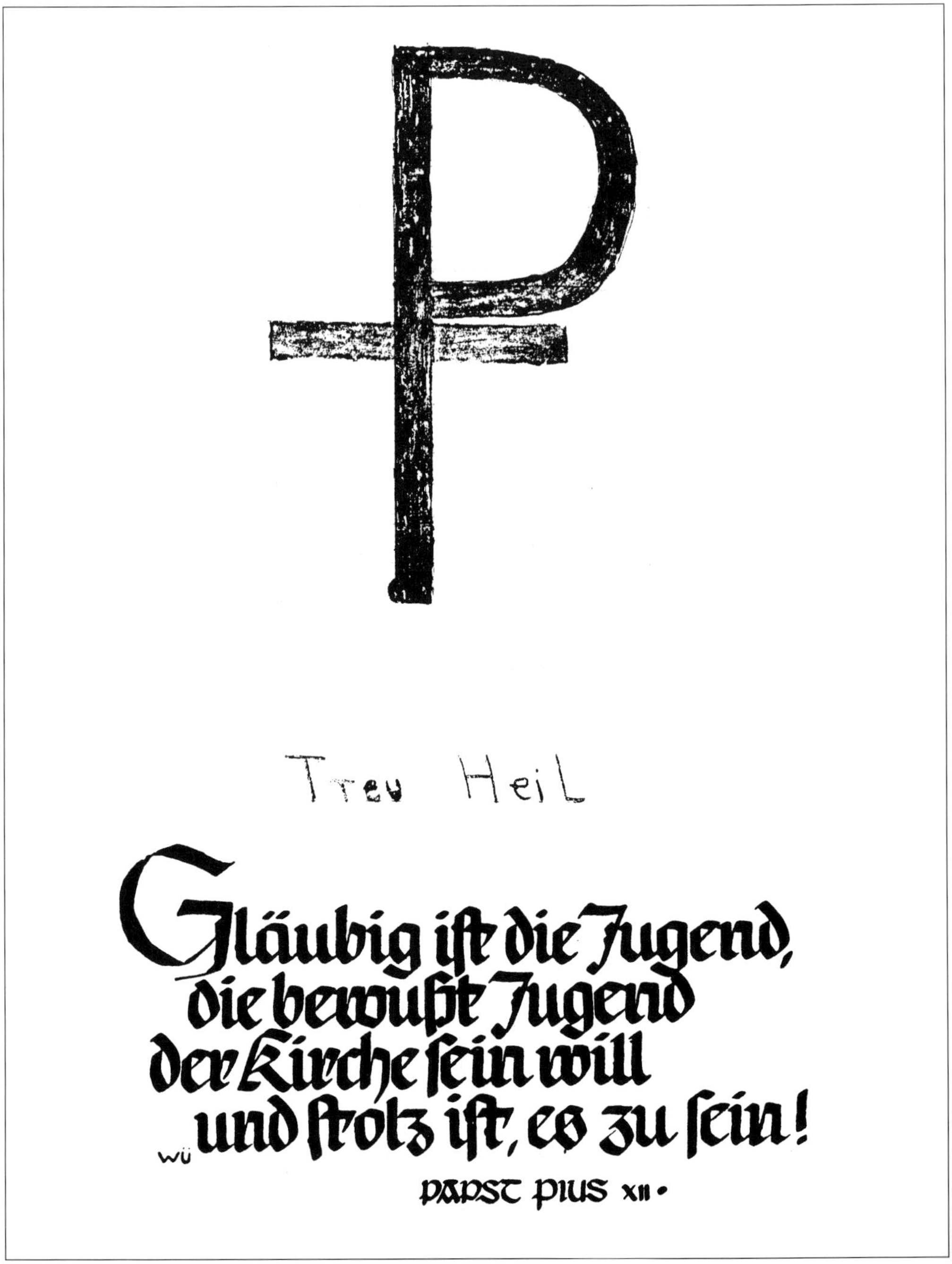
Treu Heil
Gläubig ist die Jugend,
die bewußt Jugend
der Kirche sein will
und stolz ist, es zu sein!
wü
PAPST PIUS XII.

Sonntag, den 27.4.41.

Tagung der Gruppenführer des Sauerlandes in Kloster-Brunnen.

Morgens 7 Uhr dampften wir zu vieren mit unserm Stahlroß los. Walter Kühn, Franz Vogt, Heinz Föhrdes und Walter Birkelbach. In [illegible] warteten schon Hubert Kesselburg aus Attendorn auf uns. Ein schneidiger Wind pfiff uns auf der ganzen Fahrt ins Gesicht. 10 Uhr waren wir in Meinkenbracht, wo wir uns noch die halbe Wurst [illegible]. Gegen 11 Uhr waren wir in Kloster-Brunnen, wo wir uns erst gewaltsamen Eintritt ins alte Kloster erzwingen mußten, wofür wir noch bald mit dem Knüppel Bekanntschaft gemacht hätten. Von 11–5 Uhr war praktische Jugendarbeit. Den Vorsitz führte Gf. Kesselburg aus Attendorn. 28 Jungen waren anwesend. Nach herzlichem Abschiednehmen wurde 1/2 6 Uhr

die Heimfahrt angetreten. Unterwegs hatten wir noch 2 Pannen, Polizei-Kontrolle, Föhres 1 RM Strafe. 1/2 8 Uhr wurde im Heimathafen gelandet.

Kloster Brunnen

Vier Grevenbrücker Jungen in Kloster Brunnen v. l. Heinz Föhres, Franz Vogt (Helden), Walter Birkelbach, Walter Kühn

Montag, den 5. Mai 1941

1/2 8 Uhr Heimabend, 35 Jungmänner Hubert Keseberg und Günter Stumpf aus Attendorn haben uns heute besucht und an unserem Heimabend teilgenommen. Vortrag über das Bußsakrament. Als Ersatz für das Jungmänner-Bekenntnis haben wir einen Wechselrahmen angebracht. Eine Sammlung im Heim ergab 2,31 RM.

Altardienst am 11. Mai
Josef Hille – Walter Birkelbach
Rudolf Kühn – Walter Kühn

Montag, den 6. April 1941

Ab heute müssen wir unseren Heimabend schon 1/2 8 Uhr beginnen lassen. Beim letzten Abend wurden 27 Jungen auf dem Heimwege vom Streifendienst der HJ abgeschnappt und notiert. Schriftlesung und Lichtbildervortrag über den Kreuzweg.

Altardienst am Sonntag, den 13. April
Rudolf Kühne – Kaspar Schneider
Alfred Beule – Heinz Müller
Ostermontag, 14. April
Herrmann Wegener – Walter Kühn
Sonntag, 20. April
Josef Hille – Walter Birkelbach

Unsere Jungmänner in Waldenburg

Rast am Jäkelchen

Montag, den 12. Mai 1941
1/2 8 Uhr Heimabend, 23 Jungmänner
Für den heutigen Abend hatte sich die Polizei zu Besuch angemeldet. 1/4 8 Uhr erschienen 2 Polizeibeamte, grüßten höflich und nach herzlichem Händedruck mit unserem Herrn Vikar setzte man sich zu uns. Nach der Schriftlesung hörten wir einen Vortrag über das beharrliche Gebet. Danach las uns Herr Vikar vor über den Heldentod des Knaben Tarzisius. Noch nie haben wir aufmerksamere und ruhigere Zuhörer gehabt wie an diesem Abend. Am Schluß stellte der Polizeibeamte noch einige Fragen und der Abend war zu Ende.

Altardienst am 18. Mai
Rudolf Kühn – Walter Birkelbach
Herbert Vogt – Ernst von Schledorn

Pfingstmontag, d. 2. 6. 41
Wallfahrt nach Waldenburg
45 Jungmänner hatten sich am frühen Morgen an der Linde eingefunden, um eine Wallfahrt zum Gnadenbild der Muttergottes in Waldenburg zu machen. Ein besseres Wetter hätten wir uns nicht wünschen können. 1/2 7 Uhr wollten wir in Dünschede in die hl. Messe, aber wir kamen wieder einmal zu spät und weiter ging es nach Attendorn, wo wir 8 1/4 Uhr die Frühmesse besuchten. Vikar Hoberg hatte eine Predigt, die uns alle begeisterte. Nach der hl. Messe konnte sich jeder bis 12 Uhr Attendorn ansehen und dann ging es nach Waldenburg. Nach dem Kreuzweg und Rosenkranz-Gebet hielten wir in der Kapelle noch eine kleine Andacht. Der Rückweg führte über Rieflinghausen, wo erstmal eine Rast gemacht wurde. Auf dem Jäkelchen hielten wir uns auch noch eine Stunde auf. Unterwegs gab es noch ein saftiges Schinkenkloppen, wobei manchem das Herz in die Hose fiel. 1/2 7 Uhr waren wir wieder zu Hause. Dieser Tag hatte allen Jungen sehr gut gefallen.

Sonntag, den 8. Juni 1941

Glaubensfeier katholischer Jugend

Am heutigen Dreifaltigkeitssonntag bekannte sich die katholische Jugend des großdeutschen Reiches zu Christus. Die diesjährige Bekenntnisstunde stand unter dem Leitsatz: „Seid so gesinnt wie Christus". Auch in unserer Pfarrkirche hatte sich die Jugend unserer Pfarrei und der Ortschaften Maumke, Bilstein und Kirchveischede zum gemeinsamen Gott-Bekenntnis vereinigt. 1/2 3 Uhr begann die Feier, aber 1/4 Stunde vorher setzte ein wolkenbruchartiger Regen ein, so daß viele Jugendliche die Kirche nicht erreichen konnten. Nach dem Eingangslied „Laßt uns erheben Herz und Stimm" wechselten Psalmgesänge zwischen Vorsänger und Gemeinde, wonach unser Herr Vikar die Festpredigt hielt. Hierauf folgten Wechselgesänge und einige Lieder bis zum Tantum-ergo.

Mit dem dreimaligen Ruf „Ehre sei Dir Christus" klang die Feier aus.

Dienstag, den 29. 7. 41

8 Uhr Heimabend 27 Jungmänner

Der Dienstabend der HJ ist jetzt auf den Montag gelegt worden, um die Jungen von unserem Heimabend fernzuhalten. Aber der Glaube ist stärker, alle Jungen waren am Dienstag-Abend gekommen. Nach der Schriftlesung hörten wir einen Vortrag über den Karthäuser-Orden, wo uns besonders das eigenartige Leben dieses Ordens interessierte. Anschließend hörten wir aus dem Buch „Der Bäckerjunge von Znaim".

Klavier: Herbert Vogt

Altardienst am 3. August 1941

Heinz Müller – Josef Birkelbach

Msgr. Ludwig Wolker · Das ist unser General

Montag, den 30. Juni

8 Uhr Heimabend 28 Jungmänner
Schriftlesung und Vortrag über die Verwaltung der Kirche. Anschließend einige Kapitel aus dem Buch „Der Bäckerjunge von Znaim".
Klavierbegleitung: Franz Egon Nückel
Altardienst für Sonntag, den 6. Juli
Heute keine Meßdiener, HJ-Dienst

Seid so gesinnt wie Christus Jesus!

+

Glaubensfeier katholischer Jugend

im Dekanat Elspe am Dreifaltigkeitssonntag 1941

FOLGE

1.	Laßt uns erheben Herz und Stimm . .	Lied der Gemeinde (siehe Text)
2.	Lobet den Herrn von den Himmeln . .	Der 148. Psalm, Wechselgesang (siehe Text)
3.	Seid so gesinnt wie Christus Jesus . .	Lesung (Phil 2, 5-11)
4.	Christus ward für uns gehorsam	Wechselgesang (siehe Text)
5.	Wer mich vor den Menschen bekennet	Frohbotschaft (Matth 10, 32; vgl. Text)
6.	Mir nach, spricht Christus	Lied der Gemeinde (siehe Text)
7.	Predigt	
8.	Ich will Dich lieben	Lied der Gemeinde (siehe Text)
9.	Litaneigesang	Sänger und Gemeinde (siehe Text)
10.	Feierliches Vater unser . . . . Zu jeder Bitte ruft die Gemeinde: Amen	Priester
11.	Kirchengebet	Priester
12.	Aussetzung des Allerheiligsten	
13.	Tantum ergo	Hymnus der Gemeinde
14.	Segen	
15.	Ehre sei Dir, Christe	Ruf der Priester und der Gemeinde (siehe Text)

Sonntag, den 7. September

3 Uhr Heimabend 30 Jungmänner
Schriftlesung und Vortrag: „Priester und Laien". Das Buch „Der Bäckerjunge von Znaim" hat uns unser Herr Vikar zu Ende gelesen. Dieses Buch zeigt uns, wie ein Bäckergeselle nach langem Kampf den Weg zum Priestertum fand und ein Heiliger geworden ist, der Großes für die Kirche getan hat. Unsere Kameraden Josef Schumacher und Reinhold Nöcker, die auf Urlaub hier sind, nahmen an unserem Heimabend teil.
Klavier: Franz-Egon Nückel
Altardienst am 7. September
Walter Birkelbach – Rudolf Kühn

Sonntag, den 14. September

23 Jungmänner
Marienfeier in Kohlhagen.
2 Uhr fuhren wir bis Kirchhundem mit der Bahn, von dort noch 1 Stunde zu Fuß nach Kohlhagen. Wie in jedem Jahr, so regnete es in Strömen. Gegen 4 Uhr begann die Feierstunde, worin unser Herr Vikar die Festpredigt hielt. Auf dem Rückweg machten wir in Kirchhundem 2 Stunden Rast. Trotz des Regens hatte dieser Nachmittag unseren Jungen sehr gut gefallen.
Altardienst am 14. September 1941
Kaspar Schneide – Oswald Pöggeler

Gnadenbild der Wallfahrtskirche Kohlhagen

Sonntag, den 21. September 41

Einkehrtag 85 Jungmänner

Der heutige Tag war für unsere Jungen ein Tag der Einkehr und Besinnung. Die Vorträge wurden gehalten von dem Pallotiner-Pater Arendt unter dem Leitsatz: „Der junge Gotteskämpfer in heutiger Zeit". Der Tag wurde eingeleitet durch einen Beichtvortrag am Samstag Abend. Sonntag Morgen 7 Uhr Gemeinschaftsmesse der gesamten Jungen mit Ansprache des Paters. Nachmittags 1/2 3 Uhr Fortsetzung der Vorträge im Schwesternhaus, die unsere Jungen sehr packte. Mit einer kurzen Schlußandacht schloß der Tag ab. Möge er unseren Jungen viel Segen bringen.

Altardienst am Sonntag, den 21. 9. 41

Soldat Josef Schumacher – Soldat Reinhold Nöcker

18. und 19. Oktober 1941

Bischofs-Weihe in Paderborn.

Auf zur Bischofs-Weihe! So hieß unsere Parole am 18. Oktober. Am Samstag fuhren wir zu 10 Jungmännern und waren gegen 7 Uhr abends in Paderborn, wo wir Quartier in einem Privathaus bezogen. 4 Mann von uns durften im Bett schlafen, der Rest wurde in der guten Stube untergebracht. Schledorns Bär konnte die ganze Nacht nicht zur Ruhe kommen, und ein vorwitziges Mädchen steckte seinen Kopf auch oft zur Tür hinein. Am Sonntag Morgen hörten wir im Dom eine hl. Messe und anschließend in 2 anderen Kirchen auch noch 2 hl. Messen. 9 Uhr wurde der Erzbischof in feierlicher Prozession zum Dom gebracht. Die Weihen waren gegen 12 Uhr beendet. Vor dem Dom wartete eine begeisterte Menschenmenge auf den Auszug ihres Seelenhirten. Ungefähr 50 Polizisten sorgten für die nötige Ruhe und Sicherheit. Als der Erzbischof erschien, wurde er mit lautem Jubel und Heil-Rufen begrüßt und zu seinem Palais geleitet. Nachmittags sprach der Bischof in der Jesuiten-Kirche zur Jugend. Während der Ansprache wurde er immer wieder von begeisterten Zurufen unterbrochen, wenn er auf die Mitarbeit und zukünftigen Aufgaben der katholischen Jugend hinwies. Nach der Kundgebung besichtigten wir noch die Domschenke von innen, bis wir gegen 7 Uhr die Heimfahrt antraten.

Sonntag, 15. Februar 1942

Heute, morgen und übermorgen haben wir hier in der Gemeinde unser 40stündiges Gebet; heute von 6–20 Uhr. Anläßlich des 40stündigen Gebetes hatten wir dann heute morgen um 9 Uhr Jugendmesse. Wir sangen nur Lieder aus dem Kirchenlied. Im Hochamt dienten heute morgen 2 Volksschüler. Von 13–14 Uhr war die Anbetungsstunde für uns Jungemänner. Zunächst klappte es nicht und einige machten sich lustig über den Vorbeter, bis dann ein anderer vorbetete. Das ganze lag aber daran, daß die Stunde vorher nicht besprochen worden war. Sie sollte eigendlich mit der Jungfrauenstunde von 14–15 Uhr zur Jugendstunde zusammengelegt werden. Doch erreichten wir es nicht. Von 19–20 Uhr war die letzte Stunde. P. Meyerhöfer aus der Gesellschaft der Missionare von der hl. Familie (Oberhundem z. Z. Vikar in Würdinghausen) hält die Predigten und zwar sprach er über das Gebet, wie er es auch morgen und übermorgen tun wird. Darauf war eine kurze Andacht mit Sakramentalem Schlußsegen. Damit war für heute die Gebetsstunde zu Ende.

Donnerstag, 14. Mai 1942

Christi Himmelfahrt

Der Herr wurde in den Himmel aufgenommen und sitzt nun zur Rechten (des Vaters) Gottes!

(Aus dem Festevangelium)

Das Erlösungswerk Christi ist nun vollendet. Er ist aufgefahren, „um euch den Tröster zu senden, den Geist, der euch alle Wahrheit lehren wird“, so hat er es uns verheißen an seine Apostel. Deshalb wollen wir auch weiterhin uns auf ihn ausrichten und ihm unser ganzes Vertrauen schenken und alles, was uns bedrückt auf ihn werfen. Denn mag auch der äußere Festglanz uns durch die Stürme der Zeit genommen sein, wir werden doch auf Christus bauen.

Im feierlichen Hochamt abends um 191/2 Uhr dienten 4 Volksschüler.

Montag, 25. Mai 1942

Pfingstmontag!
Heute haben wir unsere alljährige Wallfahrt nach Waldenburg gemacht. Wir gingen 1/2 7 Uhr von der alten „Merklinde" ab. 36 Jungmänner nahmen teil. 7 Uhr nahmen wir in Dünschede an der Eröffnungsmesse der ewigen Anbetung teil. Somit hatten wir einen würdigen Anfang genommen. Nach der Messe zogen wir weiter nach Attendorn. Dort besuchten wir 1/2 10 Uhr im „Sauerländer Dom" das Hochamt. 12 Uhr begann dann die eigentliche Wallfahrt. Der Jungmann Rudolf Kühn betete vor. 1 1/4 Uhr war die Wallfahrt beendet. Walter Birkenbach beendete sie mit folgenden Worten: „Die Wallfahrt ist nun beendet. Jeder kann tun und lassen was er will." So zogen wir dann auf verschiedenen Wegen wieder nach Hause.

Die Grevenbrücker Jugendlichen auf dem Weg nach Waldenburg, Pfingsten 1942

Montag, 15. Juni 1942
Zu Beginn sangen wir ein neues Lied: „Mir nach, spricht Christus, unser Held...", Nr. 45, dann das Lied Nr. 81. Daran schloß sich die Schriftlesung an mit dem Vortrag, über die Geschichte der Kirche, Innere Entwicklung: Kampf gegen die Irrlehren. Danach sangen wir das Lied Nr. 96. daran schloß sich das Lied: „Die schönste von allen..." als Abschiedsgruß an unseren 1. Mitarbeiter Walter Birkelbach, der kommenden Donnerstag uns verläßt, um seiner Pflicht dem Vaterlande gegenüber zu genügen. Darauf wurde wieder in unserer Lektüre weiter gelesen: Ekan der Schwarzrock. Zum Schluß sangen wir die Strophe: Nun Brüder eine gute Nacht. Dann besuchte uns heute P. Hubert Henderich von hier, z. Z. San. Gefr. Es waren 27 Jungmänner anwesend.
Sonntag, 14. Juni
Im Hochamt und der gelobten Blasius(-Schützen)Prozession dienten die Jungmänner: Birkelbach, Walter – Kühn, Rudolf
Bleffgen, Franz – Schneider, Franz Anron.

Walter Birkelbach, vermisst gemeldet 15. 4. 1943 bei Leningrad

siehe auch Dokumente, Seite 422

Hagen

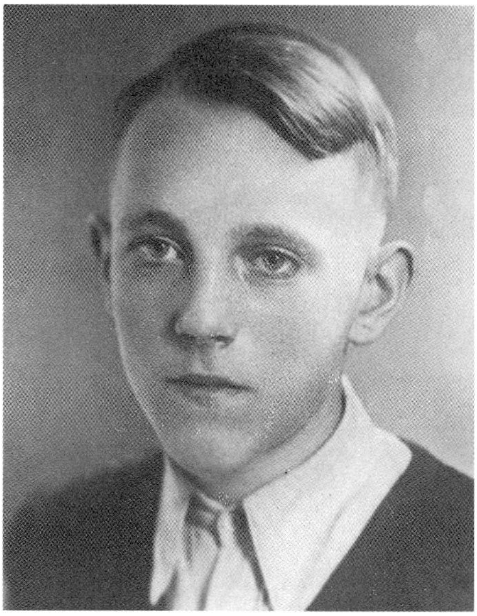

Dieter Büenfeld

geb. 7. 7. 1924 in Hagen, Schüler
in Haft 3. 12. bis 23. 12. 1941
vom Albrecht-Dürer-Gymnasium verwiesen
gefallen 11. 9. 1943 in Russland

ND-Gruppenführer Dieter Büenfeld

Über die Jahrzehnte hinweg steht mir mein Bruder Dieter immer noch als 18-Jähriger vor Augen, wie ich ihn zuletzt gesehen habe. Er war drei Jahre älter als ich, in bestimmter Hinsicht mein Vorbild: im Lernen (nicht nur in der Schule), in der Folgerichtigkeit seines Tuns, in seinem Willen zur Gerechtigkeit. Letzteres konnte ihn in Konflikte bringen, z.B. mit unserem Vater, wenn ihre Ansichten nicht übereinstimmten und Dieter mit seinem ausgeprägten starken Willen auf seiner Meinung beharrte. Mir hat er manchen Konflikt mit den Eltern erspart, in der Schlüsselfrage, beim Taschengeld usw.

Unser Verhältnis war ohne große Probleme, sein höheres Alter hat die üblichen Kämpfe nicht verhindert. Wir schliefen in einem Zimmer unter dem Dach. Eines Abends während einer „Kissenschlacht" donnerte der darunter wohnende Mieter, ein SA-Reiterführer, an die Tür und schrie: „Ruhe, schwarze Bande!"

Unser bewusstes Stehen zur Kirche und die klare Ablehnung des Nationalsozialismus schon in den jungen Jahren ergaben sich aus dem Leben in der Familie. Die Eltern waren beide Volksschullehrer. Die Mutter war in Werl bei den Ursulinen auf der Schule gewesen. Sie stammte aus Altenhagen, ihr Vater war dort Land- und Gastwirt. Unser Vater war gebürtig aus Arnsberg, wurde dort in der Lehrer-Präparandie ausgebildet. Am 7. 7. 1924 wurde Dieter geboren. Die Eltern waren beide nicht in der Partei. Der Vater war in der Hallenschule tätig. Im Zusammenhang mit Dieters Totenzettel wurde er zur

Gauleitung der Partei nach Bochum vorgeladen und dort verwarnt. Er hatte nämlich geschrieben:

„Sein Leben und sein Opfertod war ein Streben nach der Verwirklichung der Ideale christusgläubiger Jugend. Sein gelebtes Christentum hat im Hagel der Geschosse seine Feuerprobe bestanden. Jetzt hat er endlich den Frieden, den er in der Welt nicht fand."

Wir gehörten zur Franziskanerpfarrei St. Elisabeth, gingen in den ersten Schulklassen an den Wochentagen zumeist in die Josefskirche, da die Schule in der Nähe lag. Der Nazi-Lehrer Müller wurde von der Schule als Rektor nach Boele versetzt, und der dortige Rektor Kurze wurde Lehrer in der Hallenschule. Dieter und ich gingen später auf das Albrecht-Dürer-Gymnasium (AD) und wurden dort von Gerd Stenner für die Gruppe „St. Jürg" des Bundes Neudeutschland (ND) geworben. Sie konnte damals nur noch im Geheimen bestehen (Treffen, Fahrten, Lager). Unsere Eltern waren sich der Gefahr seitens der Polizei bewusst, stimmten aber den Aktivitäten zu. Nach dem Weggang der Älteren zum Militär wurde Dieter Gruppenführer. Ziemlichen Einfluss auf uns hatte Vikar Arthur Agethen, damals Krankenhaus-Seelsorger im St.-Josefs-Hospital.

Im Zusammenhang mit der Bischofsweihe von Lorenz Jaeger am 19. Oktober 1941 war es in Paderborn zu begeisterten Demonstrationen unter großer Beteiligung von Jugendlichen gekommen. Dabei wurden die verbotenen Banner in der Öffentlichkeit gezeigt. Offensichtlich hatte das der Partei missfallen. Die Gestapo begann mit Untersuchungen im Sauerland bei der „Sturmschar" und in Hagen, Hamm und Siegen beim ND. Es kam schnell zu Verhaftungen. Am 3. Dezember 1941 wurden aus den Gruppen in Hagen und Haspe Dieter, Jochen Degenhardt und Hubert Wichtmann nach Dortmund ins Gefängnis gebracht. Willi Weiskirch hat die Verhaftung seines Klassenkameraden aus dem Unterricht heraus beschrieben:

„Wir hatten gerade Latein-Unterricht bei Saatmann. Da fuhr ein Wagen beim AD vor. Neugierig, wie wir waren, hoben wir unsere Köpfe über die untere Milchglasscheibe. Saatmann: ‚Sitzen bleiben!' Da er aber ebenfalls ein neugieriger Mann war, warf auch er einen Blick nach draußen und bemerkte ironisch: ‚Polizei! Da soll wohl jemand abgeholt werden!'

Er ahnte nicht, wie recht er hatte. Etwas später klopfte der Hausmeister an die Tür des Klassenzimmers: ‚Büenfeld soll mal rauskommen!' Dieter wurde kreidebleich, packte seine Sachen und folgte dem Hausmeister auf den Flur. Wir sahen dann durchs Fenster, daß er abgeführt wurde."

Meine Mutter hat bei der Hausdurchsuchung der Gestapo und bei den Besuchen im Gefängnis eine großartige Haltung gezeigt. Mein Vater hatte Glück, dass die Beamten auf seinen Protest hin seinen Schreibtisch nicht durchsuchten, er hatte Exemplare der

Hirtenbriefe des Bischofs von Münster darin. Nach langen Verhören wurden alle Jugendlichen kurz vor Weihnachten entlassen und durften zunächst auch wieder am Schulunterricht teilnehmen. Ein Prozess ist wegen der Kriegsentwicklung nicht mehr zustande gekommen. Einen Tag vor der mündlichen Reifeprüfung wurde Dieter dann von der Schule verwiesen. Willi Weiskirch hat auch die Mitteilung der Bestrafung Dieters an seine Klassenkameraden schriftlich festgehalten:

„Wir hatten uns am Abiturtag am frühen Vormittag in unserem Klassenzimmer versammelt. Der Zeitpunkt, an dem wir ins Lehrerzimmer gerufen werden sollten, rückte näher und näher. Dieter Büenfeld fehlte, obwohl sein Elternhaus nicht sehr weit vom AD entfernt lag.

Als Dr. Gehrkens, unser Griechisch-Lehrer, kurz vor Beginn der Prüfungen seinen Kopf zu uns hereinsteckte, machte ich ihn darauf aufmerksam, dass Büenfeld noch fehle. Sein Gesicht – er war ein engagierter Katholik – verfinsterte sich. Er dürfe zwar nichts sagen, aber: ‚Ihr alter Mitschüler Dieter Büenfeld ist gestern von der Schule verwiesen worden.'

Nachher – zu Beginn des mündlichen Abiturs – erfuhren wir es dann ganz genau. Unser stellvertretender Direktor Ermels hatte uns – mit zittrigen Händen – eine Verfügung der Provinzial-Schulbehörde zu verlesen. Büenfeld, hieß es, sei wegen staatsgefährdender Umtriebe von der Schule verwiesen worden. Er könne an keiner deutschen Schule das Abitur machen und an keiner deutschen Universität studieren. Man werde ihm allerdings Gelegenheit geben, seine ‚Ehre mit der Waffe in der Hand' wiederherzustellen."

Das Abgangszeugnis, das Dieter ausgehändigt wurde, enthält in Sütterlin-Schreibweise folgende Bemerkung:

„Er wurde gemäß Verfügung des Oberpräsidenten von Westfalen (Abt. f. höh. Schulwesen) vom 21. 3. 42 von der Anstalt verwiesen, weil er sich in bewusstem Gegensatz zu den Auflösungsverordnungen des Staates an Bestrebungen beteiligt hat, deren Ziel der geheime Wiederaufbau des Bundes ND war."

Vorausgegangen war der Ausschluss aus der Hitlerjugend, der dann den Ausschluss von der Schule nach sich zog. Dieter hat darum zuerst gegen diesen Ausschluss Einspruch erhoben (7. 4. 1942). Die Antwort kam von der Reichsjugendführung. Sie ist bemerkenswert. Ein HJ-Richter, Oberbannführer Tetzlaff, hat sie unterschrieben.

„Der Beschuldigte war z. Zt. seiner Verfehlungen bis zu 17 Jahre alt und als höherer Schüler durchaus fähig einzusehen, daß er sich auf einer dem Nationalsozialismus und der Hitler-Jugend feindlichen Seite betätigte. Seine innere Einstellung zeigt sich auch in dem sehr unregelmäßigen Dienstbesuch bei der Hitler-Jugend.

Der Beschuldigte muß für seine törichte und völlig sinnlose und instinktlose Geheimbündelei im Dienste einer sterbenden Weltanschauung die ganze Macht der nationalsozialistischen Bewegung und des nationalsozialistischen Staates zu spüren bekommen, damit er zur Besinnung kommt und in seinem späteren Leben wieder gutmacht, was er verbrochen hat. Die nationalsozialistische Bewegung gibt ihn als entwicklungsfähigen Menschen trotzdem noch nicht verloren und hofft, daß er sich zunächst als Soldat wieder die volle Ehre eines anständigen deutschen Mannes erkämpfen wird. Der Ausschluss aus der Hitler-Jugend war zu bestätigen. Diese Entscheidung ist endgültig."

Der feste Zusammenhalt in der ND-Gruppe war für uns in der NS-Zeit von unschätzbarem Wert; er fand auch nach den geschilderten Vorgängen kein Ende. Die Ablehnung des Nationalsozialismus war völlig selbstverständlich und blieb es auch.

Dieter fing eine Banklehre an, musste sie aber nach einem halben Jahr abbrechen, weil er zum Militär eingezogen wurde. Die Ausbildung erhielt er in Frankreich. In dieser Zeit hat mein Bruder Tagebuch geführt. Kurz vor der Verlegung nach Russland findet sich dort unter dem 28. Januar 1943 eine längere Eintragung, in der es heißt:

„Was ist nun der Sinn dieses Dahinsinkens der besten Jugend für das deutsche Volk? Denn einen Sinn müssen wir umso mehr dahinter suchen, als ja gerade bei uns in der Gruppe so außergewöhnlich viele und gerade die Besten gefallen sind. Ich meine ... den Sinn, den ihr früher Tod ... für das deutsche Volk, für das sie doch auch (trotz der Nazis) gefallen sind, gehabt hat.

Aber können wir danach überhaupt schon fragen? ... Ich glaube, wir können es nur ahnen, aber wissen werden es erst spätere Generationen. Soll vielleicht dieser Krieg durch eine Zerstörung aller äußeren Machtmittel des ‚Dritten Reiches' den Weg frei machen für ein neues idealistisches Deutschland? Oder soll er Europa zu einer neuen Kultur unter deutscher Führung zusammenschließen, wie es unsere führenden Leute reden? Ich weiß es nicht, aber hoffen will ich und beten zum Schöpfer, dass er dieses Opfer der deutschen Jugend zum Besten des ganzen Volkes hinnimmt."

Am 11. September 1943 ist mein Bruder am Mittelabschnitt der Front in Russland in der Nähe von Nowgorod gefallen und dort auch beigesetzt worden. Sein Kompanieführer Oberleutnant Rieker begründete in einem Brief an unsere Eltern die „Trauer der ganzen Kompanie" mit folgenden Worten:

„Ihr Sohn hat durch seine Kameradschaftlichkeit und sein liebes Wesen sich alle zum Freund gemacht... Seien Sie versichert, dass er in unseren Reihen unvergesslich ist und als Beispiel weiterlebt." Als Christ glaube ich, sein Bruder, dass er wirklich und nicht nur als Beispiel weiterlebt und dass sich sein Leben im Himmel vollendet hat.

Rainer Büenfeld

Bockum, den 4. 8. 01

Sehr geehrter Herr Föster,

„was du heute kannst besorgen"... Da mir die Pfarrsekretärin die gewünschten Photokopien gestern gleich gemacht hat, schicke ich sie hier. Das Photo meines Bruders ist unser letztes von ihm (leider nicht gut kopiert). Die Ausführungen von Weiskirch (der spätere Wehrbeauftragte) zeigen, dass unser Albrecht-Dürer-Gymnasium eine „schwarze Schule" war. Die ganze (nur noch sehr kleine) Klasse wollte von der Prüfung zurücktreten, was Dr. Gehrkens ihnen ausredete. Außer zwei Nazi-Lehrern konnten wir mit dem Kollegium zufrieden sein. Einer hatte sogar von der Gestapo Verbot für die Oberstufe, nicht zuletzt wegen seiner vielen gewagten politischen Witze.

Ich hoffe, Sie sind mit der Kopie zufrieden.

Mit freundlichen Grüßen

Ihr Rainer Büenfeld

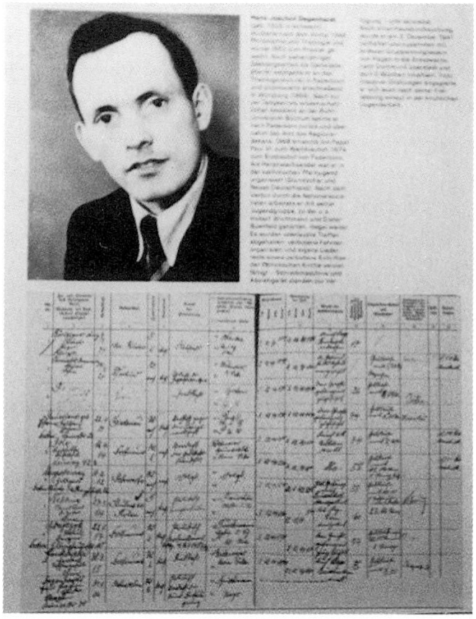

Hans-Joachim Degenhardt

(Aushang im Museum Steinwache)

geb. 1926, Schüler
in Haft 3. 12. bis 23. 12. 1941
vom Gymnasium verwiesen
Erzbischof und Kardinal in Paderborn
gestorben 25. 7. 2002

Bericht des Schülers Hans-Joachim Degenhardt über drei Wochen Haft im Polizeigefängnis nach der Bischofsweihe.
(Durchschlag des Berichtes im Besitz von H.G. Bierbaum in Herne. Der Bericht ist leicht gekürzt)

Dienstag, den 2. Dezember 1941

Die Durchführung des Elternabends stieß auf große Schwierigkeiten. Heute waren wir – d.h. Dieter und ich – bei der Oberin der Hildegardisschule, die uns den Raum für den Abend überlassen muß. Sie glaubte, es sei zu gefährlich. Nach ihren Worten hat man schon 60-80 Jungen aus dem Sauerland nach der Bischofsweihe festgesetzt. Das sind jetzt vier Wochen her. Morgen abend werden wir uns den endgültigen Entscheid holen.

Mittwoch, den 3. Dezember 1941

Als ich mittags aus der Schule kam, war bei uns zu Hause große Aufregung. Man merkte sofort, daß etwas ganz Ungewöhnliches geschehen sein musste. Die Betten waren noch nicht gemacht, das Essen noch nicht gekocht. Meine Sachen und Werners Brocken lagen in vollkommener Unordnung auf Stühlen und Tischen umher. Meiner Mutter sowie meiner Schwester war anzusehen, dass das Ereignis nur eine unglückverheißende Nachricht sein konnte.

Das, was wir noch am Morgen niemals geglaubt hätten, war Tatsache geworden: Die Gestapo hatte das Vorhandensein unserer Gruppe herausbekommen. Heute Morgen waren zwei Geheim-Polizisten – einer aus Dortmund – bei Stenners gewesen. Man beschlagnahmte sämtliche Briefe, die man von Stinnes finden konnte. Man hatte sodann nach der Wohnung von Dieter und Hubert gefragt.

Fast zwei Stunden hatten sie sich mit der Durchsuchung der Fächer und Schlösser, in denen Stinnes Sachen sich befanden, aufgehalten. Anschließend fuhren sie nach Büenfelds. Hier fanden sie offen liegen, was sie suchten: Gleich im Flur lagen Haufen von Vervielfältigungspapier, Einladungen für den Elternabend, Liederblätter, Matrizen für ein neues Lieder-Text-Heft, das wir zusammen erstellt hatten. Als sie dann auf die Mansarde kamen, stießen sie auf das Übrige: Die Gruppenbücherei, die Gruppenkasse, die Gruppen-Chronik usw. Anschließend wurde Dieter aus der Schule geholt. Angeblich sollte er nur eben die Wohnung von Hubert zeigen. Das wurde mir nun berichtet.

Fieberhaft schafften wir weiter unsere verdächtigen Sachen weg. Der Vervielfältigungsapparat sowie die Schreibmaschine wurden als Letztes weggebracht. Ich rechnete selbstverständlich damit, dass die Gestapo im Laufe des Nachmittags auch zu mir kommen würde.

Es war 15.45 Uhr. Meine Eltern waren nicht zu Hause. Da – es schellt! Mit einem komischen Gefühl ging ich zur Tür. Zwei mittelgroße Männer in Zivil standen vor mir. „Heil Hitler!" war das Einzige, was sie vorerst sagten. Ohne weiteres traten sie in unsere Wohnung ein. „Wir kommen von der Geheimen Staatspolizei. Wohnt hier ein Hans-Joachim Degenhardt?" – „Ja, das bin ich."

Freundlich blieben sie auch noch, als sie begannen, meinen Schrank zu durchsuchen. Dann fragten sie nach dem Vervielfältigungsapparat und der Schreibmaschine. Als ich sagte, diese Sachen ständen nicht bei mir, brüllte mich derjenige, der, wie wir später merkten, Buschmann hieß, an: „Mensch, ich will jetzt wissen, wo die Sachen sind!"

„Ich weiß es nicht."

„Hans-Joachim, bist du Schüler?"

„Ja", antwortete ich.

„Das kann ich Dir aber sagen: Schüler bist du gewesen!"

Dann suchten sie noch einige Minuten, endlich sagten sie zueinander: „Wir brauchen hier nicht länger zu suchen. Am besten ist es, wir nehmen ihn mit, dann hat er Zeit genug, sich zu überlegen, wo die Sachen sind."

Buschmann machte noch einen Versuch. Dann nahmen mich die zwei in die Mitte. Zu meinem Bruder sagten sie noch: „Das kannst du deinen Eltern sagen, daß Hans-Joachim sich im Polizeigefängnis zu Dortmund-Hörde befindet."

30 m von unserem Hause entfernt stand ein Personenwagen, der uns zum Bahnhof bringen sollte. An der Altenhagener Brücke versuchte es Buschmann noch einmal: „Sagst du jetzt, wo die Sachen sind?“ „Nein!“ antwortete ich.

Darauf versuchte er von seinem Sitz aus, mir eine Ohrfeige zu geben, was aber nicht ganz gelang. Am Bahnhof wurde ich wieder in die Mitte genommen: „Verbrecher gehören in die Mitte“, meinte Buschmann. So gelangte ich in die Polizeiwache am Bahnhof. Dort saßen schon seit einiger Zeit Dieter und Hubert. Als Hubert aus der Schule kam, fand er die Geheimpolizisten mit Dieter zu Hause vor. Seine Briefe konnte er jedoch noch rechtzeitig in Sicherheit bringen.

Hubert, der sich mit dem Führer der illegalen Pfarrjugend – H. Keseberg – schrieb, wusste bereits seit einigen Tagen, dass dieser schon vier Wochen im Gefängnis sei. Infolgedessen war er etwas vorsichtiger als wir und hatte wenigstens Liederbücher und Liederblätter in eine alte Schulmappe gesteckt, wo sie von der Gestapo nicht gefunden wurden.

Wir fuhren dann zum Sitz der Hagener Gestapo zur Prentzelstraße. Miteinander sprechen konnten wir nicht. Nach einigen Minuten ging es wieder in Richtung Dortmund. Wir freuten uns, dass wir zusammen waren. Nach einigen Versuchen konnte Hubert seinen Vergrößerungsapparat unbrauchbar machen. In Dortmund-Hörde machten wir Halt bei dem dortigen Gestapo-Gebäude. Wir mussten unsere Sachen in den dritten Stock tragen. In dem Raum saß eine Revolverschnauze im wahrsten Sinne des Wortes. Man sah ihm seine Gehässigkeit gegen alles Katholische schon am Gesicht an. Seine Weisheit musste er selbstverständlich auch an uns auslassen: „Eh, du Bürschchen, du hast wohl die HJ nur als Tarnung benutzt, was?“ Hubert, an den diese Worte gerichtet waren, lehnte eine solche Gesinnung ganz entrüstet ab. „Ihr Verbrecher wollt wohl ins KZ, was?“ Hubert lächelte ihn nur mitleidig an. Das brachte ihn und auch Buschmann in Erregung. Buschmann schrie ihn an: „Das Lachen wird dir noch vergehen, Wichtmann, das kann ich dir sagen.“

Dann meinte er, er könne sich freuen, auf so billige Weise noch einen Fotoapparat erhalten zu haben. Dann versuchte Buschmann den Vergrößerungsapparat zu ergründen, was ihm aber nicht gelang. Hubert sollte ihm helfen. Hubert stellte aber nur sachlich fest, dass bei dem Transport anscheinend etwas kaputtgegangen sein müsse.

Anschließend fuhren wir zur Steinstraße, in der das Polizeigefängnis liegt. In diesem Gebäude kamen wir zuerst an einer Wache vorbei, dann über einen Hof, in dem wir schon die vergitterten Fenster sahen, endlich gelangten wir wieder zu einer Wache, bei der wir unsere Personalien angeben mussten. Unser Geld, das Koppel, Messer, Uhren und Bindfäden mussten wir abgeben. Als wir aus diesem Raum heraustraten, standen wir im Innern des Gefängnisses. Auf dem schmalen Gang standen außer uns noch eine Reihe anderer Leute, zum Teil mit dem Gesicht zur Wand gerichtet. Neben anderen waren einige da mit einem Gesicht, wie man sich gewöhnlich einen richtigen Verbrecher vorstellt. Dieter und ich standen nur so weit auseinander, dass wir uns, als Buschmann einen Augenblick nicht da war, eben darüber klar werden konnten, was wir zu sagen hatten. Da ja nun alles verloren schien und alle schriftlichen Belege in Händen der Gestapo waren, wollten wir – soweit nötig – die Wahrheit sagen. Es war sechs Uhr. Gerade wurde das Abendessen ausgetragen. Buschmann ließ auch uns drei Portionen bringen. Jeder kriegte einen Picknapf mit einer sog. Suppe, in der ein undefinierbares Etwas wie Fäden herumschwirrte. Dabei gab es eine Schnitte trockenes Brot. Wir stellten unsern Napf auf das Geländer und begannen zu essen.

In diesem Augenblick kam Buschmann wieder und sah Hubert so dastehen. „Mensch, Wichtmann, was habe ich Dir gesagt? Zur Wand hin sollt ihr stehen! Los! Wichtmann, komm mal hierher! Was, du grinst wohl auch noch? Los, Mensch, die Treppen rauf!“ Hubert raste die Treppen rauf. Er war noch nicht beim ersten Stock, da schrie Buschmann hinter ihm her: „Das geht aber schneller, Wichtmann, das schwöre ich dir aber in die Hand. Was? Du ruhst dich wohl da oben aus, was? Los, Tempo, Tempo, schneller, Wichtmann!“

Unterdessen war Hubert oben gewesen und sprang nun die Treppen in gewaltigen Sätzen hinunter. Als er gerade unten war, schrie Buschmann ihn wieder an: „Los, noch einmal rauf, du fauler Hund, aber schneller, sage ich dir, schneller!“ Hubert keuchte die Treppen wieder hinauf, von Buschmann dauernd angefeuert: „Los, Tempo, schneller!“

Als Hubert dreimal rauf- und runtergelaufen war, waren Buschmanns Gelüste anscheinend befriedigt. Jedenfalls verzog er sich in ein Zimmer. Der Reihe nach mussten wir reinkommen. Wieder mussten wir unsere Personalien angeben. Dann fragte er: „Wann bist du geboren?“ – „31. 1. 1926“. – „So, das kann ich dir sagen, deinen Geburtstag kannst du dann hier verleben.“

Dann wurden wir nacheinander eingeschlossen. Jeder kam in eine Einzelzelle. Wo der andere war, wussten wir nicht. Ich kam in Zelle 20. Ein brummiger Wärter schloss eine schwere Eisentür ohne Klinke auf. Es war ziemlich dunkel in dem Raum. Kaum war ich durch die Tür, da drehte sich der Schlüssel hinter mir herum.

Donnerstag, den 4. Dezember 1941

Um sechs Uhr war Wecken. Bis sieben Uhr hatte man Zeit zum Aufstehen und Waschen. Im Bett liegen bleiben durfte man nicht. Noch war die Heizung kalt. Mit der einzigen Wolldecke versuchte ich mich vor dem Frieren zu schützen. Was wird man mit uns machen? Wie werden sich unsere Eltern damit abfinden, vor allem unsere Mütter? Wird man auch denen, die uns in der Gruppe nahegestanden hatten, Schwierigkeiten bereiten? Werden wir heute verhört? Kommen wir wohl ins Konzentrationslager? Oder wann werden wir entlassen? Hat man auch andere Gruppen erwischt? Welche? Werden auch unsere Eltern wegen Beihilfe bestraft?

Das alles sind quälende Fragen, die wir wohl alle uns stellten, ohne sie beantworten zu können. Wir können nichts machen als abwarten und uns bemühen, nicht ins Grübeln zu kommen. Unwillkürlich begann jeder von uns zu singen und leise Lieder zu pfeifen.

Um sieben Uhr gab es Frühstück: Schwarzen Kaffee und zwei trockene Kniften, die mit großem Hunger gegessen wurden.

Nach etwa einer Stunde mussten wir unsere Zellen fegen, den Locus sauber machen und Wasser holen, was als Abwechslung sehr begrüßt wurde, wenn auch der Wärter – Iwan der Schreckliche – uns anbrüllte und zur Eile antrieb.

Als es hell wurde, wurde es langsam warm in der Zelle. Was sollten wir bis mittags machen? Alle möglichen Sorten von Beschäftigungen wurden im Haus betrieben. Über mir lief jemand den ganzen Morgen durch die Zelle: fünf Schritt hin, fünf Schritt zurück. Eine Zeitlang konnte auch mich diese Beschäftigung befriedigen.

Als es hell geworden war, fand ich eine Hausordnung und einen Tagesplan. Sofort begann ich, beides auswendig zu lernen. Andere Beschäftigungen waren Gymnastik, Händewaschen und zeitweise auch das Gebet.

Um 12 Uhr war Mittagessen, es gab eine wässrige Kappes-Suppe. Nachmittags nahmen wir die Beschäftigungen vom Morgen wieder auf. So verbrachten wir den Tag. Immer wieder stand auch die quälende Frage vor uns, was man mit unseren Eltern machen würde. Abends sechs Uhr gab es Abendessen. Schwarzen Kaffee und zwei Schnitten Brot mit Leberwurst.

Von Buschmann hörten wir den ganzen Tag nichts. Dann legten wir uns hin. Als Ruhe im Haus war, hörte man leise „Wenn der Abendwind weht“ ... Erst pfiff einer, allmählich schienen mehrere mitzusingen. Fast eine Viertelstunde hörten wir unsere Lieder.

Genauso vergingen die nächsten Tage. Die Behandlung war menschlich. Neue Beschäftigungen fanden wir keine mehr. Zum Glück hatte ich einen Bleistift. Auf einem Zettel konnte ich so jeden Tag verzeichnen. Ab und zu schrie Buschmann durch den Bau. Einmal musste auch Dieter zu ihm. Hubert und ich wurden in Ruhe gelassen. Mittlerweile hatten wir festgestellt, dass außer uns noch andere Jugendbewegte in Haft sind.

Während wir in Dortmund nicht wissen, was in Hagen geschieht, ereignet sich dort Folgendes:

Am 4. 12. 1941 wird bei uns Haussuchung gehalten, nachdem kurz vorher meine Mutter alle Unterlagen verbrannt hat. Nur die Burghefte, den Vervielfältigungsapparat und die Schreibmaschine mussten der Gestapo überlassen werden. Zwei Stunden dauerte die Haussuchung. Das Gruppenbanner mussten Büenfelds am gleichen Tage zur Prentzelstraße bringen.

Am 6. 12. fuhren Bernd und W.B. nach Hamm, um die NDer dort zu warnen. Sie mussten feststellen, dass sie zu spät kamen. Am vorhergehenden Tage waren Günter Beckmann, Max Seewald und Bernhard Heimann verhaftet worden. Stinnes kam am 6. in Urlaub. Auf einem Treffen, bei dem auch Philo und Herbert Mandel aus Hamm anwesend waren, wurde einstimmig die Weiterführung der Gruppe beschlossen. Allerdings riet Stinnes zu äußerster Vorsicht. Philo war für rücksichtsloseres Vorgehen.

8. Dezember 1941

Morgens vergaß man, nach dem Essenfassen meine Zelle wieder zuzuschließen. Nun wusste ich bestimmt, dass Dieter in Zelle 23 lag. Ich konnte alle, die auf meiner Etage lagen, auf ihrem Gang zum Essenholen beobachten. Max Seewald lag in Zelle 28, also musste auch Hamm aufgefallen sein. Außerdem lagen auf Zelle 17 etwa 15 Jungen, von denen ich annehmen musste, dass sie Jungen der Pfarrjugend seien.

Günter Beckmann und Bernhard Heimann mussten zum Verhör kommen. Alle drei Hammeraner lagen mit anderen Leuten – z.T. Ausländer und Gewohnheitsverbrechern – zusammen. Abends machten die Jungen auf der Stube 17 Schinkenkloppen.

9. Dezember 1941

Kurz vor Mittag bekamen wir etwas Wäsche, ein paar Butterbrote und ein Buch von unseren Eltern. Für diesen Tag war die Langeweile verschwunden.

In den Ausdrücken der Sprache der Gefängnisbeamten sind wir jetzt eingeweiht. „Beckmann, 60, Aufschluss." Zelle 60 liegt ganz oben. Schon hören wir jemand die Treppe herunterlaufen. Unten schreit Buschmann mal wieder. Auch Günter Beckmann hat das Vergnügen, die Treppe rauf- und runterzulaufen, Dann hört man lange nichts. Endlich ruft Buschmann: „Einschluss 60." Wir wissen, das Verhör ist zu Ende. Da Buschmann nicht aufpasst, geht Günter ziemlich langsam. Max, Dieter und ich pfeifen, als er vorbei kommt: „Die Gedanken sind frei." Hubert hat sich krank gemeldet, um wenigstens täglich dreimal die Zelle verlassen zu können.

Bis zum 13. geschieht nichts Besonderes. Mein Buch lese ich nun schon zum dritten Mal. Als Abwechslung spiele ich auf meinem Tisch mit Papierschnitzeln Schach. Hubert betreibt Hygiene: Seine Fingernägel befinden sich in einem nie geahnten sauberen Zustand, und seine Füße erfreuen sich einer täglichen eingehenden Pflege. Max pfeift den ganzen Tag und kriegt Krach mit Iwan dem Schrecklichen. Seine Abwechslung besteht darin, dass er zum Vorsteher, einem Polizeileutnant, befohlen wird und anschließend von Buschmann die Treppe raufgeschickt wird.

Seit einigen Tagen wird niemand mehr verhört. Wann werden wir verhört und entlassen? Oder kommen wir ins KZ?

Am 13. bekamen wir wieder Wäsche, Butterbrote und ein Buch.

Am 16. wurden wir morgens sieben Uhr zu Buschmann gerufen. Wir sahen, dass außer uns sechs NDern noch S.Wagner aus Olpe in Dortmund saß. Wir durften uns alle nebeneinander stellen, sprechen sollten wir nicht. Buschmann konnte es aber doch nicht ganz verhindern. Er fragte uns, ob wir schon nach Hause geschrieben hätten. Alle verneinten. Alle hatten gefragt, es war ihnen aber immer abgelehnt worden. Buschmann gab jedem eine Karte, dann wurden wir wieder eingeschlossen.

Bis zum 19. geschah nichts Besonderes. Am Nachmittag dieses Tages konnten alle über 14 Tage im Gefängnis Wohnenden kurz baden. Da Dieters und meine Zelle ziemlich nah zusammenlagen, hatten wir das Glück, zusammen heruntergeführt zu werden. Das war der Hauptgrund, weshalb wir badeten. Jetzt hörte ich, wie Dieters Zelle aufgeschlossen wurde: „Wie lange hier?"... Dieters Antwort verstand ich nicht. Kurz darauf vernahm ich seine Schritte vor meiner Zelle.

Da ging auch meine Tür auf: „Wie lange hier?" – „16 Tage" – „Los runter!" Kaum hatte ich die ersten Stufen hinter mir, schrie Iwan der Schreckliche schon durch das ganze Haus: „Seid ihr noch nicht hier?" Mittlerweile waren einige andere aus den nächsten Zellen ebenfalls auf der Treppe. Wir liefen die übrigen Stufen hinunter. „Los, los seid ihr noch nicht ausgezogen?" Richtig, Dieter stand auch da und zog sich gerade aus. Schnell stellte ich mich neben ihn. Er beeilte sich nicht beim Auskleiden. Zwar fing Iwan mehrmals an zu meckern, aber endlich waren wir beide gleichzeitig fertig. Wir kamen unter die gleiche Brause. Zuerst war das Wasser eiskalt. Plötzlich wurde es ohne Übergang sehr heiß. Da – Iwan schrie im Treppenhaus. Hastig erzählte Dieter, was er bei der Vernehmung in Bezug auf andere Gruppen und die Zahl der Liederblätter gesagt hatte. Danach könne ich dann meine Aussagen orientieren. Dieter sprach noch, als Iwan zurückkam. Er musste Dieter wohl sprechen gesehen haben. Wütend riss er uns auseinander: „Verflucht, ihr sollt nicht sprechen!" Dann mussten wir uns alle an einem großen, nassen Handtuch abtrocknen. Da kamen wir wieder zusammen. Als Iwan uns auch hier in regem Gespräch gesehen hatte, zerrte er Dieter ans andere Ende des Handtuchs. Halb nass kamen wir wieder oben an. Der Spaß hatte mit An- uns Ausziehen höchstens fünf Minuten gedauert.

20. Dezember 1941

Morgens wurde Hubert zu Buschmann gerufen. Bald darauf auch alle anderen. Als wir vollzählig waren, sagte Buschmann sehr freundlich: „Ich habe euren Eltern versprochen, ich würde euch bis Weihnachten entlassen. Heute morgen wollte ich den Wichtmann, den ihr bisher als euren Kameraden bezeichnet habt, vernehmen. Und stellt euch vor, dieser Wichtmann macht mir Schwierigkeiten. Dadurch wird das gesamte Ergebnis der Ermittlung in Frage gestellt. Es ist mir unter diesen Umständen nicht möglich, euch zu entlassen. Also, es ist nicht meine Schuld, wenn ich euch nicht freigeben kann. Ich arbeite von morgens bis abends, damit ihr wieder frei kommt, und dieser, euer sogenannter Kamerad, will, dass ihr länger bleibt. Sagt mir doch, was soll ich tun?"

Hubert hatte während dieser Zeit etwas abseits gestanden. Jetzt schrie Buschmann ihn an: „Los, rauf, Einschluss!"

Freundlich wandte er sich dann wieder zu uns: „Ihr wisst also, dass nicht ich die Schuld trage, wenn ihr Weihnachten nicht entlassen werdet, sondern allein euer Kamerad Wichtmann. Sagt mir, was soll ich machen?" Bernhard Heimann meinte, er solle uns doch auch so entlassen. Buschmann wollte aber nicht. Dann fragte er, wer von uns noch nicht verhört worden sei. Ich war der einzige, der diese Abwechslung des alltäglichen Lebens noch nicht gehabt hatte. Alle anderen wurden wieder eingeschlossen, ich durfte mich im Vernehmungszimmer ihm gegenüber hinsetzen. Buschmann rauchte während des Verhörs sehr stark. Er tippte selbst. Was mir sofort auffiel, war die Tatsache, dass auch Siegen aufgefallen sein musste. Auf einem Karton stand nämlich „Bottländer, Siegen." Nach den Personalien folgte zuerst meine bisherige politische Tätigkeit in der HJ. Dann kam „Zur Sache". Über meine Tätigkeit in der Gruppe und im Bund brauchte ich fast nichts zu sagen. Buschmann sagte mir die Sätze, die er schreiben wollte, vor, ich musste nur bejahen. Der Name „Gerd Stenner" kam dauernd vor. Dann wollte er wissen, welche Sachen ich bei mir zu Hause gehabt hätte. Da ich ja nicht wissen konnte, dass diese Sachen bereits vernichtet waren, musste ich auch die Predigtabschriften des Bischofs von Münster angeben, sowie, daß ich sie abgetippt hatte. Ich gab drei Kopien an, die ich an Dieter, Hubert und Fusel gegeben hatte. Im Anschluss hieran stellte Buschmann einige Fragen, „Kennst du die Nürnberger Gesetze?" – „Nein" – „Würdest du, wenn ein Jude dein Pfarrer wäre, bei ihm beichten?" – Ich erwiderte, dass ein solcher Fall infolge des Reichskonkordates, das ja heute noch bestehe, gar nicht vorkommen könne. „Oder besteht das Konkordat nicht mehr?" fragte ich ihn. „Die Zeiten haben sich geändert", sagte er und lenkte rasch auf ein anderes Gebiet ab und wollte wissen, wenn nun dieser Fall vorkommen würde, was ich machen würde. Ich antwortete, dass ich dann unter Umständen auch bei einem Juden beichten würde. In das Protokoll nahm er auf: „Ich achte die Gesetze des Staates, fühle mich aber auch an die Gebote der Kirche gebunden."

Dann wollte er wissen, wie ich mich bei einem Kampfe zwischen Nationalsozialismus und Katholizismus verhalten würde. Meine Antwort: „Ich würde so handeln, wie mein Gewissen es mir vorschreibt!" galt bei ihm nicht, er fragte weiter: „Also würdest du als Katholik handeln?", worauf meine Antwort nur lauten konnte: „Ja, ich würde als Katholik handeln."

Mit einer kurzen Unterbrechung hatte das Verhör vier Stunden gedauert. Nachmittags wurde Dieter vernommen. Buschmann bot ihm Plätzchen an und sagte dann in Dieters Gegenwart zu einem anderen Beamten, dass wir doch am Dienstag entlassen würden.

Wichtmann war auf Zelle 28 verlegt worden. Als er die Namen der Gruppenangehörigen nicht sagen wollte, gab man ihm zwei Ohrfeigen. Am Nachmittag sah er dann ein, daß es zwecklos war, die Namen zu verschweigen. Abends musste Dieter mit Hubert Keseberg, dem Führer der illegalen Pfarrjugend, der schon sieben Wochen in Dortmund war, unser Gruppenalbum nummerieren. Jede Person auf den Bildern musste mit einer Nummer versehen werden. Schon eine Stunde hörte ich Hubertus Keseberg tippen und Dieter eintönig seine Nummern angeben: 121, 3 ... Gerd Stenner, 121,4 ... usw.

Plötzlich, der Wärter scheint gerade nicht da zu sein, klopft Dieter an meine Zellentür: „Jochen." – „Dieter." – „Gibt es was Besonderes?" fragte er mich. Ich klärte ihn darüber auf, was ich gesagt hatte, vor allem, dass er und Hubert von mir eine Kopie des Clemens-August-Briefes erhalten hatten. Dieter sagte, er habe angegeben, er habe den Bischofsbrief anonym zugeschickt erhalten. Diese Aussage werde er dann eben revidieren. Von mir aus sprang er eben zu Hubertus Zelle, die auch auf unserer Etage lag, und teilte ihm das Entsprechende mit.

21. Dezember 1941

Am folgenden Tage, einem Sonntag, wurden Dieter und Hubert noch einmal verhört. Abends hatten Dieter und ich das unverhoffte Glück, beim Wasserholen kurz miteinander sprechen zu können. Dieter sagte, wir würden doch am Dienstag entlassen.

22. Dezember 1941

Montags geschah nichts Besonderes.

23. Dezember 1941

Dienstag morgens rief uns Buschmann wieder herunter. Jeder musste angeben, was er an Fahrtensachen hatte: Affen, Zeltbahn, Brotbeutel, Kochgeschirr, Fahrtenmesser,

Klampfe usw. Dann wurden wir wieder eingeschlossen. Kurz vor Mittag dieses 23. Dezember rief Buschmann alle NDer und Sturmschärler (Illegale Pfarrjugend) zu sich. Wir waren 33 Jungen. Zuerst erhielten wir unser Koppel, Geld, Messer usw. wieder zurück. Nach unserem Abschiedsessen – heute war wieder Möhren- und Steckrübensuppe an der Reihe – hielt Buschmann die Abschiedsrede. Während wir rings um ihn auf dem Gang standen, hatte er die ersten Stufen erklommen und hielt mit einer Zigarette in der Hand eine Rede. Zuerst eröffnete er uns, was uns verboten sei: Messedienen, zur Pfarrjugend gehen, bis die Sache endgültig entschieden sei, mit Leuten aus der Gruppe verkehren – allerdings machte er da die Ausnahme, dass wir dann weiterhin zusammensein dürften, wenn man in der Gruppe einen Freund habe. Ausdrücklich erlaubte er uns das Beichten und den Besuch der Sonntagsmesse. Selbstverständlich durften wir auch hier nicht über das sprechen, was seit dem Tage unserer Einlieferung geschehen war.

Dann gab er der Hoffnung Ausdruck, dass wir uns bemühten, nicht nur alles einseitig von der Kirche aus zu sehen, sondern zu einer Haltung zu kommen, die auch der Staat anerkennen könne. Wir sollten in der HJ mitarbeiten, die große Zeit, in der wir leben, erfordere die Mitarbeit von allen. Jedenfalls hoffe er, dass wir unsere Sonderbündelei nunmehr aufgäben, andernfalls würde er sich persönlich angegriffen fühlen. Dann würde er entsprechend schärfer durchgreifen.

Dann mussten wir unterschreiben, dass wir über das belehrt worden waren, was er uns gesagt hatte. Anschließend wurden wir entlassen.

Im Zuge überlegten wir, ob und wie wir die Gruppe weitermachen könnten. Wir kamen aber zu keinem Ergebnis, da wir die Haltung der Eltern zu dieser Frage nicht kannten.

Um Vikar Bartels und den Pastor warnen zu lassen, ging ich kurz bei Cramers vorbei. Grade fand dort ein Treffen statt, an dem die meisten Älteren teilnahmen, so konnte ich mich sofort etwas über die Stimmung unterrichten lassen, die besser war, als wir zuerst angenommen hatten.

Gespräch mit Erzbischof Dr. J. J. Degenhardt über seine Erfahrungen als Mitglied der Hagener ND-Gruppe am 5. 11. 1993

Themen: Illegalität/1941 Bischofsweihe/Verhaftungen/Folgen

Das Gespräch fand im Rahmen der Mitgliederversammlung des Fördervereins in Hardehausen statt. 19.00–21.00 Uhr

D. war 1938 12 Jahre alt. Er kam um diese Zeit in den ND, war vorher Jungschar-Mitglied gewesen. Das Spannende an der damaligen Arbeit waren für ihn neben dem üblichen Gruppenerlebnis sicher die Umstände der Jugendarbeit, die mehr im Verborgenen stattfinden musste. So wurden sie nach den Gruppenabenden oft durch die Hintertür des Heimes wieder hinausgelassen. Im Übrigen war die Jugendarbeit damals eindeutig orientiert an der bündischen Jugendarbeit mit Fahrt und Lager. Der Unterschied zu heute ist bestimmt darin zu sehen, dass die damalige Jugendarbeit in einer Gemeinschaft stattfand, die keine Kritik an der katholischen Kirche übte. Der kirchliche Lebensvollzug hatte etwas Selbstverständliches. Die Mitgliedschaft für alle Mädchen und Jungen in der HJ war Pflicht. Sie wurden dann jeweils am 20. April des Jahres zu „Führers Geburtstag" in die HJ, in das „Jungvolk" aufgenommen. So ist auch D. seit 1936 Mitglied der HJ gewesen, hat dann aber eine Art Doppelmitgliedschaft gelebt, zum einen in der HJ, zum anderen im ND. Fahrt und Lager im ND waren insofern noch möglich, als es ein Haus in Dortmund gab, das Haus Ende, zu dem sie mit der

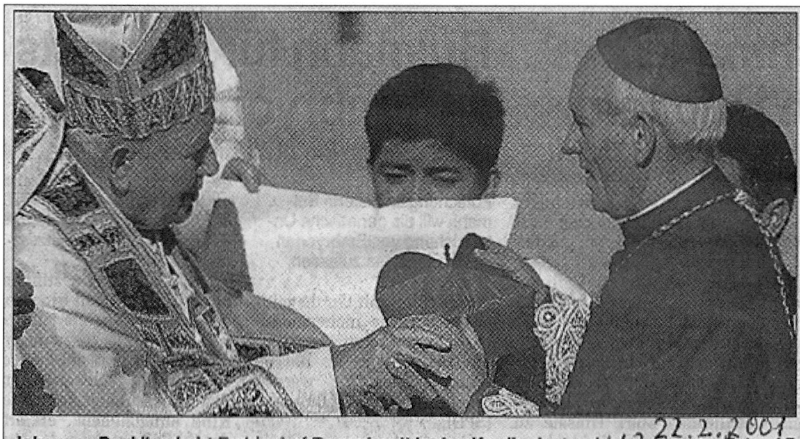

Johannes Paul II. erhebt Erzbischof Degenhardt in den Kardinalsstand. WP 22.2.2001 Foto: AP

44 Kardinäle ernannt

Rom. (dpa) Papst Johannes Paul II. hat in Rom 44 Geistliche zu Kardinälen erhoben, darunter auch Erzbischof Degenhardt und Bischof Lehmann. Bewegt, aber gefasst schritten die neuen Purpurträger auf das Kirchenoberhaupt zu und knieten sich vor ihm nieder. Fast 50 000 Menschen nahmen am größten Konsistorium der Kirchengeschichte teil.

□ Berichte siehe Kultur

Wunderbare Signale aus dem Vatikan

NRW-Ministerpräsident Clement in Rom

Rom. (dpa) NRW-Ministerpräsident Wolfgang Clement (SPD) sieht die neuen Kardinals-Ernennungen als Zeichen der Erneuerung der Kirche.

„Das sind wunderbare Signale", sagte Clement in Rom. Es seien „Zeichen der Bewegung in der Kirche, in den christlichen Kirchen, und die sind ermutigend".

Besonders freue er sich über die Ernennung von Karl Lehmann und Johannes Joachim Degenhardt. „Die Ernennung Lehmanns ist eine Bestätigung seines Kurses und seiner Bemühungen, die Position der katholischen Kirche in einem hoch entwickelten Land wie Deutschland zu bestimmen."

Ministerpräsident Clement verwies auch auf den „unglaublich beeindruckenden und konsequenten Lebensweg" Degenhardts. Dieser sei im Alter von 15 Jahren wegen seines Eintretens für die Kirche von der Gestapo verhaftet worden. „Er ist seitdem einen sehr beeindruckenden Weg gegangen." Clement sagte, er freue sich, dass Nordrhein-Westfalen nun zwei Kardinäle habe.

NRW-Ministerpräsident Wolfgang Clement

Straßenbahn fahren konnten, was ja nicht so auffiel. Sie durften aber nicht ihren „Affen" benutzen, sondern mussten ihre Sachen und mitzubringende Lebensmittel, das was sie für das Wochenende brauchten, unter den Mantel oder in einfachen Taschen verstauen.

Die Familie von D. war gegen Hitler eingestellt, das war keine Frage. Allerdings hat sich damals die Gegnerschaft weniger in offenem Widerstand, sondern in kleinen symbolischen Zeichen dokumentiert. Indem man eben nicht „Heil Hitler" sagte oder indem man den Handgruß variierte, war schon klar, dass man eine andere Meinung ausdrücken wollte. „Wir wussten als Kinder um die Illegalität, das hat sich uns schon früh eingeprägt. Erkennbar an der Diktatur waren auch für einen Jungen damals schon die Infiltration in der Schule, der Zwang, die Juden-Diskriminierung; die Lieder, die die HJ-Jungen sangen, waren von der Ideologie durchdrungen; der Führerkult war erkennbar bis unten hin. Das Bewusstsein derjenigen, die noch auf Fahrt gingen in den bereits verbotenen Jugendgruppen, war schon von Illegalität geprägt."

Hinweis von Willi Kleine-Büning an dieser Stelle: Wir gingen oft auf „Nachtfahrt", weil es tagsüber zu gefährlich war, und trafen uns dann sternfahrtenmäßig in Hohensyburg oder woanders. Wir haben dann leise im Wald unsere Lieder gesungen. Texte gehört, gebetet. Der Gruppenführer hatte Tee mitgebracht, der die Runde machte. Von dort ging es dann wieder zu Fuß zurück. Dann trafen wir uns alle wieder in der Frühmesse um 6.00 Uhr, waren natürlich unausgeschlafen, hatten die ganze Nacht verbracht, und uns fielen die Augen zu, aber es war ein tolles Gemeinschaftserlebnis gewesen. Unsere Eltern kapierten nicht genau, was da alles lief, aber sie haben uns großes Vertrauen entgegengebracht, und manchmal war es ja auch ganz gut, dass sie nicht wussten, was da lief. Wir wussten genau um das Verbot, und als es dann immer weiterging auch im Krieg, hatten wir das Gefühl, so, das wird es bleiben, die Nazis werden den Krieg gewinnen und wir werden in einer Art Katakomben-Kirche weitermachen.

Augustinus Reineke wies auf seine eigene Geschichte hin: Er war 1933 Diakon und wurde 1934 zum Priester geweiht, im selben Weihejahrgang mit Christoph („Ysop") Allroggen. Aus seiner Sicht des Jugendseelsorgers sei zu vermerken, dass die damaligen Jugendlichen die Zeit doch sehr intensiv erlebt haben, noch heute erhält er Besuch von über 70-Jährigen, die damals in der Jugendarbeit in Werl, wo er als Vikar war, mitgemacht hatten. Es habe Singekreise, Vespern, Gebete und Treffen in der Paderborner Bartholomäus-Kapelle gegeben; und das Neue für viele war sicher auch, dass nun Mädchen und Jungen gemeinsam an diesen Gebeten teilnahmen.

Hans Werneke erzählt zur Doppelmitgliedschaft in der Katholischen Jugend und der HJ, dass er als Mitglied einer Dortmunder Arbeiterfamilie und einer Arbeitergemeinde sowohl im Jungvolk als auch in der Sturmschar gewesen sei. Mit der HJ sei das dann immer so ein Problem gewesen; in den ersten Jahren konnte er sich herausreden, dass seine kinderreichen Eltern für ein Braunhemd kein Geld hätten, später wurde ihm dann aber eines geschenkt.

Ulrich Wagener berichtet von der Siegener ND-Gruppe, die sich bis 1943/44 immer noch heimlich getroffen habe. Eltern hätten absolutes Vertrauen gehabt.

Hinweis von Hans Mönig: Als dann die Jugend in den Krieg musste, haben die Mädchen die Briefe abgeschrieben.

Leopold Müller: Man hat sich auch nachts getroffen und Briefe an Freunde im Feld auf Holzrahmen geschrieben und vervielfältigt.

1941 war D. 15 Jahre alt und Fähnleinführer im ND. Man wusste, dass die Bischofsweihe in Paderborn stattfand, und wollte auch hinfahren. Man hatte Anschriften von Familien erhalten, wo man bleiben und übernachten konnte. So traf man sich dann also am Vorabend der Weihe an der Busdorfkirche auf dem Vorplatz, es war dunkel, es brannte kein Licht, es war etwas unheimlich, man wurde in den großen Saal des Mutterhauses der Vinzentinerinnen, den diese zur Verfügung gestellte hatten, eingelassen. Man sang gemeinsam abends die Komplet.

Zwischenbemerkung von Augustinus Reineke: „Die Jugend hatte dem Bischof den Ring geschenkt; es war etwas Aufregendes für uns, auch deswegen, weil ja einer ‚von uns', also ein Jugendbewegter, Bischof geworden war, Jaeger war ja Kaplan des ND in Herne gewesen. Nun gestattete das Domkapitel nicht, dass wir uns zu einer Vesper im

Dom treffen konnten, aber Rintelen besorgte uns damals die Marktkirche, und wir waren darüber froh, weil wir feststellten, da waren nicht nur ein paar Hundert gekommen, sonder ein paar Tausend. Nun, sie passten auch nicht alle in die Marktkirche hinein, und viele standen draußen. Jedenfalls war die Gestapo anwesend."

Zwischenbemerkung von Hans Brohl: „Ich erinnere mich auch, daß wir dort in Paderborn alle unsere Banner mit hatten und am Nachmittag dann auch ausgepackt haben, als es zur Vesper ging. Wir hatten die Banner unterwegs doch unter unserer Kleidung um den Bauch gebunden, damit niemand was bemerkte. Und das war den Nazis ja auch aufgefallen und sie haben sich bestimmt gewundert, dass noch so viele Jugendliche engagiert waren. Da zwischen Jugendlichen aus verschiedenen Orten, hier aus Siegen, mit den Hagenern Briefkontakte bestanden, bekamen die Nazis über diese Kontaktadresse von Jugendlichen heraus, dass auch in Hagen noch eine ND-Gruppe existiert und machten sich auf, um Näheres herauszufinden."

D. erläutert den Vorgang seiner Verhaftung nur kurz und weist auf die Darstellung in dem Buch von Reineke hin. Er kam jedenfalls am 3. 12. 1941 in Einzelhaft in die Zelle 23 (?) in der Steinwache. Seine Freunde waren schon in einer Gemeinschaftszelle untergebracht, er konnte sie manchmal hören. Diese ersten Wochen in Einzelhaft waren nicht so leicht. Er hatte auch Angst. Einer der Gestapo-Männer, Buschmann, hatte gesagt: „Deinen nächsten Geburtstag kannst du im KZ feiern."

Er hatte nichts zu lesen, bis auf die „Hausordnung", die da lag und die er dann in seiner Not auswendig lernte. Später konnten seine Eltern ihn besuchen und brachten ihm Lesestoff mit: Karl May. Es wurde nach dem Priester gefragt, der dahinter stünde, und D. antwortete wahrheitsgemäß, dass da niemand sei. A. Agethen war damals der Jugendvikar, aber in der Regel hatten sie sich ja auch allein getroffen. Schließlich wurde er wieder entlassen, als er aber zur Schule kam, bekam er am 23. 3. 1942 einen Schulverweis, weil er ja aus „politischer Unzuverlässigkeit und wegen illegalen Aufbaus von gegnerischen Organisationen" aus der Hitlerjugend ausgeschlossen worden war. Es war dann klar: Keine höhere Schule würde ihn dann aufnehmen, wenn er nicht mehr Mitglied der HJ war. Eine Lehrstelle zu bekommen war zu dieser Zeit allgemein schwierig; er konnte aber in einer Zuckermaschinenfabrik unterkommen und machte da die Ausbildung eines Bürokaufmanns. Dort hat er Schreibmaschine schreiben gelernt, er kann es bis heute. Der Rechtsanwalt, den er fragte, riet ihm, nach einem Jahr einen Antrag einzureichen, in die HJ aufgenommen zu werden. Das sei für alles Weitere eine wichtige Voraussetzung. Er wurde dann dazu von einem Oberrichter in Bochum einen Tag lang vernommen und schließlich zu Führers Geburtstag am 20. 4. 1943 wieder in die HJ aufgenommen. Dieser Bescheid kam vom Schulkollegium Münster. Er sollte eine Klasse tiefer eingestuft werden. Nun war ja Kriegszeit, und seine Mitschüler waren bereits Luftwaffenhelfer geworden. Darum war er schließlich nur noch einige wenige Wochen in der Schule, bekam dann nach dem Krieg den „Reifevermerk" nach Teilnahme an einem Kriegsteilnehmerkurs und hatte schließlich nach 6 Wochen das Abitur geschafft.

Zur Jugendarbeit nach dem Vorfall: Sicher hat man sich trotzdem weiter getroffen. Er erinnert sich z.B. an eine Fahrt 1943 im Sommer. Luxemburg war ja zu deutschem Staatsgebiet erklärt worden, und darum gab es keine Kontrollen an den Grenzen. Sie machten sich also in Untergruppen auf, stellten sich alle paar Meter weiter an der Straße auf und reisten per Anhalter dann nach Luxemburg, um dort ein Lager zu machen. Sie hatten Glück, denn es war nicht ungefährlich. Der Lastwagenfahrer, der sie alle der Reihe nach aufsammelte, fragte schließlich: „Wie viele kommen denn noch?" Die Eltern haben von diesen Unternehmungen nichts mehr gewusst. Das war viel zu gefährlich. Zu weiteren Folgen sagt D., diese Vorgänge und seine Jugendarbeit im ND hätten ihn sicherlich motiviert, Priester zu werden.

f. d. Protokoll Bernadette Grawe, 12. 11. 1993, Dokumentationsstelle für kirchliche Jugendarbeit/BDKJ, Jugendhaus Hardehausen, 34414 Warburg, Tel. 0 56 42/60 09 34,

Begrüßung des neuen Kardinals durch Theodor Köhren, einem Mitstreiter aus der ehemaligen Bündischen Jugend, am 14. Oktober 2001 in der Kirche Degenhardts, St. Liborio in Rom. Foro: B. Sommer, Brilon

siehe auch Dokumente, Seite 424

v.l. Paul Tigges, Günter Beckmann, Hubert Wichtmann, Karl Ebert, beim Treffen in Arnsberg am 27. 11. 2000

Hubert Wichtmann

geb. 1924 in Deutmecke Kreis Olpe, Schüler in Haft 3. 12. bis 23. 12. 1941 vom Gymnasium in Hagen verwiesen lebt in Tönisvorst bei Krefeld als Dr. und Diplom-Landwirt

den 24. 5. 2000

Lieber Herr Föster,

ganz herzlichen Dank für Ihren Brief vom 22. 5. und die Beilagen mit den interessanten Berichten über Ereignisse in der Vergangenheit, deren Wirkung – zu meinem großen Erstaunen – bis noch in die Gegenwart hineinreicht. Manche Dinge habe ich jetzt erst – also fast 60 Jahre später – erst richtig verstanden und erst heute für mein Leben richtig bewerten können. Eigentlich kann ich mich nur wundern über meine Unfähigkeit, die Ereignisse von damals sofort oder zumindest etwas schneller zu kapieren und Konsequenzen zu ziehen.

Da ist z. B. die Angst, die damals ständig gegenwärtig war und unser Leben bedrückte und alles überschattete, was uns auch immer bewegte. Oder war es bei Ihnen nicht so? Wenn ich an unsere Gruppentreffen denke, an unsere Fahrten nach Münster, nach Bonn, an das Zeltlager am Edersee, an Geländespiele und Nachtmärsche, an die Schule oder an die Vernehmung durch die Kriminalpolizei Hagen wegen eines Geländespiels im Stadtwald, bei dem wir dem Förster aufgefallen waren, in meiner Erinnerung ist eines immer gegenwärtig: die Angst.

Hubert Wichtmann, l., und Paul Schlinkert, r., Freunde aus der Steinwache, vor dem Altenberger Dom am 18. 7. 2000. Bild rechts: der Altenberger Dom.

Und am 3. Dezember 1941 geschah das Wunder, dass die Angst wegging. Es war der Moment, als ich aus der Schule zurückkam und zu Hause von der Gestapo begrüßt wurde: „Weißt Du, was mit dir passiert? Du kommst ins KZ!", stellte sich Herr Buschmann vor. Dann kam das erste Verhör, die Suche nach den Gruppenakten, die ich unauffindbar gut versteckt hielt, die Konfiszierung meiner Photoausrüstung, meines Rucksackes, der Klampfe und der Vervielfältigungsgeräte, die Fahrt zur Polizeiwache nach Hagen, wo dann auch Jochen Degenhardt dazu kam, dann die Fahrt nach Dortmund und drei Wochen „Schutzhaft" in der Steinstraße. Es kam so vieles, aber eines kam nicht mehr: die Angst! Sie kam auch nicht wieder, als ich von dem Herrn Daniels wegen meiner Weigerung im Verhör geschlagen wurde und er mit der Folter drohte. Sie war einfach weg, nicht mehr da. Das war eine richtige Befreiung, denke ich heute, und das war auch der Grund, dass ich die drei Wochen Haft in so angenehmer Erinnerung habe. Vielleicht waren wir nicht gerade so happy wie Paulus und Silas damals im Gefängnis auf ihrer Missionsreise, aber ich denke, es war ähnlich. Tagsüber haben wir in den Zellen unsere alten Fahrtenlieder geflötet und hatten so Kontakt miteinander, auch wenn wir uns sonst nicht sahen. Bis uns das leider verboten wurde.

Dieses Wunder von damals habe ich erst nach dem Lesen Ihrer Berichte richtig verstanden und Gott meinen Dank dafür erst reichlich verspätet abstatten können. Aber auch Ihnen herzlichen Dank für Ihre Hilfe, das Versäumte nachzuholen.

Der weitere Verlauf der Geschichte ist wohl weniger rühmlich für uns. Wir haben zwar alle dieses große Wunder erlebt, aber das hat uns damals nicht daran gehindert, diesem Vertreter des Antichrist mit Einsatz des eigenen Lebens an den Fronten des Krieges zu dienen. Und viele haben in eben diesem Dienst ihr Leben verloren.

Doch das ist ja nicht das letzte Ende der Geschichte. Offensichtlich wirkt Gott noch weiter durch das, was Er uns damals hat durchmachen lassen. Auch darüber freue ich mich sehr und würde gern bei Ihrem – oder besser unserem – nächsten Treffen dabei sein, wenn ich eben kann. Vielleicht können Sie mich telephonisch kurz informieren?

In herzlicher Verbundenheit und mit vielen Grüßen

Ihr

Hubert Wichtmann

Hubert Wichtmann

Hamm

Günter Beckmann*

geb. 1923, Schüler
in Haft Anfang Dezember bis 23. 12. 1941
von der Oberschule verwiesen
Oberstudienrat in Arnsberg
gest. 6. 6. 2001

Günter Beckmann wohnt in dem ältesten Privathaus von Arnsberg gleich neben dem Glockenturm. Eine Fachwerkinschrift am Giebel gibt die Jahreszahl 1601 an. Er hat die untere Etage für seine 6-köpfige Familie von der adeligen Besitzerin gemietet. Wir sitzen in einem schlossartigen Raum, tiefe Fensternischen, hohe Balkendecke, Kamin und Dielenboden, altertümliche Türen und Wandschränke mit Messingschlössern. Die Wände voller Bücherregale, Bücher auch im Nebenzimmer, dessen Tür offen steht. Blumen und Bilder verraten Geschmack. Der hoch gewachsene Oberstudienrat, ein sportlicher Typ, Jahrgang 1923, unterrichtet die Fächer Deutsch, Geschichte und kath. Religion. Nachdem ich mich vorgestellt habe, erkläre ich mein Anliegen. G. Beckmann wundert sich, dass jemand nach 40 Jahren an den Ereignissen von 1941 interessiert ist. Bisher habe niemand danach gefragt. Schließlich beginnt er zu berichten: „Wir hatten in Hamm eine sehr rührige ND-Gruppe. Auch nach unseren Verhaftungen 1941 ist sie von den Jüngeren bis 1945 weitergeführt worden. Ich wurde schon 1934 als Sextaner Mitglied und war 1941 Gauführer. Zu unserem Gau gehörten als letzte lebendige Zellen Hamm, Hagen und Siegen. Wir führten Heimabende durch, machten Fahrten und Zeltlager, nahmen an Gottesdiensten oder Exerzitien teil. Wir setzten sogar mehrseitige Informationsschriften auf, die die Jungen mit nach Hause nahmen. Als die Älteren Soldat wurden oder studierten, kamen sie während der Semesterferien oder des Urlaubs

* *Bericht ist entnommen aus „Jugendjahre unter Hitler“*

Vor der Steinwache v. l. Maria Wildenhues, Günter Beckmann, Hubert Wichtmann, Heinrich Wildenhues

immer noch zu uns, darunter auch mein Bruder, der Theologie studierte. Meine Eltern – der Vater war Sekretär an der Bahn – wussten um unser Tun, haben es gebilligt und voll gedeckt. Mein Vater wurde wegen des Einspruchs gegen die Gemeinschaftsschule strafversetzt. Von geistlicher Seite hat man uns verschiedentlich gewarnt, so z. B. geschah dies durch den Diözesanjugendseelsorger Reineke, wir sollten den Verein auflösen, da er ja seit 1937 verboten war. Wir kümmerten uns aber nicht darum. Ein Bauer im Münsterland stellte seinen alten Grachtenhof für unsere heimlichen Treffen zur Verfügung. Er machte uns Mut und sagte: „Jungens, haltet den Nacken steif!" Ein ungutes Gefühl bekam ich, als wir am 19. Oktober 1941 mit der Bahn zur Bischofsweihe nach Paderborn fuhren. Wir hatten mit etwa 50 Jungen ein ganzes Abteil besetzt. Wir waren übermütig, lachten und sangen unsere Lieder. In einer Ecke saß ein Soldat und beobachtete uns. Schließlich wollte er wissen, welche Liederbücher wir benutzten. Wir haben darauf nicht reagiert. In Paderborn kamen wir in einen riesigen Menschenauflauf. Nach der Bischofsweihe im Dom wurde die Kutsche mit Lorenz Jaeger von den Jugendlichen umringt, bejubelt und zum bischöflichen Palais begleitet. Einer war auf das Dach der Kutsche gestiegen und hielt die PX-Fahne hoch. Plötzlich stellte sich uns eine Polizeikette untergehakt entgegen. Wir durchbrachen sie, so dass einige Polizisten zu Boden stürzten, und liefen weiter. Am Nachmittag fand die Veranstaltung mit der Jugend an der Marktkirche statt. An die Reden und Predigten kann ich mich nicht mehr erinnern. Aber wir haben geklatscht und gejubelt, was bis dahin in der Kirche nicht üblich war. Hinterher trafen wir noch einmal auf den Soldaten aus dem Zuge. Er wollte wieder wissen, welches Singebuch wir benutzten. Wir nannten ihm ein Liederbuch der HJ und ließen ihn stehen.

In den folgenden Wochen habe ich mich auf eine eventuelle Hausdurchsuchung vorbereitet. Von den anderen Gruppen in Attendorn, Menden oder Altenhundem haben wir nichts gewusst. Irgendwie hatte ich das Gefühl, dass was passieren könnte. Ich packte alles, was verdächtig sein konnte, in eine große Kiste, Abzeichen, Tagebücher, Liederbücher, Berichte und Informationen, Fotoalben mit ausführlicher Beschreibung der Fahrten und obendrauf den Wimpel. Die Kiste versteckte ich auf dem Dachboden in einem Zwischenraum zwischen Wand und Dachsparren. Einige Tage später kamen mir Bedenken, ob das Versteck sicher genug war. Ich fand in der Schule einen Mitschüler – wir NDer waren alle am gleichen Gymnasium –, der eine Großmutter auf einem Bauernhof hatte. Er versprach mir, die Kiste mit dem Fahrrad dorthin zu bringen. Ich holte die Kiste aus dem Versteck und wartete, dass er sie abholte. Es dauerte ein paar Tage, ich musste ihn nochmals mahnen, da standen mittags nach der Schule schon zwei Gestapoleute vor der Tür, in ihren langen braunen Ledermänteln sahen sie aus wie Kleiderschränke. Sie durchsuchten das Wohnzimmer, nahmen sogar Romane und Reiseberichte an sich, auf dem Klavier fanden sie unter Notenbüchern einen Packen Galenbriefe, dann wollten sie mein Schlafzimmer und den Dachboden sehen. Als wir nach oben kamen, stand die Kiste mitten auf dem Boden. Sie gingen darum herum und suchten in den Ecken, fanden aber nicht, was sie suchten. Schließlich standen sie neben der Kiste und überlegten; plötzlich bückte sich der eine und schlug den Deckel auf. Da hatten sie alles, was sie suchten. Ich durfte ihnen die Kiste zum Auto tragen, wo mich schon ein anderer NDer erwartete, der jetzt Pfarrer ist. Nachher kam noch ein dritter hinzu. Dieser ist gefallen. Als wir aus dem Hause gingen, „trösteten" die Gestapoleute meine aufgeregte Mutter, es dauere nur ein paar Tage.

Wir waren drei Wochen in Dortmund, in überfüllten Zellen, jeder vom anderen getrennt. Ich bin dreimal verhört worden. Sie suchten vor allem die Hintermänner, die Geistlichen, die uns angestiftet hätten. Das hätten wir ja nicht aus eigenem Antrieb getan. Aber es war eine reine Jugendsache. Soviel ich weiß, ist nachher kein Geistlicher deswegen verhaftet worden. In der Zelle erzählten einige aus dem KZ, wie es dort

Günter Beckmann mit Eltern und Geschwistern, 2. v. l. Neben ihm sein Bruder Karl-Heinz, der 1941 in Russland gefallen ist.

zuging, dass die Wachleute die Häftlinge zur Arbeit antrieben und schikanierten, dass sie sich z.B. mit vollbeladener Schubkarre im Laufschritt bewegen mussten. Aber von Gaskammern habe ich nichts gehört. Ich hatte mich schon darauf eingestellt, dass ich im KZ landen könnte.

Während wir verhaftet waren, hatten sich die Hammer Mütter mit den Müttern aus Hagen getroffen und beraten, was sie unternehmen sollten. Soviel ich weiß, sind sie zum Erzbischof gefahren oder haben ihm einen Brief geschrieben. Ob was dabei herausgekommen ist, weiß ich nicht. Sicher, ein Bischof konnte im Umgang mit den Nazis nicht auf den Tisch hauen. Er hatte auf vieles Rücksicht zu nehmen. Was war für die Gestapo schon ein Bischof. Meine Mutter ist sogar bis zur Gestapostelle in Dortmund vorgedrungen und hat die Herausgabe der Jungen verlangt. Voller Zorn hat sie den Gestapoleuten das Mutterkreuz auf den Tisch geworfen, das könnten sie behalten, sie lege keinen Wert mehr darauf. Aber das hat auch nichts genützt. Besonders schwer traf meine Eltern einige Tage später die Nachricht, dass mein älterer Bruder gefallen ist.

Mit 14-tägiger Verspätung durfte ich nach den Weihnachtsferien wieder zur Schule gehen. Ich besuchte die Oberprima und stand vor dem Abitur. Einen Tag vor der mündlichen Prüfung – die schriftlichen hatten wir schon geschrieben – wurde ich vom Hausmeister aus der Klasse zum Direktor geholt. Dieser verkündete mir, dass ich durch die Anordnung der Schulbehörde ab sofort von der Schule entlassen sei, und händigte mir ein Abgangszeugnis aus. Auf dem Zeugnis stand, dass ich das Gymnasium verlasse, um einen Beruf zu ergreifen. Ich wurde kurz danach eingezogen und bekam erst nach dem Krieg nachträglich das Abitur zugesprochen.

Während G. Beckmann erzählt, höre ich von weitem Geigentöne. Kurz darauf tritt ein 11-jähriges Mädchen mit dem Geigenkasten ins Zimmer und begrüßt mich. Sie ist die jüngste von vier Töchtern. Inzwischen ist es 12 Uhr geworden. Frau Beckmann kommt herein und lädt mich zum Mittagessen ein. Ich bleibe bis zum frühen Nachmittag. Wir haben uns noch viel zu erzählen, finden viele Berührungspunkte und Gemeinsamkeiten, besonders dadurch, dass G. Beckmann wie ich an einem katholischen Privatgymnasium unterrichtete.

Bernhard Heimann

geb. 1923, Schüler
in Haft Anfang Dezember bis 23. 12. 1941
vom Gymnasium verwiesen
lebt heute als Pfarrer i. R.
in Blankenrode b. Warburg

Fünf ehemalige Häftlinge vor der Steinwache: von links Paul Schlinkert, Walter Bigge, Bernhard Heimann, Günter Beckmann, Hubert Wichtmann

Pfarrer Bernhard Heimann berichtet bei dem Treffen vom 26. 10. 2000 in der Dortmunder Steinwache:

Das Schlimmste war für mich nicht die Zelle, sondern was hinterher an der Schule geschah. Ich war Schüler am Staatlichen Gymnasium in Hamm, eine Schule, die traditionsgemäß evangelisch geprägt war und ihre Herkunft auf die preußischen Kurfürsten zurückführte. Den humanen Direktor hatte man vorher abgelöst. An seine Stelle war ein überzeugter Nazianhänger getreten. Als ich aus der Haft zurückkam, schikanierte er mich regelrecht vor den Mitschülern als unerwünschtes Element und schickte mich, bevor ich von der Schule verwiesen wurde, jeden Tag von der Schule nach Hause, ohne dass ich am Unterricht teilnehmen durfte. Dieser Direktor war bei der Schulbehörde in Münster der eigentliche Antreiber für unseren Verweis vom Gymnasium.

Eines Abends wurde ich von Mitschülern im Dunkeln auf der Straße zusammengeschlagen und verlor das Bewusstsein. Als ich wieder zu mir kam, reinigte ich mich ein wenig und ging nach Hause. Einen ausführlichen Bericht darüber habe ich Dr. Saal in Dortmund zugeschickt. Er war in einer Kommission des Erzbistums Paderborn beteiligt, deren Mitglieder die Geschehnisse im Erzbistum während der NS-Zeit aufarbeiten sollten. Ich habe aber nie wieder etwas darüber gehört. Bei unserer Sache hatte der Episkopat keine Ahnung davon, was los war.

Bernhard Heinemann als Junge (vorn 2. v. r.) bei einem ND-Treffen 1940 in einem Lager bei Hirschberg (Arnsberger Wald). Zwischen Jugendlichen aus Hagen, Siegen und Hamm.

Als Soldat

Grußwort zur Gedächtnisveranstaltung am 23. 12. 2001 in Attendorn

B. Heimann 33165 Lichtenau-Blankenrode, Schulkamp 1, 13. 11. 2001

Liebe Freunde der ehemaligen Katholisch-Bündischen Jugend, liebe Anwesende!

Da ich leider an dieser Feier nicht teilnehmen kann, möchte ich als Vertreter des damaligen Bundes Neudeutschland der Gruppe Hamm Sie alle heute Morgen auf das herzlichste begrüßen.

Nach 60 Jahren ist es heute wohl das erste Mal, dass wir in diesem Rahmen einer feierlichen hl. Messe der Lebenden und Verstorbenen unserer früheren Gemeinschaft in Dankbarkeit und Treue gedenken.

Dankbar wollen wir allen sein, die mit uns das Banner des Katholischen Glaubens und der Freiheit in schwerer Zeit hochgehalten haben und die dafür mancherlei Opfer gebracht haben. Der Vater im Himmel und die Mutter des Herrn mögen sie alle segnen.

So wollen wir alle gemeinsam auch in Zukunft in unverbrüchlicher Treue zu unseren alten und bewährten Zielen stehen: Treue zu unserem Volk und Vaterland; Treue auch zu unserer heiligen Katholischen Kirche. Sie hat uns Kraft und Mut in Not und Verfolgung gegeben.

Und das damalige Treuebekenntnis gilt damals wie heute unbeirrt:

Das ist das Banner, das ich auserkoren; Ich lass es nicht, Gott sei's geschworen.

Mit aufrichtigem Gruß und priesterlichem Segen Ihnen allen verbunden

Ihr Bernh. Heimann, Pfr.

Max-Hermann Seewald

geb. 1925, Schüler
in Haft Anfang Dezember bis 23. 12. 1941
vom Gymnasium verwiesen
vermisst Januar 1945 im Weichselbogen

„Wenn alle untreu werden, dann bleiben wir doch treu ..." war eines der Lieblingslieder meines Bruders Max-Hermann.

Auf seiner Bude in unserem Elternhaus saß Maxe, wie ihn seine Freunde und Bundesbrüder nannten, oft mit den treugebliebenen Hammer NDern zusammen, und ich hörte die schönen Fahrtenlieder, von ihm auf der Klampfe begleitet.

Ich wollte schrecklich gerne mit dabei sein, war aber 1941 gerade erst neun Jahre alt, und Mutter ließ mich nicht. „Nein, lass ihn mir, den will ich nicht auch noch verlieren!" hörte ich sie immer wieder nach den Ereignissen im Dezember jenes Jahres sagen, wenn Maxe mich unbedingt mitnehmen wollte. Ahnte sie, dass ihr Ältester nicht mehr lange zu leben hatte? Im Januar 1945 verlor er sein viel zu junges Leben.

Was besitze ich von ihm außer Erinnerungen an den bewunderten großen Bruder? Eine Reihe Fotos, einen Fahrtenschwimmerausweis des Zwölfjährigen, einen Grabstein auf unserer Familiengruft des Hammer Ostfriedhofs ...

Und eine große Anzahl Briefe, vor allem an seine Mutter, sowie viele dichterische Texte, darunter einen längeren, „Mein Vermächtnis an euch." Ich wollte, er hätte es erlebt, was er in den letzten Zeilen für sich und seine Freunde ersehnte:

„Einst werden unsere Feuer wieder brennen,
dann werden wir wieder singen die Nächte hindurch.
Der Flackerschein des Feuers wird auf unseren Zelten
liegen ... Und das Land wird frei sein ... f r e i ..."

Hans Seewald, Dezember 2001

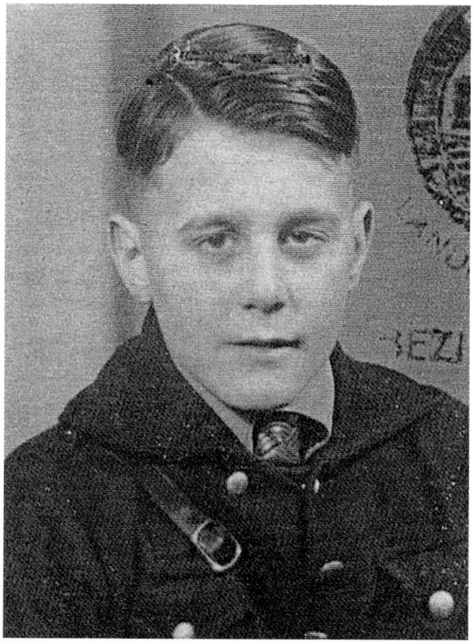

Max-Hermann als „Pimpf" im Jungvolk ca. 1937. Passfoto aus seinem DLRG-Ausweis.

Max-Hermann als Kommunionkind mit Schwester Gerda, ca. 1933.

Die Verhaftung von Max Seewald

Seine Mutter erinnerte sich später noch sehr genau an den Ablauf der Verhaftung ihres Sohnes: Zwei Herren in schwarzen Ledermänteln erscheinen auf der Widumstraße und brauchen sich gar nicht erst vorzustellen. Mutter weiß sofort Bescheid, fühlt sich jedoch zunächst irritiert durch die ausgesprochene Höflichkeit der beiden. Das gehörte zur Methode. Brutal wurden solche Typen erst, wenn sie ihr wehrloses Opfer unbeobachtet in die Zange nehmen konnten. Jetzt aber bitten sie höflich, Max-Hermann sprechen zu dürfen, und begrüßen ihn dann als den „Gaugrafen des Gaues Rote Erde", also mit neudeutschem Vokabular, über das sie gut informiert scheinen. Max-Hermann stellt sich dumm, als wisse er nicht, wovon man hier redet. Die beiden lachen gutmütig wie über einen guten Witz, den der Junge da macht, und bitten dann um Einsichtnahme in dessen Papiere, Schubladen, also sein Zimmer. Mutter weiß, was ihr Sohn so alles an brisantem Schrifttum gehortet hat, und in ihrer Not verfällt sie auf den Trick, beim Griff der beiden nach einem Schränkchen oder einer Schublade immer mal wieder einzuwerfen: „Das gehört unserer Tochter", worauf die beiden sich höflich entschuldigen und ihre Hände zurückziehen. Sie werden auch ohne dies reichlich fündig. Max-Hermann muss die beschlagnahmten Skripten und Bücher selbst in den Pkw tragen, der vor dem Haus hält und sich langsam füllt. Es gelingt ihm aber, in einem unbeobachteten Moment, sein Adressenverzeichnis unters Bett zu werfen, wo es Mutter später beim Putzen findet. Seine geliebte Klampfe zerschmettert er noch schnell am Treppengeländer. Die sollten sie nicht auch noch bekommen, zumal sie bereits ein Auge darauf geworfen hatten.

Man verabschiedet sich, weiterhin mit ausgesuchter Höflichkeit; aber verlogen: Max-Hermann müsse zwar mitkommen, wäre jedoch in ein paar Stunden wieder zurück. Daraus wurden aber dann drei Wochen im Dezember 1941.

Vater fuhr mehrmals zum Dortmunder Polizeigefängnis an der Steinwache, um seinen Sohn vielleicht sprechen oder wenigstens sehen zu können, doch immer vergebens. Am schlimmsten war es, als Mutter kurz vor Heiligabend ein paar Weihnachtsgeschenke für ihren Sohn zusammenstellte und Vater dann das Paket aus Dortmund wieder mit zurückbrachte. Die Jungen durften keine Pakete empfangen. Mutter, die ohnehin leicht in Panik geriet, brach zusammen. Zum ersten Mal Weihnachten ohne ihren Ältesten, der dazu noch im Gefängnis saß und nicht einmal die Weihnachtsgeschenke erhielt. Es muss entsetzlich gewesen sein. Doch dann kam er selber – einen Tag vor Heiligabend. Aber wie!

Über die Steinwache berichtet Max-Hermanns Freund Josef Görres, „Philo“, der selbst ein gutes Jahr später dort einsaß. Erst Jahrzehnte später findet er Worte für seine Erlebnisse und berichtet dabei auch über sein Verhältnis zu Max-Hermann und dessen Zustand nach seiner Entlassung.

Bericht des Bruders mit Schreiben vom 10. 10. 2001

Gedichte von Max-Hermann Seewald

Traget Schwerter verborgen ...

Traget Schwerter verborgen unter euren Gewändern,
und lasst sie nicht sichtbar werden.
Wartet! Schon reifen die Tage, schon schwillt die Klage
des Volkes zum Schrei, in allen Gesichtern steht Flut,
groß und bedeutend, und mit den harten Zeichen
des Schicksals gezogen.
Wartet! Und traget den singenden Stahl in eurem
federnden Schritt.
Weit holt aus, schreitet mächtig auf den Straßen im Land.

1. 4. 1943

Dies ist das Land ...

Dies ist das Land,
das tausendfach Bilder und Wünsche umspannt,
dies sind die Berge,
die wachsen wie wachende Träume am Horizont.
Dies ist der Himmel,
der leuchtet aus aller Unendlichkeit,
voll von dem Fieber, das Sehnsucht heißt.
Dies sind die ringenden Ströme,
im Weltall verrauschend,
nun sich erhebend
und wieder da seiend
in jedem Regen, der kommt.
Dies sind die Wälder,
die stumm sind und weit
und dunkel zur Nacht.
Dies sind die Tiere,
die lauschend die dämmrigen Wiesen betreten,
in Frühe und Zwielicht,
zu Tau und Tag.

Dies sind die Steine, die einfachhin dauern
und immer sind, immer wie Schwere und Fall
und wie das stemmende Blut unsrer Adern.
Drüben ist das Land.
Aber Land unter schwefligen Schwaden,
Land aus dem Glück seiner Scholle gebrochen,
Land aus der Frucht seiner Äcker gehoben,
Land, dem der Erbe fehlt,
der es bebaut.
Sind so nicht die haltlosen Städte?
Urwuchs ist ihnen fremd und belanglos.
Hart ist der Boden, entgrundet, entrechtet.
Eng sind die Städte
und eng sind Herz und Gebärde der Menschen,
ausgehöhlt, fransig und unbewegt.
Wo ist das Land, das wählt,
das ersteht, das bekennt und nicht fürchtet?
Den Sommer kennt, den Wuchs der Blumen und Bäume,
den Winter, den Frühling mit aller Lust
und den Herbst mit der Ernte?
O saget mir, saget!
Dies ist das Land, aber wie find ich zu ihm?

10. 6. 1943

Sommerabend

Am Abend, wenn die Glocken Frieden läuten,
wenn die Nebel überm Flussbett langsam steigen,
wird's so eigen
dir ums Herz, so eigen.

Sanfte Wehmut lautlos klagt, zu weiten
Dir die Dürre, starre Seele,
dass sie wähle
blaue Veilchen, wähle.

Zeitlose Mädchen leise durch die Haine gleiten,
weckend atmend sel'ge Trauer,
nächt`ge Schauer
kehren ein, Abendschauer.

Wolken ziehn gleich blüh'nden Heiden,
violett und weich am Himmelszelt.
In der Welt
wird's finster, stirbt die Welt?

Wir müssen demütig werden

Wir müssen demütig werden,
im Abend bei seinen Herden
sitzt der alte Hirte und sinnt.

Er fühlt vor den Alltagssorgen
sich wunderbar geborgen
am Feuer, im Abend, im Wind.

Ist keiner, der von den vielen
sein Leben will mit ihm spielen,
ist keiner, der ihn kennt.

Sein Glück in der Nacht beim Hunde,
des Tags die Schafe, die Stunde,
da der Himmel im Morgen brennt.

Er geht über nasse Felder
im Tau, im Schnee durch die Wälder,
er ist ein erfreutes Kind.

Wir müssen demütig werden!
Im Abend bei seinen Herden
sitzt der alte Hirte und sinnt.

29. 8. 1943

Gast

Ich kam am Abend,
als ich an dieses helle Haus getreten,
nun sitz ich am Giebelfenster,
vor mir ein Tisch mit weißem Tuch,
durchwebt von bunten Streifen;
ein Geruch von frischem Linnen,
dort in der Ecke mein schwerer Rucksack,
den ich am Tag durch stille Täler getragen,
seitwärts eine Schüssel mit frischem Wasser,
ein Stück wohlriechender Seife, ein Handtuch,
alles mit Sorgfalt und Liebe bereitet
dem fremden, müden Wanderer,
den das schwarzweiße Fachwerk
des freundlichen Hauses an diese Tür gelenkt,
wo liebende Menschen er trifft.
Unter meinen Händen ein helles Buch,
das ich aus dem Regal gezogen.

Ich schaue vom hohen Fenster
über das friedliche Dorf im Tal, das sich zur Nacht bereitet hat,
die Straßen liegen zufrieden und schlafen schon fest,
auf den Bergen ruht das letzte Licht dieses gewesenen Tages,
selbst der Bach möchte Ruhe finden;
doch murmelt er fort die ganze Nacht.

Von unten dringt gedämpftes Stöhnen
einer Stubentür, die Stiege knarrt,
neben meinem Zimmer öffnet sich die Tür
und gleitet behutsam wieder ins Schloss.
Eine Uhr wird aufgedreht,
Ruhe.

Ich spüre, wie das Haus schläft,
in das ich eingedrungen bin,
ein fremder, ein verstaubter Wanderer.
Das Licht auf den Bergen ist verschwunden,
nur schwach noch sehe ich ihre Gestalt;
Vom Nachbarhaus hallen schlürfende Schritte,
ich schließe das Fenster, in der Stube ist es finster.
Unter knisterndem Leinen im breiten Bett
fühl ich mich wohl, die müden Füße ruhn;
hier bin ich Gast.

Wir Toten

Wir werden immer um euch sein
wie Wald und Wind.
Die Nacht hüllt uns in Schweigen ein,
und doch ist keiner ganz allein,
weil wir noch sind.

Wir raunen schon seit Ewigkeit
in Berg und Bach
und lösen lindernd euer Leid. –
Wenn ihr auch wund und müde seid:
wir bleiben wach.

Dass wir durch euer Dasein gehen,
vergesst es nicht.
Wenn uns die Augen auch nicht sehen:
Wir werden immer um euch stehen.
Wir sind Gericht!

Erlebnis des Krieges

Die klare Mitte, die uns hält,
wird plötzlich Strom und Straße.
Wir sind aus der begrenzten Welt
jäh in ein Unendliches gestellt
und ahnen neue Maße.

Noch fassen unsere Sinne kaum
die unbekannten Feuer.
Wir leben zwischen Tag und Traum,
nun suchen unsere Seelen Raum
für diese Abenteuer.

Vielleicht, dass sich ein Sturm erhebt
aus firnbekränzten Fernen,
wo man das Leben anders lebt,
und dass nun unser Dasein schwebt
wie zwischen fremden Sternen?

Über die Tapferkeit

Du trägst den Stahl in den geballten Händen,
die tagszuvor noch Knabenhände waren.
Nun gingst du plötzlich fort aus diesen Jahren,
in eine Welt von Kampf und Blut und Bränden.

Du möchtest deinen jungen Mut verschwenden
und ihn nicht länger still in dir bewahren.
Doch deine Klarheit kennt auch die Gefahren,
und wenn es sein mußt, willst du tapfer enden.

Aber die Kräfte, die dir nicht entstammen,
werden dich stets an Licht und Dunkel binden.
Du gehst geklärt aus diesem Meer von Flammen,

wenn du auch meinst, den Weg nicht mehr zu finden:
denn Mut und Schwäche ruhen fest beisammen,
und tapfer sein heißt: „Ängste überwinden."

Fahrt an die Front

Ist Nacht, und dumpfes Rollen
von Rädern wiegt uns ein.
Die Heimat scheint verschollen.
Nur dunkle Dörfer wollen
ein letzter Abschied sein.

Und bleiben dann im Schweigen
der Finsternis zurück. -
Verworrne Bilder steigen
aus Wald und Traum und zeigen
mir ein entglittnes Glück. –

Die kaum verlernten Jahre
sind plötzlich weit und fern.
Ich weiß nur dies: Ich fahre ...
Doch vor mir steht das klare
Symbol: Der Morgenstern.

siehe auch Dokumente, Seite 434

Iserlohn

Karl-Heinz Fay

geboren 1923, Schlosser
in Haft November bis 23. 12. 1941
gefallen 1945

Marianne Fay

58636 Iserlohn, 24. 9. 01
Peterstr. 11

Sehr geehrter Herr Föster,

ich empfing Ihren Brief vom 16. 9. und bedanke mich für Ihren Einsatz und Ihre Bemühungen in dieser Sache.

Seinerzeit hat man den jungen Leuten Schweigepflicht auferlegt mit der Maßgabe zu sagen, dass man zur Kur gewesen wäre. Ich weiß soviel, dass mein Bruder 6 Wochen in U-Haft war, zuerst in einer Einzelzelle, dann in Sammel-Zellen.

Als Anlage sende ich Ihnen ein Foto und berichtige nachfolgend die Personalien.

Fay, Karl-Heinz, Brüderstr. 15, Iserlohn
gefallen 1945

Mit freundlichen Grüßen

Marianne Fay

Anlage

Lendringsen

Josef Lappe

geb. 1921, Handwerker
in Haft 9. 11. bis 23. 12. 1941
gest. 20. 7. 1943

Lendringsen

Lieber Herr Karl Föster!

Ich habe die Liste der Inhaftierten bekommen und bedanke mich dafür. Was soll ich über meinen Bruder Josef schreiben. Er ging ganz in der Jugendarbeit auf, das war sein Leben. Mein Bruder hat ein Tagebuch geführt, und ich werde Ihnen berichten, was er vor seiner Inhaftnahme geschrieben hat. Am Montag, den 17. 11. 1941, hat mein Bruder Folgendes in sein Tagebuch geschrieben: Gestern waren wir in Hemer. Wir sind Näheres gewahr geworden über die Attendorner. Da hat die Gestapo vier Mann nach Dortmund geholt. Man hat sie beim Heimabend ohne Geistlichkeit überrascht. Gott gebe ihnen Kraft und Mut und Ausdauer, damit sie nicht eine zu große Strafe bekommen. Wir lassen uns dadurch nicht abschrecken. Solange wir auf freien Füßen stehen, kämpfen wir für Christus und sein Reich. Drei Tage später erging es mir ebenso. Man holte mich mit drei weiteren Kameraden, darunter auch Walter Bigge aus Hemer, nach Herne ins Polizeigefängnis, und nach 10 Tagen Einzelhaft wurden wir nach Dortmund befördert. Vor Weihnachten machte man uns Hoffnung, dass wir Weihnachten in Freiheit sind. Gott sei Dank kam die ersehnte Stunde. Unbeschreiblich groß war die Freude, als ich am 23. Dez. abends zu Hause ankam. Da habe ich meine Mutter vor Freude weinen sehen, und ich war auch nicht weit davon. Meine Mutter hatte in den letzten Jahren allerhand durchgemacht. Gott wird es ihr vergelten und ihr einen ewigen Lohn im Himmel bereithalten. Ich war damals 14 Jahre alt und kann mich noch gut erinnern, dass mein Bruder sagte: und wenn sie mich nochmal einsperren, ich gebe nicht auf. Ein letztes Mal hat er am 9. 1. 1943 in sein Tagebuch geschrieben. Er schrieb: Ich will dieses Buch gut aufheben, es erinnert mich an frohe Zeiten der Jugend.

Mein Bruder war lungenkrank und ist am 20. Juli 1943 gestorben.

Viele Grüße Frau Maria Kather

Menden

Hugo Dümpelmann

geb. 1926 in Schwitten, Schüler
Okt./Nov. 1941 bei der Gestapo Dortmund einen Tag in Untersuchungshaft
am 23. 3. 1942 vom heutigen Walramgymnasium verwiesen, weil er Führer der ND-Gruppe war und an der Bischofsweihe teilgenommen hatte.
Gestorben 1946 in französischer Gefangenschaft

Hugo Dümpelmann – ein Mendener Schüler zur NS-Zeit
Von Nicole Sprenger und Christina Düser

Fünfzig Jahre nach Ende des 2. Weltkrieges befassen wir uns abermals mit dem Schicksal eines Mendeners, der in der Zeit des Nationalsozialismus Mut und Hoffnung auf eine bessere Zeit bewies.

Der 16-jährige Hugo Dümpelmann war Leiter einer katholischen Jugendgruppe, die dem „Bund Neudeutschland" angehörte. Gruppen dieser Art waren bereits seit 1937 verboten, da sich die Jugendlichen ausschließlich in nationalsozialistischen Organisationen (z.B. Hitler-Jugend) engagieren sollten. Das Verbot solcher katholischen Jugendverbände spiegelt die Situation der gesamten Institution Kirche wider. Die NSDAP forderte „(...) die Freiheit aller religiöser Bekenntnisse im Staat, soweit sie nicht dessen Bestand gefährden (...)" (aus dem Parteiprogramm der NSDAP vom 24. Februar 1920).

Das jedoch wurde von den bereits oben erwähnten ND-Gruppen nicht gewährleistet, da sie völlig andere Prioritäten setzten als die Hitler-Jugend. Während man bei den Nationalsozialisten die Begeisterung für den Führer an die oberste Stelle setzte, stand bei der ND-Gruppe die Natur als Gottes Schöpfung im Vordergrund. Der gravierende Unterschied lag in der Betrachtung des Mitmenschen, wobei die Hitler-Jugend anderen Völkern, insbesondere den Juden, Hass entgegenbrachte und die katholischen Organisationen jeden Menschen als Bruder ansahen und ihm somit Achtung erwiesen.

Erneute Aufmerksamkeit auf solche Verbindungen entstand, als am 18./19. Oktober 1941 5000 einheitlich auftretende Jugendliche bei der Weihe des neuen Bischofs von Paderborn erschienen. Aufgrund dessen begann die Gestapo Nachforschungen über offensichtlich bestehende ND-Gruppen in Deutschland anzustellen. Dabei wurde man auch auf Hugo Dümpelmanns geheime Treffs mit den Mitgliedern dieser Organisation aufmerksam. Unter größter Diskretion trafen sich Hugo und seine Freunde ein- bis dreimal die Woche im Meditationsraum des heutigen Walburgisgymnasiums. Neben den politischen Diskussionen unternahmen sie auch Fahrten ins nahegelegene Sauerland.

Trotz größter Vorsicht wurde Hugo Dümpelmann eines Abends zu einem Gestapo-Verhör in Dortmund-Hörde am anderen Morgen vorgeladen. Clemens Dümpelmann begleitete seinen Sohn, wurde jedoch an der Treppe zurückgeschickt. Als er seinen Sohn abends abholen wollte, wurde ihm mitgeteilt, das „missratene Früchtchen" sei längst auf dem Heimweg. Ungläubig wartete Clemens Dümpelmann weitere zwei Stunden, um seinen Sohn, blass und verschüchtert, nach 1 1/2 Stunden Verhör in Empfang zu nehmen. Das Verhör beinhaltete nicht nur verbale Grausamkeiten, sondern auch körperliche Misshandlungen, wie die Familie später anhand von Blutflecken in Hugos Wäsche vermuten konnte. Hugo selbst äußerte sich hierzu nie.

Dieses Verhör hatte zur Folge, dass Hugo kurze Zeit später von seiner Schule, dem heutigen Walramgymnasium, verwiesen wurde. Der Verweis erfolgte, obwohl sein Notendurchschnitt hervorragend war. Der „Ausleseerlass" verlangte jedoch nicht nur geistiges, charakterliches und körperliches, sondern auch völkisches Engagement. Als Leiter der ND-Gruppe galt Hugo Dümpelmann als „Volksschädling", was nicht nur den Schulverweis, sondern auch Konsequenzen für seine berufliche Zukunft zur Folge hatte. Jeder, der ihn in seinem Betrieb aufnahm, machte sich strafbar, wodurch Hugo nur zeitlich begrenzte Arbeiten auf sich nehmen konnte, wie beispielsweise die Tätigkeit als Gärtner des Lyzeums. Seine geistige Weiterbildung war damit allerdings nicht beendet, er erhielt Privatunterricht bei der Studienrätin Lünne aus Iserlohn. Dieser Nachhilfeunterricht erleichterte ihm den Wiedereinstieg in die Schule, welcher möglich wurde, als die Wehrmacht in eine militärische Zwangslage geriet. Dieser Missstand sorgte dafür, dass auch „Volksschädlinge" wieder für „wehrwürdig" erklärt wurden. Diese „Wehrwürdigkeit" beinhaltete die Wiederaufnahme in die Schule, welche jedoch nur mit einer Prüfung möglich war. Das stellte für Hugo Dümpelmann kein Problem dar, da er durch den privaten Nachhilfeunterricht gut vorbereitet war. Noch ehe Hugo sein Abitur ablegen konnte, wurde er als Helfer zur Luftwaffe nach Hagen gerufen.

Im weiteren Kriegsverlauf geriet er in französische Gefangenschaft, wo er 1946 an Tuberkulose starb.

Dem Erlass Nr. 175 zur Schülerauslese an Höheren Schulen fiel auch der Mendener Schüler Hugo Dümpelmann zum Opfer.

Man unterschied in körperliche, geistige, charakterliche und völkische Auslese. Der nationalsozialistische Staat hatte auch in den Schulen seine feste Verankerung gefunden.

Unterrichtsinhalte und besonders die Auswahl der Schüler wurden nach ideologischen, d.h. nationalsozialistischen Kriterien getroffen. Wer sich nicht unterwarf, ob Schüler oder Lehrer, musste die Schule verlassen bzw. den Dienst quittieren.

Unliebsame Schüler waren Jugendliche mit schweren Leiden, selbst Schüler, die im Sport keine guten Leistungen erbrachten, wurden durch den Verweis von der Schule bedroht.

Militärische Ideale wie „Kameradschaftsgeist" und „Zucht und Ordnung" dienten in der Schule der Vorbereitung der späteren militärischen Ausbildung.

Dieses Thema wurde bereits früher behandelt. Damals erstellte Dr. Adalbert Düllmann, Lehrer an der Gesamtschule Fröndenberg, eine Unterrichtsreihe hierzu, da er die Meinung vertrat, dass der Bezug zu diesem Thema durch das Beispiel des Mendener Schülers gewährleistet sei.

An dieser Stelle ein herzliches Dankeschön an Herrn Dr. Düllmann, der uns die notwendigen Materialien zur Verfügung stellte.

(entnommen aus der „Mendener Zeitung")

Karl Hoff

geb. 1924 in Olpe, Bürokaufmann
in Haft Mitte Nov. bis 23. 12. 1941
gestorben 1991 in Menden

Karl Hoff
von Franz Rose

Karl Hoff wurde am 11. 5. 1924 in Olpe geboren. Noch sehr jung starb sein Vater, und seine Mutter versorgte ihren Bruder, Vikar Franz Liebler.

Als Vikar Liebler im Mai 1935 nach Menden versetzt wurde, zog Frau Hoff mit ihren Kindern mit nach Menden, wo sie dann auch in der Vikarie Am Ostwall 20 wohnten. Karl hatte zwei Brüder und eine Schwester. Schon im Juli 1935 gab es einen Zusammenstoß beim Bischofsempfang zwischen der katholischen Jugend und der Hitlerjugend. In diesem Zusammenhang gab es Verhaftungen und Urteile (siehe später). Ob Karl hier auch beteiligt war, kann heute nicht mehr festgestellt werden. Erzählt hat er hierüber aber nichts. Auch ist nicht mehr festzustellen, ab wann Karl zum „Rest der katholischen Sturmschar" gestoßen ist. Auf jeden Fall war er im September 1940 deren „heimlicher Führer". In dieser Gruppe traf man sich wöchentlich und war nahezu auch an jedem Sonntag entweder zu Fuß oder mit dem Fahrrad unterwegs. Die wöchentlichen Treffs waren an unterschiedlichen Orten – mal in einer Waschküche eines Wohnhauses, in Küchen oder Kellerräumen – aber auch im katholischen Jugendheim auf der Wilhelmstraße (damals Straße der SA). Immer lagen eine Bibel und die vom

Generalpräses herausgegebenen Büchlein „Kirchengebet“ und „Kirchenlied“ auf dem Tisch. Es gab auch zu jeder Gruppenstunde eine kurze Bibellesung. Außer den Kirchenliedern wurden aber hauptsächlich „Fahrtenlieder und Wanderlieder“ gesungen. Es wurde dabei viel erzählt und auch gelacht. Für das Jahr 1942 hatte Karl schon einen „Arbeitsplan“ vorbereitet. Es sollte anhand des Epos „Dreizehnlinden“ von F.W. Weber die Christianisierung unserer Heimat erarbeitet werden. Mit Karl kam es aber nicht mehr dazu.

Sonntags trafen wir uns in der Regel kurz nach dem Mittagessen (wenn die kleine Unternehmung nicht schon morgens begonnen hatte – oder es sogar schon samstags los ging).Wir trafen uns außerhalb Mendens – denn jeder wusste, dass es uns außerhalb der Hitlerjugend bzw. des Jungvolks verboten war, zu wandern oder gar auf Fahrt zu gehen. Wir waren aber auch alle Mitglieder im SGV (Sauerländischer Gebirgsverein). Wohin die Fahrten gingen? Zur Sorpe oder auch Möhne; nach Kloster Brunnen oder auch bis ins Hochsauerland nach Winterberg oder Kloster Grafschaft. Unterwegs wurde ein Lagerplatz im Wald ausgesucht, auf dem wir lagern konnten und unsere Spiele machten. Es gab Ringkämpfe, Pferdekämpfe (dabei hatten zwei Jugendliche je einen anderen auf ihren Schultern und versuchten nun, sich gegenseitig abzuwerfen), Springen, Laufen und auch Werfen. Dabei war das Speerwerfen sehr beliebt. Dieser Speer war m.E. ein ehemaliger Schaft eines Wimpels. Es wurde aber auch in Sorpe oder Möhne geschwommen, wobei ebenfalls jugendliche Wettkämpfe ausgetragen wurden. Hin und wieder trafen wir uns mit anderen Jugendlichen aus Arnsberg, Attendorn oder auch anderen Orten des Sauerlandes. Bei Kloster Brunnen gab es damals einen landwirtschaftlichen Betrieb mit Gasthof.

Der Bauer ließ uns in seiner Scheune übernachten. Auch haben wir die Predigten des Bischofs von Münster abgeschrieben (die Älteren schrieben, wenn möglich, auf Wachsmatrizen, sonst auf dünnem Durchschlagpapier, wobei möglichst viele Kopien mittels Kohlepapier gemacht wurden). Diese Abschriften sandten wir an Soldaten aus Menden, wobei die Briefe in verschiedene Briefkästen geworfen wurden – von Lendringsen über Menden bis Boesperde und Halingen. Kopien dieser Predigten durften wir nicht behalten. Wir gaben diese an Karl zurück oder ein anderer Jugendfreund bekam diese.

Ab 1941 wurde in Menden auch die Karfreitagsprozession verboten (angeblich wegen der Gefahr bei Luftangriffen). Nach unserer damaligen Auffassung war diese Prozession ein Gelübde von 1685. Wir hatten ja alle das Heft hierüber von Studienrat Dortmann und Frau Maria Müller. So nahmen wir in der Nacht aus dem Vincenzturm das Kreuz, das in einem Matratzenbezug versteckt war, und zogen zum Berg. Unterwegs wurde leise gebetet (gemurmelt), und wenn der Berg nahezu erklommen war, gab es auch lautere Gebete. Wer von uns das Kreuz trug, sollte niemand wissen. Man konnte es nur ahnen, wenn einer von den Gruppenmitgliedern fehlte. So kam im Jahre 1941 die Bischofsweihe von Erzbischof Lorenz, dem späteren Kardinal. Vorher haben wir die Bedeutung der Bischofsweihe, das Amt des Bischofs usw. besprochen. Hier hatte Karl immer genügend Material beschafft. Am Vortage der Weihe fuhr Karl mit dem Zug nach Paderborn. Das Christusbanner (grün/weiß) war in Paderborn dabei. Von der Gruppe fuhren mehrere nach Paderborn – aber getrennt.

Weißer Sonntag 1933 in Olpe

Vikar Liebler, Frau Elisabeth Hoff, Familie Hans Langenbach (Maria geb. Liebler), Hans Josef, Willi, Rosemarie, Kommunionkind Karl, Herbert Langenbach.
Bemerkung: Der Vater war 1932 gestorben. Die Familie Hoff verzog mit dem geistlichen Onkel 1936 von Olpe nach Menden.

Über die Bischofsweihe in Paderborn schrieb damals Karl in seinem Tagebuch:

18./19. Okt. 1941

Bischofsweihe in Paderborn

Um 1/21 fuhr ich von Menden ab. In Unna schon war der ganze Zug voller Jungen, alles nach Paderborn. In Paderborn am Bahnhof stand alles voll Menschen, die alle zur Weihe kamen. Jungen in Fahrtenkluft. Mit Klampfe auf dem Buckel und Affen ging es durch die Stadt. Bald wie in alten Tagen. Auf zum Kolpinghaus. Am Abend war noch Einüben der Lieder für Gemeinschaftsmesse und Jugendfeier. Dann erklärte Vikar Reineke die Weihen und Würden des Bischofs. Anschließend wurden die Quartiere verteilt. Wir schliefen im Mutterhaus der Vincentinerinnen, in einem Luftschutzkeller. Viel geschlafen wurde nicht; man lag aber ganz schön. Um 5 Uhr war Wecken. Dann ging's im Laufschritt durchs dunkle Paderborn zur Meinolfskirche. Dort wurde in einer Gemeinschaftsmesse das hl. Opfer dargebracht. Anschließend ging's zum Kolpinghaus zum Kaffeetrinken. Von da in den Dom. Theo und ich bekamen einen Platz direkt am Gitter am Altar. Alles konnten wir gut sehen. Der Apostolische Nuntius Orsenigo nahm die Weihen vor. Die Bischöfe von Hildesheim und der Weihbischof Baumann assistierten. Der neue Bischof betete lange auf der Erde liegend mit den übrigen die Allerheiligenlitanei. Bis zum Evangelium lasen dann der Bischof und der Nuntius die hl. Messe getrennt, und dann kamen die Weihen. Dem neuen Bischof wurden das Evangelienbuch auf die Schultern gelegt und Kopf und Hände gesalbt. Dann opferte der Bischof 2 Kerzen, 2 Brote und 2 Fässchen Wein. Die hl. Messe wurde dann gemeinsam weitergemacht. Am Schluß bekam der Bischof Stab und Mitra. Dann gab er seinen ersten Segen, indem er durch den Dom ging. Dann ging er zu seinem Thron am Hochaltar. Dort nahm er die Huldigungen des Klerus entgegen. Anschließend richtete er eine Ansprache an sie, in der er besonders erwähnte, daß zum Feldherren auch der Generalstab und die Offiziere gehörten und daß sie ihm die Treue halten sollten.

Daraufhin kam er zum Weihaltar und sprach zum Volk. Nun habe das Volk wieder einen Führer und Bischof, und nun sollten sie ihm auch nachfolgen und ganz besonders sollten sie ihn auch einschließen in ihr Gebet. Immer sollten sie für ihren Bischof beten, damit er auch die Kraft zum hl. Amte finde. Zum Schluß zog er aus dem Dom mit den alten Fahnen an der Spitze. Draußen wurde er mit Hoch- und Jubelrufen empfangen. Alles stürmte auf den Bischof zu. Vor seinem Palais musste er sich noch einmal zeigen. Die Jugend rief immer wieder. Aber als er sagte, sie möchten nun zum Essen gehen, da gingen auch alle weg.

Um 2 Uhr war in der Marktkirche die große Kundgebung der Jugend. In der Kirche wurde der Bischof mit Heilrufen empfangen. Anschließend das Lied „Lobe den

Herren", und dann brachten ein Jungmann dem Erzbischof die Glückwünsche der Jugend; ein Soldat die der Soldaten und ein Jungmädchen die der weiblichen Jugend dar. Anschließend klang das Sturmlied auf: „Uns rufet die Stunde", und dann sprach der Erzbischof zur Jugend. Zu Anfang, daß er ganz überrascht gewesen sei, als sie ihm die Kunde überbrachten, daß er Bischof geworden sei. Er habe sich mit Händen und Füßen dagegen gesträubt, weil er sich fürchte vor der großen Verantwortung. Und weil er herausgerissen wurde aus der Jugendbewegung. Aber da habe ihm der Nuntius gesagt, gerade deswegen werden Sie Erzbischof – und da habe er „Ja" gesagt. Und sein Herz gehöre der Jugend, so lange er lebe. Und dann verglich er uns mit den Soldaten. Wir dürften nicht dem Gewesenen nachtrauern, sondern dem Kommenden und Gegenwärtigen müssten wir gerade ins Auge blicken. Wir seien Soldaten, und wenn Betonbunker und Festungen zu stürmen seien, dann frage ein Soldat nicht, warum er dieses gerade stürmen müsse, dann stürmt er sie einfach mit Mut und Tapferkeit. So müssen wir denn auch heute das Leben meistern und mit Christus. Zweimal wurde der Erzbischof durch die Heilrufe der Jugend unterbrochen. Dann wurde gesungen: „Zieh an die Macht". Und dann verließ der Erzbischof wieder mit Fahnen und den Heilrufen der Menge die Kirche. Alles lief hinter dem Wagen des Bischofs her, alles wollte auf einmal aus der Kirche. Vor dem Waisenhaus musste er sich noch einmal aus dem Fenster zeigen, weil alle riefen: „Wir wollen unseren Bischof sehen". Dann gab er noch einmal seinen Segen.

Damit enden dann aber auch die Tagebucheintragungen. Über die weiteren Ereignisse und Erlebnisse schrieb er nicht mehr.

Bereits einige Tage nach den ereignisreichen Tagen in Paderborn ging m.W. die Verhaftungswelle in Attendorn los, wo man 4 Jugendliche von Schule und Arbeitsplatz wegholte und in die Steinwache nach Dortmund brachte. Am 16. und 17. November 1941 wurden weitere Jugendliche in Arnsberg, Neheim, Meschede, Hemer und Menden sowie etwas später auch in anderen Orten wie Hagen usw. verhaftet.

Tief bedrückt waren wir dann, als wir eines Abends von der Verhaftung Karls hörten. Direkt vom Arbeitsplatz aus wurde er von zwei Gestapo-Beamten abgeholt. In der Wohnung wurde sein Zimmer durchsucht – aber nichts gefunden. Wie er später nach dem Kriege erzählte, hatte er alle Unterlagen, die Jugend betreffend, bei einem Nachbarn untergebracht. Wie es ihm in der Haft erging, haben wir nicht erfahren. Auch Rückfragen bei seiner Mutter blieben oft erfolglos. Sie antwortete wohl, dass er geschrieben habe, um Wäsche und um Lehrbücher für Französisch gebeten habe. Wo er war und wie es ihm ergehe, sagte seine Mutter nicht.

Was wurde diesen Jugendlichen vorgeworfen? Wir hatten uns zweifellos über das Erlaubte hinaus nicht nur mit religiösen Themen beschäftigt, sondern uns kritisch mit Gegenwartsfragen auseinandergesetzt. Wir hatten Zeltlager veranstaltet – waren gewandert, hatten gesungen und uns auch mit Gleichgesinnten getroffen. Aber sollte man deshalb Karl verhaftet haben? Fragen über Fragen – die uns keiner beantwortete.

Trotz der Verhaftung Karls ging der Gruppenbetrieb – aber noch vorsichtiger als vorher – weiter. Wir wussten ja nicht, weshalb man Karl verhaftet hatte. War er verpfiffen worden? Dann kam Weihnachten. Wir hatten vorher gesammelt (Gebäck, Nüsse, Obst) und es bei der Familie Hoff für Karl abgegeben, mit der Bitte, alles noch an Karl zu senden. Da war er dann – so plötzlich wie er verschwunden war – wieder da. Noch an Weihnachten fand in der Kirche eine Andacht statt – nur von uns Jugendlichen gestaltet – ohne Priester. Jeder hatte eine Kerze mitgebracht, die er anzündete und vor die Krippe stellte. Auch hier betete Karl vor – wie er es auch vorher oft getan hatte, dankte für seine Entlassung – insbesondere aber auch für den gütigen Schutz Gottes. Nach der Andacht sagte er nur, dass er habe unterschreiben müssen, nichts über die Tage der Haft zu erzählen – nur so viel: „Ich war in Dortmund – und da war es schlimm." Laut vorliegender Quittung hat Karl am 30. Dezember 1941 im Auftrage der Staatspolizei bei der Kripo Menden folgende Gegenstände abgegeben:

1 Tornister; 1 Gepäcktasche für Fahrrad; 1 Rucksack und 1 Essgeschirr.

Er wurde am 15. Oktober 1942 zum Militär eingezogen. Er kam zum Infant.Ersatz-Btl. 328 Aachen.

Als er sich verabschiedete, auch in einer kleinen Andacht in der Kapelle des Waisenhauses, sagte er uns, dass er sich freiwillig gemeldet habe, damit man ihn von der Polizei nicht weiter behelligen könne. Er schrieb dann von seiner wohl harten Ausbildung. Im Urlaub habe ich ihn nur einmal gesehen. Wohl hatte er angeregt, dass wir aus unserer Gruppe Rundschreiben abfertigen sollten mit den Feldpost-Nummern und wie es den einzelnen Gruppenmitgliedern erging. Das wurde auch gemacht. Wir haben dann erfahren, dass er solche Rundschreiben schon vorher an frühere Freunde der katholischen Jugend schrieb. Karl war dann an der Ostfront. Erst als wir sehr lange nichts von ihm gehört hatten, gab uns seine Mutter auf Anfrage Bescheid, dass Karl im Osten vermisst sei.

Erst 1950 wurde er aus russischer Kriegsgefangenschaft entlassen. Wie es ihm hier erging, schildert er auch erst viel, viel später. Russische Soldaten hatten die deutschen Gefangenen schützen müssen, damit die Zivilisten sie nicht gelyncht hätten. Anfangs war er deprimiert. An seine alte Arbeitsstelle bei einem Rechtsanwalt mochte er nicht mehr. Er kam dann als kaufmännischer Angestellter zur Mendener Zeitung, der auch ein

Verlag, eine Druckerei, Buchbinderei und ein Einzelhandelsgeschäft angeschlossen waren. Als wenig später der Geschäftsführer die Mendener Zeitung verließ, wurde er sein Nachfolger. Hier war er bis zum Verkauf des Unternehmens durch Familie Schröder beschäftigt. Außer in seinem Beruf war er noch in der CDU tätig, kam als deren Mitglied in den Stadtrat Mendens und war in verschiedenen Ausschüssen tätig. Zur Jugendverbindung, die ja inzwischen ganz anders organisiert war, fand er nicht zurück. Tief im Glauben verwurzelt, fand er seine Aufgaben neben der Familie in der „Bruderhilfe" der Heilig-Kreuz-Gemeinde. Sein Bruder war ja Missionar, der in Afrika von dieser Bruderhilfe u.a. unterstützt wurde. Auch karitativ war er als Vinzenz-Bruder tätig. Erholung fand er nach wie vor in der Natur, wanderte viel oder beschäftigte sich in seinem Garten. Karl Hoff ist 1991 ganz plötzlich verstorben.

Bericht des Karl Hoff über seine Verhaftung

In der Zeit zwischen dem 14.–17. November 1941 – genaues Datum kann ich leider nicht mehr angeben – fuhr plötzlich ein Personenwagen der Geheimen Staatspolizei Dortmund mit 4 Beamten in Zivil, welche zum Teil das SS-Abzeichen trugen, vor dem Büro der Rechtsanwälte Dr. Gottlob u. Franz Goeke, meiner damaligen Arbeitsstelle, in Menden vor. Es entstiegen zwei Männer, die sich als Kriminalbeamte auswiesen, und verlangten vom Bürovorsteher, Herrn Goeke, dass ich mich sofort anzuziehen habe und mitkommen müsse. Während dieser Zeit waren zwei weitere Kriminalbeamte in mein Zimmer am Ostwall 20 eingedrungen und hatten Haussuchung gehalten. Mit dem Personenwagen ging es alsdann weiter nach Dortmund. Nach kurzer Meldung dort wurde ich in das Polizeigefängnis in Herne eingeliefert, dort meiner Schuhriemen, Gürtel und Hosenträger durch den dortigen Wachtmeister entledigt und in eine Einzelzelle gesperrt. Dies geschah unter tiefstem Schweigen. Ein Wort der Verteidigung oder Rechtfertigung war überhaupt nicht möglich. In dieser Einzelzelle wurde ich bei äußerst geringer Gefängniskost 10 Tage lang festgehalten, ohne dass ein Mensch zu mir konnte. Am 10. Tag meiner Haft wurde ich plötzlich abgeholt und zum Polizeigefängnis Dortmund, Steinwache, gebracht. Dort sperrte man mich in eine Massenzelle, welche normalerweise vielleicht für 5–6 Personen ausgereicht hätte. Es waren aber 15 Personen in diesem kleinen Raum eingesperrt. Als 17-Jähriger war ich hier 3 Tage zusammen mit Kriminellen, Sittlichkeits- und anderen Verbrechern, ohne dass ich überhaupt wusste, warum ich angeklagt war. Nach 3 Tagen kam ich zum Verhör, und zwar vernahm mich ein Kriminalobersekretär Buschmann, wie sich herausstellte ein SS-Angehöriger in Zivil. Es wurde mir und den übrigen noch etwa 30 verhafteten Jugendlichen vorgeworfen, verbotene Zeltlager und Jugendheimabende über den kirchlichen Rahmen hinaus durchgeführt zu haben. Das war der geringe Grund der Anklage. Anschließend brachte man mich wieder zurück nach Herne und dann wieder nach Dortmund. Von dort aus wurde ich am 23. 12. 41 entlassen. Ein Urteil oder irgendeine schriftliche Unterlage wurde mir nicht gegeben. Ich bitte um Nachforschung bei der Akte der ehemaligen Gestapo in Dortmund, welche noch vorhanden sein müsste.

Familie Hoff mit Vikar Liebler vor der Vikarie in Menden.

Karl Hoff, links, als Soldat mit Bruder Wilhelm, der von 1958 bis 2000 als Styler Missionat in Kongo (Zaire) tätig war.

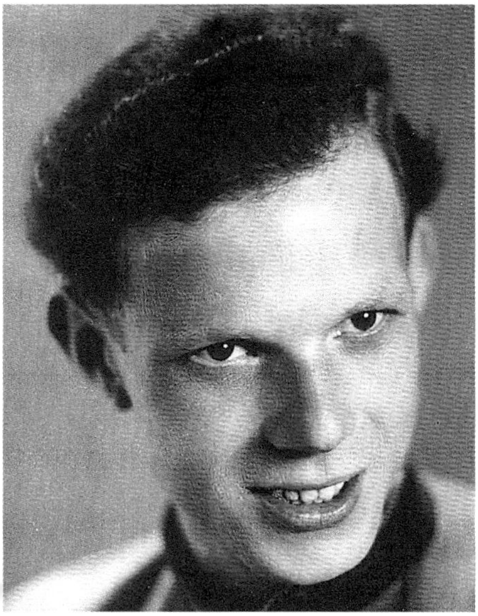

Albert Klüppel

geb. 1924 in Menden
nach dem Krieg Maurer, später Bauleiter in einem Ingenieurbüro
in Haft 5 Tage im Herbst 1941
wohnhaft in Menden-Lendringsen

Unter dem Schutz der Gottesmutter*

„Lange drängt es mich schon, diese Geschichte aufzuschreiben", teilte uns Albert Klüppel aus Menden mit

In unserer Familie nahm die Mutter Gottes einen großen Raum ein: Rosenkranz beten, Mai-Altar und jährliche Wallfahrten zum Gnadenbild nach Werl gehörten immer dazu. So wuchs schon in meiner Kindheit ein Vertrauen zu Maria, das sich bis heute fortsetzt. Der Rosenkranz und eine Mutter-Gottes-Medaille waren eigentlich schon immer meine Begleiter auf Wanderungen, Bergtouren und in Zeltlagern der katholischen Jugend, in der ich sehr aktiv war.

Auch in der „Verbotszeit" durch die Nationalsozialisten hatten wir noch immer unsere Treffen und verteilten die Briefe des Bischofs von Galen. Bis eines Tages die Gestapo mich und meine Kameraden holte. Einzelheiten möchte ich gar nicht weiter erörtern, doch schließlich hieß es: „Ihr habt die Wahl – Entweder freiwillig zum Militär, da wird man euch die Flausen schon austreiben. Oder – das brauchen wir euch wohl nicht zu erklären ..."

Abgedruckt im Liboriusblatt Nr. 45 vom 4. 11. 2001

So kam es, dass ich mit meinen Freunden etwa ein Jahr früher als regulär zum Kriegsdienst eingezogen wurde. Mein Vater sagte: „Junge, du gehst in einen verlorenen Krieg. Aber verlier nicht den Mut. Halte dich an die Mutter Gottes, sie wird dir Kraft und Zuversicht geben. So wie sie mir im Ersten Weltkrieg Kraft gegeben hat, so wird sie auch dich beschützen."

Unter dem Schutz Mariens habe ich dann tatsächlich die vielen Einsätze an der russischen Front vor Stalingrad überlebt. Eines Tages fragte ich einen Franziskaner-Pater, der mit in Russland war: „Weshalb bin ich eigentlich bei jedem Himmelfahrtskommando dabei?" „Das weißt du nicht? Da ist doch eine Eintragung in deinen Papieren: ‚Bevorzugt einzusetzen!' Nun wusste ich also, was mit mir geplant war. Doch der Schutz Mariens war größer!

Auch als ich später in russische Kriegsgefangenschaft geriet, gab sie mir das Gefühl: Ich bin bei dir! Es gab Verhöre, man wurde gründlich durchsucht. Für Orden und Auszeichnungen gab es Schläge. Bis einer der Offiziere meinen Rosenkranz mit der Mutter-Gottes-Medaille entdeckte. „Du Katholik?" kam die Frage. – „Ja", sagte ich, „Katholik." Stille. Dann erregte Gespräche der Russen. Die Gesichter entspannten sich. Einer reichte mir Tee und Brot. „Da, Kamerad." Dann brachte man mich in ein russisches Lazarett, wo man meine Kopfverletzung behandelte.

Nach meiner Genesung ging der Transport nach Sibirien – für die nächsten zwei Jahre. Mein Rosenkranz war inzwischen auf zwei Medaillen und ein Kreuz zusammengeschrumpft, die ich an einem Bindfaden um den Hals trug, und meine Hände suchten dort oft Ruhe und Halt.

Dann kam der Tag, an dem wir in die Ukraine „verlegt" wurden. Wir kamen in ein großes Lager, wo alle vierzehn Tage eine „Entlausung" mit Sauna-Bad durchgeführt wurde. Die Kleidung musste vollständig abgegeben werden, auch die Medaillen und das Kreuz. Nach der Prozedur bekam ich meine Kleidung zurück, aber wo waren meine Medaillen? Der Posten trieb uns schon nach draußen. Ich bat ihn, ob ich sie noch suchen dürfe, aber es war vergebens. Ich war sehr niedergeschlagen und traurig.

Ein weiteres halbes Jahr später wurde ich in ein Lager etwa 200 Kilometer weiter nach Westen verlegt. Hier war dann mal wieder Entlausung mit Duschen angesagt. Während ich mich entkleidete, wurde ich auf einen Mitgefangenen aufmerksam, der die Aktion schon hinter sich hatte und sich gerade anzog. Es war mir, als würde jemand sagen: „Schau dorthin!" Und ich sah, wie der Kamerad sich Kreuz und Medaillen an einem Bindfaden um den Hals legte. Ich war mir völlig sicher, dass dies meine waren. Deshalb sprach ich den Kameraden an und erzählte ihm, wo ich die Gegenstände verloren hatte und dass er sie dort wohl gefunden haben müsse. Und tatsächlich, so war es auch: Ich bat ihn, er möge mir doch bitte eine der Medaillen zurückgeben, die andere solle er behalten. Und er gab mir die zurück, die mir besonders lieb war. War dies Zufall oder ein Wunder?

Ich brachte meine Marien-Medaille wieder mit nach Hause, als ich durch die Hilfe und Gnade der Gottesmutter aus der Kriegsgefangenschaft heimkehrte, und noch heute trage ich sie Tag und Nacht in der Gewissheit, dass Maria mich beschützt.

Albert Klüppel *16. 7. 2002*
Am Örtchen 25
58710 Menden

Sehr geehrter Herr Tigges,

besten Dank für Ihren Brief vom 14. 6. 02 und Ihr Interesse an meiner Geschichte. Aus persönlichen und gesundheitlichen Gründen bin ich erst jetzt in der Lage, Ihnen zu antworten.

Zu Ihren Fragen:

Zu 1: In Haft war ich im Herbst 1941, 5 Tage

Zu 2: In Dortmund/Steinwache

Zu 3: Gründe der Verhaftung waren Treffen mit Gleichgesinnten der Katholischen Jugend in Paderborn und im Sauerland und Verteilen der Briefe des Bischofs von Münster Clemens August Graf von Galen.

Zu 4: Ich bin am 27. 4. 24 in Menden geboren

Zu 5: Ich war Soldat von 42 bis 46

Zu 6: In russischer Kriegsgefangenschaft war ich ab Herbst 44 bis 46

Zu 7: Erst nach der Kriegsgefangenschaft wurde ich Maurer u. Maurer-Polier, später staatlich geprüfter Techniker für das Bauwesen. Meinen ursprünglichen Berufswunsch konnte ich durch Krieg und Gefangenschaft nicht mehr verfolgen.

Zu 8: Meine berufliche Laufbahn beendete ich als Bauleiter in einem Ingenieur-Büro und bin heute Rentner.

Zu 9: Ich wurde etwa 8 Tage nach Karl Hoff und Josef Lappe verhaftet. Im Übrigen gehörte ich der Gruppe um Josef Lappe in Lendringsen an. Wir trafen uns aber sehr oft beim Onkel von Karl Hoff, Herrn Vikar Liebler, mit den Mendenern.

Zu 10: Mein Bericht im Liboriusblatt „Unter dem Schutz der Gottesmutter" erschien in der Ausgabe Nr. 45 vom 4. November 2001. Leider unterlief der Redaktion bei der Wiedergabe meines Namens ein Druckfehler. Mein Name ist Klüppel, nicht Klümpel. Ich bitte Sie dies auch in Ihrem Inhaltsverzeichnis unter Punkt 12 zu korrigieren. Eine Kopie des Berichtes im Liboriusblatt füge ich bei.
Ergänzend möchte ich erwähnen, dass Josef Lappe ein eifriger Photograph war und einiges im Bild festhielt. Es könnte möglicherweise etwas von dem Bildmaterial noch bei seiner Schwester, Maria Kather, geb. Lappe, vorhanden sein, das für Ihr Buch ggf. brauchbar wäre.
Ich hoffe, dass ich Ihnen mit meinen Angaben behilflich sein konnte, und würde darum bitten, dass ich ein Belegexemplar erhalten kann, wenn das Buch erscheinen wird.

Mit freundlichen Grüßen

Albert Klüppel

Albert Klüppel

Josef Maria Trost

geb. 1914, Dipl.-Volkswirt
in Haft 12. 1. bis 14. 1. 1942
Führer im ND Menden
wohnhaft in Iserlohn

J. M. Trost — *58636 Iserlohn, den 4. 7. 02*
Nordengraben 4

Lieber Karl,
wunschgemäß anbei ein Foto aus damaliger Zeit. Ich finde es gut und richtig, dass Du Dich der Geschehnisse jener Jahre annimmst, und zwar nicht unter dem Gesichtspunkt des „Widerstandes", sondern als Beleg für die Ablehnung des gesamten NS-Staates und Regimes aus religiöser Überzeugung.

Es war ja die Spannung in den Kriegsjahren zwischen der nationalen Verpflichtung, dem NS-Krieg nicht auszuweichen, und der damit verbundenen Unterstützung des NS-Systems, das wir insgesamt ablehnten – nicht nur mit Worten.

Der beabsichtigten Zusendung Deiner Rundbriefe sehe ich mit großem Interesse entgegen und sage schon jetzt verbindlichen Dank.

Hier die gewünschten Daten:

Nach mehreren Wohnungsdurchsuchungen seitens der SS am 12. 1. 42 Verhör bei der Gestapo Dortmund/Hörde mit anschließender Inhaftierung in der Dortmunder Steinwache bis zum 14. 1., 19.00 Uhr.

Ich hoffe, Deinem Anliegen gedient zu haben.

Mit besten Grüßen Josef

J. M. Trost — *58636 Iserlohn, den 1. 9. 02*
Nordengraben 4

Lieber Karl,
vielen Dank für die Zusendung der beiden Schriftstücke. Sie interessierten mich sehr. Bitte entschuldige, dass ich mich erst heute bedanke. Mein gesundheitliches Befinden war der Hintergrund. Du kennst das ja. Ich hoffe und wünsche Dir, dass Du wieder ganz fit bist.

Es handelt sich bei der Erinnerung an die damaligen politischen Ereignisse nicht um Anerkennung, sondern um Bestätigung der Tatsache, dass im deutschen Katholizismus Kräfte aktiv gegen das NS-Regime operiert haben.

Nach dem Zusammenbruch 1945 habe ich sehr bedauert, dass von ihnen so wenig in die Neuorientierung und den geistigen Wiederaufbau eingeflossen ist. Heute sind diese unsere Vorstellungen gesellschaftspolitisch verkümmert. Es gibt keine Gemeinschaft oder Organisation, die sie postuliert. Eine politische Partei kann das nicht. Es müsste eine Bewegung in der Gesellschaft sein, von Katholiken getragen.

Wir sind leider zu alt, um sie zu organisieren. Da bleibt uns nur die eigene, unmittelbare Umgebung, und die ist nicht in der Lage, die Gesellschaft wirkungsvoll zu beeinflussen. Aber es bleibt uns das fürbittende Gebet um eine sittliche und religiöse, christliche Erneuerung und die Hoffnung auf eine nachfolgende Generation mit gleichen Grundanschauungen und einer ausgeprägten Verantwortung für die Mitgestaltung der Gesellschaft. Vereine haben wir genug, aber keine Konzentration auf eine gemeinsame Zielsetzung. Und das wäre notwendig.

Dir gute Gesundheit und alles, was Du Dir wünschst.
Mit besten Grüßen

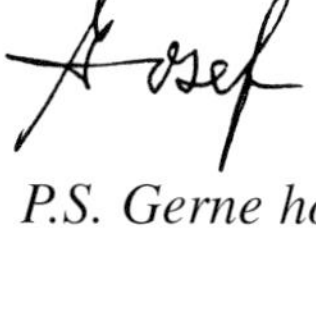

P.S. Gerne hoffe ich, dass wir uns bald auch persönlich kennenlernen.

D.O.

Der Bürgermeister der Stadt Menden *20. 12. 2001*

Grußwort

Ich habe erst in diesen Tagen von dem Gedenkgottesdienst zu Ehren von damals katholischen Jugendlichen aus dem heimischen Raum, die sich gegen das diktatorische Naziregime aufgelehnt haben, erfahren.

Leider ist mir eine persönliche Teilnahme nicht möglich. Dennoch möchte ich ein paar Worte an die Festgemeinde richten:

Es ist schon lange keine Selbstverständlichkeit mehr, dass in unserer Gesellschaft Mut gezeigt wird. Geschweige denn, wenn der gezeigte Mut mit persönlichen Risiken, die sogar das eigene Leben bedrohen können, einhergeht.

Die Mendener Bürgerinnen und Bürger sind stolz darauf, unter ihnen Menschen zu haben bzw. gehabt zu haben, die gegen die Auswüchse der Naziherrschaft öffentlich protestiert haben. Dieser Mut erfüllt auch heute noch Vorbildfunktion.

Lassen Sie mich einen Spruch von Kurt Singer zitieren, der mir kürzlich in die Hand kam:

„Gehorsamkeitsbereitschaft ist ein gefährliches Element der Gesellschaft geworden; denn die Erde könnte am Gehorsam ihrer Bewohner zugrunde gehen. Kinder und Jugendliche müssen ermutigt werden, gegen den Strom zu schwimmen.“

Ich glaube, dem ist nichts hinzuzufügen; außer vielleicht der Hoffnung, dass möglichst viele den Mut finden, immer dann „gegen den Strom zu schwimmen“, wenn sich irgendwo Unmenschlichkeit im Tun oder Denken des Nächsten auftut. Eben den Mut, den der Mendener Karl Hoff in der Zeit des Dritten Reiches als junger Christ bewiesen hat.

Die Bürgerinnen und Bürger der Stadt Menden sind an diesem Tage in Gedanken bei allen, deren im Rahmen der verschiedenen Programmabläufe gedacht werden soll.

Herzlichst Ihr

Rudolf Düppe, Bürgermeister

siehe auch Dokumente, Seite 444

Meschede

August Busch

geb. 1924, kaufm. Angestellter
in Haft 19. 11. bis 27. 11. 1941
wegen Krankheit vorzeitig entlassen
gest. 1975

Christel Lohölter

59757 Arnsberg, den 31. 7. 2001
Neuer Weg 8b
Telefon: 0 29 32/3 57 65

Herrn
Karl Föster
Auf der Alm 98
59821 Arnsberg

Betreff: Ihr Schreiben v. 10. 7. 2001 (16. 7. 2001) an Bernhard Busch, Meschede

Sehr geehrte Damen u. Herren,
sehr geehrter Herr Föster,

da mein Bruder Bernhard zzt. sehr krank ist, will ich Ihnen zu Ihren Fragen etc. schreiben.

Ich bin die Schwester von August und Bernhard Busch. Mein Bruder Bernhard war damals sieben Jahre alt und kann sich nicht mehr an alle Einzelheiten erinnern.

Ich war damals 13 Jahre alt. Unser Vater starb am 7. 10. 1941. Ein paar Wochen später, am 19. 11. 1941, holte die Gestapo meinen Bruder August vom Büro der Firma Zigarren Schulte in Meschede ab. Wenn unser Vater dieses noch erlebt hätte, ich glaube, er wäre der Gestapo an den „Hals gesprungen“. Mein Bruder hatte weder warme Anziehsachen noch sonst etwas bei sich. Ich bin in den nächsten Tagen nach Dortmund gefahren und wollte ihm das Nötigste bringen. Leider war mein Bruder schon nach Herne verlegt worden, deshalb bin ich ihm nach Herne nachgefahren und konnte ihm dort die persönlichen Sachen übergeben. Dabei konnte ich auch kurz mit meinem Bruder sprechen.

August Busch war bei der Pfarrjugend. Er hatte verschiedene Sachen bei sich, welche er, bevor die Gestapo kam (er hatte einen Wink bekommen), zerriß und anschließend in der Toilette vernichtete. Es waren unter anderem Aufrufe an die Jugend von dem Graf von Galen.

Unser Haus wurde von oben bis unten durchsucht (auf den Kopf gestellt). Sie haben verschiedene Sachen mitgenommen, es war, so glaube ich, jedoch nicht von großer Bedeutung.

Mein Bruder wurde 1 Tag vor Heiligabend 1941 entlassen. Weitere Einzelheiten sind mir nicht mehr bekannt oder aufgrund meiner damaligen Jugend entfallen.

Ich hoffe, dass ich Ihnen bei Ihren Recherchen behilflich sein konnte, und verbleibe mit den besten Wünschen.

Mit freundlichen Grüßen

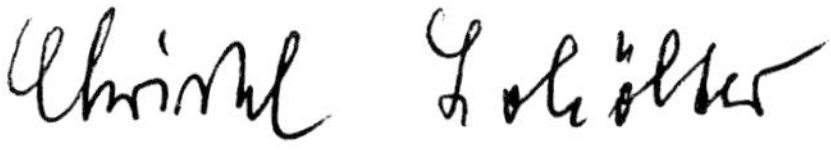

Müschede

Karl Michel

geb. 1924, Schlosser
in Haft 18. 11. bis 23. 12. 1941
gest. in russischer Kriegsgefangenschaft
am 23. 2. 1945 bei Tiflis

Bericht der Schwester Frau Rode

Karl-Josef Michel, geb. 6. 3. 1924 in Müschede. Besuchte die Volksschule in Müschede bis 1938. Nach der Schulentlassung war er 4 Monate in der elterlichen Landwirtschaft tätig. Im Sommer 1938 hat er die Schlosserlehre bei Rudolf Gersdorf in Neheim begonnen. In der Lehrzeit und auch nachher war er viel bei „Hugo Bremer" in Bremerspark für Herrn Bremer tätig. Er hat ihn auch einige Male nach Berlin zum Verteidigungsamt gefahren. Es ging wohl um Panzer. Am 18. 11. 1941 wurde er von der Gestapo nach Dortmund geholt und am 23. 12. 41 entlassen. Wegen einer Fahrt zur Bischofsweihe nach Paderborn. Man vermutete ein Komplott gegen die Nazis.

Im Juni 1942 wurde er eingezogen. Er war in Frankreich, Italien, dann in Rumänien. Im Juni 1944 war er noch in Urlaub, hat dann seine Kompanie nicht mehr erreicht. Kam in Gefangenschaft August 1944, ist im Gefangenenlager im Kaukasus „Tiflis" am 23. 2. 1945 gestorben. So berichtete ein Kriegskamerad.

Dr. Josef Rettler

Rönkhauser Str. 46
5760 Arnsberg 1-Müschede
21. November 1983

Herrn
Dechant i. R. Augustinus Reineke
Am Dolzer Teich 10
4930 Detmold

Sehr geehrter Herr Dechant Reineke!

Im Dom hatten Sie vor längerer Zeit über die Bischofsweihe von Kardinal Jaeger im Jahre 1941 berichtet. Kürzlich kam ich mit Herrn Albert Lichte, der seit einiger Zeit Direktor unserer Einrichtung in Maria-Veen ist (ich selbst bin im Vorstand der Josefs-Gesellschaft e.V.), ins Gespräch über die Umstände damals. Ich selbst konnte damals an den Feierlichkeiten teilnehmen.

Der lange verstorbene Vikar Josef Schulte, aus meinem Heimatort Müschede gebürtig, war, wie Sie wissen, interessiert, daß die Jugendarbeit auch unter den schwierigsten Verhältnissen, wie sie im Nazi-Reich gegeben waren, nicht aufhörte. Dazu wurden ja verschiedene Wege gegangen. Auch mit SGV-Wimpeln ausgestattet, traf man sich z. B. in Kloster Brunnen oder anderswo.

In Müschede waren wir zu zweit, Karl Michel, der im Kriege gefallen ist, und ich, die an solchen Treffen teilnahmen. Karl Michel erhielt von Attendorn aus in unregelmäßigen Abständen Rundschreiben und selbstverfaßte Lektüre, die er mir weiterreichte.

Zur Bischofsweihe fuhren wir mit anderen Jugendlichen aus Neheim-Hüsten und Arnsberg mit der RLE nach Soest und stiegen dort in den Zug nach Paderborn um. Mir ist in Erinnerung, daß dieser Zug stark mit Jugendlichen mit gleicher Zielrichtung besetzt war.

In dem Wagen, mit offenen Abteilen, waren u. a. auch Jugendliche, die in einer Rolle eine Urkunde für den neuen Bischof hatten. Die Rolle war mit der Anschrift des Bischofs versehen. Über diese Rolle kam es zum Gespräch.

Es kam bei diesem Gespräch aber auch die Frage, woher man kam. So erfuhr ich, daß diese Rolle von Attendorn mitgebracht wurde. Einer von den Anwesenden im Zuge sagte dann zu jemandem: „Wir haben uns doch schon einmal gesehen." Man lokali-

sierte bzw. versuchte zu lokalisieren, wo man sich gesehen habe. Ich weiß nicht mehr, ob es letztlich in der Frage zu einer Übereinkunft kam.

In Lippstadt stieg der Frager aber aus.

Über die folgenden Tage in Paderborn brauche ich nicht zu berichten.

Doch haben mich die folgenden Ereignisse, die ich nur kurz streifen möchte, im Zusammenhang mit dieser Bahnfahrt gedanklich öfter beschäftigt.

Im Herbst 1941 wurde im Sauerland eine große Anzahl von Jugendlichen verhaftet und in Dortmund inhaftiert. Auch Karl Michel wurde von seiner Arbeitsstelle in Neheim-Hüsten geholt, ebenso wurde ein Mitschüler des Gymnasiums in Neheim-Hüsten dort verhaftet. Ich selbst, damals 15 Jahre alt, blieb verschont.

Wie ich später erfuhr, war die Verhaftungsaktion von Attendorn aus aufgerollt. Ich vermute, daß man dort die Adressenkartei ausfindig gemacht hatte.

Ob Zusammenhänge zwischen unserer Bahnfahrt nach Paderborn, jenem Mann, der in Lippstadt ausgestiegen ist, und der Verhaftung bestehen, kann ich in keinster Weise sagen. Nur ein etwas dumpfes Gefühl, etwas Ungewisses ist mir nie aus den Gedanken gekommen, so oft ich von der Bischofsweihe des Kardinals hörte.

Ich wollte Ihnen, sehr geehrter Herr Dechant, dieses nach langen Jahren einfach mal erzählen. Manchmal tragen kleine, lange unbekannte Dinge zur Klärung bei.

Mit freundlichen Grüßen
Ihr

siehe auch Dokumente, Seite 443

Neheim

Rudi Friemauth

geb. 1923, techn. Zeichner
in Haft 19. 11.–23. 12. 1941
gefallen am 23. 1. 1943 in Rußland

Bericht von Martha Friemauth, Neheim über die Verhaftung ihres Bruders Rudi am 19. 11. 1941 durch die Gestapo

Mein Bruder Rudi war bei der Firma Gebr. Kaiser in Neheim als techn. Zeichner beschäftigt. Es kam immer häufiger vor, dass er, bedingt durch Rüstungsproduktion, zum Schichtdienst eingeteilt wurde. So auch in den Tagen seiner Verhaftung.

Am 19. 11. kam Rudi gegen 6 Uhr früh nach Hause. Um ruhig und auch ungestört schlafen zu können, legte er sich in der elterlichen Wohnung im Erdgeschoss zu Bett und nicht in seinem Zimmer im Dachgeschoss unseres Hauses.

Kurz nach 12 Uhr schellte es plötzlich Sturm, in der Etage standen sofort zwei Männer, da die Haustür, wie damals üblich, tagsüber nicht abgeschlossen wurde. Es handelte sich um den Gestapobeamten Buschmann und den hiesigen Kriminalbeamten Koch.

Ohne Einleitung verlangten sie dann sofort Rudi Friemauth zu sprechen. Meine Mutter war ob des barschen und herrischen Auftretens unfähig, zu reagieren. Meine Schwester Tine erklärte ihnen dann, dass ihr Bruder Nachtschicht gehabt habe und noch schlafen würde. Ohne Kommentar gingen sie ins Schlafzimmer, wo Rudi schon aufgeschreckt auf der Bettkante saß.

Sie ließen ihn nicht mehr aus den Augen.

Ohne etwas Schriftliches vorzuweisen, etwa einen Verhaftungsbefehl oder eine Durchsuchungsgenehmigung, forderten sie ihn auf, sich anzukleiden und unverzüglich mitzukommen. Der Einwand meiner Mutter und meiner Schwester, er müsse doch zuerst etwas essen, wurde nicht beachtet. Trotz aller Bitten meiner Mutter.

Anschließend forderten die Gestapobeamten Rudi auf, sein Zimmer zu öffnen, welches im Dachgeschoss des Hauses lag. In dieser „Bude", wie Rudi es immer nannte, fanden die regelmäßigen Gruppenstunden mit „Gleichgesinnten" statt. Es wurden aber auch Briefe geschrieben und Rundbriefe vervielfältigt. Natürlich fanden sie dann ausreichend sogenanntes „belastendes" Material, wie Rundbriefe, Galenbriefe, Fotoalben, Bücher und einen Vervielfältiger.

Nachdem alles im Auto verstaut war, wurde das Zimmer versiegelt. Meine Mutter hatte inzwischen das Notdürftigste an Toilettensachen und Wäsche zusammengepackt und einige Brote fertig gemacht. Fragen, wo Rudi nun hinkäme, wann er zurückkommen würde, was man mit ihm vorhabe, wurden vollkommen ignoriert.

Nach dem Abtransport standen wir, seine Mutter und Schwestern, die zufällig zu Hause waren, fassungslos mit Tränen in den Augen in der Tür.

Wussten wir doch nicht, was mit Rudi geschah und wie die Zukunft aussehen würde.

Über Freunde Rudis erfuhren wir, dass er zusammen mit anderen Jugendlichen aus dem Sauerland und dem Ruhrgebiet in Dortmund in der Steinwache in Haft saß.

Einige Tage später fuhr meine Mutter mit meiner Schwester Tine nach Dortmund. Eine Kontaktaufnahme mit ihrem Sohn wurde verweigert.

Die Gestapobeamten hielten meiner Mutter vor, ihre Kinder nicht im Sinne des Nationalsozialismus erzogen zu haben. Darauf reagierte meine Mutter sehr empört mit den Worten: „Ich habe acht Kinder großgezogen, drei Söhne stehen an der Front, und auf das goldene Mutterkreuz kann ich auch verzichten!"

Die Antwort war: „Dieser Sohn kommt auch noch an die Front."

Rudi ist am 25. Januar 1943 in Russland gefallen.

Rudi Friemauth von Arnold Papenheim

In seiner ruhigen und besonnenen Art war Rudi uns stets ein Vorbild. Niemals wollte er auffallen, wenn wir, seine Freunde, mit ihm zusammen waren. Immer war er begeistert dabei, wenn wir in unserer Freizeit durch die Wälder streiften, Fahrten unternahmen oder an Wochenenden uns mit anderen Jugendlichen aus dem Sauerland in den verschwiegenen Wäldern trafen.

Rudi verstand es, eine Gemeinschaft zu formen, die sich dem Regime widersetzte und treu zur Kirche stand.

Die Verantwortung, sich der Ideologie und dem Zeitgeist nicht zu beugen, prägte seine Gruppenstunden.

Diese Gesinnung kam auch in unseren Liedern zum Ausdruck. Worte wie Treue, Kampf und Sieg wurden als Widerstand verstanden.

So haben viele Fahrten und Gruppenstunden, aber auch Höhepunkte, wie die Bischofsweihe 1941 in Paderborn mit ihrer unvergesslichen Jugendkundgebung, dazu beigetragen, eine junge Gemeinschaft zu bilden, die nur durch den Krieg auseinandergerissen wurde.

Wer war Rudi Friemauth?

Geboren wurde er als sechstes von acht Kindern am 29. 3. 1923 in Neheim. Der Vater war in einem hiesigen Betrieb als Metallfacharbeiter tätig, während die Mutter dem großen Haushalt vorstand. Es war ein tief religiöses Elternhaus, in dem Rudi im Kreis seiner Eltern und Geschwister aufwuchs. So war es ein großes Ereignis, als er nach seiner Erstkommunion im Jahre 1932 in einer Feierstunde in der St. Johannes-Kirche in die Jungschar aufgenommen wurde. Der damalige Jugendvikar (Vikar Neuwöhner) erinnerte sich noch später an Rudis Begeisterung und Ausspruch: „Ich habe einen Schwur getan – und dem bleibe ich treu!" Dass er nach dem Verbot der kath. Jugendverbände besonders einsatzfreudig als Messdiener war, war für ihn selbstverständlich.

Nach seiner Schulentlassung 1937 begann er eine Lehre in einer Neheimer Leuchtenfirma als „Kunstgewerblicher Zeichner". Schon früh begann er, seinen künstlerischen Neigungen nachzugehen wie Schnitzen, Modellieren und vor allem Zeichnen. Aber auch seine Kunst des Linolschnitts ist beachtenswert (Advent 1941).

16 Jahre war Rudi Friemauth alt, als er die Leitung unserer jungen Gemeinschaft übernahm. Bis zu dem Tag, wo sich sein Leben und sein Wesen änderten, ein Tag, an dem er mit der Brutalität eines unmenschlichen Regimes konfrontiert wurde.

Am 19.11.1941 wurde er mit weiteren katholischen Jugendlichen aus der westlichen Erzdiözese durch die Gestapo verhaftet und in Dortmund in der berüchtigten Steinwache inhaftiert. Ob die Beweise nicht reichten oder den braunen Machthabern in der Zeit der großen militärischen Siege die Unruhe in der Bevölkerung ungelegen war, die Jugendlichen wurden am 23.12.1941 entlassen.

Rudi war ruhiger und stiller geworden. Rudi hat seinen Schwur gehalten!

Am 14. April 1942 wurde Rudi, wie bereits seine drei Brüder, zum Kriegsdienst eingezogen. Nach einer Ausbildung in einem Pionier-Bataillon in Köln kam er im Juli

Weißer Sonntag 1935 in der Familie Clemens und Sophia Friemauth; die Eltern vordere Reihe, links, Kommunionkind Martha in der Mitte, Rudi Friemauth im Matrosenanzug hintere Reihe, rechts

1942 an die Front nach Russland. Er fiel am 25. Januar 1943 in Chilkowo bei Demjansk.

In seinem Lieblingslied: „Über unendliche Wege, über unendliche Stege“ heißt es am Schluss: „Heut in der Nacht unter Sternen träumen wir in die Fernen, träumen wir wären daheim!“

Es war die Sehnsucht eines Jungen nach einer besseren Welt.

Arnold Papenheim

November 2001

Über unendliche Wege

Über unendliche Wege, über unendliche Stege
geht unser müder Schritt.
Bäume stehen zur Seite, Vögel fliegen ins Weite,
unsere Gedanken gehen mit.

Einstmals da waren wir geborgen,
brauchten für uns nicht zu sorgen,
einstmals da waren wir zu Haus.
Konnten mit Vater scherzen, durften die Mutter herzen,
jetzt ist das alles aus.

Über unendliche Wege, über unendliche Stege,
immer der gleiche Reim.
Heut in der Nacht unter Sternen
träumten wir in die Fernen,
träumten wir wären daheim.

Über unendliche Wege, über unendliche Stege
geht unser müder Schritt.
Bäume stehen zur Seite, Vögel fliegen ins Weite,
unsere Gedanken gehen mit.

Treffen einer Attendorner mit einer Neheimer Gruppe in Bruchhausen an den Steinen, zweiter von links Arnold Papenheim aus Neheim

Kloster Brunnen 1941, Neheimer Gruppe mit Rudi Friemauth

Pfingsten 1941 in der Rüspe, Attendorner und Neheimer Gruppe

Kloster Brunnen ca. 1940, im Hintergrund der Bauernhof

Martha Friemauth
Schwester von Rudolf Friemauth

59755 Arnsberg-Neheim, den 22. 11. 2000
Schüngelstr. 53
Telefon: 02932/27751

Auszüge aus Briefen von Rudi während der Gestapohaft

Rudi wurde am 19. 11. 1941 aus dem Bett heraus verhaftet. Er hatte die Nacht vorher Nachtschicht gehabt.
Seine erste Nachricht aus dem Gefängnis war eine Postkarte vom 30. 11. aus Herne. Er schreibt u. a., ich bin inzwischen von Dortmund nach Herne in bessere Verhältnisse gekommen und liege mit zwei Kameraden auf einer Zelle. Es tut mir ja Leid, dass ich Euch diese Sorgen zu den anderen Sorgen machen musste (Drei Brüder waren schon an der Front). Aber ich kann nicht anders. Wann ich wieder bei Euch sein werde, liegt in der Hand eines Höheren, wir können dabei nur warten.
Dann bittet er um Wäsche und was er sonst noch brauchte, denn er konnte ja nichts mitnehmen. Dann schreibt er, wenn es geht, tut auch etwas Essbares dabei, und wenn es nur Brot ist.

Herne, 5. 12. 1941

Er bedankt sich für die bestellten Grüße von Verwandten und Bekannten. Für die Aufmerksamkeit, die Ihr einem armen Gefangenen entgegenbringt. Man weiß dann wenigstens, daß in der Heimat noch Menschen sind, die an uns denken und uns nicht verurteilen. Regt Euch nicht zu sehr auf, ich bin in den 14 Tagen sehr ruhig geworden und harre der Dinge, die da kommen. Wann sie kommen, ist unbestimmt. Das Wäschepaket ist noch nicht angekommen.

Herne, 11. 12. 1941

Wenn das Paket aus Dortmund nicht bald kommt, brauche ich noch unbedingt diese Sachen...! Wenn es geht, legt auch ein Stück Brot dabei, aber nur, wenn Ihr es übrig habt.
Wenn wir daran denken, dass wir in diesem Jahr vielleicht Weihnachten als Gefangene feiern, könnten wir uns die Haare raufen.

Was mich gefreut hat ist, dass Arbeitskameraden nach mir gefragt haben. Denn ich hatte schon daran gedacht, dass man mich nachher schief ansieht, weil ich schon mal gesessen habe.

Dortmund, 20. 12. 1941

Nach allem Warten kann ich Euch nun die erfreuliche Mitteilung machen, daß ich wahrscheinlich Dienstag entlassen werde. Euren Brief habe ich erhalten, doch die Pakete sind noch nicht angekommen.

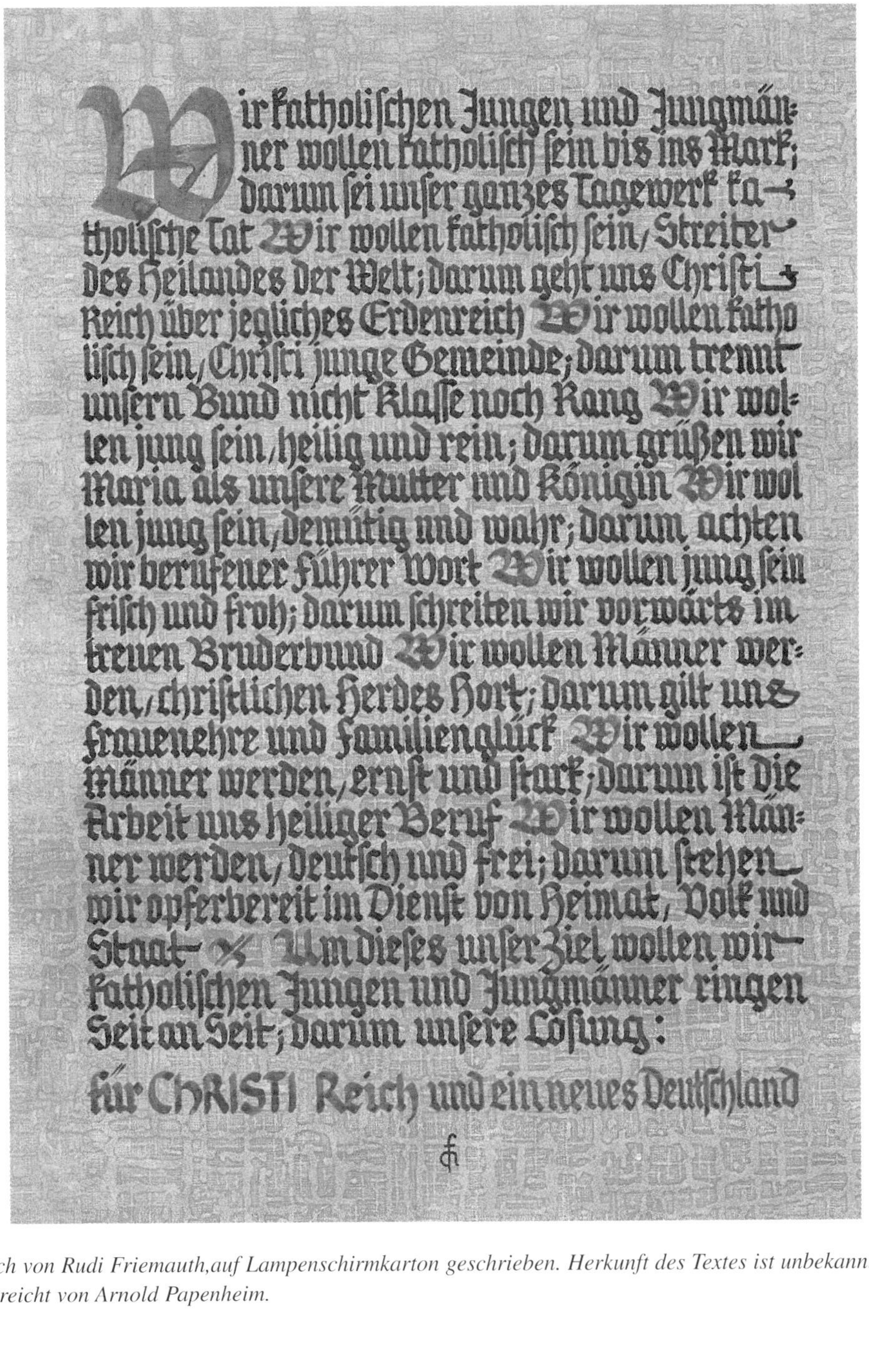
Wir katholischen Jungen und Jungmänner wollen katholisch sein bis ins Mark; darum sei unser ganzes Tagewerk katholische Tat Wir wollen katholisch sein, Streiter des Heilandes der Welt; darum geht uns Christi Reich über jegliches Erdenreich Wir wollen katholisch sein, Christi junge Gemeinde; darum trennt unsern Bund nicht Klasse noch Rang Wir wollen jung sein, heilig und rein; darum grüßen wir Maria als unsere Mutter und Königin Wir wollen jung sein, demütig und wahr; darum achten wir berufener Führer Wort Wir wollen jung sein frisch und froh; darum schreiten wir vorwärts im treuen Bruderbund Wir wollen Männer werden, christlichen Herdes Hort; darum gilt uns Frauenehre und Familienglück Wir wollen Männer werden, ernst und stark; darum ist die Arbeit uns heiliger Beruf Wir wollen Männer werden, deutsch und frei; darum stehen wir opferbereit im Dienst von Heimat, Volk und Staat Um dieses unser Ziel wollen wir katholischen Jungen und Jungmänner ringen Seit an Seit; darum unsere Losung:

Für CHRISTI Reich und ein neues Deutschland

Spruch von Rudi Friemauth, auf Lampenschirmkarton geschrieben. Herkunft des Textes ist unbekannt. Überreicht von Arnold Papenheim.

„Ich habe den guten Kampf gekämpft, den Lauf vollendet, den Glauben bewahrt. Im übrigen ist mir die Krone der Gerechtigkeit hinterlegt."
(II. Brief an Tim.)

„Vater, ich will, daß da, wo ich bin, auch die seien, die du mir gegeben hast, denn sie sind mein." (Joh. 17, 24)

Rudi Friemauth

Gefreiter in einem Pionier-Bataillon.

Gott hat seinen getreuen, jungen Kämpfer aus der großen Schlacht im Osten in das ewige Reich berufen.

Er wurde geboren am 29. März 1923 in Neheim. Froh und gotterfüllt war seine Jugend im Kreise seiner Eltern und 7 Geschwister.

Im April 1942 wurde er zur Wehrmacht eingezogen und kämpfte ab Juli in Rußland, wo er am 25. Jan. 1943 den Heldentod starb. Er fiel bei einem Stoßtruppunternehmen.

Rudi war ein froher, frischer Junge, der ganz aus dem Glauben heraus lebte. Sein Kompanieführer schreibt von ihm: „Er war uns allen ein leuchtendes Vorbild kämpferischen Mutes. Sein immerwährender Frohsinn machte ihn bei seinen Kameraden lieb und wert."

Er wollte immer ein Ganzer sein als Christ wie auch als Soldat. Voll Begeisterung und unter Opfern setzte er sich ein für die Sache Gottes und sein Reich.

Früh hat er sein Leben vollendet. Nun ruht er in russischer Erde und schläft dort dem Tag der Herrlichkeit Gottes entgegen.

✠

Die Todesstunde schlug so früh,
Doch Gott der Herr bestimmte sie.
Geflossen ist sein junges Blut,
Für uns ist's hart, er war so gut.

Doch in jenen Himmelshöhen
Werden wir uns wiedersehen.
Ruhe sanft du edles Herz,
Wer Dich gekannt, kennt unsern
Schmerz.

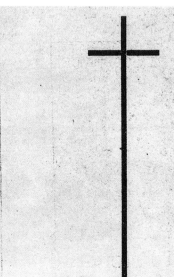

siehe auch Dokumente, Seite 447

Olpe

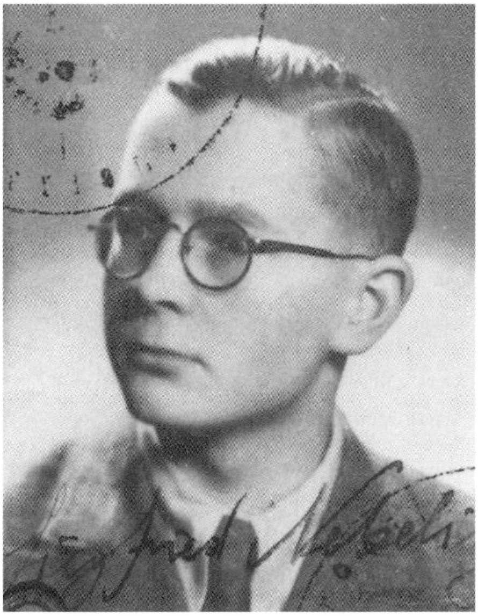

Siegfried Nebeling

geb. 1924 in Beuthen, Oberschlesien, Schüler
in Haft November bis 23. 12. 1941
von der Oberschule in Attendorn verwiesen
gefallen 26. 12. 1942 in Russland bei Woronesch

Siegfried Nebeling, Olpe*

1. Aus den Aufzeichnungen der Mutter Agnes Nebeling, gest. 1952

Ich hatte zwei Söhne. Heribert ist 1921, Siegfried 1924 geboren. Allzu früh verstarb mein Mann 1925 in Beuthen, Oberschlesien. So wuchsen die Kinder ohne Vater auf, und ich musste sie allein aufziehen. Von 1926 bis 1932 war ich mit den Jungen bei meinem Bruder Vikar Franz Rölle, dem ich zuerst in Nieheim und dann in Bochum den Haushalt führte. Onkel Franz hat an den Kindern zeitweilig die Vaterstelle vertreten. Ab 1933 wohnten wir in meiner Heimat, in Olpe.

Heribert kam 1940 in den Arbeitsdienst und wurde danach Soldat; zuerst war er in Frankreich, dann in Russland an der Front. In dieser Zeit besuchte Siegfried das Gymnasium in Attendorn. Er war ein fröhlicher Junge, der gern zur Schule ging. Er hatte mit seinen Schulkameraden ein gutes, kameradschaftliches Verhältnis. Eine besondere Freundschaft verband ihn mit Hanns Enders und Benno Müller. Die Freundschaft hielt bis zu ihrem Tode. Alle drei sind im Krieg gefallen. In den Ferien

* *Entnommen „Jugendjahre unter Hitler"*

machten sie gemeinsam große Radtouren, an den Rhein bis zur holländischen Grenze, in die Rhön oder nach Süddeutschland bis Würzburg. Die drei bildeten den Kern einer Gemeinschaft von mehreren Kameraden, die sich zu Idealen hingezogen fühlten, die von den „Nazis“ bekämpft wurden. Sie trafen sich meistens in dem K.V.er-Raum des Hexenturms, von dem einer den Schlüssel hatte. Weil diese Zusammenkünfte gefährlich waren, hielten sie sie geheim, auch vor den Eltern und der Geistlichkeit.

Hexenturm in Olpe. Foto: Stadtarchiv Olpe

In der gleichen Zeit schloss sich Siegfried der katholischen Jugendbewegung an und übernahm die Führung einer Jugendgruppe. Ich machte mir Sorgen, weil er sich in dieser Sache allzu sehr einsetzte, so dass es auf Kosten der Schule ging. Nachdem ich ihn mehrmals ermahnt hatte, seine Schularbeit nicht zu vernachlässigen, sah Siegfried dies ein und änderte sich. Er bemühte sich, überall seine Pflicht zu tun. Unablässig arbeitete er an sich selbst und kam mit seiner Mutter in das schönste Vertrauensverhältnis. Er half zu Hause, wo er konnte, und unterstützte mich in meiner Sorge um Heribert in Russland.

Im Herbst 1941 wurde der Erzbischof Dr. L. Jaeger an einem Sonntag in Paderborn eingeführt. Siegfried nahm mit mehreren Kameraden an dieser Feier teil. Allerdings blieb er einen Tag länger und versäumte am Montag die Schule. Das hätte ihm fast die Verweisung von der Schule eingebracht, wenn sich nicht sein Klassenlehrer, Herr Studienrat Meier, so sehr für ihn eingesetzt hätte. Was ihn in Paderborn festhielt, war Folgendes: Er hatte Jungen kennengelernt, die für gleiche Ideale strebten, sie kamen aus dem Ruhrgebiet und aus Mitteldeutschland. Sie beschlossen, den Neudeutschlandbund, der verboten war, wieder ins Leben zu rufen. Später erfuhr ich von Gestapokommissar Daniel, sie hätten eine weit verzweigte Organisation geschaffen, die ihre Thingfeste feierte, die Gaugrafen und Markfürsten ernannte. Dies alles geschah oder sollte natürlich sehr getarnt geschehen. Doch der Gestapo blieb es nicht verborgen.

Im November 1941 erschienen plötzlich zwei Gestapobeamte in unserer Wohnung und nahmen Siegfried in Haft. Zwei Stunden durchsuchten sie Siegfrieds Zimmer. Als sie ihn nach Dortmund mitnahmen, sagte Siegfried in Gegenwart der Gestapobeamten beim Abschied zu mir: „Ich gehe ja für Christus." Das hat mich in meinem Schmerz sehr gestärkt. Am anderen Tag fuhr ich sofort nach Dortmund-Hörde ins Gestapohaus und bat um ein Gespräch mit dem verantwortlichen Kommissar Daniel. Da ich Daniel durch mehrmalige Verhaftungsaktionen gegen meinen geistlichen Bruder persönlich kannte, wurde ich vorgelassen. Er sagte mir wörtlich: „Ja, alle diese Jungen sind ganz prachtvolle Kerls. Sie haben ein Wissen, das haben wir in unserer Jugend nicht gehabt. Ihre Haltung ist bewundernswert. Aber solche Jungen brauchen wir als Führer in der Hitlerjugend."

Siegfried war inzwischen nach Herne gebracht worden. Daniel erlaubte mir, Siegfried und den anderen Jungen etwas zu bringen. Ich staunte, als er mir sogar erlaubte, Siegfried das Buch „Das Neue Testament" von Rösch zu geben. Im Vinzenzkrankenhaus von Dortmund spendeten mir die Schwestern eine große Tasche voll belegter Brote. In Herne wurde alles, was ich mitbrachte, weitergegeben. Auch das Neue Testament bekam Siegfried ausgehändigt. Später erzählte Siegfried, dass ihm dieses Buch in der Einsamkeit der Zelle sehr viel gegeben habe. Er hätte in den Wochen der Haft beschlossen, Priester zu werden. Es war nicht gestattet, Siegfried zu sehen. Aber ein glücklicher Umstand fügte es – oder wer weiß, wer die Hand dabei im Spiel hatte – plötzlich lagen sich Mutter und Sohn im Herner Gefängnis in den Armen.

Nach langwierigen Verhören wurden alle Jungen einen Tag vor Weihnachten entlassen. Siegfried kam nach Hattingen, wo ich ihn bei Onkel Franz erwartete und glücklich in Empfang nahm. Hier erlebten wir zusammen ein wunderbares Weihnachtsfest, ohne zu wissen, dass es das letzte sein sollte. Ein Jahr später, auf Stephanus, traf Siegfried die tödliche Kugel. Onkel Franz, damals Pastor in Hattingen, der selbst wegen freimütigen Bekenntnissen seiner christlichen Überzeugung eine fünfmonatige Kerkerhaft hinter sich hatte und der dadurch noch stärker in seiner Gesinnung geworden war, sprach in der Weihnachtspredigt vom Frieden und von der Liebe zu allen Menschen, vor allem auch zu denen, von denen wir Leid erfahren. Durch das Hafterlebnis und die Predigt des Onkels angeregt, sprach Siegfried nach der Bescherung in einer kleinen Ansprache vom Fest des Friedens und der Liebe. Er fand so schöne Worte der Liebe und des Dankes, er war so erfüllt von dem Mysterium der Geburt des Erlösers, als ob er geahnt hätte, dass dieses sein letztes Weihnachtsfest mit uns sein sollte.

Nach den Weihnachtsferien ging Siegfried wieder zur Schule in Attendorn. Doch bald kam er in neue Schwierigkeiten. Er wurde in Olpe unter Polizeiaufsicht gestellt, weil er „Möldersbriefe“* verbreitet hatte. Der Polizeichef ließ ihn sogar durch einen Polizisten aus der Schule herausholen, und er wurde mehrmals verhört. Das alles brachte für mich wieder große Aufregung mit sich. Allerdings merkte ich aus allem heraus, dass die Polizei in Olpe Siegfried nichts anhaben wollte. Sie schätzte seine Freimütigkeit. Die Beamten mussten eben ihre Pflicht tun.

Der größte Schlag für Siegfried und mich kam im März 1942. Höheren Ortes war inzwischen beschlossen worden, alle Jungen von den vorher Verhafteten, die ein Gymnasium besuchten, öffentlich von der Schule zu verweisen. Keine Schule in Deutschland durfte sie wieder aufnehmen. Studiendirektor Dr. Overmann übergab persönlich im Attendorner Gymnasium Siegfried und seinem Schulkameraden Bruno Tigges aus Altenhundem das Urteil, und er tat es mit Tränen in den Augen. Viele Menschen haben mir damals ihr Mitgefühl gezeigt. Dies war für mich ein großer Trost. Sogar in den Reihen der „Nazis“ konnte ich die Kundgebung persönlicher Sympathie erfahren.

Hier enden die Aufzeichnungen der Mutter.

2. Angaben des Bruders Heribert, Rektor in Drolshagen

Als sich die Geschehnisse mit und um meinen Bruder ereigneten, war ich nicht zu Hause, sondern war in Frankreich und Russland Soldat. Ich erfuhr erst davon, als Siegfried schon gefallen war. Warum Siegfried oder Mutter mir schriftlich nichts mitgeteilt haben, hatte vielleicht zwei Gründe. Einmal wagten sie nicht, diese politisch gefährlichen Dinge der Post anzuvertrauen. Zum anderen wollten sie mich, besonders als ich in Russland war, nicht mit heimatlichen Problemen belasten.

Vom 26. 3. 1942 ist ein Brief Siegfrieds an einen Bekannten vorhanden. Siegfried schreibt: „Ihr Lieben! Heute möchte ich euch mal wieder schreiben. Gutes und Schlechtes. Ich bin laut Verfügung vom 21. 3. 1942 des Oberpräsidenten von Westfalen von der Schule und damit von jeder höheren Lehranstalt Deutschlands verwiesen worden. Näheres hätte ich euch sehr gerne persönlich mitgeteilt. Leider bin ich durch die Zeitumstände daran gehindert (Verfügung über Benutzung der Transportmöglichkeiten), nach dort zu kommen. Da ich augenblicklich noch nichts unternehmen kann, will ich mich entweder zum 15. 4. oder zum 1. 5. als Freiwilliger zum Heer melden. Was dann wird, werden wir schon sehen. Im Übrigen bleibe ich bei A und Ω. Siegfried.“**

---

* *Diese Briefe spielten eine ähnliche Rolle wie die Galenbriefe. Sie sollten von dem erfolgreichen Jagdflieger Mölders verfasst sein, der als aufrechter Katholik harte Kritik am Dritten Reich übte und ähnlich wie General Udet unter mysteriösen Umständen abstürzte.*

** *A und Ω = Alpha und Omega, erster und letzter Buchstbe des griechischen Alphabets; christliche Symbolik: Gott ist Anfang und Ende*

Siegfried musste sich regelmäßig bei der Polizei in der Kreisverwaltung melden. Sein Schicksal war ungewiss. Major Hammerstein, der Leiter des Wehrmeldeamtes (heute Gebäude der Bäckerfachschule), riet meiner Mutter, Siegfried gezielt in Richtung Wehrmacht verschwinden zu lassen, um ihn so dem Einfluss der Partei zu entziehen. Siegfried wurde am 19. 4. 1942 eingezogen. Nach der Rekrutenzeit kam er sogar in einen Lehrgang zur Ausbildung von Offizieren nach Lyk in Ostpreußen. In dieser Zeit schrieb ihm sein alter Klassenlehrer Studienrat Meier einen Brief und teilte ihm mit, dass er der Mutter ein normales Abgangszeugnis mit dem Versetzungsvermerk in die Klasse 7 überreicht habe. Da dies entgegen den Vorschriften sei, möge er auf keinen Fall etwas davon ausplaudern. Mit diesem Zeugnis müsste ihn später nach dem Kriege jede Schule wieder aufnehmen.

Siegfried hatte im Herbst 1942 den Lehrgang in Lyk gut hinter sich gebracht. Aber niemand hatte daran gedacht, dass am Ende des Lehrgangs aus der Heimat ein polizeiliches Führungszeugnis angefordert wurde. Jetzt war die Partei wieder im Spiel. Es kam heraus, dass er ein Nazigegner war und unter Polizeiaufsicht gestanden hatte, und mit der Beförderung zum Offiziersanwärter war es vorbei. Statt dessen wurde er in einer Art Strafanordnung in eine Kompanie geschickt, die im Frontabschnitt bei Woronesch in hartem Gefechtskampf mit den Russen lag. Dort traf Siegfried am. 11. 10. 1942 ein und fiel schon am 26. 12. 1942 durch Kopfschuss. Er war 18 Jahre alt.

Die Kunde von Siegfrieds Tod verbreitete sich blitzschnell in Olpe und weckte große Anteilnahme. Seine Freunde aus der katholischen Jugend verlangten von Pastor Menke, Pfarrei St. Martinus, ein Levitenamt in Weiß. Sie wollten damit die Verbindung vom Tod für Jesus Christus und fürs Vaterland dokumentieren. Pastor Menke fürchtete, die Partei zu provozieren, und schlug vor, entweder ein Levitenamt in Schwarz oder ein einfaches Seelenamt in Weiß zu feiern. Das Seelenamt in Weiß wurde schließlich gefeiert. Es wurde zu einer großen Demonstration der Olper Bevölkerung.

Von einer großen Zahl von Beileidsschreiben wurde meine Mutter überschüttet, Geistliche von Aachen bis Paderborn, vom einfachen Vikar bis zum Erzbischof, es kamen Briefe aus allen Teilen der Bevölkerung. Aus zwei Briefen sei abschließend zitiert.

Schwester M. Ewalda: „Sehr verehrte, liebe Frau Nebeling! Ihr lieber Sohn durfte ein Märtyrer für die Sache Christi werden. Rot hätten die Gewänder sein müssen, die der Priester trug, als er seines Todes gedachte. Aber in Weiß steckt auch das Rot, so hat Ihr lieber Junge geheimnisvoll das Vollkommenere gewählt. Er möge für uns bitten, dass auch wir Christus entsprechen möchten, wie er es tun durfte. Danken Sie Gott für einen solchen Sohn!“

Der alte Klassenlehrer Studienrat Meier: „Siegfried ist für Gedanken gestorben, die man unserer Jugend jetzt nehmen will. Aber Sie können überzeugt sein, dass gerade sein Tod bei unseren Schülern wie auch bei den Lehrern leuchtet wie ein Fanal und uns in der Seele brennt ..."

Brief aus Russland von Siegfried Nebeling an seinen Freund Benno Müller in Olpe

i.O., den 24. 11. 42

Heil Benno!

Nun hat es wirklich lange genug gedauert, daß ich die Adresse bekommen habe, aber ich glaube doch, daß wir bald miteinander den regen Briefverkehr haben werden, wie wir ihn schon lange erstreben.

Jetzt hat es mich doch gepackt, und nun stecke ich wirklich in Rußland in den entferntesten Stellungen drin. Ich liege augenblicklich mit noch einigen Kameraden aus Schwaben, Bayern, Ostpreußen, Österreich in einem Bunker, der etwa 100 m vom Feinde entfernt liegt. Wenn man in die vordersten Stellungen, etwa 50 m vom Feinde entfernt, geht, wird man schon von den Russen unter Feuer genommen. Aber das kann ja einen Seemann nicht erschüttern. Nun schreib Du mir mal, was Du machst und wo Du steckst Benno! Nun stehen wir mitten in der Adventszeit, in der Vorbereitungszeit auf Weihnachten. Unsere ganze Zeit, in der wir stehen, ist ja eine Advents-, eine Vorbereitungszeit auf die große Auseinandersetzung zwischen gut und böse, die kommen muß. Wir wollen diese schwere Zeit, die schon viel Leid für den Einzelnen und für das Volk insgesamt gebracht hat, als Läuterungszeit ansehen. Gerade so, wie nach dieser Adventszeit Weihnachten, die Erlösung kommen wird, so wird auch nach dem großen Kampfe das Gute siegen und herrlicher strahlen denn je. Was macht es schon, wenn wir uns als einzelne Menschen als Opfer hingeben. Hat nicht der große Flieger Lilienthal, an dessen Gedenkstätte wir zusammen in der Rhön waren, gesagt: „Opfer müssen gebracht werden!" Einer aus unseren Reihen, ein Bischof, sagte schon vor 1800 Jahren: „Das Blut der gefallenen Christen ist der Samen für neue Christen!" So wollen auch wir glauben, und wir wollen nicht so feige sein, unser eigenes kleines Ich vor die Allgemeinheit, vor unsere Ideale zu stellen. Denk an Ludwig, und Du weißt, was ich meine. Ich weiß auch, wofür ich nach draußen gegangen bin, und ich bereue nicht, weswegen ich gegangen bin. Vielleicht hat Gott mich dazu ausersehen, ein Opfer für unsere neue Jugend, für unsere Ideale zu sein. Vielleicht aber auch soll ich, durch Leid und Not gekrönt, den schwersten Kampf noch weiterleben.

Ich habe mich dazu durchgerungen, zu allem, was Gott gibt, das bewußte Amen zu sprechen.

Weihnachten ist das Fest der Befreiung, der Erlösung. Viele Menschen habe ich kennen gelernt, die zwar äußerlich frei, innerlich aber durch Leidenschaften geknechtet waren. Möge auch ihnen die Erlösungsstunde schlagen, und wir wollen alle dafür arbeiten. Ich habe auch viele gute, echte Kameraden getroffen, die wirklich bemüht waren, Gutes zu tun. Immer wieder gibt es Menschen, die in Ordnung sind und die auch so jugendlich bewegt sind wie wir. Allmählich muß ich schließen. Ich will hoffen, daß Dich dieser Brief noch vor Weihnachten erreicht. Schreibe gleich wieder.

Ich wünsche Dir alles Gute
und ein gnadenreiches Weihnachtsfest
und ein glückseliges Neujahr
Dein Freund Siegfried.

Totenzettel von zwei Freunden aus der kath. Gruppe in Olpe

„Weinet nicht, daß ich so früh von Euch gegangen, ich bin nur vorausgeeilt Euch zu empfangen."

✝

Christkönig
der Herr über Leben und Tod, rief am 21. April 1945, den

Uffz. und R.O.B. in einem Inf.-Regt.

Benno Müller

zu sich in die ewige Heimat.

Der liebe Verstorbene wurde am 21. Dezember 1923 in Freudenberg (Kr. Siegen) geboren. Kurz nach Vollendung des 18. Lebensjahres wurde er zu den Waffen gerufen. Er kämpfte überwiegend im Osten und gab sein junges Leben am 21. April 1945 bei den schweren Kämpfen um Jessnitz in die Hände seines Schöpfers zurück.

Seine Lebenshaltung als Christ und Soldat war erfüllt und gipfelte in dem Bekenntnis christustreuer Jugend. Wir beugen uns in Demut unter die Hand Gottes und finden Trost in der Hoffnung, unsern lieben und unvergeßlichen Benno in der himmlischen Heimat wiederzusehen.

Herr, gib ihm die ewige Ruhe!
Laß ihm leuchten dein ewiges Licht!

„Ich sehe den Himmel offen und den
Menschensohn zur Rechten Gottes stehen."
(Apg. 7, 56)

Am 2. Weihnachtstage 1942, am Feste des heiligen Märtyrers Stephanus, ging mein lieber Sohn, mein guter Bruder, unser von Liebe zu Christus und seinem Reich ganz erfüllter Neffe und Vetter

Grenadier

Siegfried Nebeling

in hartem Kampfe für sein Volk und Vaterland heim zum himmlischen Vater. Er opferte sein junges Leben im Alter von 18 Jahren, als ihn am Don die feindliche Kugel traf. In der Kraft des hl. Geistes stand er unbeugsam und unzerbrechlich in heiligem Kampf für seine Ideale. Weil in Christus sein jugendliches Leben wurzelte, war er tapfer und vorbildlich bis in den Tod. Sein Opfertod ist uns heilig.

In tiefem Leid:

Agnes Nebeling geb. Rölle
Heribert Nebeling, im Felde
Franz Xaver Rölle, Pfarrer
und die übrigen Anverwandten

Olpe i. W., im Felde, Hattingen-Ruhr,
am 21. Januar 1943.

Das Levitenamt für den Verstorbenen ist am Freitag, den 29. Januar, um 8 Uhr in der Pfarrkirche zu Olpe.

Olsberg

Paul Schlinkert

geb. 1925, kaufm. Angestellter,
später Prokurist
in Haft 19. 11. bis 23. 12. 1941
lebt in Olsberg

Paul Schlinkert aus Olsberg wurde am 19. 11. 1941 von der Gestapo verhaftet. Am selben Tage auch Johannes Sommer aus Brilon. Im selben PKW wurden beide zur Steinwache nach Dortmund gebracht.

Für Johannes Sommer, der am 15. Februar 1945 bei Breslau gefallen war, fand am 17. 2. 2002 im Alfred-Delp-Haus in Brilon eine Gedenkfeier statt, an der rund 150 Personen teilnahmen.

Seine Erinnerungen an die Steinwache Dortmund hat dabei Paul Schlinkert wie folgt vorgetragen:

Sehr geehrte Damen und Herren, liebe Freunde,
das Thema „Steinwache“ habe ich in den 60 Jahren seit der Entlassung aus der 5-wöchigen Gestapo-Haft am 23. 12. 1941 immer verdrängt. Vor einiger Zeit fragte mich Theo Köhren, ob ich in der heutigen Gedenkfeier meine Erinnerungen an die Steinwache vortragen könnte. Im Hinblick auf das Gedenken an Hannes Sommer konnte ich, obwohl es mir nicht leicht gefallen ist, nicht nein sagen.

Hierzu muss ich einiges vorwegschicken: Vor 2 Jahren hat mich Karl Föster aus Arnsberg angesprochen in der Angelegenheit „Steinwache“. Er und seine Freunde von der ehemaligen katholisch-bündischen Jugend haben sich sehr bemüht, die Erinnerung an damals für die Gegenwart aufrecht zu erhalten. In diesem Zusammenhang muss auch Franz Gosmann genannt werden, durch dessen Initiative die sogenannte Primavesi-Liste überhaupt zustande gekommen ist.

(Hier zu Information nur dies: Alexander Primavesi war nach dem Kriege Polizei-Historiker und hat auf Bitten von Franz Gosmann in Polizeiakten geforscht, um dann eine Liste der Damaligen von 1941 erstellen zu können, die sogenannte Primavesi-Liste.)

Wäre die Liste nicht entstanden, würden heute weder all die Namen der rund 30 Inhaftierten, der Verstorbenen, der Gefallenen noch der heute noch Lebenden bekannt sein.

An dieser Stelle sei es mir gestattet, den Freunden der ehemaligen Kath. Jugendbewegung – hier möchte ich stellvertretend für alle nur 3 Zeitzeugen nennen: nämlich Karl Föster, Franz Gosmann und Theo Köhren – einmal in aller Öffentlichkeit ganz herzlich Dank zu sagen. Dank zu sagen für ihren damaligen Einsatz als junge Menschen für die kath. Kirche während der Zeit des Nationalsozialismus. Dank zu sagen aber auch für ihren aktuellen Einsatz zur Bewältigung dieser Vergangenheit und für eine Zukunft, in der Menschenwürde und Menschenrechte und christlicher Glaube mehr Raum gegeben wird.

Die „Steinwache" in Dortmund, die Folterkammer der Gestapo (Fotos aus dem Jahre 2000).

Jungschar- und Sturmscharheim Olsberg um 1935

Seit dem Jahre 2000 konnte ich mit den treuen „Älteren" an mehreren guten Begegnungen teilnehmen. – Ich nenne hier:

Am 18. 7. 2000 die organisierte Busfahrt nach Altenberg.

Am 26. 10. 2000 die Busfahrt zur Besichtigung der Steinwache in Dortmund.

Außerdem im Jahre 2001 mehrere Zusammenkünfte bei den Benediktinern in Meschede zur Vorbereitung auf die 60-jährige Erinnerung am 23. Dezember, dem Tag der Entlassung aus der Steinwache.

Außerdem wurden bei diesen Zusammenkünften weitere Informationen und Dokumente für die Herausgabe eines neuen Buches durch Paul Tigges gesammelt.

Seit dieser Zeit ist das Thema „Steinwache" in mir wieder lebendig geworden.

Es ist ganz logisch, dass, wenn ich jetzt nach über 60 Jahren darüber berichten soll, dieses nur lückenhaft und unvollständig geschehen kann. Zuvor will ich aus einem Faltblatt vorlesen, wie die „Steinwache" zur jetzigen Zeit beschrieben wird. Ich zitiere:

„Die Steinwache, ein historischer Ort. Das 1928 erbaute Polizeigefängnis wurde nach der Machtübernahme der Nationalsozialisten eine der berüchtigsten Folterstätten im Deutschen Reiche. Unter dem Regiment der Gestapo erhielt die Steinwache den Beinamen ‚Hölle Westdeutschlands'. Von 1933 bis 1945 waren in den ca. 50 Haftzellen etwa 30 000 Männer und Frauen aus ‚politischen Gründen' inhaftiert. Zahlreiche Funktionäre politischer Parteien und der Gewerkschaften, Vertreter der christlichen Kirchen, jüdische Bürger, Sinti und Roma und ausländische Zwangsarbeiter wurden dort verhört, misshandelt und festgehalten; einige für wenige Wochen, andere für Monate und Jahre.

Viele der Verhafteten wurden später in Konzentrationslager deportiert. Sie kamen nicht nur aus Dortmund, sondern aus dem gesamten Regierungsbezirk Arnsberg.

Das Gebäude mit dem Gefängnistrakt blieb von Bombentreffern der alliierten Luftangriffe verschont. Bis auf den heutigen Tag ist die Steinwache in ihrer baulichen Struktur unverändert geblieben." (Zitatende)

Hier nun meine Erinnerungen:

Am 19. November 1941, dem Tag meiner Verhaftung, war ich erst 15 Jahre alt. Ich war als kaufmännischer Lehrling bei der Firma Hüttemann in Olsberg tätig. An jenem Tag kam ein Telefonanruf von der Amtsverwaltung Bigge zur Firma Hüttemann. Der Beamte erkundigte sich bei meinem Vorgesetzten, ob ein gewisser Paul Schlinkert beschäftigt würde.

„Ja, er war dort beschäftigt." Er möge sich sofort beim Ordnungsamt einfinden. Diese Aufforderung wurde an mich weitergegeben mit den Worten: „Herr Thesing vom Amt hat angerufen, du sollst dich sofort dort melden."

Da es mir seinerzeit oblag, auch die Botengänge zu erledigen, habe ich mir noch einige Vorgänge in die Aktentasche gepackt, mich aufs Fahrrad geschwungen und bin zum Amt geradelt.

„Bist du Paul Schlinkert?" fragte der Beamte. „Ja, der bin ich." – „Dann setz dich hin und warte." Kein Wort über Sinn und Zweck meiner Vorladung.

Es dauerte nicht lange, da betrat ein Mann den Raum. Wieder diese komische Frage: „Bist du der Paul Schlinkert?" – „Ja, der bin ich, aber sagen Sie mal, wer sind Sie denn eigentlich?"

Er zog, offensichtlich durch meine Frage verärgert, eine Erkennungsmarke heraus und fügte hinzu: „Buschmann, Gestapo, ich muss dich mitnehmen."

Bis zu diesem Zeitpunkt wusste ich nicht, um was es überhaupt ging. Vor Verlassen des Amtshauses fragte mich Buschmann auf der Treppe: „Kennst du Johannes Sommer aus Brilon?" Ich hatte Wut im Bauch, ich habe nicht geantwortet. In den PKW, der vor dem Haus stand, musste ich einsteigen. Drinnen saßen der Fahrer und Johannes Sommer, den ich kannte. Unsere Blicke begegneten sich kurz, sie verrieten nur: Wir sagen nichts. Die Fahrt ging los Richtung Meschede, Neheim, Dortmund.

Ich bat darum, zu Hause bei meiner Firma anrufen zu dürfen, um mich zu melden. Dieser Bitte wurde nicht entsprochen. Im Auto hörte ich von Hausdurchsuchungen und Mitnahme von Fotos und sonstigen Beweismaterials. Ich war also auf dem Wege in die Untersuchungshaft. „Was habe ich denn verbrochen?" So machte ich mir meine Gedanken. Zwar hatten wir Heimabende der Pfarrjugend besucht. Wir hatten an Einkehrtagen teilgenommen, z.B. 1940 mit Augustinus Reineke und Jupp Stemmrich in Meschede. Wir waren öfter mit den Fahrrädern unterwegs zum Diemelsee, zur Weser usw. Mit Fahrrad, Zelt und Paddelboot verlebten wir Jungen viele gute und frohe Tage. Allerdings, und das war der Knackpunkt, ohne Hakenkreuz-Armbinde und braunem Hemd.

Herbst 1940 Im Rott, oben v. l. Josef Lenze, Anton Strake, Alf. Strake mit Ball, Mitte v. l. Josef Strake, Alois, Mia, Paul Schlinkert, Hans Schulz, unten v. l. Norbert Schlinkert, Josef Bathen, Fritz Glenzer, Werner Schlinkert

Fritz Glenzer, einer der Unermüdlichen, war immer aktiv und voller Ideen. Ich glaube, es war im Sommer 1941. Wir beide hatten uns vorgenommen, eine kleine Broschüre abzudrucken. Sie lautete: „Der Weg des Soldaten Johannes."

Dazu muss man wissen, dass Johannes Niermann, geb. 10. 8. 1914 (alias Soldat Johannes) vor seinem Militärdienst Reichssturmscharführer war. Die Sturmschar war damals von den Nazis schon verboten.

Hans Niermann war im Juni 1940 in Frankreich gefallen. Die Briefe sollten dazu beitragen, die Erinnerung an ihn wach zu halten. Ohne ihn zu kennen, war er für uns ein Vorbild, wir fühlten uns mit ihm solidarisch verbunden.

Für unser Vorhaben hatte ich bei Dechant Schulte ein Vervielfältigungsgerät geliehen (Rototyp oder so ähnlich). Eine Schreibmaschine hatte ich damals schon zu eigen. Dann wurden Matrizen gekauft, und ich habe fleißig getippt. Meine Bude war zu einer kleinen Druckerei geworden. Fritz und ich waren ein wenig stolz auf unsere Arbeit. Lange Zeit später habe ich mich bei Dechant Schulte dafür entschuldigt, dass das von der Gestapo mitgenommene Vervielfältigungsgerät nicht an den Besitzer zurückgekommen ist.

Inzwischen war Buschmann mit uns in Dortmund angekommen. Hinter uns schloss sich das große Eisentor. Hier kommt so leicht keiner raus!

Nun hieß es, mit dem Gesicht zur Wand stehen und warten. Geld, Taschenmesser und Tascheninhalte abgeben. Hosenträger und Leibriemen abtun. Aktentasche abgeben, Schnürsenkel auch abgeben. Ich glaube, das Taschentuch durfte ich behalten! Ich kam in eine Einzelzelle, meines Wissens Hannes Sommer auch.

Die Zelle enthielt eine Liege, eine Decke, ein Tiefspüler-WC, einen Schemel und ein Tischchen. Tageslicht kam zwar herein, aber die undurchsichtigen Scheiben hinter den vergitterten Eisenstäben waren arretiert und zwar fest nach oben, sodass man durch den Schlitz nur ein kleines Stück vom Himmel sehen konnte. Keine Straße, keine Menschen konnte ich draußen sehen oder beobachten. Es hätte etwas Abwechslung gebracht.

Zahnbürste, Zahnpasta, Kamm und sonstige persönliche Toilettensachen hatte ich sowieso nicht dabei, wären auch nutzlos gewesen – ohne fließend Wasser. Die dicke Eisentür hatte einen Spion für einseitige Beobachtung. Die Wände waren ziemlich dreckig, an einer Stelle hatte wohl ein Häftling pornografische Darstellungen angeschmiert. Das Aufschließen der Zellentür durch den Wärter verursachte ein schreckliches Getöse.

Das Essen war nicht gut. Wenn der Essenkübel in den Flur bzw. das Treppenhaus gestellt wurde, roch es manchmal ganz normal, aber sobald der Kalfakter einen Schlag in den Blechnapf gegeben hatte, stellte man fest, wieder Wassersuppe ohne viel drin. Es gab auch täglich einen Kanten Brot und schwarzen Kaffee. Aber nie so viel, um auch nur einigermaßen satt zu werden. In der Einzelzelle habe ich damals viel an zu Hause gedacht und an die Sorgen meiner Eltern. Schließlich konnte ich mich nicht einmal zu Hause abmelden.

Wären sie linientreu gewesen, hätten sie sicherlich für mich einiges tun können in meiner prekären Lage. Ich glaube aber, sie haben damals besonders innig gebetet. – Mein Vater hat es geschafft, einmal bis zur Steinwache durchzukommen, um mir Wäsche zu bringen. Im Verhörzimmer, in Gegenwart der Gestapo-Leute durfte ich die Wäsche wechseln.

In einem anderen Fall, von dem ich erst kürzlich erfuhr, hat man einen Vater, der dem Sohn in der Steinwache ein Weihnachtspaket bringen wollte, dieses verweigert und ihn mit dem Paket wieder nach Hause geschickt.

Ich glaube, dass sowohl Vater wie auch Mutter in diesen Wochen viel gelitten haben. Vater hat die NS-Zeit mit ihren schlimmen Begleiterscheinungen nicht verkraften können, er starb schon 1943 mit 55 Jahren.

In der Einzelhaft hat man viel Zeit zum Nachdenken; besonders dann, wenn nichts zum lesen vorhanden ist. Wieviel von uns Jugendlichen sind hier wohl eingesperrt?

Wer ist es? Ich kannte nur wenige: Hannes Sommer, Hubert Keseberg, Rudolf Friemauth, Günter Stumpf, Anton Schnüttgen. Und?

Oft schallten Namen durch das Gebäude, dann öffnete der Wärter die betreffende Zellentür, und der Häftling musste zum Verhör nach unten kommen.

Johannes Sommer wurde oft gerufen und zum Verhör zitiert. In den Augen der Gestapo war er offensichtlich ein besonders schwieriger Fall.

Ich war ja noch jünger und konnte beim Verhör viele Fragen mit „weiß ich nicht" beantworten, besonders dann, wenn es um Dinge ging, die meinen älteren Bruder Alois betrafen. Er war inzwischen zum Militär eingezogen, sonst hätte man ihn sicherlich statt meiner verhaftet.

Die Verhöre und die ganze Behandlung waren für mich erniedrigend und deprimierend; man war ja immer machtlos den Drohungen ausgesetzt.

Ich bin körperlich nicht gefoltert worden, aber Schreie habe ich öfter gehört. Im Keller war eine Folterkammer mit entsprechender Ausstattung; ich habe sie aber erst bei unserer Besichtigung am 26. 10. 2000 gesehen.

Im Gefängnishof, mit hohen Mauern umgeben, durften wir Gefangenen bei strenger Bewachung während des Rundganges Luft schöpfen. Ob zwei- oder dreimal in der Woche, kann ich nicht mehr sagen. Dabei habe ich aber immer nur fremde Gesichter gesehen. Oder war das so organisiert? Ich weiß es nicht. Ich weiß aus der Erinnerung auch nicht, wieviele von uns seiner Zeit geschlagen und misshandelt wurden.

Niemand kann ermessen, wieviel Leid und Diskriminierung unsere Angehörigen erfahren mussten. Zum Beispiel, als eine Mutter in der Unterwäsche ihres Sohnes Blutspuren gefunden hat, die nur mit Prügel oder Folterungen zusammenhängen konnten.

Tatsache ist aber nachgewiesener Maßen, dass viele der von uns Inhaftierten große Nachteile einstecken mussten durch Schulverweise oder in Ausbildung und Beruf und auch sogar beim Militär.

Wir denken hier auch an Johannes Sommer, der gemäß dem Abgangszeugnis vom 6. 4. 1942 von der Oberschule verwiesen worden ist. Auch Günter Beckmann wurde vor dem Abitur vom Gymnasium verwiesen. Ebenso Heribert Lange und andere.

Hier will ich noch über unseren damaligen Leidensgenossen Heribert Lange einiges sagen, was ich von Karl Föster erst kürzlich erfahren habe.

Im Jahre 1984 schrieb Heribert an Karl Föster, dass er damals aus der Hitlerjugend ausgeschlossen wurde, dass er die Schule verlassen musste, weil er sich am illegalen Auf- und Ausbau des verbotenen Katholischen Jungmännerverbandes betätigt hatte und zusammen mit anderen Gruppen im Sauerland Rundbriefe und die Predigt des Bischofs von Münster, Kardinal von Galen, verbreitet hatte.

Juni 1941, Willi Hilbich, Franz Schmidt, Rudolf Lenze, Paul Schlinkert

Heribert Lange ist nach dem Kriege in den Jugendvollzugsdienst gegangen. Dieses hat auch mit seinem Erleben in der Steinwache 1941 zu tun, wie sein Bruder Pfarrer i.R. Gerd Lange geäußert hat. Heribert Lange war zuletzt als leitender Regierungsdirektor für die Vollzugsanstalt Siegburg zuständig.

Es ist bedauerlich, dass Heribert heute sehr krank ist, im Rollstuhl sitzt und nicht mehr in der Lage ist, das Jugenderlebnis „Steinwache" ausführlich zu schildern.

Vor unserer Entlassung am 23. Dezember 1941 wurden wir noch besonders belehrt. Diese Belehrung ging dahin, dass wir über den Grund und die Art unserer „Unterbringung" absolut zu schweigen hatten, sonst drohe uns KZ.

Die Belehrung machte übrigens Buschmann höchstpersönlisch. Heribert Lange, von dem ich vorhin berichtet hatte, hat ihn beschrieben als einen überheblichen, übelgesonnenen und hämischen Menschen.

Apropos KZ: Ich erinnere mich auch, dass ich aus der Einzelzelle in eine überfüllte Massenzelle verlegt wurde. In dieser Zelle waren allerdings keine Leute von uns, sondern alle möglichen „Täter".

Bis dahin wusste ich nichts von Konzentrationslagern, aber ich vernahm die unheimliche Angst der anderen Gefangenen, wenn sie von „Lager" sprachen.

Diese Leute hatten oft nichts Böses getan, aber ihre Nase passte diesem oder jenem Nazi nicht, und sie wurden dingfest gemacht. Ich glaube vielfach mit tödlichen Konsequenzen. In dieser Massenzelle lernte ich damals auf dem hölzernen Lager auch Ungeziefer kennen.

Die Steinwache war für Johannes Sommer, den wir in dieser Gedenkfeier besonders ehren und seiner gedenken wollen, eine äußerst schwere Zeit. Nicht nur Verhöre und Schikanen in der Steinwache, nein, auch der Verweis vom Gymnasium im Jahre 1942 waren Folgen der Gestapo-Aktion 1941.

Jetzt möchte ich Johannes Sommer ganz persönlich ansprechen, auch wenn er nicht mehr bei uns ist:

Sowohl P. Alfred Delp als auch Johannes Sommer sind im Februar 1945 ums Leben gekommen. P. Alfred Delp wurde am 2. 2. 1945 in Plötzensee hingerichtet. Johannes Sommer wurde am 15. 2. 1945 durch eine Granate getötet. Ehre ihrem Gedächtnis.

Lieber Hannes, so habe ich dich damals angeredet. Bedingt durch den Altersunterschied sind wir uns zwar nicht oft begegnet. Ich durfte dich aber kennen lernen als einen Menschen mit ganz gradliniger Gesinnung, als einen engagierten, aufrechten und furchtlosen Katholiken, der zum Opfer bereit war. Das war in einer schweren Zeit.

Wenn du heute noch lebtest, davon bin ich überzeugt, wärest du ein ganz konsequenter Verfechter für Menschenrecht und Menschenwürde in der weiten Welt.

Wir, und sicherlich viele Menschen mit uns, sind fest davon überzeugt, es gibt keinen gerechten Krieg, es gibt nur einen gerechten Frieden.

Siegen

Gerhard Bottländer*

geb. 1913, kaufm. Angestellter
in Haft 8. 12. bis 23. 12. 1941
gest. 1997

Foto aus den 50er Jahren, Gerhard Bottländer (rechts) mit seinem geistl. Freund Friedhelm Wortmann. Das gemeinsame Ziel der beiden Freunde: Die liturgische Erneuerung.

Gerhard Bottländer, Siegen*

Erst nach mehrmaligem Fragen finde ich in Siegen die Wohnstraße „Am Gallenberg". Gerhard Bottländer empfängt mich auf der hohen Außentreppe seines Hauses, ein älterer, kleiner Mann mit grauem Haar. Er führt mich die Haustreppe hoch zur ersten Etage – unten wohnt der Sohn –, wir nehmen in einem bescheiden eingerichteten Wohnzimmer Platz, der Boden aus grau gestrichenen Holzdielen, an der Seite neben einem Bücherschaft ein geöffnetes Klavier. „Ich habe viel vergessen, mein Gedächtnis lässt nach", entschuldigt Bottländer sich. „Ich war der Älteste von denen, die damals verhaftet wurden, 28 Jahre alt. Wegen Krankheit hat man mich mehrmals eingezogen und wieder entlassen. Ich hatte zeitweilig die Gauführung des ND (= Neues Deutschland, ein kath. Jugendverband), war die rechte Hand des Vikars Horstkämper. Die Polizei hat mich aus dem Betrieb geholt. Ich arbeitete dort als kaufmännischer Angestellter. Ich war zunächst im Rathaus eingesperrt, wurde zwei Tage später zusammen mit zwei anderen aus Siegen und Olpe nach Dortmund gebracht. Rudolf Wagener und Siegfried Nebeling, beide sind gefallen, das war Anfang Dezember 1941. Ich saß in einer

---

* *Aus „Jugendjahre unter Hitler". Weitere Informationen zu Gerhard Bottländer in dem Bericht von Josef Wagener „Verhaftung von zwei Führern der Siegener ND-Gruppe".*

Einzelzelle, nur mittags trafen wir andere im Hof zum Rundgang, die meisten kannten wir nicht, wir durften nicht sprechen. Gequält hat man mich nicht, nur die langen Verhöre abends und nachts. Aber ich habe den Vikar nicht verraten, er war mir sehr dankbar dafür."

Inzwischen hat sich Frau Bottländer dazugesetzt, nachdem sie mir ein Glas Bier angeboten hat, eine schwarzhaarige, große Person. Sie haben sich damals schon gekannt und im Kriege geheiratet, lernten sich über die kath. Jugendarbeit kennen. Sie ist sehr interessiert an meinen Fragen und Bemerkungen und ergänzt dieses und jenes, was ihr Mann nicht mehr genau weiß.

„Zwei Tage vor Weihnachten wurden wir alle entlassen, bekamen eine Fahrkarte nach Hause in die Hand gedrückt. Der Erzbischof hatte sich wohl eingeschaltet, er hatte ja gute Beziehungen zu den Nazis, sonst wäre er nicht Bischof geworden." Als ich ihn fragte, ob er darüber Näheres wisse, weiß er mir keine Antwort zu geben, er habe das jedenfalls immer geglaubt. Frau Bottländer ist skeptisch: „Dir hat doch keiner von der Kirche geholfen." Sie ergänzt noch: „Vergiss nicht die Galenbriefe und dass ihr in Paderborn wart bei der Bischofseinführung!" Bevor ich mich verabschiede, holen die beiden eine Schrift, an der ihr Sohn mit über 20 weiteren Hauptschullehrern mitgearbeitet hat, „Die Juden im Siegerland zur Zeit des Nationalsozialismus", und zeigen mir den Namen ihres Sohnes hinter der Titelseite. Für eine Gebühr von 5,– DM überlassen sie mir das blaue Heft, das die Gesellschaft für christlich-jüdische Zusammenarbeit Siegerland in diesem Jahr herausgegeben hat.

Abschrift

Erzbischöfliches Konvikt *Werl (Kreis Soest), den 31. März 1946*
Aloysianum zu Werl
Krs. Soest i.W.
Alumnat für Oberschüler
Postscheckkonto Dortmund 14103/Ruf 410

Gerhard Bottländer ist mir seit 1938 bekannt, da wir zusammen Studenten waren. – Von 1941–1943 war ich als Vikar in Siegen St. Michael und St. Marien. Gerhard Bottländer ist in der St. Michaels-Gemeinde beheimatet. Er hat sich seit seiner Gymnasiastenzeit sehr eifrig in dem katholischen Jugendbund Neu-Deutschland betätigt. Als die Jugendgruppen durch den nationalsozialistischen Staat verboten wurden, haben die Gymnasiastengruppen getarnt ihre Tätigkeit fortgesetzt. Gerhard Bottländer war der Eifrigste, der sich ganz einsetzte, auch als er selbst kein Gymnasiast mehr war. Als Stadtjugendseelsorger von Siegen habe ich damals diese Gruppe geführt. Mein bester Mitarbeiter war Gerhard Bottländer. Er wurde dann am 8. 12. 1941 von der Gestapo mit zwei anderen Jungen aus der Gruppe verhaftet. Es ging darum, Material gegen mich und andere Geistliche zu sammeln, um der ganzen katholischen Jugendarbeit einen entscheidenden Schlag zu versetzen. Gerhard Bottländer hat durch seine geschickten Aussagen mich nicht belastet und mich dadurch, dass er manches auf sich nahm, vor einer Inhaftierung bewahrt. Ende Dezember wurde er dann wieder aus der Haft entlassen, da man entscheidende Aussagen von ihm nicht erpressen konnte. Er stand aber weiterhin, auch während seiner Militärzeit unter Aufsicht der Gestapo. Gerhard Bottländer hatte immer und unverrückbar eine anti-nationalsozialistische Haltung, aus der er auch kein Hehl gemacht hat. Er stand rückhaltlos und ganz auf dem Boden der katholischen Kirche und ihrer Jugend. Ich möchte es darum wärmstens befürworten, dass er wegen der Verfolgung, die er durch die Gestapo erlitten hat, bald aus der Gefangenschaft entlassen wird.

gez.: Fritz Horstkemper
Präses

Rudolf Wagener

geb. 1924 in Rheinbach, Schüler
in Haft 8. 12. bis 23. 12. 1941
von der Oberschule verwiesen
gefallen in Russland

Gestapo-Aktion gegen die Jugendgruppe ST. GEORG (Siegen) im Bund NEUDEUTSCHLAND von Josef Wagener

Die dem Bericht beigefügten Dokumente gelangten auf folgende Weise in unseren Besitz: Nach seiner Rückkehr aus der Kriegsgefangenschaft im Sommer 1945 ging Rudolf Pithan eines Tages zum Kreishaus der NSDAP in der Emilienstraße. Das Gebäude war durch Bomben stark beschädigt, das Betreten des Trümmergrundstücks durch die britische Besatzungsmacht verboten worden. Rudolf Pithan drang trotzdem ins Innere des Gebäudes ein, wo er größere Mengen von Akten vorfand, die verstreut dort herumlagen. Aus diesen Papieren barg er beiliegende Dokumente.

Zum Schreiben des Direktors des Gymnasiums muss bemerkt werden, dass gleichlautende Briefe auch anderen Schülern im Raum Westfalen zugingen, dass es sich also um eine Maßnahme handelte, die den Schulleitern „von oben“ aufgetragen wurde. (Dazu siehe: Paul Tigges „Jugendjahre unter Hitler“. Sauerland-Verlag, Iserlohn, 1984)

Rudolf Wagener, 2. v. l. mit einigen Jungen

Josef Wagener
Steinweg 11 5902 Netphen 1, den 8. 6. 89

Verhaftung von zwei Führern der Siegener ND-Gruppe

Im Dezember 1941 wurden zwei Führer unserer Siegener ND-Gruppe „St. Georg" von der Gestapo verhaftet. Da es sich dabei nicht um eine Einzelmaßnahme handelte, sondern um einen Schlag gegen die kath. Jugend der Diözese Paderborn, sind einige Bemerkungen zum Hintergrund der Aktion erforderlich.

Die Konsekration und Amtseinführung des neuen Paderborner Erzbischofs Dr. Lorenz Jaeger (19. 10. 1941) war ein kirchenpolitisch herausragendes Ereignis, das auch von der Parteiführung und der Geheimen Staatspolizei sehr beachtet wurde. Vor allem war es wohl die Feier für die Jugend in der Marktkirche zu Paderborn, die den Machthabern nicht gefiel. In dieser Feier am Tage der Bischofsweihe gelobte die Diözesan-Jugend ihrem Bischof die Treue. („Du bist unser Bischof, bist unser Führer.") So wurde die Bischofsinthronisation zum Anlaß für eine Verhaftungswelle, welche die Jugend der Diözese traf. Über 30 Jugendführer aus Westfalen saßen im Dezember 1941 im Dortmunder Polizeigefängnis. (Siehe: Augustinus Reineke: „Jugend zwischen Kreuz und Hakenkreuz", Bonifatius-Verlag, Paderborn, 1987)

Die verbotswidrige Existenz der Siegener ND-Gruppe (Gründung 1927) war der Siegener Gestapo wohl bekannt. Jedenfalls rief uns – es muss im Sommer 1941 gewesen sein – unser damaliger Gruppenführer zusammen und teilte uns mit, er habe eine Verwarnung durch die Gestapo erhalten. Es sei mit ernsthaften Strafen zu rechnen, falls diese illegale Jugendarbeit nicht sofort beendet werde. Er jedenfalls löse hiermit die Gruppe offiziell auf. Falls jemand weitermachen wolle, müsse er dies in eigener Verantwortung tun.

Mein Vetter Rudolf Wagener, zu dessen Fähnlein ich gehörte, bot uns an, uns weiterhin geheim zu treffen. Das geschah dann auch, mal im Wald, mal in Privathäusern.

Gerhard Bottländer, damals 28 Jahre alt, arbeitete eng mit dem Stadtjugendseelsorger, dem Vikar Fritz Horstkemper, zusammen und war auch führend in der ND-Gruppe tätig. Außerdem hatte er Kontakt zu anderen NDern im Gau „Rote Erde".

Am 8. Dezember 1941 wurde Gerhard Bottländer, der als Kaufmann in einer Siegener Firma arbeitete, von zwei Gestapo-Beamten dort abgeholt und nach Hause gebracht, wo man eine Hausdurchsuchung vornahm. Anschließend wurde Gerhard im Siegener Rathaus inhaftiert.

Auch bei Rudolf Pithan, einem besonders engagierten NDer, wurde eine Hausdurchsuchung durchgeführt. Rudolf war zu dieser Zeit schon Soldat. Seine Mutter hatte rechtzeitig das Gruppenbanner und einige Wimpel in Sicherheit gebracht; doch Fahrtenalbum und Chronik fielen der Gestapo in die Hände. Als wir davon erfuhren, fühlte sich niemand von uns mehr sicher.

Am gleichen Tag erfolgte eine Hausdurchsuchung bei Rudolf Wagener, der aber nicht zu Hause war, da wir gerade unsere Fähnlein-Runde hatten. Man fand unsere Gruppenbücherei und einen Vervielfältigungsapparat, wahrscheinlich auch eine Chronik. Die Beamten hinterließen die Nachricht, Rudolf solle sich am nächsten Morgen im Rathaus melden. Das tat er dann auch, und beide Jugendführer (G. Bottländer und R. Wagener) wurden am 9. 12. nach Dortmund ins Gefängnis gebracht. Dort traf Gerhard auch mehrere Jungen, denen er kurz zuvor noch eine Einladung zu einem „Thing" geschickt hatte.

Die Behandlung während der Haftzeit entsprach dem alten Prinzip „Zuckerbrot und Peitsche": Mal waren die Gestapo-Leute freundlich, mal drohten sie. Oft fanden die Verhöre nachts statt; die Jungen mussten dann stundenlang stehen und wurden befragt. Im Wesentlichen ging es darum, belastende Aussagen über andere Jugendführer und über die Jugendseelsorger zu erpressen. Das misslang weitgehend. Unser Jugendseelsorger Fritz Horstkemper schrieb in einer Stellungnahme vom 31. 3. 1946: „G.B. hat durch seine geschickten Aussagen mich nicht belastet und mich dadurch, dass er manches auf sich nahm, vor einer Inhaftierung bewahrt."

Am 23. 12. 1941 wurden die Jugendführer nach Hause entlassen, vermutlich aufgrund einer Intervention des Erzbischofs. (Einzelheiten zu den Erlebnissen während der Haftzeit: Siehe: Reineke S. 302: Bericht des Schülers Hans-Joachim Degenhardt)

Natürlich standen die entlassenen Jugendführer weiterhin unter Gestapo-Aufsicht. Im Fall von Rudolf Pithan wurden sogar militärische Dienststellen bemüht, um ihn zu finden. Jedoch mehrere Versetzungen zu anderen Einheiten verhinderten den Zugriff der Gestapo. Rudolf erfuhr von diesen Recherchen durch einen befreundeten Offizier.

Für Rudolf Wagener, der noch Schüler war, und seine Familie hatte die Sache noch ein Nachspiel. Mit Datum vom 24. 3. 42 erhielt er ein Schreiben der NSDAP über seinen Ausschluss aus der HJ, mit gleichem Datum ein Schreiben seines Schulleiters mit der Verweisung von der Oberschule für Jungen, Siegen. Kein anderes Gymnasium durfte ihn aufnehmen. Um seine Schullaufbahn beenden zu können, erhob Rudolf Einspruch gegen den Ausschluss aus der HJ, da ohne die Mitgliedschaft eine Wiederaufnahme in die Schule damals nicht mehr möglich war. Der Einspruch wurde abgelehnt. (Siehe Anlagen! Die Dokumente wurden im Sommer 1945 im zerstörten Siegener

Kreishaus der NSDAP gefunden.) – Rudolf begann eine Ausbildung zum technischen Zeichner, wurde jedoch kurz darauf zum RAD einberufen, anschließend zur Wehrmacht. Er ist in Russland gefallen.

Sein Vater (er war Beamter und hatte sechs Kinder) wurde im Sommer 1942 strafversetzt nach Swinemünde. Dort wurde er schließlich, obwohl er auf einem Auge erblindet war, zum Volkssturm eingezogen. Etwa Ende 1944 erreichte er als Volkssturmmann seine Versetzung zu einer entsprechenden Einheit nach Siegen.

Das Gruppenleben der Siegener NDer war in den letzten Kriegsjahren stark reduziert: Es fehlten die Führer, die mittlerweile alle zum Kriegsdienst einberufen waren; auch die Angst vor der Gestapo und die Auswirkungen der Bombenangriffe spielten eine Rolle. Doch bis zuletzt blieben die 15-/16-Jährigen in Verbindung und trafen sich gelegentlich, wenn einer ihrer Führer auf Heimaturlaub kam.

Josef Wagener

Josef Wagener

Abschrift.

Der Direktor
Oberschule für Jungen

Siegen, den 24.März 1942

Nr. 2628

Herrn
Rudolf Wagener
S i e g e n

Lt. Erlass des Herrn Oberpräsidenten - Abt.f. höheres Schulwesen- 2/9/3/10 k Nr. Spez. Sch. II/5 v. 21.III.42 wird Ihr Sohn Rudolf Wagener, geb. 20.1.1924, mit sofortiger Wirkung von der hiesigen Schule verwiesen. Eine Aufnahme auf eine andere höhere Schule ist nicht möglich.

Die Verweisung erfolgt, da erwiesen ist, dass der Schüler sich in bewusstem Gegensatz zu den Auflösungsverordnungen des Staates an Bestrebungen beteiligt hat, deren Ziel der geheime Aufbau des Bundes ND. bzw. des kath. Jungmännervereins war.

Oberstudiendirektor:
i.V. gez. Dr. Hollstein

Bericht über die Siegener ND-Gruppe

Die folgenden Berichte von Pithan, Hartmann und Kötting sind entnommen: Rudolf Pithan: Berichte und Dokumente von Erlebnissen der Siegener Gruppe des Bundes Neudeutschland aus den Jahren 1933 bis 1945 (unveröffentlicht, aufgezeichnet um 1990).

Mein Gedächtnis – ein Sieb, das zur Gegenwart hin immer großlöcheriger wird von Rudolf Pithan

Es war eine schöne Zeit, wild und jungenhaft, wir schwärmten für Helden, – waren aber selbst keine.

Widerstand? – Wir suchten alle Lücken des Systems, um sie auszunützen. Wenn auch verboten – wir riskierten viel! Aber wir waren Jungen!

Schulbeginn Ostern 1933. Wir neuen Sextaner kamen in die Sexta a, vorbestimmt für Katholiken und Auswärtige! Meines Wissens waren wir 18 katholische Schüler.

Gleich in den ersten Pausen waren wir Frischgebackenen das Opfer „grausamer" Quartaner u.a.: der ca. 100 m lange kiesbestreute Schulhof des Realgymnasiums Siegen endete mit einer „Miste" für Heizungs- u.a. abfälle – dorthin schleppten uns Gejagte die „Erfahrenen" und warfen uns hinein – ein uraltes Ritual! Erst das Klingelzeichen war unsere Befreiung.

Doch sehr bald änderte sich das für uns Jungen mit silbernen sechseckigen PX-Abzeichen – Knappen der ND-Gruppe, wie wir bald erfuhren, „keilten" uns für ein neues Fähnlein. Damit waren sie auf dem Schulhof gleichzeitig unsere Beschützer und Retter. Wir alle, 18 katholische Schüler, stießen zu dem neuen Fähnlein.

Unser erster Fähnleinführer war „Gandhi" (Werner Böhmer, später Richter am Bundesverfassungsgericht). Die führende uns bekannte „Ritterschaft" kam aus der Obersekunda und Unterprima. Die Oberprimaner zogen sich – wohl wegen der Vorbereitung auf das Abitur – mehr zurück. Der Blick von uns Dötzen war natürlich auf die Großen gerichtet, auf „Fredi" (Alfred Zimmermann) – wir erfuhren bald, dass er unser Gruppenführer war, – auf Hermann Hillebrand, den „Helden von Oranienstein" (siehe „Leuchtturm" oder „Burg" 1927) und auf Uli Bosch, „Luftgas" genannt, weil sein Erbsensuppenessen erst dann richtig begann, wenn uns allen schon die Augen hervorquollen und die Därme schon quietschende Geräusche, die auf Platzen hindeuteten, von sich gaben; dabei war er spindeldürr.

Also „Gandhi“ rief uns zu unserem ersten Gruppengeländespiel. Bis in die Dunkelheit hinein sollte es gehen. Er suchte alle Eltern auf und versicherte, dass wir bis 22.00 Uhr nach Hause gebracht würden.

Wir trafen uns am Gymnasium. Unsere Überraschung; da war nichts von obligatorischen Schülermützen zu sehen. Etwa hundert Jungen in olivgrünen derben Hemden, mausgrauen Manchesterhosen, Koppel mit blitzendem goldenen Schloss – in Kluft! sammelten sich hier.

Wir waren damals böse, dass gerade vorher der Schulterriemen (abgeschnallt eine prächtige Waffe!) abgeschafft worden war.

Kommandorufe! Der Haufen trat zu einer Marschkolonne an, an den Seiten die Fähnleinführer, vorne die Neulinge, dann die „Knappen“, den Schluß bildeten die „Ritter“. Jedes Fähnlein hatte seinen Wimpel, vornweg wurde das Gruppenbanner getragen, dahinter hämmerten drei Landsknechtstrommeln den Marschtakt. Unsere dieses neuen Gebarens ungewohnten Beine mußten sich erst daran gewöhnen. „Holz, Holz....“ bläuten uns die Fähnleinführer immer wieder ein. Fahrten- und Landsknechtslieder. Die Marschkolonne in der Oberstadt, Marburger Straße, Giersberg. Am Silberfuchs dann das große Geländespiel, das sich bis in die Dunkelheit hinzog. Toll – Hornsignal zum Sammeln! Einige hatten einen großen Holzstoß aufgeschichtet, der jetzt entzündet wurde. Wir standen im Karree um das Feuer. „Flamme empor...“, einige Abendlieder. Stille! Wir beten das Bundes-Ave.

Aus dem Tal zieht eine singende Jungengruppe zu einer Nachtwanderung herauf, Hitlerjugend, glaube ich. Als sie uns im Gebet sehen, brechen sie ihren Gesang ab und ziehen schweigend an uns vorüber. (Wie hätte das nur ein paar Jahre später ausgesehen?) Unter uns in der Zinsenbach nehmen sie das Lied wieder auf.

Wir marschieren in der bekannten Ordnung wieder auf in die Stadt zurück. – Was waren wir damals begeistert!

Natürlich quälten wir unsere Eltern um die Kluft. Spätestens auf dem Weihnachtstisch fand sie der Letzte.

An dem Treppenflur zum Hofausgang der Schule hatten wir unseren eigenen Schaukasten, mit dem Bundeszeichen geschmückt. Er enthielt die neuesten Bekanntmachungen: „Fähnlein-Nachmittage, Knappen- und Ritterrunden, Christuskreise“ usw. Ein Jahr später hat man ihn uns zertrümmert. Unser geistlicher Führer, Studienrat Heinrich Sonntag, ermahnte uns ständig zu Besonnenheit. Diese Haltung sahen wir nur als „ängstlich“ wenn nicht gar „feige“ an. – Er war der einzige Katholik im Lehrerkollegium und war nur für den Religionsunterricht zuständig, – den Rest verbrachte er am Lyzeum, von uns verächtlich „Gänsestall“ genannt.

Früher waren wir begeistert von ihm, aber seine Ermahnungen kamen bei uns unbekümmerten Jugendlichen nicht an. Schon bald hatten wir Schüler den Trick heraus, ihn von der „Frohen Botschaft" seines Religionsunterrichts abzulenken. Was wir erreichen wollten, glückte meist ohne große Schwierigkeiten. Mit rollenden Augen und dumpfem Ton brachte er schon bald sein Lieblingsthema, die spannende und nie enden wollende Geschichte vom „Schwarzen See" – sein eigenes Phantasieprodukt, spannender als unsere „Burg"-Geschichten!

Jetzt aber trennten wir uns von ihm. Ohne ihn ging es ja auch. Die Ruine von unserem zertrümmerten Schaukasten im Treppenflur ließen wir heimlich verschwinden – wir gingen in den Untergrund.

Soviel ich weiß, besaß die Gruppe zunächst kein eigenes Heim. Unser Fähnlein tagte jedenfalls anfangs in einem Gartenhäuschen von Böhmers auf dem Giersberg. Wenig später bezogen wir in der Gläserstraße bei Theo Rehrmann ein steinernes, für uns sehr passendes Gartengebäude, bereits ausgestattet mit robusten dreieckigen Holzschemeln. Draußen wilderte ein Garten vor sich hin – unser Paradies!

Immer mehr wuchsen wir zu einem zünftigen jugendbewegten Haufen zusammen. Die Vorbereitung auf die Knappenprüfung hatte eine strenge pfadfinderische Komponente mit hohen Ansprüchen, – schließlich waren wir ja keine „Flaschen"!

Irgendwann später hatten wir ein provisorisches Gruppenasyl in Baracken hinter dem Kolpinghaus, die Pfarrer Ochse für seinen freiwilligen Arbeitsdienst errichtet hatte.

Natürlich galt für uns als ehernes Gesetz ein dreifaches Verbot: Rauchen und Alkohol widersprachen unserer Auffassung von Natürlichkeit. Dazu kam aber auch jede Kenntnisnahme, geschweige denn jeder geringste Kontakt mit einem weiblichen Wesen. Wir waren eine „jungfräuliche, keusche" Jungenschar bis zum äußersten Extrem. So wurde einer der schneidigsten Fähnleinführer, Franz Fuchs – er war Österreicher, für uns damals etwas ganz Exotisches – zu unserem größten Bedauern nicht nur abgesetzt, sondern auch aus der Gruppe ausgeschlossen. Justus Bonzel, nach dem Krieg einmal Gaugraf des „Rote-Erde-Gaus", mit mir im gleichen Fähnlein, musste wohl eine sehr hübsche Schwester gehabt haben, mit der Franz Fuchs einmal in der Stadt gesehen worden war. Die Folge unserer Hänselei: er wurde nie mehr mit ihr gesehen.

Überhaupt taten wir uns mit Begegnungen zum Weiblichen bis in die Nachkriegszeit ehr schwer. In dieser Beziehung waren wir absolut verklemmt.

Was uns noch auffiel: Unser erster Gruppenführer „Fredi" schwenkte zu den Anthroposophen über – etwas ganz „Intelligentes". Auch später noch war mit ihm und inigen anderen ein für uns unerklärlicher Einbruch geschehen, wobei der Einfluss des amaligen Studienrates Hans Müller sicher keine Rolle gespielt hat. „Fredi" hatte bis vor kurzem im süddeutschen Raum im „Waldorf"-Bereich – wie ich glaube – noch hohe Funktionen.

Was mir bis heute auch noch unklar ist, ist der völlige Zerfall unseres Fähnleins. Sicher hat der wachsende braune Druck, vor allem auf die Eltern, sein Übriges getan. So wurde Hans Witaschak, der älteste aus unserem Fähnlein, begeisterter Gefolgschaftsführer in der HJ. Wir sind trotzdem Freunde geblieben.

Überhaupt HJ – das war noch nicht das, was es wenig später wurde. Das war zunächst eine uns wesensähnliche Gruppe wie andere auch, – mit den gleichen bündischen Liedern, Heimabenden, Fahrten, mit den gleichen hohen Idealen von Natürlichkeit und starker nationaler Komponente. So wehte an unserem Lagermast neben dem Bundesbanner der Gaugruppe die Nationalfahne Schwarz-Weiß-Rot, später mit der Gleichstellung auch die Hakenkreuzfahne, – und sie galten uns viel. Immer noch waren uns die Kriegsfreiwilligen um Walter Flex hohe Vorbilder: „dulce et decorum est..."

Auch Sonnenwendfeuer waren bei uns damals üblich wie auch bei der HJ. Noch kenne ich den Text eines damaligen Liedes, ich glaube der „Eisbrechermannschaft":

„Wir alten Männer von der hohen Wart,
wir haben alle das Kriegspielen satt – „
(Wie sehr stimmte das für uns zehn Jahre später!) Kehrreim:
„Jungvolk habt Acht,
dass man euch nicht zu Landsknechten macht!"

Doch alte HJ-Führer, die aus der bündischen Jugend kamen – ich glaube auf dem Rückmarsch von einer Sonnenwendfeier auf der Radschläfe – änderten den Kehrvers ab: „Jungvolk habt Acht, dass man euch nicht zur Staatsjugend macht!"

Widersprüche machen die konfuse Situation damals deutlich.

Am Löhrtor war ein „Braunes Haus", in der Bannmeile unserer Schule. Öfters sahen wir da Jungen in weißen Hemden mit der HJ-Binde: HJ-Studentenbund, wie man sagte. Damals war es unter bündischen Gruppen und untereinander (siehe Oranienstein!) eine Heldentat, von anderen einen Wimpel oder gar ein Banner zu klauen. Damit war der betreffende Haufen so lange „ehrlos", bis auf Biegen und Brechen das Beutestück wieder in den eigenen Händen flatterte.

Eines Tages war aus dem „Braunen Haus" die „Blutfahne" – die Fahne aller Fahnen! – verschwunden. Wir gerieten wohl in Verdacht. Im Dunkelfeld hinter der Marienkirche sollen sie wohl Wilfried Bottländer fürchterlich zusammengeschlagen haben.

Zurück zu unserer Baracke hinter dem Kolpinghaus.

Unser Fähnlein tagte gerade, da kam erstmals ein Gaugraf zu uns, Heribert Kamper. Wir waren platt: mit einem Motorrad!

In dieser Zeit kam zu unserer Gruppe außergewöhnlich häufig Pater Esch. Wir versammelten uns gemeinsam mit unseren Eltern im großen Kolpingsaal. Mit Begeisterung machte er allen besonders in der beginnenden sehr kritischen Zeit Mut. Nichts Gutes ahnend hatten alle Angst vor der Zukunft. – Und wir machten weiter.

Eines Tages tauchte als Referendar an unserer Schule Fritz Jerentrup auf. Das Außergewöhnliche: er war katholisch und – NDer! Wir erfuhren, dass er unverzüglich zu unseren „Rittern" stieß – ein wirklicher leibhaftiger Pauker, und dann noch von unserer Schule. Der arme Kerl fiel da in die Hände von Studienrat Bäsmann, einem Bündel von Sarkasmus und Zynismus (Wer war bloß der Schreiber des Nachrufs in dem Festbuch zum 450-jährigen Bestehen des Gymnasiums Am Löhrtor?).

Eigenartig war, dass wir als Fähnlein und Gruppe immer nur uns selbst gesehen haben. Zur „Sturmschar" bestand nicht der geringste Kontakt. Andere katholische Gruppen kannten wir gar nicht! Erst kurz vor Kriegsbeginn hatten wir dagegen guten Kontakt zum BK*) – aber auch nur zu ihm. An unserer Schule bestand eine solche BK-Gruppe, die wir zunächst nur ganz am Rande zur Kenntnis nahmen. Ich habe Pastor Noa nie kennen gelernt. Aber in der harten Verbotszeit später haben wir uns an manchen Wochenenden in ihrem Heim in Beienbach getroffen. Es war eine urige Blockhütte – kein Vergleich zu dem jetzigen „Theodor-Noa-Heim". Wir haben zusammen gesungen, gespielt, Probleme gewälzt und miteinander die Hl. Schrift gelesen. Die Bevölkerung des Dorfes stand voll hinter der Sache und hat uns nie verraten. Man alarmierte uns immer, wenn Gefahr im Verzug war. Stets war Heinz Jüngst dabei, der dieses Heim höllisch bewachte, und um es vor dem Zugriff der Nazis zu retten, kaufte er es selbst. – Erste ökumenische Begegnungen!

Einmal nach den großen Ferien war Kalli Plücker, einer der haurigsten Fähnleinführer, verschwunden. Nach Wochen tauchte er wieder auf: mit schwarzem Hemd und Stiefeln, mit einem schwarzen Käppi und einem „Orden". Was hatte der Bursche gemacht? Er war von Zuhause ausgebrochen, – nach Italien, nach Rom und zum Campo Mussolini, wo ein Treffen der Auslandsfaschisten stattfand. Kalli mischte sich darunter und wurde dort neu eingekleidet. So stand er jetzt vor uns auf dem Schulhof. Die Bewunderung aller Mitschüler (und Lehrer?) kannte keine Grenzen. – Im Krieg ist er als Jagdflieger gefallen, als Haudegen, wie wir ihn alle kannten.

Da ruft Friedhelm Wortmann aus Hamm zu einem Gauthing nach Lam im Bayrischen Wald zusammen, ganz, ganz heimlich! Ein Haufen mit Kalli machte sich auf, auch Konrad Schmidt war dabei, – mit Fahrrädern. Kalli hatte immer eine schwarze

---

** BK = Bekennende Kirche*

Uniform an. Selbstverständlich musste er ständig die Einkäufe machen, und er brachte auch alles mit, mehr als erwartet und vor allem billiger. Der Grund: seine exotische Uniform, auf den Dörfern unbekannt – ließ die Leute vermuten, dass er zu der legendären „Legion Condor“ gehöre. Wir haben sie natürlich in diesem Glauben gelassen.

Das Lager lag auf einer Höhe, ein wenig tiefer – brenzlich genug – ein HJ-Lager. Die haben nichts gemerkt. Auf der Rückfahrt Nürnberg, „Stadt der Reichsparteitage“, – brauner geht's nicht! Es wimmelt nur so von hohen HJ-Führern, sehr häufig mit dem Armstreifen „Stab Reichsjugendführung“. O jeh! Die Jugendherberge war die einzige Unterkunftsmöglichkeit, eine regelrechte braune Kaserne. Der Herbergsführer war Oberbannführer. Wie er uns Nichtuniformierte anbrüllte! Erst Kallis Auftreten besänftigte ihn, und seine Drohungen verstummten. – Wieso?

Wir machten einen Bummel durch die schöne Altstadt, – überall hohe HJ-Führer. Kalli kaufte gerade ein paar Ansichtskarten, stößt da so ein zackiger HJ-Führer auf uns zu und donnert uns zusammen. Schlimmer ging es wohl nicht, wir waren ja Verbotene! Da aber tauchte Kalli wieder auf. Er fragte frech den Bannführer, was denn sei. Der knallte die Hände zusammen und sagte: „Entschuldige, Kamerad, gehören die da zu dir?“ „Klar“, sagte Kalli, und wir waren frei. – Wie kam das?

Gerade war ein Freundschaftstreffen von Hitlerjugend und Jungfaschisten zu Ende gegangen, und alle kannten noch sehr gut die „Camice nere“. Dank dir Kalli, du warst unsere Rettung! Wer weiß, wo wir gelandet wären?

Wer mir sonst noch außer den bereits Genannten im Gedächtnis ist: Willi Kleine, Reinhold und Herbert Schulte, Bruno Schwarz, Alfred Schwunk (Schwabbel), Franz Winkel (später verstorbener Obermedizinalrat), Karl Julius, Willi Rosin, Willi Schulte, Hermann und Theo Gräbener, O. Schnautz, Ludwig Kloth (+) und Rudolf Braach, mit dem wir damals zu Fuß heimlich-unheimlich das Sauerland durchstreiften. Wir, das waren Laurin (Walter Rodeck), Konrad Schmidt und ich.

Fähnleinweise wurde schon nichts mehr unternommen, immer kleine, wechselnde Häufchen machten sich auf den Weg.

Außer den Genannten sind mir aus dem damaligen Sexta-Fähnlein noch Emil Baltes, Bruno Littfin, Robert Schneider, Helmut Winter, Hans-Paul Kohlhaas, Karl Heinz Schulte, Jupp Lorsbach und Edgar Feindl (?) im Gedächtnis.

Bericht über die Siegener ND-Gruppe
von Josef Wagener

Beginn 1939

Foto aus dem Jahre 1946, Lager in Brauersdorf. Neubeginn der Jugendbewegung nach dem Krieg. Von links nach rechts Eugen Boden, Adalbert Stoll, Josef Wagener, Karl Hetzel, Konrad Schmidt

Die ND-Gruppe in Siegen „St. Georg“ 1939–1945
Gau (später: Pfalz) „Rote Erde“/ Westfalen-Mark (später: Mark Paderborn)

Als ich 1939 zum Gymnasium kam, waren wir natürlich alle Pimpfe im Jungvolk; seit 1936 war das gesetzlich vorgeschrieben.

Durch meinen älteren Bruder Norbert war mir allerdings die Existenz einer ND-Gruppe bekannt, und ich war stolz, als ich eines Tages von Pitt (Rudolf Pithan) auf dem Schulhof angesprochen wurde und eingeladen wurde, in der ND-Gruppe, im Fähnlein der „Falken“, mitzumachen. Nicht jeden könne man gebrauchen, nur unbedingt zuverlässige Jungen, die die „Klappe halten“ könnten.

So erlebte ich den Bund Neudeutschland von Anfang an als Geheimbund (Im Juli 1939 wurde er nach vorherigen Einschränkungen endgültig verboten). Es gab keine „Kluft" mehr, Banner und Wimpel wurden versteckt. Bei Fahrten und Fähnlein-Runden im Freien mussten wir stets mit dem Zugriff der HJ-Streife rechnen. Während den älteren NDern in den Jahren 1933/34 die HJ noch als Konkurrenz oder Sonderform bündischer Jugend erschienen war, erlebten wir sie eben nur noch als Gegner, die unserem Bund seine Existenzberechtigung absprachen.

So führten wir schon als 12- bis14-Jährige ein gespaltenes Leben:

Am Mittwoch und Samstag: Antreten des Jungvolkes auf dem Albert-Leo-Schlageter-Platz an der Sandstraße; Exerzierübungen; Märsche; Großveranstaltungen auf dem Jahnplatz mit stundenlangem „Ausrichten" und Warten, bis dann endlich jemand seine politische Rede abgespult hatte; vormilitärische Geländeübungen und geistlose Geländespiele, bei denen die Prügelei die Hauptsache war („hart wie Kruppstahl, zäh wie Leder"); Heimabende mit primitiver Schulung; Sammlungen (Winterhilfswerk, Altmaterial): Insgesamt eine sinnlose Zeitverschwendung, vor der wir uns gerne drückten. Aber dann war eine schriftliche Entschuldigung erforderlich. (Einmal wurde die Entschuldigung, die mein Vater geschrieben hatte, vor dem versammelten Jungzug verlesen: Ich hatte gefehlt, weil ich zur Beichte „musste".)

Und dann das Leben in der ND-Gruppe: Abenteuerliche Fahrten; interessante Heimabende mit spannenden Geschichten, „zünftigen" Liedern, wilden Spielen; Waldspiele; Christus-Kreise; Gemeinschaftsmesse und Komplet. Alles dies meist verbunden mit dem prickelnden Gefühl, dass es ja eigentlich verboten war.

Es ist klar, wo unser Herz schlug: Der HJ-Dienst war uns verhasst, die ND-Gruppe war unser Leben!

Ein Wort zum geistigen Hintergrund unserer Gruppenarbeit: Die Themen und Buchtitel, die Walter Rodeck erwähnt, lernte ich im Wesentlichen erst in der Nachkriegszeit kennen. Zwar kann ich mich erinnern, dass wir bei einer Wanderung den Gesprächen der Älteren zuhörten, die über Nietzsches „Zarathustra" stritten. Aber auch uns Jüngeren wurden Identifikationsmuster angeboten: Man las uns den „Cornet" von R.M. Rilke und Gedichte von L. Rickers (Olpe), Thurmair usw. vor. – Unsere Fahrten galten als Symbol unseres Lebens, und zwar auch im christlichen Sinne. (Parzival: „Ich bin auf einer Fahrt, von der mich nichts mehr wenden mag. Ich reite bis zum Herbergsziele Tag um Tag ...")

In den Gruppenstunden wurde uns Jesus vorgestellt etwa im Sinne des mittelalterlichen Epos „Heliand": als germanischer Recke mit seinen Rittern, den Aposteln, heimatlos auf „Fahrt" zu seinem großen Ziel. Die Ideale von Führertum und Gefolgschaftstreue wurden mit diesen Bildern verknüpft. Während in damaliger Zeit die Glaubensvermittlung in Kirche, Schule und Familie noch ziemlich autoritär-dogmatisch erfolgte (siehe den damaligen Katechismus!), erlebten wir in der Gruppe die Verbindung von Glaube und Jungenleben. Unsere Lieder waren entsprechend, sie kündeten von Treue und Standhaftigkeit: „St. Jörg, der frumbe Reitersmann ..." war unser Gruppenlied, das jeder in allen Strophen kennen musste. Weiter: „Lasst die Banner wehen über unseren Reihen ...", „Lass mich stehen, mein Gott, wo die Stürme wehen ...", „Weit sind die Straßen, weit ist die Fahrt ..."– Natürlich war das Singen dieser Lieder später verboten, und so erlebten wir die Nazis nicht nur als Gegner unseres freien Jugendlebens, sondern auch unseres Glaubens; eine Brücke konnte da nicht mehr geschlagen werden.

Die Führer, die ich erlebte: Pitt(s.o.!); Laurin (Walter Rodeck) und mein Fähnleinführer Rudi (Rudolf Wagener, mein Vetter). Die beiden Ersten haben sich selbst vorgestellt in eigenen Texten, Rudi fiel dem Nazi-Terror zum Opfer. (Siehe besonderen Bericht!)

Wo tagten wir? Wie in anderen Berichten erwähnt: in der Kegelbahn des Kolpinghauses, in der Turmstube von St. Marien, schließlich im Jugendheim von St. Michael.

Und dort rief uns eines Tages Albrecht Bannschulte (kurzzeitig Gruppenführer, nachdem Pitt und Laurin eingezogen waren) zusammen und teilte uns mit, dass er durch die Gestapo unter Androhung schwerer Strafe angewiesen worden sei, die Gruppe sofort aufzulösen. Das geschah dann auch offiziell. Weil aber bisher nichts Ernsthaftes geschehen war und wir die Brutalität des NS-Regimes noch nicht in ihrer krassen Form kennen gelernt hatten, trafen wir uns doch weiterhin mit unserem Fähnleinführer Rudi. Da wir nun ohne Heim waren, fanden unsere „Meetings" in Privatwohnungen statt, aber auch gelegentlich in einer Erdhöhle in der Fludersbach, bis zu dem Tag, als die Hausdurchsuchungen und Verhaftungen erfolgten.

Aber auch dann gab es noch hin und wieder ein Treffen, vor allem wenn Pitt Heimaturlaub hatte. Wir trafen uns bei Flosdorfs, wo es eine geheimnisvolle Bowle und endlose Gespräche gab. Am nächsten Morgen waren dann „zufällig" einige Schaukästen der antijüdischen Hetzzeitung „Der Stürmer" kaputt. (Köttings Hannes hatte für den Fall der Not einen „Totschläger" im Stiefel stecken, der für solche Zwecke sehr geeignet war.)

Es muss im Dezember 1942 gewesen sein: In der Dämmerung kamen dunkle Gestalten zum Waisenhaus in der Nordstraße. In der kleinen Kapelle des Hauses sollten die Jungen, die zum Militärdienst eingezogen wurden (u.a. mein Bruder Norbert, gef.

1944), zum Ritter geschlagen werden. Einer zog unter dem Mantel ein Schwert hervor, ein anderer hatte das Gruppenbanner um den Leib gewickelt. So konnte der feierliche Akt stattfinden.

Am 8. Dezember 1943 kamen die Jungen auf verschiedenen Wegen zum Wellersberg, wo die Knappenweihe stattfinden sollte. Ohne Mutprobe war so etwas ja nicht zu machen. Diesmal sollte es ein Feuersprung sein. Die Sache war straff terminiert: Ein loderndes Feuer – Gedicht – Ansprache – Bundes-Ave – Feuersprung – und dann wurde das Feuer in kürzester Zeit wieder gelöscht. Während in der Stadt die Feuersirenen heulten, eilten wir einzeln nach allen Seiten davon.

Auch unser geistlicher StR. Sonntag – sonst eher vorsichtig – bewies Mut: Nach dem Verbot des Religionsunterrichts in den Schulen lud er vertrauenswürdige Schüler zu sich in die Wohnung ein. An diesen Glaubensgesprächen sollen – nach der Einberufung meiner Klasse zum Luftwaffenhelferdienst – noch folgende NDer teilgenommen haben: Hannes Kötting, Jupp Köster, Erich Steinebach (Genannt: Stephan), Walfried Creutz (Wabbi), Karl-Heinz Remmel (Kax), Peter Paul Flosdorf (Pitter).

Fahrten während der letzten Kriegsjahre:

Mitteldeutschlandfahrt unter schwierigen Bedingungen: Es fehlten Fahrrad-Ersatzteile; Gefahr der Verhaftung, Teilnehmer: Pitt, Hermann Hartmann (Dschingis), Egon Wurm, Hannes, Manners Franzel, Kax u. Xa. Den Bericht darüber und über andere Fahrten kann man in der Chronik nachlesen (bei J. Köster).

Fahrten nach Kohlhagen, Silbecke/Dünschede, Dreifelder Weiher/Marienstatt.

Wenn man heute diese Fahrtenberichte liest, so fällt auf, dass die Verpflegung damals eine große Rolle spielte. Der Hunger machte uns Jungen, die zu Hause nach Lebensmittelkarten verpflegt wurden, arg zu schaffen. Die Zusatzverpflegung bei einem Bauern war dann hoch willkommen. Aber auch Gefahren waren zu bestehen: Sprünge vom hohen Balken einer Scheune, in der wir schliefen, in das Heu – bis jemand sein offenes Fahrtenmesser vermisste. – Einmal wurden wir am Pfingsttag von einem Bannführer erwischt, der uns mit seinem Motorrad verfolgte. Wir hätten ja eigentlich an einem HJ-Pfingsttreffen teilnehmen müssen. Es ging glimpflich ab; ich weiß nicht mehr, was wir ihm vorgelogen haben. Erwähnt werden muss noch die Sonderrolle von Jupp Köster. Er machte im Jungvolk Karriere, war Fähnleinführer des Fähnleins F 9 Graf von Spee (Sieghütte). Hannes Kötting war sein Jungzugführer. Jupp wurde zu verschiedenen Schulungen geschickt, hatte gute Verbindung zur Streifen-HJ und Zugang zu Informationen der Ober-Bann-Führung in Dortmund. U.a. erfuhr er von geplanten Aktionen gegen die Edelweißpiraten und die bündische Jugend und nutzte seine Kenntnisse, um zu warnen. Ein gefährliches Doppelspiel!

Im Januar 1944 wurde unsere Klasse eingezogen zum Luftwaffenhelfer-Dienst in Wesseling und Troisdorf. Wir waren nun Schüler, HJ-Junge und Soldat in einer Person. Täglich kamen unsere Lehrer von Siegen mit der Bahn in unsere Flakstellungen zum Unterricht. Aber auch unsere Verbindung zu den ND-Freunden in Siegen riss nicht ab. Vor allem Wallfried Creutz war es, der uns Rundbriefe schickte, die wir einander weiterreichten. Insgesamt schickte er fünf oder sechs Briefe mit besinnlichen und aufrüttelnden Texten. An ein Gedicht kann ich mich noch erinnern: „Knabe und Krieg: Aus Nächten weht ein Lächeln her; der ich war, den findest du nicht mehr..."

Ab Herbst 1944 waren wir in alle Winde verstreut, jetzt hielten die 14-/15-Jährigen die Stellung.

Als ich im September 1945 nach Hause entlassen wurde, waren die Freunde schon kräftig dabei, die ND-Gruppe wieder aufzubauen. Am 2. Juli 1945 (Mariä Heimsuchung) hatte Pitt unser Gruppenbanner, das man vergraben hatte, in der Prozession zur Eremitage getragen. Die ND-Gruppe war wieder da!

Hermann Hartmann
Erinnerungen aus den Jahren 1934 bis 1943

Meine beiden Vettern waren in die Jungschar gekommen. Ich musste in Ermangelung des vorgeschriebenen Mindestalters warten, – ein qualvoller Zustand, an den ich mich heute noch oft erinnere.

Als ich dann 1934 endlich Wölfling geworden war, musste ich auch schon bald für meine Würde leiden. Der Lehrer Heinrich Gehle war Hitlerjugendführer und irgendwie musikalischer Funktionär beim Bann. Wer in seiner Klasse nicht zum Jungvolk gehörte, musste wenigstens seine Absicht erklären, dazugehören zu wollen.

Daß ich halsstarrig meine Zugehörigkeit zur Jungschar verteidigte, konnte er einfach nicht tolerieren, es reizte ihn zu immer neuer Überzeugungsarbeit. So äußerte er einmal: katholische und evangelische Jungschar ständen gleichsam rechts und links am Hals des 3. Reiches und drückten diesem die Luft ab. Manchmal kam er in Uniform zur Schule, ich dagegen kam oft und gern mit Wanderkittel und Koppel, nur das Halstuch ließ ich zu Hause.

Zu den Sportstunden brachte er oft angesehene Jungvolkführer und viele Wettkampf- und Sportgeräte aus dem Bestand des Jungvolkes mit. Einmal habe ich ihm damit beim Gruppenspeerkampf im Häusling ein blaues Auge geworfen, ein seltenes Erfolgserlebnis und gar nicht so billig.

Der „Gelee-Heini", so nannten ihn die Älteren, hatte manchen Grund, mich zu prügeln, meistens Anlass für mich, Schmerzen gelassen zu ertragen und letztlich das Selbstbewusstsein zu stärken.

Im Jahre 1937 machten die Nazis Ernst. Der katholische Jungmännerverband mit all seinen Gliederungen wurde verboten. Die verbliebene Beschränkung auf innerkirchliche Veranstaltungen konnte uns kaum trösten.

Die Älteren hockten sich irgendwo zusammen und sangen noch trotzige Lieder oder machten in kleinen Gruppierungen noch Fahrten oder ähnliche Unternehmungen. Wir Jüngeren standen allein. Wir fingen an, Segelflugzeuge zu bauen, öffneten draußen im Wald alte Stollen und versuchten, sie einzurichten oder zu erforschen.

Was immer sich gegen die braunen Umklammerungen wehrte, hielt irgendwie zusammen. Was dagegen zielte, erschien einfach schon darum gut.

Wir achteten und liebten Pfarrer Ochse, eine etwas distanzierte und asketische Vaterfigur. In den Ferien gingen wir donnerstagsmorgens mit seinen Wallfahrten zur Eremitage. Da trafen sich mancherlei Gesinnungsfreunde. Nach dem Kaffee bei Löws rotteten sich die Jungen meistens zusammen, oder aber es waren NDer dabei, manche in

Kluft, manche als Urlauber, die, aus der Fülle eines reichen Gruppenlebens schöpfend, uns von der längst verbotenen Fraktion manchmal ein Gemeinschaftserlebnis mitgaben. Nicht selten ging man aber auch enttäuscht, allein und mit einem leeren Gefühl im Bauch wieder nach Hause.

Erst als am 27. 6. 1939 der Bund ND auch verboten wurde, verlor die Trennungslinie gegen eine uns privilegiert erscheinende Gruppe an Bedeutung. – Bei einer seiner letzen offiziellen Veranstaltungen der Siegener Gruppe – ich denke es war 1939 im Gasthof Meyer – war ich mit einigen Freunden dabei. Aber da ging es auch schon zu Ende. Gruppenführer war Albrecht Bahnschulte. Der Rückzug in den innerkirchlichen Raum wurde wohl als gegeben hingenommen.

Rudolf Pithan hat sich damals mit Leidenschaft und unglaublichem Engagement den Verbotsfolgen widersetzt. Inwieweit das im Gegensatz zur Gruppenleitung erfolgte, mögen Insider beurteilen. Wir haben dann außerhalb der ND-Gruppe in einer Art Führerrunde eine starke Prägung und Bindung durch ihn erfahren. Bald mobilisierte er mit Duldung von Pfarrer Ochse die Marienministranten in verschiedenen Altersgruppen, mit denen wir – nach ihm Herbert Keßler, Wolfgang Weiswinkel und ich – versuchten Gruppenarbeit zu betreiben, – ein schwieriges Unternehmen, die Führer ohne jede Legitimation, die Jungen ohne Erfahrung und Vorbereitung.

Dann kamen aber auch die Jüngeren vom verbotenen ND wieder dazu und auch Rudi Wagener als Führer. Wir trafen uns überall, im Turm von St. Marien, im Gesellenhaus, in Wohnungen, wenn die Eltern einverstanden waren, bei uns zu Hause wurde ein Gartenhaus umgerüstet, in dem Wimpel und Speer unter dem Fußboden verschwinden konnten.

Keiner wusste zu viel vom anderen. Nur in der Führerrunde, zu der außer den Vorgenannten noch Ernst Schneider und zeitweise auch Franz Braun und Hubert Eckel gehörten, trafen alle Informationen zusammen. Von der Hagener Gruppe kamen 1940 noch Rundbriefe. Mit den Olper und Betzdorfer NDern fanden noch Begegnungen statt.

Im Jahre 1941 waren wir mit zehn Jungen rund zwei Wochen in Mitteldeutschland auf Fahrt.

Pfarrer Ochse, der 1935/36 acht Monate in Gestapohaft war.

Mehrfach belagerten wir unseren Gönner, den Pfarrer von Römershagen. Im Herbst stand die Bischofsweihe in Paderborn an. – Vorher wurde ich irgendwann zu Vikar Horstkemper zitiert, um für die Dekanatsjugend ein riesengroßes Glückwunschplakat zu unterschreiben. H. hat uns in diesen Jahren sehr viel geholfen und unserem manchmal chaotischen Treiben immer wieder mit seiner ruhigen, freundlichen und sehr kompetenten Art Form, Richtung und Ziel gegeben. Zur Bischofsweihe am 19. 10. 1941 war ich dann mit Paul Wagener von der Weidenauer Gruppe in Paderborn. Wir wohnten bei Falkes in der Krämergasse. Hein war noch zu Hause, Ferdi war schon Soldat.

Augustinus Reineke berichtet in seinem Buch „Jugend zwischen Kreuz und Hakenkreuz“, Bonifatius-Verlag 1987, eingehend über die Führer der Pfarrjugend Ferdi Falke und Hubert Keseberg, der damals noch mit dabei und später auch in Dortmund inhaftiert war. Unmöglich, aufzuzählen, was sich da alles traf. Die meisten kannten sich nur um Ecken und vom Hörensagen. Die Älteren, die sich kannten, waren meist schon einberufen.

Von Wilnsdorf war Johannes Cramer gekommen. Der Verlauf der Tage mit der Bischofsweihe in Paderborn ist in die Geschichte eingegangen, eine Wiederholung der aufsehenerregenden Begebenheiten kann daher unterbleiben. So eindrucksvoll und begeisternd das Gemeinschaftserlebnis für uns auch war, so wenig war es für misstrauische und argwöhnische Beobachter zu übersehen.

Rudolf Pithan war schon unmittelbar nach der Mitteldeutschlandfahrt im Herbst 1941 zu den Soldaten gegangen. Rudi Wagener hatte die Gruppenführung übernommen.

Am 7. oder 8. Dezember 1941 war ich mit „Pitts“ ehemaligem Fähnlein, den Älteren, das nun mir zugefallen war, bei Bellebaums auf dem Giersberg zusammen, als ich nichtsahnend zu den Eltern gebeten wurde. Frau Langenbach, Gerhard Bottländers Schwester, saß in der Küche, um uns mitzuteilen, dass Gerhard und Rudi Wagener verhaftet worden seien. Ein Anruf bei Paul Wagener*) in Weidenau ergab ebenfalls eine Verhaftungsmitteilung. Ich war den ganzen Tag nicht zu Hause gewesen. Unnötig, meine Gefühle auf dem Heimweg zu beschreiben, aber es war nichts passiert. Vorsorglich war noch das Gartenhäuschen zu „entschärfen“.

Das Ausmaß der Verhaftungsaktionen wurde erst später bekannt. Vor Weihnachten kamen die Inhaftierten wieder frei, – der Staat hatte sich verdient gemacht!

Dann kam ein Nachspiel: Einer unserer Freunde vom BK, Gerhard Klaus, zu dem ich neben Heinz Jüngst, dem Verwalter der Beienbacher BK-Hütte (nominell war Heinz

*) *Paul Wagener von der Weidenauer Sturmschar, mit Josef Wagener nicht verwandt.*

Jüngst sogar als Besitzer gemeldet, um dem Haus einen privaten Anstrich zu geben), gute Verbindungen durch Rudolf Pithan gewonnen hatte, vereinbarte ein auffallend verstecktes Zusammentreffen mit mir. Bei dieser Begegnung, die etwa im Februar oder März 1942 gewesen sein muss, erzählte er mir dann, dass er von dem Gestapo-Ermittlungsleiter Buschmann mehrfach vorgeladen und ziemlich zwanglos nach unseren Verhältnissen und Beziehungen ausgefragt worden sei. Dabei war ihm sofort aufgegangen, dass der Ermittler davon ausging, dass Hermann Hartmann und „Dschingis" zwei verschiedene Personen seien. Es war ihm gelungen, in beiden Vernehmungen den Ermittler in seinem Irrtum zu bestärken. Dabei hatte er sich bemüht, Hermann Hartmann ein Zeugnis hoher staatsbürgerlicher Zuverlässigkeit auszustellen, und vorgegeben, den Namen „Dschingis" nur vom Hörensagen zu kennen und dessen Träger als schon einberufen zu vermuten.

Gerhard Klaus selbst hatte damals schon seinen Einberufungsbescheid in der Tasche und machte sich keine Sorgen. Danach wurde er wieder vorgeladen, um Auskunft zu geben, warum er mit mir zusammengetroffen sei.

Nach seiner Einberufung schrieb Gerhard Klaus: „Ich habe heute nichts mehr von unseren ‚Freunden' gehört. Sie wollten mich sicher am letzten Tag in Ruhe lassen."

Rudi Wagener wurde von der Schule verwiesen und wurde etwa im April 1942 einberufen. Sein Vater musste unter anderem eine Strafversetzung erleiden.

Bleibt nachzutragen, dass wir dennoch in kleineren Gruppierungen und wechselnder Zusammensetzung noch im Jahre 1942 in Neger, in Sohlbach, in Beienbach, an der Sorpe, im Wildenburger Land und in Wilnsdorf in Erscheinung traten und wir noch eine 8-tägige Fahrt (Hannes Kötting und ich) durch Franken machten.

Das Fähnlein übernahm nach meiner Einberufung im März 1943 Josef Köster, der mir in seinen Briefen noch vom Fortgang der Dinge berichtete.

Hermann Hartmann (Ende September 1990)

Hans Karl Kötting *Bad Honnef, den 2. Juli 1990*
Oberamtsrat im Auswärtigen Dienst a.D.
Jahrgang 1927

Lieber Pitt.

Du möchtest gerne etwas über meine Zeit beim Neudeutschlandbund in den Jahren 1937 bis 1943 wissen. Hier ist es: bitte korrigiere offenbare Unrichtigkeiten; auch sonst bin ich für Diskussionen über Einzelheiten offen!

Als ich 1937 von der alten Volksschule in der Friedrichstraße in Siegen auf das Realgymnasium überging, stand schon fest, daß ich sobald wie möglich dem ND beitreten würde. Meine Eltern waren mit der Familie Schulte in der Keilstraße befreundet.

Die Schulte-Jungens Heinz[1]*, Herbert und Reinhold waren begeisterte NDer. Auch die Jungens unseres Nachbarn Kleine gehörten dem Bund an. So fand ich mich eines Tages im Kolpinghaus in der Siegener Altstadt ein. Nicht ganz ohne Beklommenheit, mindestens Neugierde. Mein „Fähnleinführer" war Karl Plücker*[2]*. Wenn ich mich richtig besinne, kamen als Neulinge gleichzeitig mit mir Jupp Köster, Karl Heinz (Kax) Remmel und Peter Paul (Pitter) Flosdorf. „Kalli" erzählte uns vom Bund ND. Vieles ist mir nicht mehr in Erinnerung. Im Kern sagte er wohl, der Bund sei eine Vereinigung katholischer Schüler höherer Schulen. Er sehe sich als Rest der Jugendbewegung. Die nicht konfessionellen Bünde seien 1934 ausnahmslos verboten worden. Der ND dürfte aber aufgrund einer Vereinbarung zwischen Reichsregierung und Kirche weiterbestehen. Heute weiß ich, daß er dabei das seinerzeitige Konkordat zwischen der Reichsregierung und dem Heiligen Stuhl angesprochen hat.*

Bei unseren Heimabenden im Kolpinghaus hat uns Kalli von den Fahrten des Bundes erzählt, auch die Organisation erläutert und unsere Bindung an die Kirche gewiß betont.

Im Jahr 1939 teilte uns Kalli Folgendes mit: Nunmehr sei auch der Bund ND von der Reichsregierung verboten. Wir hätten uns ab sofort als Teil der „Katholischen Pfarrjugend" anzusehen. Ich weiß nicht, ob wir das im Einzelnen verstanden haben, inhaltlich änderte sich jedenfalls an unseren Heimabenden nichts.

---

[1] *Heinz fiel 1943 in Russland als Hauptmann und Kompanieführer bei der Infanterie. Herbert fand den Tod 1944 als Kampfbeobachter beim Angriff seines Flugzeuges auf die Invasionsflotte. Kallis Mutter hatte die Nachricht beim verbotenen Abhören des Englischen Rundfunks gehört und unterrichtete Herberts Eltern.*

[2] *Kalli Plücker fiel 1944 in Südrussland nach vielen Luftsiegen als Jagdflieger, dekoriert mit dem Deutschen Kreuz in Gold.*

Vielleicht eher im Gegenteil, wir wurden aktiver! Du erinnerst dich sicher noch an unsere erste Fahrt per Rad 1940, die uns bis Speyer führte. Als „Kluft“, nach bündischer Art, trugen wir unsere schwarzen kurzen Manchesterhosen des Deutschen Jungvolkes und dazu die schwarze Jungschaftsbluse. Das „Gebietsdreieck“ wurde einfach „vergessen“. Unterwegs, meine ich mich erinnern zu können, sprachst Du wegen Übernachtungen den zuständigen Geistlichen der Pfarrjugend an. Oder, um in unserer Jungensprache zu bleiben, den zuständigen „Schwarzen“. Im Jahr 1941 sind wir dann mit Dir per Fahrrad bis Leipzig auf Fahrt gegangen. Diese Fahrt kann ich gar nicht vergessen: Die Übernachtung im Kloster Corvey, die Fahrt durch den Harz und nicht zuletzt die gastliche Aufnahme der „jungen Hitlerjungen“ bei einem alten SA-Veteranen in der Nähe von Leipzig. Ich glaube, er lag aber mit seinen früheren Kumpanen quer, sicher erinnere ich mich, daß er ziemlich wilde Reden führte und auch einen alten Karabiner hervorholte: Vielleicht gehörte er eher dem „Linken Flügel“ der SA um Stennes und Röhm an, vielleicht Strassers „Schwarzen Scharen“?

Unsere Heimabende fanden inzwischen unter etwas konspirativen Umständen statt; niemals mehr im Kolpinghaus, vielmehr wechselten wir regelmäßig: einmal war es bei Konni Schmidt, zuweilen bei Walter Laurin, häufiger in dem riesengroßen Garten der Flosdorfs. Das Gartenhaus war weit genug von der Straße gelegen, so daß unsere Gesänge verhallten. Wie sind auch buchstäblich „in den Untergrund“ gegangen: einer von uns hatte im oberen Tal des Siegener Hittschelsbachs zwei aufgelassene Stollen entdeckt. Sie hatten auch den Vorteil, daß sie vom Eingang her 50–100 m unter Wasser standen. Was machten wir? Ganz einfach, wir bauten uns Flöße, um in der Tiefe des Stollens ans Trockene zu gelangen. Bei Kerzenlicht haben wir dort weiter unsere Lieder gesungen. Karl Hartmann, der von der katholischen „Sturmschar“ oder deren Resten zu uns gestoßen war, las uns aus dem „Speerflug“ vor. Wir, das waren Kax, Jupp, Pitter, Ulli Wagener, Paul Bellebaum und sicher noch einige andere, deren Namen mir heute entfallen sind. Ich muß noch etwas hinzufügen: Bei einer unserer Fahrten mit Dir, die uns ins nahe Sauerland führte, nach Dünschede bei Grevenbrück, sah ich bei Dir ein kleines Büchlein. Mit Deiner schönen Druckschrift hattest Du darin geschrieben. Für mich wunderlicherweise in konsequenter Kleinschreibung. Ich meine eine Überschrift gesehen zu haben: „Der Stern des Bundes.“ Das habe ich damals sicher auf unseren Bund ND bezogen! Was wußte ich als Knabe schon von Deiner Liebe zu den Dichtungen Stefan Georges oder gar den Banden zwischen Stefan George und der deutschen Jugendbewegung. Einer der Älteren von uns war Dein späterer Schwager Rudi Wagener. Ich erinnere mich an ihn als einen sehr ruhigen, etwas in sich gekehrten Jungen; vielleicht waren wir ihm etwas zu wild?

Wie wir zu den uns aus unseren katholischen Heimatgemeinden als Jugendpfarrer bekannten „Schwarzen" gestanden haben? Da gab es sehr unterschiedliche Typen. Einer wie Vikar L. war uns nicht ganz sympathisch. Er hatte eine – wie man heute sagen würde – ungemein autoritäre Art. Einer von uns (rate mal wer!) hat ihn schon seinerzeit als potentiellen „schwarzen Nazi" bezeichnet! Ganz unser Typ war aber Vikar Lö. Mit ihm konnten wir prima! Auch an einen Vikar H. erinnere ich mich. Er war alter NDer, wurde aber später versetzt. Unsere Bindungen an die Kirche blieben zunächst noch stabil. Gerhard Bottländer führte uns in den Gregorianischen Gesang ein; versuchte auch, uns Sinn für eine neue Liturgie der Kirche beizubringen. Ich weiß noch, daß wir die Hostien vor der Weihe selbst auf kleinen Tüchlein, die unsere Mütter oder Schwestern bestickt hatten, zum Altar trugen; ja, es fand sogar ein Wettbewerb statt, welches Tüchlein am schönsten hergestellt wäre. In einer Ausstellung lagen sie alle nebeneinander: richtige kleine Kunstwerke, meines gefiel mir gar nicht: Meine Mutter hatte das Tüchlein einfach schwarz und gelb umrandet und in der Mitte das Christus-Zeichen eingestickt. Ich fand die der anderen viel prächtiger! Am besten mochte ich ein Stück, das auf tintenblauem Grund ein schneeweißes Gotteslamm darstellte, das die Vorderläufe andächtig gekreuzt hatte. So war ich ganz überrascht, daß mein Tüchlein als bestes ausgewählt wurde.

War es im Jahr 1942, als Du und unsere anderen Führer verhaftet und zur Stapo-Leitstelle verbracht wurden? Waren es Gerhard Bottländer und Rudi Wagener? Wurde Rudolf Wageners Vater nicht in das Gebiet des heutigen Polen strafversetzt? Die Nazis haben damals doch unser Gruppenbanner und die Wimpel und Speere des Fähnleins beschlagnahmt. Auch eine Reihe von Büchern, darunter bestimmt auch den „Speerflug".

Im gleichen Jahr 1942 kam auch eine Verbindung zu heimlich weiter bestehenden evangelischen Jugendbündlern zustande. Wie wir aufeinander zugekommen sind, weiß ich nicht mehr. Wir trafen uns in einer Jagdhütte bei Beyenbach im Netphener Land. „Führer" der evangelischen Gleichgesinnten war Heinz Jüngst aus Siegen, der schon eine Reihe von Jahren älter war als wir. Auch Henning Gravenhorst[3] war dabei und ein Junge Schlingensiepen[4].

---

[3] *Henning Gravenhorst ist der Neffe des Fliegerkriegshelden Gontermann, Träger des Ordens „Pour le Merite". Nebenbei mein Fähnleinführer im Deutschen Jungvolk, Fähnlein Graf Spee in Siegen. Ehre seinem Andenken!*

[4] *Schlingensiepen, dessen Vater als Pfarrer der „Bekennenden Kirche" im Konzentrationslager war, ist heute unser Botschafter in Damaskus.*

Damals haben wir mit Begeisterung die Predigten des Kardinals von Galen und des evangelischen Landesbischofs von Württemberg, Wurm, gelesen. Auch den berühmten „Mölders' Brief" bekamen wir zu Gesicht. Ja, in der seinerzeitigen offiziösen Biographie Mölders' fanden wir auch die Bestätigung. Im Buch Forells schrieb dieser noch ganz unbefangen, etwa so: „Mölders hervorragende Führereigenschaften zeigten sich bei ihm schon in frühester Jugend, als er dem Neudeutschlandbund angehörte!"

Wir hatten gar keine Zweifel an der Echtheit des Mölders-Briefes, der, wie schon gesagt, etwa gleichzeitig mit den Predigten Galens und Wurms heimlich abgezogen und verteilt wurde. Jupp Köster warf einmal ein dickes Paket „Mölders Briefe" in den Postschlitz der Hitlerjugend-Bannführung in der Emilienstraße.

Mölders war inzwischen – nicht im Luftkampf – in einer von ihm nicht selbst geführten Maschine abgestürzt.

Erst lange Jahre nach dem Krieg sah ich aus einer Veröffentlichung in den „Vierteljahresheften für Zeitgeschichte", daß wir alle einem Meisterstück schwarzer Propaganda des englischen Journalisten Sefton Delmer vom sogenannten „Soldatensender" Calais aufgesessen sind!

In diesem Brief, der angeblich von Mölders an den früheren Seelsorger seiner ND-Gruppe in Brandenburg a. d. H. gerichtet war, wurde scharfe Kritik am Nazi-Regime geäußert. Besonders die Verfolgung der Kirche war herausgestellt.

Siegen-Weidenau

Paul Wagener

geb. 1924, Bäcker, später Studiendirektor an einer Berufsschule
in Haft 8. 12. bis 23. 12. 1941
gestorben 1987

Katharina Wagener — *57076 Siegen, 24 .5. 2000*
Veit-Stoß-Straße 20

Sehr geehrter Herr Föster,

im DOM vom 21. 5. war ein Artikel „1941: Verhaftungswelle kath. Jugend" von Ihnen. Sie erbitten Kenntnisse über die damals Inhaftierten. Mein 1987 verstorbener Mann wurde auch 1941 angeklagt gemeinsam mit einigen Oberhausener Jungen, gegen das Verbot der konfessionellen Jugendverbände verstoßen zu haben. Die Anklageschrift besitze ich noch. Es gab Hausdurchsuchungen und Beschlagnahmungen.

Durch besondere Ereignisse wurde jedoch das Verfahren von der Gesamtanklage abgetrennt.

Nach der Weihe des Erzbischofs Lorenz dann neue Hausdurchsuchungen mit einem Herrn Buschmann und dann Verhaftungen in Attendorn, Hagen, Olpe und Siegen. Auch mein Mann wurde verhaftet und nach Dortmund-Hörde ins Gefängnis gebracht und nach 10 Tagen nach Dortmund in die Steinstraße gebracht. Lange, meist nächtliche Verhöre, das längste etwa 40 Stunden. Keine Misshandlungen. In diesem Gefängnis befanden sich ja die schon früher verhafteten Jungführer. Alle wurden ohne besondere Erklärungen überraschend am Vortag des Heiligen Abends 1941 entlassen.

Im Januar 1942 fuhr er dann nach Paderborn, um dem Herrn Erzbischof zu berichten.

Am 22. 1. 42 bekam er seinen Gestellungsbefehl und wurde dann Soldat, und seine Mutter war „froh“, dass damit alles ein Ende hatte, ein schreckliches Wort. Gott sei Dank ist er wiedergekommen, zwei Brüder sind gefallen.

Auf der Liste der Inhaftierten war mein Mann aber nicht aufgeführt. Er hatte dann wohl Verbindung mit Herrn Tigges aufgenommen, auch mit Herrn Dr. Saal. Dieser war aber längere Zeit verhindert, und als er sich meldete, war mein Mann gerade plötzlich verstorben. Es hat mir für ihn alles sehr Leid getan, ich wollte aber dann alles ruhen lassen. Nachdem es im DOM aber wieder aufgegriffen wird und auch Herr Köhren, Brilon, nachfragte, schreibe ich Ihnen heute. Die Liste der Inhaftierten hätte ich schon gerne, vielleicht sogar mit dem Namen meines Mannes.

Freundliche Grüße

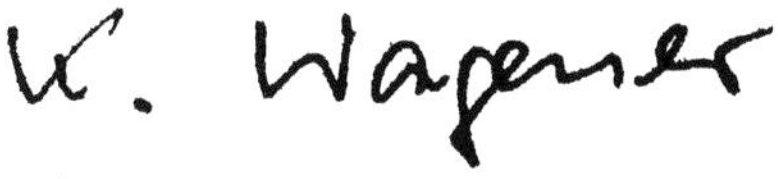

Nachsatz:
Paul Wagener, geb. 6. 2. 24, Siegen
Paul ist Bäckermeister geworden, dann auf dem 2. Bildungsweg Gewerbelehrer fürs Nahrungsgewerbe in Brilon v. Bigge-Olsberg, dann Studiendirektor für Politik und Wirtschaftskunde an der Berufsschule f. Technik Siegen.

Anlage 1:

Schilderung des Verfolgungsvorganges

Im Winter 1939/40 besuchte ich katholische Jugendführer in Oberhausen. Wir berieten die schwere Lage der katholischen Jugendarbeit und gemeinsame Maßnahmen. Schon vor diesem Treffen korrespondierte ich längere Zeit mit einem der verantwortlichen Laienführer. Briefverkehr und Besuch führten 1941 zu Gegenmaßnahmen der Siegener Gestapo, nachdem in Oberhausen bereits Hausdurchsuchungen und Verhöre stattgefunden hatten.

Im Frühsommer 1941 verhörten mich Beamte der Siegener Gestapo, einer von ihnen hieß Bellersheim, in meinem Zimmer, welches im elterlichen Haus, Weidenau/Sieg, Untere Friedrichstraße 78, gelegen war. Sie nahmen dort auch eine eingehende Durchsuchung vor und beschlagnahmten eine größere Zahl Bücher, Zeitschriften und Briefsachen. Zweimal wurde ich einige Zeit später von der Kriminalpolizei Weidenau in gleicher Sache vernommen. In der letzten Novemberwoche 1941 erhielt ich die Anklageschrift der Oberstaatsanwaltschaft der Duisburger Strafkammer. Durch besondere Ereignisse wurde jedoch das Verfahren gegen mich von der Gesamtanklage abgetrennt.*

Am 19. Oktober 1941 fand in Paderborn die Weihe unseres H.H. Erzbischofs Lorenz statt. Alle noch tätigen Jugendführer trafen sich an diesem Tage und nahmen an den Feierlichkeiten teil. Dieses weckte die Aufmerksamkeit der Gestapo. Es kam zu Verhaftungen in Attendorn, Hagen, Olpe und Siegen. In den ersten Dezembertagen erschienen Beamte der Dortmunder Gestapoleitstelle, ein Heinz Buschmann war bei ihnen, zu einer längeren Haussuchung in Weidenau/Sieg. Alles bewegliche Gut, welches sich auf meinem Zimmer befand, wurde beschlagnahmt und mit einem Pkw nach Dortmund gebracht, ich selbst wurde verhaftet und ebenfalls nach Dortmund gefahren. Mein Gut wurde in Dortmund-Hörde, Benninghoferstraße, also der Gestapoleitstelle, abgeliefert, ich selbst zum Gefängnis Hörde gebracht und dort eingeliefert. Hier saß ich etwa zehn Tage, um dann nach Dortmund, Polizeigefängnis in der Steinstraße, überführt zu werden. Hier kam es zu langen, meist nächtlichen Verhören, von denen das längste etwa 40 Stunden dauerte. Besondere körperliche Misshandlungen unterblieben. In diesem Gefängnis befanden sich die schon früher verhafteten Jungführer. Wir alle wurden ohne besondere Erklärungen und zu unserer größten Überraschung am Vortag des Heiligen Abend 1941 entlassen. Im Januar 1942 fuhr ich nach Paderborn, dem H.H. Erzbischof zu berichten.

Während meines Kriegseinsatzes kam es zu einigen Hausdurchsuchungen und mehreren Anfragen der Gestapo in Weidenau/Sieg. Durch die ständigen Bombenangriffe wurde das in Dortmund lagernde belastende Material vernichtet. Ich nehme an, dass dieses und eine allgemeine Überwachung Ursache für die ständige Kontrolle war.

---

* siehe auch Dokumente, Seite 451

Westenfeld

Karl Funke

geb. 1922, Schmiedegeselle
in Haft 19. 11. bis 23. 12. 1941
gestorben 21. 6. 1944

Maria Klöckener
Westenfelder Str. 72
59846 Sundern

Westenfeld, den 18. 7. 01

Lieber Herr Föster!

Für Ihr Schreiben und die Liste der Inhaftierten herzlichen Dank. Zu den Haftzeiten muss ich berichtigen: mein Bruder Karl Funke wurde nicht am 27. 11. 1941 verhaftet, sondern am 19. 11. 1941. Das Entlassungsdatum stimmt. Meine Schwägerin – Frau Funke –, die in unser Elternhaus eingeheiratet hat, ist noch im Besitz eines Antrags, den meine Mutter damals gestellt hat, um Karl wieder frei zu bekommen. Unter anderem auch eine Postkarte, die Karl selbst aus Herne geschrieben hat. Von diesen beiden „Schriebs" werde ich Ihnen eine Fotokopie beilegen.

Auf der Karte schreibt Karl: Ich habe den Frieden und ihn gesichert. Mit dem ihn meint er eindeutig unseren damaligen Vikar Josef Schulte, der eine intensive Jugendarbeit betrieb. Ich glaube sicher, dass Karl bei den Verhören unter Druck gesetzt wurde, um etwas Strafwürdiges über Vikar Schulte zu erfahren. Meine Mutter und ihr Bruder haben Karl einmal während der Haft besucht. Es wurde ihnen ein 10-Minuten-Gespräch gewährt, da hat er beiläufig in Plattdeutsch gefragt: „Ist der Vikar noch da?" – (war das eine gefährliche Zeit)

In dem Antrag schreibt Mutter, dass Karl lungenkrank sei, heute weiß man, dass unheilbar Kranke Gefahr liefen, abgeholt zu werden, das hat Mutter damals sicher noch nicht gewusst. Vikar Schulte hatte eine gute Verbindung mit einer Kinderheilstätte in Wangen im Allgäu. Da hat er gesorgt, dass Karl zur Behandlung dorthin kam, das war Anfang 1943. Karl ist im Juni 1944 gestorben, also in Wangen gestorben.

Gerate ich jetzt mit meinem Schreiben ein wenig ins Abseits? Ich selbst war in dem Jahr der Verhaftung nicht daheim. Erst als Karl wieder zu Hause war, wurde ich informiert. Man wollte mir die Angst ersparen. Meine jüngste Schwester war damals 12 Jahre. Sie kann sich noch gut erinnern, dass sie Karl aus der Wiese geholt hat, weil er dort zu tun hatte, und dass einer der Gestapo „Bußmann" hieß, dann ist einer mit Karl auf sein Zimmer gegangen, da hat man Rundbriefe gefunden. Beim Weggehen habe einer dem Karl auf die Schulter geklopft und gesagt: „Bist bald wieder da, mein Freund".

Viele Grüße

Maria Klöckener

auch herzliche Grüße

Josefine Funke

Berichtigung:
Der Antrag ist nicht die Handschrift meiner Mutter, sondern Vikar Schulte ist ihr behilflich gewesen und hat ihn aufgesetzt. Im Übrigen sind wir Ihnen dankbar, dass Sie diese Sache aufarbeiten, und legen einen Schein bei für Ihre Unkosten.

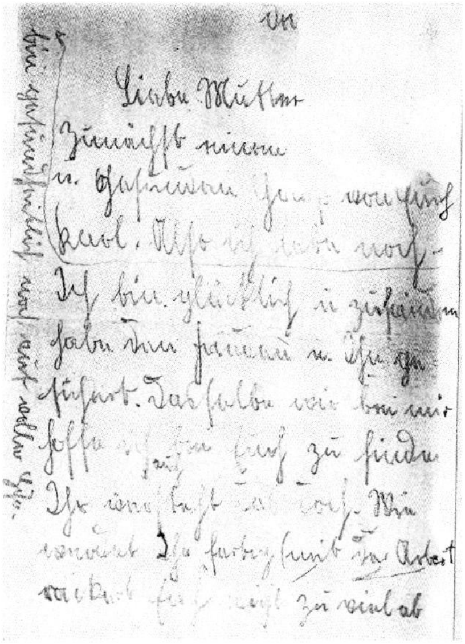

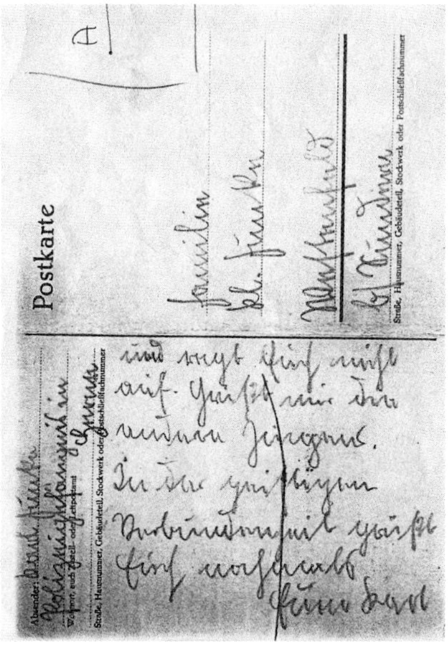

Postkarte aus der Haft (mit Bleistift in Sütterlinschrift, Datum nicht leserlich)

Übersetzung

Absender: Karl Funke
Polizeigefängnis in Herne

Liebe Mutter

Zunächst einen (?) und gesunden Gruß an Euch von Karl. Also ich lebe noch, bin gesundheitlich noch auf voller Höhe. Ich bin glücklich und zufrieden, habe den Frieden u. Ihn gesichert. Dasselbe wie bei mir hoffe ich bei Euch zu finden. Ihr versteht das doch. Wie werdet Ihr fertig mit der Arbeit, rackert Euch nicht zu viel ab und regt Euch nicht auf. Grüßt mir die anderen Jungen. In der geistigen Verbundenheit grüßt Euch nochmals

Euer Karl

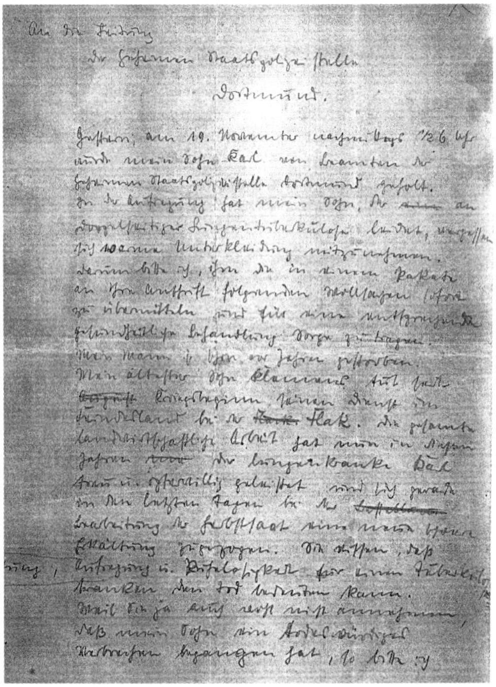

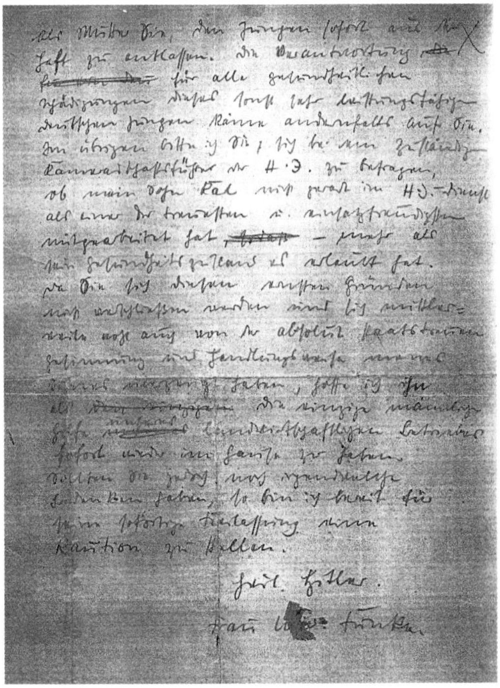

Abschrift eines Briefes:

An die Leitung der Geheimen Staatspolizeistelle Dortmund

Gestern, am 19. November nachmittags 1/2 6 Uhr, wurde mein Sohn Karl von Beamten der Geheimen Staatspolizeistelle Dortmund geholt. In der Aufregung hat mein Sohn, der an doppelseitiger Lungentuberkulose leidet, vergessen, sich warme Unterkleidung mitzunehmen. Darum bitte ich, ihm die in einem Paket an Ihre Anschrift befindlichen Wollsachen sofort zu übermitteln und für eine entsprechende gesundheitliche Behandlung Sorge zu tragen. Mein Mann ist schon vor Jahren gestorben. Mein ältester Sohn Klemens tut seit Kriegsbeginn seinen Dienst in Feindesland bei der Flak. Die gesamte landwirtschaftliche Arbeit hat nun in diesen Jahren nur der lungenkranke Karl treu und opferwillig geleistet und sich gerade in den letzten Tagen bei der Bearbeitung der Herbstsaat eine neue schwere Erkältung zugezogen. Sie wissen, daß Aufregung und Ruhelosigkeit für einen Tuberkulosekranken den Tod bedeuten kann. Weil Sie ja auch wohl nicht annehmen, daß mein Sohn ein todeswürdiges Verbrechen begangen hat, so bitte ich als Mutter Sie, den Jungen sofort aus der Haft zu entlassen. Die Verantwortung für alle gesundheitlichen Schädigungen dieses sonst sehr leistungsfähigen deutschen Jungen käme andernfalls auf Sie. Im übrigen bitte ich Sie, sich bei dem zuständigen Kameradschaftsführer der H. J. zu befragen, ob mein Sohn Karl nicht gerade im H. J.-Dienst als einer der treuesten und einsatzfreudigsten mitgearbeitet hat, – mehr als sein Gesundheitszustand es erlaubt hat.

Da Sie sich diesen ernsten Gründen nicht verschließen werden und sich mittlerweile wohl auch von der absolut staatstreuen Gesinnung und Handlungsweise unseres Sohnes überzeugt haben, hoffe ich ihn als die einzige männliche Hilfe unseres landwirtschaftlichen Betriebes sofort wieder im Hause zu haben. Sollten Sie jedoch noch irgendwelche Bedenken haben, so bin ich bereit für seine sofortige Freilassung eine Kaution zu stellen.

Heil Hitler
Frau (Vorname unleserlich) Funke

Karl Funke, Westenfeld

Aus einem Artikel im Sauerlandkurier vom 6. 4. 2000 (Klemens Teipel)

Von dieser Verhaftungswelle erfasst war auch der am 21. Juni 1944 verstorbene Westenfelder Karl Funke. Am 21. Januar 1922 geboren, war er das fünfte Kind der Land- und Gastwirtsfamilie Klemens Funke. Als junger Vertrauter des von Juli 1939 bis November 1947 in Westenfeld tätigen Pfarrvikars Josef Schulte, der, beeinflusst von dem katholischen Theologen und Religionsphilosophen Romano Guardini, zur Quickborn-Bewegung gehörte, dem aber keine staatsfeindlichen Handlungen nachgewiesen werden konnten, geriet der Schmiedegeselle Karl Funke in die Fänge der Gestapo. Am 19. November 1941, nachmittags gegen 17.30 Uhr erschienen zwei Beamte der Geheimen Staatspolizei im Hause Funke, um den Sohn Karl in Haft zu nehmen. Dieser war, da sein älterer Bruder Klemens zum Kriegsdienst einberufen war, bei der Vorbereitung zur Herbstbestellung auf dem Feld. Seine Schwester hatte ihn zu holen, und ohne jegliche Erklärung nahmen ihn die Schergen mit ins Polizeigefängnis Herne. Für gerade mal zehn Minuten durften ihn dort einmal seine Mutter und sein Onkel und Lehrmeister Josef Aßheuer besuchen. Der Häftling wurde der Steinwache Dortmund überstellt. Die schweren Wochen der Haft hatten den jungen Mann geistig um Jahre reifen lassen. Ein Brief an seine Mutter macht dies deutlich. Er schreibt: „Ich bin glücklich und zufrieden, habe den Frieden und Ihn gesichert.“ Mit „Ihn“ wird Pfarrvikar Josef Schulte gemeint sein, der wie Karl Funke in steter Gefahr war.

Am 23. Dezember gab die Gestapo auf. Karl Funke war nichts Staatsfeindliches nachzuweisen. Weihnachten war er also wieder zu Hause. Über die Wochen in Herne und Dortmund hat er kaum gesprochen. Sie hatten das Gegenteil erreicht von dem, was sie erreichen wollten. Karl Funkes Glaube gewann an Festigkeit. So war es auch der Gesprächsrunde im Gasthof „Zur Schönen Aussicht“ in Arnsberg anzumerken. Wer das Machtgehabe der Gestapo erfahren hatte, der stand nur noch umso fester auf dem Boden der Wahrheit.

Josef Schulte – Priester aus Müschede

Josef Schulte war Müscheder Junge, wie ich es bin. Er wurde 1905 geboren und starb früh, im Alter von 44 Jahren. Als ich geboren und getauft wurde, bereitete sich Josef Schulte schon auf den Priesterberuf vor. Keine lange Priesterzeit wurde ihm geschenkt. Er nutzte sie intensiv, denn er war ein wahrer Gottesstreiter.

Pfarrvikar Josef Schulte

Grabplatte an der Turmmauer der Hubertuskirche in Müschede

Als ich elf Jahre alt war, nahm er mich als Messdiener zu seinen Freunden. Als ich nach dem Abitur vor der Berufswahl stand, lud er mich zum Gespräch. Er stellte mir die Frage, ob ich nicht Priester werden wolle. Ich ging nachdenklich, ja aufgerührt heim. Ich habe mich dann doch anders entschieden. –

Warum erzähle ich das? Weil ich richtig urteilen zu dürfen glaube, dass das Priestersein Josef Schulte erfüllte, weil er seine vielfältigen geistigen, musischen, seine künstlerischen und praktisch-handwerklichen Begabungen und seine Kommunikationsfähigkeit ganz in diesen Auftrag, Priester sein zu dürfen, einbrachte. Er war ein begeisterter und begeisternder Priester. Dadurch war er stark, stark im Leiden, denn er wurde früh krank, und stark in der Bedrängnis, die Klugheit, aber auch totale Bereitschaft zum Wagnis und zur letzten Hingabe verlangte.

AMICO AMICI. So haben Priesterfreunde ihm auf den Grabstein geschrieben, der jetzt an der Kirchenmauer seiner Heimatkirche St. Hubertus in Müschede hängt, um das Gedächtnis an Josef Schulte wach zu halten, als Mahnung, wie dieser Priester nicht nachzulassen und nicht vor Widerstand zu weichen, die Liebesbotschaft Christi zu verkünden, auch dann nicht, wenn Gleichgültigkeit, Hohn und Hass das Tagesgeschehen bestimmen und Verachtung und persönliche Bedrängnis die Folge sind.

Nach seinem Abitur auf dem heutigen Franz-Stock-Gymnasium in Neheim – Josef Schulte teilte mit Franz Stock die Klasse – absolvierte Josef Schulte sein Theologiestudium in Paderborn und wurde dort im Hohen Dom 1932 zum Priester geweiht. Sein Priesterleben begann in Wanzleben bei Magdeburg in der Diaspora. Eine schwere Erkrankung, aus der er nie mehr ganz gesundete, zwang ihn schon nach einigen Jahren, 1938, zu einer Arbeitspause in seinem Heimatort Müschede. Als „Hilfspriester“ doch war er dort für die Jugend da. Seine Prägung als Schüler und Student im Quickborn hatte ihn für diese Aufgabe sehr geöffnet. Geformt hatte ihn sein Elternhaus im heimatlichen Dorf. In dieser Zeit des immer bedrängenderen Naziregimes mußte er dessen negative Wirksamkeit auch in seiner Heimat registrieren. Ohne Rücksichtnahme auf persönliche Anfeindungen und überörtliche Gefahr prangerte er Zerfallserscheinungen im religiösen und moralischen Lebensbereich an, versöhnte aber auch, wo Versöhnung möglich erschien.

Nach einer leichten Gesundung wurde ihm die Seelsorge im nahen Westenfeld bei Sundern übertragen. Dort entfaltete er sich zum tragenden Mittelpunkt in der Gemeinde, die er mit Klugheit durch die immer gefahrträchtiger werdende Zeit des Nationalsozialismus führte, und gab besonders der Jugend eine Ausrichtung. Aber nicht nur der Gemeinde war er Mittelpunkt. Er bot Jugendlichen, die – verbotenerweise – katholische Ausrichtung und Zusammenhalt suchten, eine Heimat im tiefsten Sinn.

Wahre Freude bestimmte auch in Notzeiten bei Josef Schulte das Geschehen.

Das Misstrauen der Nazischergen wuchs durch den Andrang von Hunderten von Jugendlichen bei der Weihe von Bischof Jaeger in 1941 bis an die Grenze. Die Verhaftungswelle, die Jugendliche vorwiegend aus dem Sauerland ins Gefängnis Steinwache nach Dortmund holte, galt in erster Linie den Hintermännern, zu denen nicht zuletzt Josef Schulte gehörte. Verfolgung durch die Gestapo mit Ziel der Vernichtung ergab sich als Konsequenz. Das Kriegsgeschehen hat letztlich dann verhindert, dass Konzentrationslager und sicherer Tod Josef Schulte zum Schicksal wurden.

Bei der Zerstörung „seines“ Dorfes Westenfeld in den letzten Kriegswirren erwies sich der „Vikar“ als ratender, lenkender und zupackender Helfer in der Not.

1947 wurde ihm dann eine neue seelsorgerische Aufgabe übertragen: Aufbau und Leitung des Jugendhauses und Kinderheimes Schüren bei Meschede. Die wieder zunehmende Krankheit setzte dem Tätigsein dann aber bald ein Ende. Josef Schulte starb am 3. 5. 1949 im Alter von 44 Jahren.

In seinem Lebensbericht fehlte, wenn nicht seine Mitwirkung beim Wiederaufbau und der Neuorganisation der katholischen Jugendarbeit in der Diözese Paderborn Erwähnung fände. Vikar Schulte gehört zu jenen fünf Priestern, die schon im Juli 1945, zwei Monate nach Beendigung des alles zerstörenden Krieges, Jugendliche aus der ganzen Diözese nach Hardehausen riefen, um dieses Haus zu richten und im Miteinander im wahrsten Sinne bei Gebet und Arbeit – war diese nun geistiger oder handwerklicher Art – mit Mut und Frohsinn die Zukunft mit Elan anzugehen.

Auf den Grabstein schrieben die Freunde dem Priester Josef Schulte den Satz:

„Wir wollen eueren Glauben nicht beherrschen,
sondern euch Helfer sein zur Freude.“
Helfer zur Freude, das war Josef Schulte in der Tat.

Dr. Josef Rettler, Müschede

Karl Föster:

Josef Schulte aus Müschede, Franz Stock aus Neheim und Anton Schwingenheuer aus Herdringen – drei spätere Priester – waren die prägenden Mitglieder der Neheimer Quickborngruppe in den 20er Jahren.

Josef Schulte hat in seinem Geburtsort Müschede und in Westenfeld – zu Westenfeld gehörte auch Kloster Brunnen – entscheidenden Einfluß auf die Bildung katholischer Jugend gehabt. Heribert Lange aus Arnsberg schreibt: Häufigstes Ziel (unserer Pfarrgruppe) war Kloster Brunnen. Geistlicher Mentor war Jupp Schulte, Pfarrvikar von Westenfeld. Um nicht aufzufallen, verließen wir einzeln die Stadt und trafen uns dann irgendwo in den Wäldern zur Weiterfahrt.

Wir können davon ausgehen, dass folgende einst verhaftete Jungen durch Josef Schulte wesentlich mitgeprägt wurden:

Heribert Lange-Brandenburg, Arnsberg
Karl Michel, Müschede
Karl Funke, Westenfeld
Rudolf Friemauth, Neheim

Nachlese

Heilige als Leitbilder – Christophorus

Den katholischen Jungen damals, von denen in diesem Buch die Rede ist, dienten bestimmte Heilige als Leitbilder. Ob im Gottesdienst, beim Heimabend oder bei der Lektüre zu Hause, sie beschäftigten sich mit diesen Gestalten aus der christlichen Geschichte und Literatur.

Auf dem Nachttisch meines Bruders Bruno Tigges stand ein Bild von Thomas Morus, der als Kanzler im 16. Jahrhundert dem englischen König Heinrich VIII. sein Nein entgegensetzte und dafür hingerichtet wurde.

Unter dem Bild war geschrieben:

„Nie habe ich daran gedacht, etwas zu tun, was gegen mein Gewissen gewesen wäre."

Die Gestapoleute haben bei der Hausdurchsuchung das Bild mitgenommen. Unter den Heiligen waren, entsprechend der Zeit des Krieges, vor allem soldatische Gestalten, Menschen in der Rolle, die den Jungen bevorstand.

Da ist der hl. Erzengel Michael, der, als Ritter gekleidet, den Teufel mit der Lanze niederstößt unter dem Ruf „Wer ist wie Gott!"

Da ist St. Martin, der römische Offizier, der nicht tötet, sondern seinen Mantel teilt.

Da ist der hl. Georg, der den Drachen besiegt und ein gefangenes Mädchen befreit.

Da ist auch St. Franziskus, der, als Soldat eingekleidet, das Gewand wieder auszieht, weil er eine Stimme vernommen hat, die ihm sagte: „Warum läufst du einem kleinen Fürsten nach statt in den Dienst des großen Königs zu treten?" der daraufhin Familie und Gesellschaft verlässt, um in Armut Gott zu dienen.

Und da ist nicht zuletzt der heilige Christophorus, der nur dem größten Herren dienen will und diesen schließlich in einem kleinen Kinde findet. Die Legende vom hl. Christophorus sei hier zeitgemäß nacherzählt.

Der heutige Leser wird unschwer die Bezüge und Symbole zu der damaligen Zeit erkennen. Er wird sich denken können, in welches Dilemma die Jungen gerieten, als sie bald nach der Haft den Fahneneid auf den Führer, den obersten Teufel, ablegen und ihr Leben für „Deutschland" einsetzen mussten.

Paul Tigges

Christophorus *

Da war ein junger Mann, groß und stark, der zog in die Welt. Er hatte nur einen Wunsch. Er wollte dem mächtigsten Herren der Welt dienen. Christophorus, wie er später genannt wurde, fragte die Leute. Sie sagten: Geh zum König! Das ist der mächtigste Herr der Welt. Er hat schon viele Völker überfallen und unterworfen, und alle Menschen zittern vor ihm.

Christophorus kommt zum König und fragt, ob er ihm dienen kann. Der König freut sich. Einen so großen und starken Mann könne er gebrauchen. Er steckt ihn in seine Leibwache. Christophorus dient eine Zeit lang dem König und wacht Tag und Nacht über ihn.

Eines Tages kommt ein Sänger an den Königshof und singt von den Heldentaten des Königs. In seinem Lied nennt der Sänger mehrmals den Teufel. Und jedes Mal, wenn der Name des Teufels fällt, macht der König ein Kreuzzeichen. Christophorus wundert sich und fragt am nächsten Tag den König, warum er beim Namen des Teufels ein Kreuzzeichen mache. Der König zögert zu antworten. Als aber Christophorus nicht locker lässt, da gesteht er, er habe das Kreuzzeichen gemacht, damit der Teufel nicht Macht über ihn bekommt. Christophorus fragt weiter: Dann ist der Teufel mächtiger als du? Der König antwortet: So kann man sagen. Da sagt Christophorus: Dann muss ich dich verlassen. Ich wollte dem mächtigsten Herren der Welt dienen.

Christophorus zieht durch das Land. Er sucht den Teufel, um ihm zu dienen. Eines Tages trifft er auf eine Schar von Reitern, in der Mitte ein Ritter in rotem Gewand. Sie sitzen am Rande eines Dorfes. Vor ihnen brennt ein Feuer, auf dem ein Ochse gebraten wird. Das Dorf steht in Flammen. Ringsum tote Menschen und Tiere. Der rote Ritter fragt Christophorus: Wohin willst du? Christophorus antwortet: Ich suche den Teufel, um ihm zu dienen. Der Ritter sagt: Ich bin der Teufel. Wenn du mir dienen willst, dann zieh mit uns! Er gibt ihm einen Becher mit Wein. Einer der Reiter reicht Christophorus eine dampfende Keule und prahlt: Es geht uns gut. Die Menschen zittern vor uns.

Christophorus bleibt bei der Reiterschar und folgt dem Teufel auf seinen Streifzügen durch das Land. Bis sich Christophorus eines Tages Gedanken macht. Es ist seltsam, auf seinen Streifzügen durch das Land überfällt den Teufel eine große Unruhe, wenn ein Kruzifix am Wege steht. Oft macht er einen großen Umweg durch Wildnis und Gestrüpp, um dem Kreuz nicht zu begegnen. Schließlich fragt Christophorus den Teufel, warum er dem Kreuz ausweiche. Der Teufel will zunächst nicht antworten. Aber auch

* *entnommen dem Manuskript zu einem Theaterstück von Paul Tigges „Die Neun-Tage-Andacht"*

Bild vom hl. Christophorus mit dem Kind auf der Schulter, überreicht von Theo Köhren. Angaben zum Bild: „Christusträger" von Altrogge.

diesmal lässt Christophorus nicht locker, und der Teufel gibt zu, dass Gott mächtiger ist als er. Darauf sagt Christophorus: Dann muss ich dich verlassen. Ich wollte dem mächtigsten Herren der Welt dienen. Christophorus zieht weiter. Er fragt die Menschen nach Gott. Die Menschen weisen ihn auf einen Einsiedler hin. Vielleicht könne der ihm sagen, wo Gott ist. Christophorus kommt zum Einsiedler. Der empfängt ihn in seiner Hütte und hört seine Frage. Der Einsiedler bittet Christophorus, bei ihm zu übernachten. Am nächsten Morgen teilt er ihm mit: Du kennst die Furt über den Fluß, nicht weit von hier. Es fehlt eine Brücke. Viele Menschen sind schon ertrunken. Du bist groß und stark. Hilf den Menschen über den Fluss zu kommen. Dann wirst du Gott begegnen.

Christophorus tut seinen Dienst am Fluss. Er stützt die Menschen beim Hinübergehen durch das Wasser. Die schwachen trägt er, besonders die Kinder. Jahrelang tut er seinen Dienst am Fluss und wird darüber alt. Immer noch wartet er auf Gott. Bis ihn eines Tages – es war in der Nacht – eine Stimme aus dem Schlaf aufweckt. Es ist die Stimme eines Kindes: Christophorus, bring mich über! Christophorus steht auf und geht nach draußen. Aber da ist niemand. Er legt sich hin. Und wieder wird er geweckt: Christophorus, bring mich über! Auch diesmal ist niemand zu sehen. Und beim dritten Anruf, da findet er das Kind. Christophorus wundert sich nicht mehr. Das Kind sitzt am Ufer und schaut ihn an. Christophorus nimmt es auf die Schulter und steigt ins Wasser. Und wie er das Kind durch das Wasser hinüberträgt, da wird es immer schwerer und schwerer. Er droht mit dem Kind zu ertrinken. Er taucht unter und kommt wieder hoch. Da hört er die Worte: Ich taufe dich im Namen des Vaters, des Sohnes und des Heiligen Geistes. Und als er am anderen Ufer das Kind absetzt, da sagt es zu ihm: Christophorus, du bist Gott begegnet. Damit dir dies zum Zeichen sei, steck deinen Stab vor der Hütte in den Boden! Das tut Christophorus. Als er am nächsten Morgen aufwacht, da wachsen aus dem Stab Blätter und Grün wie aus einem Baum.

St. Michael, Graphik von Anton Wendling

Michaelskapelle Altenhundem, 1935 gebaut von Sturmschar, Kolping und katholischem Männerverein unter Leitung von Vikar Grafe; Foto W. Liesmann

Lied der katholischen Jugend

Sankt Michel, der an Gottes Thron
hält mit den Engeln Wache.
Du bist der Deutschen Schutzpatron,
entscheide unsere Sache!
Zieh an dein Schwert,
zäum auf dein Ross
und reit voran dem Heere!
Es gilt die deutsche Ehre.
Sankt Michel, salva nos!

Thomas Morus, 1478 bis 1535

„Nie habe ich daran gedacht, etwas zu tun, was gegen mein Gewissen gewesen wäre."

Zeichnung von Hans Holbein d.J.

Kloster Brunnen – geheimer Treffpunkt

Nachdem seit 1937 der Katholische Jungmännerverband mit seinen Gliedrungen im Erzbistum Paderborn verboten worden war und jegliche Jugendtätigkeit auf den kirchlichen Raum beschränkt war, trafen sich die Jungen heimlich an verschiedenen Orten. Beliebt war vor allem das Sauerland mit katholischer Bevölkerung, wo man vor einer Anzeige relativ sicher sein konnte. So heißt es z.B. von den ND-Gruppen in Hagen, Hamm und Siegen, dass man sich 1940 im Arnsberger Wald bei Hirschberg in einem Zeltlager traf.

Auch Gruppen aus den Ruhrgebietsstädten wie aus Essen oder Dortmund zogen ins Sauerland.

Ich erinnere mich, dass mein Bruder Bruno im Sommer 1941 in Altenhundem eine Gruppe „Edelweißpiraten" aus Dortmund zu Besuch hatte. Sie fielen auf durch ihre bunten Kopfbedeckungen.

Aus den verschiedenen katholischen Gruppen hörte man von Treffen an einem Köhlerplatz im Wald, von den Bruchhauser Steinen, von der Listertalsperre, von Wallfahrtsorten wie Kohlhagen und Waldenburg, vom Dollenbruch und von der Rüspe im Rothaargebirge und nicht zuletzt von Kloster Brunnen, tief versteckt im Homertgebirge zwischen Finnentrop und Sundern. Zu Heimabenden traf man sich in Kellerräumen von Jugendheimen und Kirchen, im Gartenhaus eines verwilderten Privatparks oder in einem alten Hexenturm wie in Olpe.

Ich selbst nahm in den Sommerferien 1941 an einem Treffen von einer Woche in Kloster Brunnen teil, wo Jungen aus dem Sauerland zusammenkamen.

In Altenhundem hatte Pfarrer Kothoff uns Gymnasiasten dazu eingeladen, die wir bei ihm im Pfarrhaus freiwilligen Religionsunterricht bekamen, nachdem man das Fach Religion in der Schule abgeschafft hatte.

Vikar Schwingenheuer besuchte uns an einem Tag. Die Leitung dieser Woche hatte Jupp Stemmrich aus Essen in Händen, der im Jugendamt von Paderborn tätig war und dem besonders das Liedgut und die Liturgie am Herzen lagen. Die Küchenbetreuung erfolgte durch drei Mädchen von einer katholischen Gruppe in Soest. Wir schliefen in der Scheune eines Bauern.

Mitten in diese besinnlichen und fröhlichen Tage der Klostereinsamkeit platzte die Nachricht, dass der Krieg gegen Russland ausgebrochen ist. Und keiner von uns Jungen ahnte, dass er selbst als Soldat nach Russland kommen würde und einige sogar dort ihr Leben lassen mussten.

Ein Jahr später war ich selbst an der Murmanskfront in Nordrussland.

Paul Tigges

Kloster Brunnen um 1941

Juni 1941 – Heimliches Treffen kath. Jungen aus dem Sauerland in Kloster Brunnen. Am Zaun rechts Vikar Schwingenheuer, Altenhundem, dritter von rechts Paul Tigges; rechts an der Mauer Jupp Stemmrich, Essen, der die Sache leitete.

KLOSTER BRUNNEN 1941

Die Quelle des Heils sprudelt heute wie damals.–
Wie die Alten ihr Murmeln verstanden, als Sprache des Schöpfers,
als Geheimnis nie versiegenden Wassers
der Läuterung und der Stärkung, so war es zurzeit der Bedrängnis.

Schweigen, nur Schweigen, als Hymne des Dankes für den Ruf:
Kommt, ich bin bei euch !

Lautlos der Segen von Vater und Mutter zur Wanderschaft.
Bedeckte Angst, bläst die Wimpel
falscher Zeichen in die Ströme der Zeit
bis dort, wo wagende Freiheit geschenkt.

Das Dach der Linde weitet den Ort des Geheimen
über die Unbefangenheit jugendlicher Freundschaft
im Schatten der Not.
Ahnung und Mahnung spielen „Ritter und Tod".

Im Mut des Leichtsinns verlautet die Stille.
Doch die Geborgenheit der Wälder empfängt Lieder und Frohsinn
in schützende Arme.

Heilig Geschehen am Altar der Väter gibt neuem Tag Glanz
nach verträumter Nacht.
In die Helle des Tages schreitet die Zuversicht
gefestigten Willens mit offenen Augen durch die Pforte
in die Zeit von Lüge und Tod.

Heute schweigt ein festes Dach über die Stunden ungeschützten Glücks
im Schatten der Linde.
Die Quelle des Heils aber sprudelt heute wie damals.

Müschede, 18. 8. 1993, Josef Rettler

Kloster Brunnen 2001

Bauernhof in Kloster Brunnen, wo die Jungen 1941 Unterschlupf fanden

EHEM. KLOSTERKIRCHE DER KAPUZINER, HEUTE PFARRVIKARIE ST. ANTONIUS VON PADUA, PFARREI ST. PANKRATIUS STOCKUM, SEELSORGLICH BETREUT DURCH DIE KIRCHENGEMEINDE ST. SEBASTIAN ENDORF. GRUNDSTEINLEGUNG 1742, WEIHE 5. MAI 1748. URSPRÜNGLICHE KIRCHENPATRONE JOHANNES DER TÄUFER UND HL. FIDELIS VON SIGMARINGEN. BAROCKER HOCHALTAR MIT GEMÄLDE VON JOHANN ANTON KOPPERS (1707-1762) UND WAPPEN DES KÖLNER KURFÜRSTEN UND ERZBISCHOFS CLEMENS AUGUST (1700-1761). NACH PLÄNEN VON JOHANN CONRAD SCHLAUN (1695-1773). AUSGEFÜHRT DURCH JOHANN CHRISTOPH MANSKIRCH (+1762) UND DIE SCHREINERBRÜDER THOMAS UND ANTONIUS. HISTORISCHE ORGEL 1801 VON JOHANN GEORG FROMME AUS SOEST.
FREUNDESKREIS KLOSTER BRUNNEN e.V. 1998

Historische Tafel

Felsenquelle

Jahr und Tag

Worte: Hanna Stephan · Weise: Josef Stemmrich

Gedenkveranstaltung in Attendorn am 23. Dezember 2001

Pfarrkirche zu Attendorn, der „Sauerländer Dom"
Erbaut: Turm 1200, Kirchenschiff 1330 bis 1400
Foto: Stadtverwaltung Attendorn

Pfarrkirche zu Attendorn
Innenansicht
Foto: Stadtverwaltung Attendorn

Freunde der ehemaligen Katholisch-Bündischen Jugend

Einladung

Vor 60 Jahren, am 23. 12. 1941, wurden in dem Gestapo-Gefängnis „Steinwache", Dortmund, 27 katholische Jugendliche aus mehrwöchiger Haft entlassen.

Aus diesem Anlass laden wir die noch lebenden Betroffenen, ihre Angehörigen und Freunde und auch sonstige Interessierte zu einer Gedenkveranstaltung nach Attendorn ein. Unser Treffen, das am 4. Adventssontag, den 23. 12. 2001, stattfindet, soll folgenden Verlauf nehmen:

10.30 Uhr Hochamt in der Pfarrkirche St. Johannes Baptist, im sogenannten „Sauerländer Dom".
Zum Gedenken an die ca. 30 verhafteten Jungen verliest Karl Falk ihre Namen und entzündet für jeden der 23 Gefallenen oder Verstorbenen je eine Kerze.
Zum 4. Adventssontag liest er aus einem Brief des Bruno Tigges, Altenhundem, vom 24. 12. 1941 vor, in dem dieser über eine Adventsfeier der Jungen in der Zelle der Steinwache berichtet. Am Schluss des Gottesdienstes spielt Susanne Beckmann, Arnsberg, zur Erinnerung an ihren kürzlich verstorbenen Vater Günter Beckmann und die anderen Toten auf der Geige eine Suite von Johann Sebastian Bach.

12.30 Uhr Gemeinsames Mittagessen im Kolpinghaus.
Weiterer Verlauf der Gedenkveranstaltung:

14.00 Uhr Eröffnung durch Günter Stumpf, Attendorn
- Gemeinsames Lied
- Begrüßung durch Franz Gosmann, Arnsberg
- Grußworte, verlesen von Karl Föster, Arnsberg
- Bericht von Günter Stumpf, von einem der Betroffenen
- Informationen über das geplante Buch:
  „Katholische Jugendliche in den Händen der Gestapo – Widerstand im westfälischen Raum gegen das totalitäre NS-System" von Paul Tigges, Lennestadt
- Lesung aus dem geplanten Buch: Bericht von Georg Clement, Dortmund-Attendorn: „Ich muss den Georg mal kurz mitnehmen."

– Gemeinsames Lied
– Aussprache bei Kaffee und Kuchen
– Abschlusslied: „Nun Brüder sind wir frohgemut."

Es wird darum gebeten, die Zusagen zu unserem Treffen bis zum 20. 12. 2001 zu richten an: Karl Falk, Mindener Str. 13, 57439 Attendorn, Tel. 0 27 22/5 26 35.

Im Auftrage der Veranstalter wünsche ich eine gute Anreise.

Günter Stumpf

Gestapo kam zum Heimabend

Kath. Jugendliche inhaftiert und in der „Steinwache“ verhört / Gedenkveranstaltung

ATTENDORN: (melli) Morgen vor 6o Jahren, am 23.12.1941, entliess die Gestapo 27 kath. Jugendliche aus mehrwöchiger Haft im berüchtigten Gefängnis „Steinwache“, der Folterkammer der Gestapo“, in Dortmund. Unter ihnen zehn Jungen aus dem Kreis Olpe. Die wenigen noch lebenden Betroffenen, Angehörige und Freunde der damals verhafteten, treffen sich morgen zu einer Gedenkveranstaltung in der Hansestadt.

Wie es zu den Verhaftungen kam, erzählt Karl Falk: „In der Nazizeit waren die katholischen Jugendverbände verboten. Also trafen wir uns heimlich.“ Weil Zeitschriften verboten waren, erstellten die Jugendlichen eine eigene Zeitung, die sie mit Matrize und Walze vervielfältigten. Diese Zeitungen wurden in einem Koffer versteckt durchs ganze Sauerland gereicht. Drei Briefe, in denen der Bischof von Münster, später Kardinal von Galen, u.a. gegen die Euthanasie wetterte, verteilten die Jugendlichen auf gleichem Weg. Als der letzte Brief „durchgedreht“ war, brach die Verteilerkette ab, und einer der Jugendlichen liess den Brief bei Josef Quinke aus Fretter. Quinke war entrüstet und machte seinem Unmut über die Machenschaften des NS-Regiems bei einem Kneipenbesuch Luft. „Ein Zuhörer hat ihn an die Partei verraten und er wurde verhaftet“, weiss Karl Falk. Josef Quinke starb später im KZ. Etwa zur gleichen Zeit versammelten sich tausende Jugendliche mit Bannern zur Weihe des Erzbischofs Lorenz Jaeger. Falk: da stellte die Gestapo fest, dass die aufgelöste kath. Jugend garnicht so aufgelöst war. Die treibenden Kräfte suchte man nun beim Klerus.

Georg Klement aus Dortmund, der damals Lehrling bei der Attendorner Polsterei Hammer war, wurde zuerst abgeholt. Als der Attendorner Günter Stumpf dies erfuhr, ging er zu Karl Falk. „Wir hatten am Abend zuvor wieder Sachen „durchgedreht“ und versuchten, die Spuren zu beseitigen. Beim Heimabend in der Sakristei St. Joh. Baptist kam die Gestapo und hat uns alle mitgenommen“, erzählt Falk. „Wir haben beim Verhör alles abgestritten, wir haben gelogen, was wir konnten, aber gegen die gewieften Verhör-Beamten waren wir nur ein kleines Licht.“

Georg Klement, Hubert Keseberg, Günter Stumpf und Anton Schnüttgen wurden zur Steinwache gebracht. Weil keine „Grüne Minna“ zur Verfügung stand, blieben die anderen Jugendlichen hier. „Wir haben ja nicht aus bösem Willen gehandelt. Wir dachten, das muss an die Öffentlichkeit“, erzählt Karl Falk. „Die Erinnerung blüht sofort wieder auf: Wie der eine Gestapo-Mann sich eine Zigarette nach der anderen ansteckte oder dass ihm vor Ärger der Schaum vorm Mund stand, wenn wir patzige Antworten gaben. Aber manchmal geht es auch so weit, dass ich denke, ich bin mit Schuld, dass Josef Quinke im KZ gestorben ist“, verrät er.

Die Gedenkveranstaltung beginnt mit dem Hochamt um 1o,oo Uhr in der Pfarrkirche St. Joh. Baptist. Nach dem gemeinsamen Mittagessen im Kolpinghaus eröffnet Günter Stumpf um 14,oo Uhr die Veranstaltung mit Berichten, Informationen zu dem geplanten Buch „Katholische Jugend in den Händen der Gestapo“ von Paul Tigges und einer Lesung aus dem geplanten Buch „ich muss den Georg mal kurz mitnehmen!“

Karl Falk entging mit Glück der „Steinwache“

1941 in den Händen der Gestapo - Erinnerungen

Gedenkfeier in Attendorn: Aus Überzeugung mutig gehandelt

Attendorn, (anna) Mit einem Hochamt in der Pfarrkirche und einer Gedenkveranstaltung erinnerten noch lebende Betroffene, Angehörige und Freunde am Sonntag an den 23. Dezember des Jahres 1941, als 27 katholische Jugendliche nach mehrwöchiger Haft aus der „Steinwache", dem berüchtigten Gestapo-Gefängnis in Dortmund entlassen worden sind.

Unter den 32 Gästen waren drei ehemalige Häftlinge: Günter Stumpf (Attendorn), Paul Schlinkert (Olsberg), Hubert Wichtmann (Tönnisforst, damals Deutmecke). Jene, die nicht persönlich erscheinen konnten, sandten Grussworte, so auch der Erzbischof von Paderborn, Kardinal Johannes Joachim Degenhardt, der als 15-jähriger verhaftet worden war.

Gut versorgt mit Kaffee und Kuchen tauschten die Anwesenden im Kolpinghaus Erinnerungen an die Erlebmisse jener Tage aus. „wir durften nicht darüber sprechen", war die übereinstimmende Erinnerung der Angehörigen. Mit Spannung wurde daher der Bericht „Katholische Jugend unter Hitler" von Günter Stumpf verfolgt, der sieben Wochen in Haft verbracht hatte. Er schilderte seine Erfahrungen vom Jubel der katholische Jugendlichen über die Weihe des Bischofs Dr. Lorenz Jäger im Oktober 1941, über die Verhaftung der vier Attendorner Stumpf, Hubert Keseberg, Georg Klement und Anton Schnüttgen nach dem Heimabend am 6. November bis zu den Eindrücken der Haft. „Es fiel mir schwer, das Gefängnisleben anzunehmen" so Stumpf. Betroffenes Schweigen herrschte, als er von den Verhören erzählte, bei denen einige Verhaftete geschlagen, sowie alle mit dem KZ bedroht worden waren. Die getrennt untergebrachten Jungen hätten sich mit Pfiffen verständigt und durch gemeinsames Singen Kraft gesammelt. Man habe damals aus Überzeugung mutig gehandelt meinte Stumpf, doch er gestand auch einen jugendlichen Leichtsinn ein.

So erinnert er sich an einen Tag nach der Entlassung, als er den gefürchteten Gestapobeamten Buschmann bewusst auf einem Schleichweg durch Dornengestrüpp zu einer Hütte geführt hatte, statt ihn auf einem kurzen, bequemen Weg dorthin zu bringen.

Heute bin ich mir bewusst, dass wir grosses Glück gehabt haben. Wir haben gleiches getan wie die Geschwister Scholl, die erhängt worden sind oder die Priester aus Lübeck, die erschossen wurden, stellte Stumpf fest.

Paul Tigges informierte über das geplante Buch „Katholische Jugendliche in den Händen der Gestapo"

Günter Stumpf verlas im Rahmen der Gedenkveranstaltung seinen Erfahrungsbericht

Gedenkveranstaltung in Brilon am 17. Februar 2002

Propsteikirche St. Petrus und Andreas Brilon
Erbaut in den Jahren 1220 bis 1350
Foto: Westfälisches Landesamt für Denkmalpflege, Münster

Alfred Delp-Kolleg e.V.
Grimmestraße 10, 59929 Brilon

Im Rahmen einer Menschenrechtsausstellung erinnern wir Sonntag, den 17. 2. 2002, 17.00 Uhr an Johannes Sommer

„Gloria Dei – ist unser Leitstern. Gott gebe, dass ich in meinem Sterben und durch es ihn hell und rein aufleuchten lasse vor allen, die ihn sehen wollen, hell und rein von eigener Schuld. Dass mein Leben werde eine kühne Tat der Liebe.“ (aus dem Tagebuch von Johannes Sommer)
Johannes Sommer wurde als Schüler vom Gymnasium Petrinum in Brilon verwiesen, weil er sich in der kath. Jugendbewegung engagierte und am 19. 10. 41 an der Bischofsweihe von Lorenz Jaeger in Paderborn teilgenommen hatte. Sein öffentliches Zeugnis für Christus war letztlich der Grund für seine Verhaftung durch die Gestapo. Es folgten wochenlange Verhöre und Folter in der „Steinwache“ Dortmund. Er kam als Soldat nach Lappland; am 15. Februar 1945 wurde er bei Breslau durch eine Granate tödlich verwundet. Das Bekenntnis zu Christus, das junge Menschen im Widerstand gegen das Nazisystem bis in den Tod hinein gegeben haben, darf nicht vergessen werden!

Sonntag, 17. 2. 2001, 17.30 Uhr Vespergottesdienst in der Propsteikirche Brilon.
In der anschließenden Gedenkfeier im Saal des Alfred-Delp-Hauses sprechen:
Theo Köhren, Brilon: „Situation der kath. Jugend in der NS-Zeit.“

Paul Schlinkert, Olsberg: „Erinnerungen an die Steinwache Dortmund“ – er war selbst dort inhaftiert.

Dr. Josef Jacobi, Kassel: „Mein Freund Johannes Sommer.“

Es spielt der Blockflötenkreis des Alfred-Delp-Hauses.

Vespergottesdienst

Sonntag, 17. Februar 2002

~~~

zum Gedenken an Johannes Sommer
und die Opfer der Gestapohaft Steinwache in Dortmund

Aus dem Tagebuch von Johanes Sommer:

"Tragt das Feuer im Herzen, das der Herr auf die Erde geworfen. Er will es brennend sehen. Tragt seine Glut und Wärme, die er in euerm Herzen entfacht hat, weiter in euerm Herzen! Laßt euch verzehren von brennender, hingebender und helfender Liebe, von der heiligen Unruhe ums Gottesreich! Aus uns heraus muß leuchten sein Licht! –

Ostern ist. Der Herr lebt, ging, einer strahlenden Sonne gleich, die Nebel und Nacht überwand, aus dem Tode hervor. Er lebt! Spüren wir's? Vielleicht? Wenn wir aber sein Leben in uns tragen, muß auch sein Licht in uns leuchten. ... Lichtträger sind wir, wenigstens dazu aufgeboten.

Der Herr lebt. Tragt ihn hin zu den Menschen, indem ihr, in Ihm lebend, Ihn in euch wachsen laßt und das Licht aus euren Herzen kommend, ausstrahlen laßt auf die Menschen als Zeichen lebendigen Lebens, als Beweis dafür, daß der Herr lebt!"

"Erbe und Aufgabe" ...

Dann kam der Krieg. Schon in den Jahren vorher war ein empfindlicher Führermangel zu bemerken: in den entscheidenden Jahren stand die Jungmannschaft im RAD und Wehrdienst. Zuletzt wurden auch die Jahrgänge der Jungenschaft eingezogen. Die Arbeit der Mannesjugend war so von außen und innen im bündischen Sinne fast unmöglich geworden, und was noch getan werden konnte, mußte geschehen in den Formen der Jugendseelsorge. Zur Ehre vieler unserer Jungen muß gesagt werden, daß sie in starker Treue und mit großem Mute durchhielten, ihr Leben in der alten Form zu gestalten suchten und dafür Haussuchung und Verhaftung, Gefängnis und Hohn auf sich zu nehmen bereit waren.

Ich denke an den Advent vor 4 Jahren. Zur Weihe unseres Erzbischofs war die Jugend in hellen Scharen aus allen Teilen des Bistums noch Paderborn gekommen. Ein herrliches, aber auch das letzte große Aufgebot der Jugend! Unter die Scharen der Jugend hatten sich die Beamten der Stapo und Spitzel gemischt. Sie spürten das Leben, das sie nie wahr haben wollten, und holten nun aus zu einem letzten schweren Schlag. Im Industriegebiet und Sauerland wurden unsere Kerle verhaftet und nach Dortmund ins Gefängnis gebracht. All unsere Versuche, sie frei zu bekommen oder sie wenigstens zu sprechen, waren vergeblich. Es waren bange Wochen, und als ich am Tage vor Weihnachten die Nachricht bekam, alle 30 Verhafteten seien wieder frei, da war das für mich die größte Weihnachtsfreude.

Aber dann kamen die Haussuchungen und Verhöre der Jugendseelsorger, und ich selbst stand 19 Stunden vor dem Staatsanwalt des Sondergerichtes in Dortmund. An einem seidenen Faden hing das Schwert, nicht nur über der Jugendarbeit in unserem Bistum, sondern im ganzen Reich. Aber der Faden hielt und die Bosheit konnte den letzten Triumpf nicht mehr feiern. Als einzige Gruppe innerhalb der gesamten deutschen Jugend hat die katholische Jugend die Zeit der Drangsal durchgehalten und stand am Tage des Zusammenbruchs, wohl an Zahl geschwächt, aber nicht an Kraft gebrochen, zu neuem Einsatz bereit.

Augustinus Reineke, Weihnachten 1945
~~~

Gedenken an das bewegende Schicksal des Johannes Sommer

Pfarrjugendleiter war Gestapo – Opfer

Brilon / Dortmund. 153 Teilnehmer/Innen - z.T. von weit her angereist, - waren der Einladung des Alfred-Delp-Kollegs Brilon zu der Gedenkveranstaltung für Johannes Sommer gefolgt.

Johannes Sommer, 1923 geboren und Leiter der kath. Pfarrjugend der Propsteigemeinde Brilon, wurde am 19. November 1941 festgenommen und in die berüchtigte Folterkammer der Gestapo in der Steinwache Dortmund inhaftiert. Am 23. März 1942 wurde er von der Oberschule (dem heutigen Gymnasium Petrinum) verwiesen und zur Wehrmacht einberufen. An vorderster Front in den Kämpfen um Breslau setzte eine Granate seinem jungen Leben ein Ende.

Die Begründung für seine Verhaftung: „Beteiligung an Bestrebungen zugunsten des 1937 verbotenen Jungmännerverbandes".

Nach der Bischofsweihe von Lorenz Jaeger am 19. Oktober 1941 bei der viele Jugendliche aus der Erzdiözese Paderborn offen ihr Christusbekenntnis gezeigt hatten, setzte eine entsetzliche Verhaftungswelle der Gestapo ein, der auch Johannes Sommer zum Opfer fiel.

In dem eindrucksvollen Vespergottesdienst unter Mitwirkung des Madrigalchores Brilon sagte Dompropst Dr. Karl Heinz Wiesemann, dass das Vorbild von Johannes Sommer eine Ermutigung zum Glauben in heutiger Zeit ist.

Erzbischof Dr. J.J. Degenhard, der selbst in der Steinwache inhaftiert war, schickte ein Grusswort. Ulrich Wagener, Leiter der Komission Zeitgeschichte in der Erzdiözese Paderborn, sagte in seiner Ansprache, dass das Schicksal von Johannes Sommer heute eine Mahnung gegen allen Rechtsextremismus ist.

Mit der Erinnerung an Johannes Sommer verband der Leiter des Alfred-Delp-Kollegs Franz Schulte vier Anliegen: 1. die Versöhnung mit der Geschichte; 2. den Dialog der Generationen; 3. die Frage: „Haben wir genug aus unserer Geschichte für die heutige weltpolitische Mitverantwortung gelernt?" und 4. der Dank an die junge Kirche im Widerstand dafür, dass sie den Glauben an Jesus Christus durch die Zeit der NS-Herrschaft hindurchgetragen hat, so dass nach 1945 kirchliche Jugendarbeit wieder aufblühen konnte.

Einer der besten Kenner der Geschichte der Jugendarbeit während der NS-Herrschaft, Theo Köhren, wies darauf hin, dass die bündisch-kath. Jugendlichen mit viel Mut und Leid dem „Geheimbefehl" der Reichsjugendführung von 1933, „im rücksichtslosen Kampf mit brutalsten Mitteln den Gegner zu vernichten und auszurotten" widerstanden haben.

Paul Schlinkert aus Olsberg berichtete von seiner Verhaftung 1941, als er gerade 15 Jahre alt war und den Methoden der Gestapo in der Steinwache Dortmund, die immer noch lebendige kirchliche Pfarrjugend zu zerschlagen.

In einem sehr bewegenden Zeugnis über Johannes Sommer erinnerte sein Freund Dr. Josef Jacobi aus Kassel an gemeinsam erlebte Jugendjahre im Petrinum und in der Pfarrjugend, auch an Hand von Briefen und Tagebüchern.

(Franz Schulte, Dom Nr 10, 10. 3. 2000)

Josef Rettler:
Erzbischof Degenhardt ein Freund der Behinderten

Es liegt nahe, als gute Fügung anzusehen, dass die Verfasser dieses Buches bei der Vergabe des Druckauftrages den Zuschlag der Druckerei im Berufsbildungswerk Josefsheim Bigge geben konnten. Diese Druckerei ist ein Bereich der Behindertenarbeit der Josefs-Gesellschaft e.V., die sich seit 1904 auf der Grundlage des christlichen Menschenbildes der Aufgabe widmet, körperbehinderten Menschen Heilung zu geben, sie zu schulen, auszubilden und, soweit erforderlich, dauernd zu betreuen.

Der Umfang und die Art dieses Dienstes für die Behinderten haben im Laufe der fast hundertjährigen Geschichte stets Veränderungen erfahren und haben den jeweiligen Anforderungen der Zeit, aber auch der Gesellschaft Rechnung getragen, ohne jedoch die Orientierung am christlichen Menschenbild zu verlassen.

Druckerei und Buchbinderei waren die ersten Ausbildungs- und Beschäftigungsangebote, mit denen 1904 in Bigge-Olsberg begonnen wurde, da Körperbehinderte hier eine leistbare Tätigkeit fanden. Sie erfuhren eine Ausbildung, die sie zu guten Fachleuten im Druckgewerbe und in der Buchbinderei machten.

Die Ausbildungs- und Beschäftigungsangebote haben sich bis zur Gegenwart – im Berufsbildungswerk Bigge – auf rund 30 Berufe ausgeweitet. Heute finden im Josefsheim Bigge täglich 1 200 Menschen einen Arbeitsplatz, davon sind die Hälfte Behinderte.

Hundert Jahre Geschichte beinhaltet nicht nur Freude am Caritasdienst für die Behinderten, sie beinhaltet auch eine ständige Sorge um das Lebensrecht der behinderten Menschen, die einem anvertraut sind, und um deren Gleichwertigkeit in der Gesellschaft und um deren Gleichstellung mit Nichtbehinderten ständig gerungen werden muss. Besonders ausgeprägt war die Abqualifikation in der nationalsozialistischen Ära, in der nur der Gesunde und Starke als Leitbild galt und Kranke und Schwache und „Fremdartige" als „unwertes Leben" betrachtet und missachtet, ja als Ballast der Vernichtung anheimgegeben wurden.

In diesem Buch, das von der „Katholischen Jugend in den Händen der Gestapo" und deren Widerstand gegen das totalitäre NS-System im westfälischen Raum berichtet, werden auch die mutigen Predigten des Kardinals von Galen abgedruckt, die dieser als Protest gegen die Tötung der als unwertig bezeichneten Menschen gehalten hat. Sie wurden als „Galenbriefe" von jungen Menschen verbotswidrig und unter Gefahren verbreitet. Diese Predigten bewirkten in der damaligen Kriegssituation eine einstweilige Einstellung des Euthanasiebefehls Hitlers. Sie erstreckten sich noch nicht auf körperbehinderte Menschen. Aber die Angst um das gleiche Schicksal wie das der geistig behinderten Menschen war in den Einrichtungen der Josefs-Gesellschaft präsent. „Die Vernichtungsliste über uns hat es vom ersten Tag an gegeben. Wir haben Angst davor gehabt, eines Tages abgeholt zu werden", berichtet die Körperbehinderte Theodora Micke aus dem Josefshaus in Lipperode. „Erst mit Ende des Krieges hat die Angst schlagartig aufgehört." (S. 34/36 in „Zwischen Fürsorge und NS-Ideologie", herausgegeben 2001 von der Josefs-Gesellschaft).

Wir dürfen aber nicht die Augen davor verschließen, dass heute wieder die Verdrängung, ja Beseitigung von behinderten Menschen zur Debatte steht. Mit Billigung eines Großteils der Gesellschaft steht das uneingeschränkte Lebensrecht der von Gott zur Freiheit berufenen Menschen – und zwar berufen vom Anfang der Existenz an –, die nicht erwünscht sind, in der Diskussion. Die pränatale Diagnose trägt dazu bei, den im Mutterleib wachsenden behinderten Menschen das Lebensrecht ungestraft zu nehmen, ja dessen Abtreibung zu fordern. Dieses Buch über den gefahrvollen Protest gegen ein die Freiheit und die Würde des Menschen eingeschränktes System sollte uns nachdenklich machen und unseren Widerstand gegen das Unrecht verstärken,auch wenn dieses Unrecht demokratisch unter dem Motto der Freiheit des Einzelnen legitimiert wurde oder werden soll. Eine solche nur auf sich bezogene Freiheit steht im Widerspruch zur Solidarfreiheit des Christen und entspricht der Ursünde des Menschen, die ja heißt: „Ich will sein wie Gott."

Es mag aber auch in den Bereich der Fügung, die anfangs erwähnt wurde, gehören, dass der Protektor der Josefs-Gesellschaft satzungsgemäß der jeweilige Erzbischof von Paderborn ist. Dieses war lange Jahre der jüngst verstorbene Kardinal Erzbischof Johannes Joachim Degenhardt, dessen Herz, so darf man wohl sagen, bei den Behinderten lag, und den nicht nur die mit seinem Amt verbundene Funktion häufig zum Josefsheim nach Bigge führte. Und dieser Kardinal ist jener Hans-Joachim Degenhardt aus Hagen, der zu den katholischen Jugendlichen gehörte, die von der Gestapo 1941 verhaftet wurden. In diesem Buch ist diese Verhaftung von Jugendlichen zentrales Anliegen.

So können Verfasser und Josefs-Druckerei mit dem Buch dem gleichen Anliegen des Erinnerns und Mahnens dienen.

Das Team der Josefs-Druckerei im Berufsbildungswerk Josefsheim Bigge

Paul Tigges: Die Neun-Tage-Andacht

Theaterstück

über eine Begebenheit im Kriegsjahr 1941
Auszug: 1. und 9. Tag
Personen:

Mutter	49 Jahre alt, Hausfrau und Mutter von sechs Kindern
Vater	51 Jahre alt, Lokomotivführer bei der Reichsbahn
Kinder	
Marga	21 Jahre alt, Haustochter, gelernte Näherin, zurzeit im weiblichen Arbeitsdienst
Werner	19 Jahre alt, Soldat in Russland, tritt nicht auf
Benno	17 Jahre alt, Schüler am Gymnasium, in Gestapohaft
Gertrud	15 Jahre alt, Bürolehrling
Walburga	10 Jahre alt, Schülerin der Volksschule
Beate	7 Jahre alt, Schülerin der Volksschule
außerdem Thilo	16 Jahre alt, Dachdeckerlehrling, Freund Bennos
Ort:	Westfälische Kleinstadt
Zeit:	15. bis 23. Dezember 1941

Hauptgedanken der einzelnen Abschnitte

1. Tag	Verhaftung Bennos
2. Tag	Eltern und Kinder in der Auseinandersetzung mit der NS-Ideologie
3. Tag	Bischofsweihe in Paderborn
4. Tag	Die Predigten des Bischofs von Münster – die sogenannten Galenbriefe
5. Tag	Kampf der Mutter für ihren verhafteten Sohn
6. Tag	Eisenbahner, die auf den Kriegsschauplatz im Osten strafversetzt sind Hitler und die Gräuel der SS in Polen und Russland „Wir können nur beten"
7. Tag	Reaktionen auf die Verhaftung Bennos Vater bei der Gestapo in Dortmund
8. Tag	Diskussion über Benno Mutters Gespräch mit dem alten Uhrmacher, der in Haft war
9. Tag	Heimkehr Bennos

Erster Tag

(Mutter, Marga, Gertrud, Walburga; später Thilo –
Aus dem Volksempfänger hört man einige Sätze aus einer Rede Hitlers zum Russlandkrieg bzw. „Das Oberkommando der Wehrmacht gibt bekannt“ vom 15. 12. 1941. Mutter blättert in einem Gebetbuch, Marga stopft einen Männerstrumpf, Gertrud strickt einen Handschuh, Walburga schreibt in ein Schulheft).

Mutter Walburga, mak dean Kasten deod! Aus dem Radio kommt sowieso nichts Gutes.

Walburga (nachdem sie das Radio ausgeschaltet hat) Mutter, wie lange ist Benno schon weg?

Mutter 24 Tage.

Walburga Kommt er bald wieder?

Mutter Das wissen wir nicht. Das weiß nur Gott.

Walburga Lore Köhler, die in der Schule neben mir sitzt, die sagte heute zu mir: „Dein Bruder sitzt im Gefängnis. Hat er was Böses getan?“ Ich sagte: „Nein, ich glaube nicht“, und habe geweint.

Mutter Ach Gott, wie soll ein Kind von 10 Jahren das verstehen. Benno hat nichts Böses getan. Im Gegenteil, er war sehr tapfer. Aber es ist eine verrückte Zeit, die über euer Begreifen geht. Selbst wir Großen verstehen sie nicht. Früher standen bei euch im Lesebuch Geschichten, dass die Guten belohnt und die Bösen bestraft werden. Aber heute ist es fast umgekehrt. Denkt an den alten Uhrmacher König, der nie einer Fliege was zuleide getan hat. Ostern ist er wiedergekommen. Anderthalb Jahre war er im Zuchthaus, nur weil er gesagt hat, es müsste nicht Krieg sein, man hätte sich auch ohne Krieg mit den Polen verständigen können.

Marga Im Sommer hat die Gestapo die Palottinermönche aus ihrem Kloster in Olpe vertrieben. Da war ich schon mal zu Exerzitien, bevor ich in den Arbeitsdienst musste. Es ist fast wie zur Zeit der Märtyrer, die wegen ihres Glaubens verfolgt wurden.

Mutter Du hast Recht. So geht es auch Benno. Deshalb müssen wir viel beten, dass dieser Kelch an uns vorübergeht. Wir wollen uns an neun Tagen abends zusammensetzen und eine Novene für Benno beten, dass er heil wieder zurückkommt. Gleichzeitig wollen wir auch für Beate beten, die mit einer gefährlichen Diphterie im Krankenhaus liegt, dass sie wieder gesund wird. Und als drittes von euch Kindern denken wir an Werner, damit Gott ihn in dem Russlandkrieg beschützt.

Walburga Mutter, was ist eine Novene, die wir jetzt beten?

Marga Das Wort kommt von dem lateinischen novem = neun.

Mutter So wird es sein. Eine Novene ist eine Neuntägige Andacht, die man in der Familie betet, wenn man ein besonderes Anliegen hat.

Marga Mutter, ich las im Vorwort von einem deiner Novenenbüchlein, die „Neun-Tage-Andacht“, wie man dieses Beten auch nennt, geht zurück auf ein Ereignis in der Apostelgeschichte, als die Jünger nach dem Tod Jesu mit Maria und den Frauen zusammen waren und neun Tage lang beteten. Bis der Heilige Geist am Pfingstfest auf sie niederkam.

Mutter Ich kenne dieses Gebet aus der Kinderzeit. Nachdem euer Vater und ich geheiratet haben, beteten wir eine Neuntägige Andacht, als Vater seine Prüfung als Heizer und als Lokführer machte. Und jedes Mal, bevor eins von euch Kindern geboren wurde, haben wir eine Novene gebetet. Die älteren wissen es vielleicht noch. In besonderer Not waren wir bei dem jüngsten Kind, bei Beate, als es um Leben oder Tod ging. Und Gott hat geholfen.

Marga Wie du mir gesagt hast, hat dir Frau Steinhauer, unsere Nachbarin, ein Novenenbüchlein gegeben. Das wundert mich. Die Steinhauers sind doch überzeugte Nationalsozialisten. Er läuft immer in der Uniform herum.

Mutter Herr Steinhauer ist ein Bayer, kommt aus München, der Hauptstadt der Bewegung. Aber Frau Steinhauer kam vorgestern auf der Straße auf mich zu und drückte mir ihr Beileid aus, wegen Benno. Vorher ist sie mir immer ausgewichen. Anscheinend tue ich ihr leid. Ganz gleich, was sie politisch denkt, muss ich ihr hoch anrechnen, dass sie beim Roten Kreuz so aktiv mitarbeitet. Sie meinte, ich sähe schlecht aus. Ob ich auch genug essen würde. Wie soll ich gut aussehen, wenn ich nicht schlafen kann und keinen Appetit habe. Als wir auseinandergingen, sagte sie, sie habe eine Neuntägige Andacht, die habe ihr immer noch geholfen. Manche Menschen sind religiöser, als man denkt, auch wenn sie es nach außen hin nicht zeigen. Sie hat ja nur das eine Kind. Gestern schickte sie mir den Hans rüber. Der brachte mir das Büchlein.

Walburga Mutter, es läutet.

Mutter Ach je! Wer wird das sein, wo es schon dunkel ist? Vater kann es nicht sein. Er muss einen Militärzug nach Hamm fahren.

Gertrud	Ich gucke mal oben durch das Flurfenster. Da kann man sehen, wer vor der Haustür steht.
Mutter	Ja, tu das, Kind! Aber sei leise! (Gertrud geht hinaus) Ich bin so verschreckt, seitdem die Gestapo bei uns im Hause war. Das war ich früher gar nicht.
Gertrud	(kommt zurück) Es ist Thilo.
Mutter	Franz Müller, Bennos Freund. Laß ihn rein! (Gertrud holt Thilo)
Walburga	Thilo kommt sicher wegen Gertrud.
Gertrud	(mit Thilo zurückkommend) Red nicht so'n Blödsinn!
Thilo	Guten Abend, ihr Schulten alle!
Mutter	Guten Abend, Franz! Was führt dich zu uns? Gibt es was Neues?
Thilo	Ich traf gestern Gertrud. Ich fragte nach Benno. Gertrud sagte, ihr wolltet jeden Abend bis Weihnachten eine Neuntägige Andacht für Benno beten. Da dachte ich, ob ich nicht daran teilnehmen kann.
Mutter	Warum nicht. Du bist herzlich willkommen. Wir können Benno nicht helfen, außer durch Beten.
Marga	Mutter, welche Novene willst du denn beten? Du hast zwei alte Büchlein und das neue von Frau Steinhauer.
Mutter	Die Novene von Frau Steinhauer wendet sich an die Muttergottes. Dann habe ich noch die zwei, die ich früher benutzt habe. Die eine zum Heiligsten Herzen Jesu, die andere zum Heiligen Geist. Außerdem habe ich noch mein Gebetbuch mit Liedern und Psalmen. Ich werde mir für jeden der neun Tage das Passende heraussuchen. Heute beginnen wir mit dem Herzen Jesu.

Heiligstes Herz Jesu, wir beten zu dir und wollen dir Sühne leisten für die vielen Beleidigungen, die dir von den Menschen zugefügt werden.
Wir geloben:
Herz Jesu, du Sitz der ewigen Weisheit, je mehr man die Wahrheiten unserer Religion lästert, desto mehr wollen wir an sie glauben. Herz Jesu, du einzige Hoffnung der Menschen, je mehr der Unglaube sich bemüht, uns die Hoffnung auf die ewige Seligkeit zu rauben, desto mehr wollen wir auf dich hoffen.
Unendlich liebenswürdiges Herz Jesu, je mehr die Menschen deiner göttlichen Liebe widerstehen, desto mehr wollen wir dich lieben.
Göttliches Herz Jesu, je mehr der Unglaube deine Gottheit angreift, desto mehr wollen wir dich anbeten.

Heiligstes Herz Jesu, je mehr deine heiligen Gebote vergessen und übertreten werden, desto getreuer wollen wir sie befolgen.
Freigebiges Herz Jesu, je mehr deine Heiligen Sakramente verachtet werden, desto mehr wollen wir sie mit Liebe und Ehrfurcht empfangen.
Herz Jesu, Vorbild aller Tugenden, je mehr deine Tugenden verkannt werden, desto mehr wollen wir uns um sie bemühen.
Herz Jesu, du Heil der Seelen, je mehr die Hölle am Verderben der Seelen arbeitet, desto mehr wollen wir für ihre Rettung kämpfen.
Getreues Herz Jesu, je gewaltiger die Hölle gegen deine Kirche anstürmt, desto treuer wollen wir uns an sie halten.
Herz Jesu, du ewige Weisheit, je mehr man den Heiligen Vater, deinen Stellvertreter auf Erden betrübt und verfolgt, desto mehr wollen wir ihm anhängen und uns von ihm leiten lassen.

Mutter Das Vorlesen strengt mich ein wenig an. Ich hatte heute Morgen schon Schwindel. Wir wollen eine kurze Pause machen. Franz, du bist lange nicht hier gewesen. Ich habe dich schon vermisst.

Thilo Ach, wir haben in unserer Dachdeckerei viel zu tun. Immer, wenn irgendwo Bomben fallen, gehen zuerst die Dächer kaputt. Und wir haben ja wenig Material und können nur flicken. Aber sagt mal, Mutter Schulte, ich wollte immer schon danach fragen, wie ist das am Tag, als Benno verhaftet wurde, abgelaufen? Es war ein Mittwoch, ich weiß es noch genau, ich war im Krankenhaus gewesen. Hatte mir am Tage vorher bei der Arbeit den Daumen gequetscht und musste deswegen zum Arzt. Auf dem Rückweg wollte ich bei Benno vorbei. Ich stand auf der Straße, als die Gestapo mit ihrem schwarzen Wagen bei euch vorfuhr. Ich sah, wie zwei Gestalten in langen Ledermänteln aus dem Auto sprangen und die Türen hinter sich zuschlugen. Dann eilten sie eure Treppe hoch. Ich habe mich schnell verdrückt, schaute aber noch vorher in den Wagen rein und sah Ernst Bierhoff von A. hinter dem Fahrer auf dem Rücksitz.

Mutter So, Ernst Bierhoff wurde zusammen mit Benno verhaftet? Das wusste ich noch nicht. Er war ja schon mal hier bei uns und hat Benno besucht. Er war etwas älter als Benno, hatte Spaß an unsern Mädchen. Er war ein lustiger Kerl. Vielleicht sollte ich die Eltern mal besuchen.

Thilo Benno hatte von ihm erfahren, dass drei Jungen der Gruppe aus A. verhaftet worden waren. Benno hat uns das beim letzten Gruppentreffen im Jugendheim gesagt und dass wir uns vorerst nicht mehr treffen wollten. Das sei im Augenblick zu gefährlich. In A. ist die Gestapo in eine Gruppenstunde hineingeplatzt.

Marga Als Benno verhaftet wurde, das war auf Elisabeth, am 19. November, nachmittags gegen drei. Ich war gerade am Spülen. Walburga und Beate trockneten mir ab. Es läutete ziemlich heftig an der Haustür. Und Beate, unsere Jüngste, lief in den Flur, um zu öffnen. Plötzlich gab's von dort ein großes Geschrei: „Das heißt nicht Guten Tag, das heißt Heil Hitler!" Und zwei Gestapoleute drangen in die Küche. Beate drückte sich voller Angst an mich. „Wo ist Benno Schulte?" schrie einer. Ich zeigte auf die Wohnzimmertür. Die rissen sie auf und sahen Benno am Ofen stehen. Auf einem Arm hatte er Anmachholz, neben sich den Eimer mit Briketts. Benno starrte die Gestapoleute ungläubig an. Er war gerade aus dem Keller gekommen und wollte sich den Ofen anzünden, um seine Schularbeiten zu machen. Er kam ja immer erst nach 2 Uhr mit dem Zug nach Hause.

Mutter Und ich war im Schlafzimmer nebenan und erschrak über das Gepolter. Meine Freundin, Schmidts Lieschen, hatte mich zum Namenstagskaffee eingeladen. Als ich, notdürftig angezogen, herauskam und die Tür zum Wohnzimmer öffnete, jagten mich die beiden finsteren Gestalten wieder hinaus, als wenn ich in meinem Hause nichts zu melden hätte. Sie waren dabei, Benno zu verhören. Vater war im Dienst. Er konnte uns nicht helfen. Was hätte er auch schon tun können. Außer dass er die Wut gekriegt hätte und die beiden Eindringlinge angeschrien hätte, sie sollten aus dem Haus verschwinden. Dann hätten sie ihn vielleicht auch noch mitgenommen.

Marga Dann ging alles sehr schnell. Nach kurzer Zeit gingen sie mit Benno die Treppe hoch. Er musste ihnen sein Zimmer unterm Dach zeigen. Dort haben sie ein paar Sachen beschlagnahmt und mitgenommen, Bücher und Fotoalben. Benno musste die Sachen selbst tragen, als sie die Treppe hinunterkamen. Aber das Wichtigste, die Galenbriefe, die hatte Benno schon vorher versteckt, hinterm Holz im Keller und in einer Flasche im Gartenboden. Die haben sie nicht gefunden.

Gertrud Als sie vom Dachboden herunterkamen, standen wir Kinder um die Mutter im Flur. Einer zog Benno zur Haustür raus, der andere sagte zu Mutter: „Ihr Sohn ist verhaftet. Alles weitere erfahren Sie noch!" Benno schaute sich noch einmal wehmütig um, als er zwischen den Gestapoleuten die Treppe zur Straße hinunterging. Auf der Straße schoben sie ihn in den Wagen.

Mutter Und ich war wie erstarrt und sah ihm mit Tränen in den Augen nach. Ich dachte nur, vielleicht sehe ich ihn zum letzten Mal. Gut, dass Marga Benno noch seine Winterjoppe zugeworfen hat. Sonst wäre er im Pullover gegangen. Es war doch schon sehr kalt.

Thilo Nicht einmal für ein Abschiedswort, für einen Händedruck lassen diese Hunde der Mutter Zeit.

Mutter Wer fragt heute schon nach den Müttern? Sie töten unsere Kinder. Unsere Tränen sieht keiner. Abschließend wollen wir noch einmal beten:

Oh, Gott, hilf uns in unserer Not!
Gib, dass Benno heil aus dem Gefängnis zurückkehrt!
Gib, dass Beate gesund aus dem Krankenhaus wiederkommt!
Und beschütze unsern Werner in Russland!
Herr, erbarme dich unser!

Alle Herr, erbarme dich unser!

Mutter Und zum Schluß singen wir noch ein Marienlied, das ich so gern singe oder bete:
„Maria, breit den Mantel aus!"
Marga, stimm du an!

1. Ma - ri - a, breit den Man - tel aus,
mach Schirm und Schild für uns dar - aus;
laß uns dar - un - ter si - cher stehn,
bis al - le Stürm vor - ü - ber-gehn.
1.-4. Pa - tro - nin vol - ler Gü - te,
uns al - le - zeit be - hü - te.

2. Dein Mantel ist sehr weit und breit, / er deckt die ganze Christenheit, / er deckt die weite, weite Welt, / ist aller Zuflucht und Gezelt.
3. Maria, hilf der Christenheit, / dein Hilf erzeig uns allezeit; / komm uns zu Hilf in allem Streit, / verjag die Feind all von uns weit.
4. O Mutter der Barmherzigkeit, / den Mantel über uns ausbreit; / uns all darunter wohl bewahr / zu jeder Zeit in aller Gfahr.

T und M: nach Innsbruck 1640

Neunter Tag

(Mutter, Vater, Marga, Gertrud, Walburga, Beate, Thilo; später Benno – Auf dem Tisch steht ein Adventskranz mit brennenden Kerzen. Beate sitzt neben dem Vater, der einen Arm um sie legt).

Thilo (kommt herein) Hier riecht's nach Weihnachten.
Marga Gertrud hat Plätzchen gebacken. Beate und Walburga haben dabei geholfen.
Beate Ich durfte sogar die Schüssel auslecken. Das hat geschmeckt.
Mutter Gut, dass wir unsere Beate wieder zu Hause haben. Sie ist dünn geworden. Heute morgen hat Marga sie geholt.
Beate Die anderen Kinder, die mit mir in der Isolierstation waren, durften auch nach Hause.
Thilo Dann sind ja deine Eltern und Geschwister froh, dass du wieder da bist. Vor allem auch, weil übermorgen Weihnachten ist. Was wünscht du dir denn vom Christkindchen?
Beate Eine neue Puppe. Meine Mina ist kaputt.
Mutter Jetzt fehlt nur noch Benno. An Werner ist ja nicht zu denken.
Walburga Mutter, heute ist der letzte Tag der Neuntägigen Andacht, und Benno ist immer noch nicht da.
Mutter Habe Geduld, Kind! Wer weiß, was Gott mit uns vorhat!
Vater Wir können nichts erzwingen.
Mutter Wir können nur bitten und beten. So wollen wir mit dem Neunten Tag unserer Novene beginnen. Im Anfang beten wir den glorreichen Rosenkranz. Ich glaube an Gott, den Allmächtigen Vater.
Alle Amen.
Mutter Gegrüßet seist du, Maria, voll der Gnaden.
Alle Heilige Maria, Mutter Gottes, bitte für uns.
Mutter Der von den Toten auferstanden ist.
Alle Heilige Maria, Mutter Gottes, bitte für uns.
Mutter Der in den Himmel aufgefahren ist.
Alle Heilige Maria, Mutter Gottes, bitte für uns.
Mutter Der uns den Heiligen Geist gesandt hat.
Alle Heilige Maria, Mutter Gottes, bitte für uns.
Mutter Der dich, o Maria, in den Himmel aufgenommen hat.
Alle Heilige Maria, Mutter Gottes, bitte für uns.

Mutter	Der dich, o Maria, im Himmel gekrönt hat.
Alle	Heilige Maria, Mutter Gottes, bitte für uns.
Mutter	Jetzt beten wir eine Adventsvesper aus dem Buch Jesaja. Vater, bete du bitte vor! (Es läutet)
Vater	Wer ist denn das?
Walburga	Das ist bestimmt Benno. (Alle sitzen wie erstarrt, Walburga läuft hinaus an die Haustür, man hört ihre jubelnde Stimme)
Walburga	Benno ist da – Benno ist da – Benno ist da. (Walburga kommt tanzend herein und hält Bennos Kappe in der Hand; hinter ihr folgt Benno und steht fast verlegen in der Tür, einen verschnürten Karton in der Hand. Alle springen auf, umringen und begrüßen ihn. Nur Mutter sitzt am Tisch, den Kopf in die Hände gestützt und weint. Benno geht zu ihr, umarmt sie und setzt sich neben die Mutter. Die anderen setzen sich um den Tisch. Schließlich wischt sich die Mutter die Tränen ab und schaut Benno zum erstenmal an. Sie sagt:)
Mutter	Du bist aber schmal geworden, Benno.
Benno	Das kann ich auch von dir sagen, Mutter.
Beate	Mutter war drei Tage krank.
Walburga	Und Beate ist auch heute erst aus dem Krankenhaus wiedergekommen.
Benno	Was hatte sie denn?
Marga	Diphterie. Sie war fast drei Wochen auf der Isolierstation.
Mutter	Benno, es ist wie ein Wunder, dass du gekommen bist. Wir sind gerade am beten, am letzten Tag einer Neun-Tage-Andacht, da läutet es, und du stehst vor der Tür. Ich kann es immer noch nicht glauben, dass du da bist. Lass dich mal anfassen! (streicht Benno über das Gesicht) Wie siehst du aus? Du musst dich rasieren.
Vater	Und wie geht es dir, Junge? Bist du noch gesund? Hat man dich nicht gequält?
Benno	(schaut sich um) Bei euch zu Hause brennen die Adventskerzen. Auch wir im Gefängnis hatten eine Zeit des Advent. Doch, was du fragst, Vater, ich bin gesund. Ob sie mich gequält haben, darüber möchte ich nichts sagen. Bevor die Gestapo für uns das Gefängnistor öffnete, wurden wir im Treppenflur zusammengerufen. Einer von denen, die uns verhört haben, hat uns verdonnert, wir dürften nichts sagen. Wir müssten den Mund halten über alles, was im Gefängnis passiert ist. Sonst würden wir schnell wieder in der Dortmunder Steinwache sein.

Vater Dasselbe haben wir auch vom Uhrmacher König gehört, als er wiederkam.

Benno Deshalb muss ich aufpassen. Denn alles, was ich erzähle, wird weitererzählt. So ist das nun mal. Jeder will etwas wissen.

Gertrud Das ist ja schrecklich, wenn wir gar nichts von dir erfahren. So kann man auch nicht richtig Anteil nehmen an dem, was du durchgemacht hast.

Thilo Alle die Jungen aus unserer Gruppe haben jeden Tag nach dir gefragt.

Gertrud Und Thilo ist jeden Abend gekommen und hat mit uns gebetet.

Benno Das werde ich nicht vergessen. Den Karl habe ich im Zug getroffen. Der arbeitet in A. in einer Fabrik.

Thilo Der Karl wird's sofort allen erzählen, dass du wieder da bist.

Benno Nun, ich kann euch natürlich auch einiges erzählen über das, was ich erlebt habe, so ist es nicht. Nur nicht gerade über die Schikanen der Gestapo und die Verhöre. Denn die wollen nach außen nicht in schlechtem Licht erscheinen.

Marga Was gab es denn zu essen?

Benno Wasser und Brot und einmal am Tag eine warme Suppe. Halt Gefängniskost. Für die Adventszeit gerade das Richtige.

Mutter Hast du Hunger?

Marga Soll ich dir was fertig machen?

Benno Nein, jetzt nicht.

Gertrud Ich habe Plätzchen für Weihnachten gebacken. Sie sind in einem Topf im Keller. Soll ich dir ein paar holen?

Benno Nein, später.

Vater Wieviel Jungen wart ihr denn?

Benno Über zwei Dutzend, aus der ganzen Diözese Paderborn, von Siegen bis Hagen, von Brilon bis Hamm.

Thilo Unser Vikar hatte Angst, sie würden ihn auch noch holen.

Benno Ja, da waren sie hinter her. Sie meinten, die Vikare hätten uns aufgehetzt. Aber das stimmt nicht. Die haben uns höchstens gewarnt. Sicher, die Gestapo warf uns vor allem unsere geheimen Treffen vor. Du weißt, Thilo, dass wir uns im Dollenbruch mit denen aus A. und in Kloster Brunnen mit den Essenern getroffen haben. Und in Kloster Brunnen war ja auch unser Vikar dabei. Aber sie hätten mich totschlagen können, ich hätte keinen verraten.

Thilo Was habt ihr denn so den ganzen Tag in der Zelle gemacht?

Benno Im Gefängnis ist immer was los. Es wird dir nicht langweilig, wie man glauben sollte. Zuerst waren wir in einer Einzelzelle, nachher nicht mehr. Du triffst so viele Menschen mit ihren Schicksalen und Ängsten. Und hörst so manches auf dem Flur. Auch die Wächter und die Gestapoleute, die dich verhören. Das sind ja auch Menschen. Jeder ist anders. Das alles ist eine fremde, neue Welt. Aber es ist eine böse Welt.

Thilo Habt ihr Jungen Kontakt untereinander gehabt?

Benno Ja. Die Steinwache in Dortmund war überfüllt. Deshalb hat man uns vorübergehend nach Herne verfrachtet. Vorgestern waren wir zu neun Jungen in einer Zelle der Steinwache. Es war der vierte Adventssonntag. Wir versuchten am Abend eine kleine Adventsfeier. Irgendeiner hatte den „Wanderer zwischen beiden Welten" in die Zelle geschmuggelt. Das Buch ist von Walter Flex. Er war ein Schriftsteller des 1. Weltkrieges und ist, glaube ich, 1917 auf der Insel Ösel bei Riga gefallen. Seinen „Wanderer" kannten wir von unsern Gruppenstunden her. Wir lasen aus dem Buch und machten uns Gedanken über einige Worte von Ernst Wurche, der Hauptfigur des Buches. Ernst Wurche spricht von dem Gebet zu Gott, „dass wir nicht um Befreiung aus aller Not beten sollen, sondern um Kraft. Wir müssten bereit sein, den Willen Gottes über unsern Willen zu stellen. Wir dürften, wenn Gott uns Leiden schickt, ihn nicht bestürmen, dass er das Übel von uns nimmt. Vater, wenn du willst, so nimm diesen Kelch von mir! Doch nicht mein, sondern dein Wille geschehe." Dass dies nicht so einfach ist, wie es sich sagt, ist wohl selbstverständlich.

Mutter Dann hast du wie wir auch manches Mal in den letzten Wochen gebetet?

Benno Ja, ich habe oft gebetet und auch an euch gedacht, wie ihr wohl mit dem Ganzen fertig werdet, dass ich im Gefängnis sitze. Vor allem war die Zeit im Gefängnis ein rechter Advent, eine Zeit der Sehnsucht und Erwartung, eine Zeit der Buße und eine Zeit der Gotteserkenntnis, auch wenn wir am meisten an uns selbst gedacht haben. In diesem Jahr haben wir wohl den Advent zum ersten Mal richtig verstanden. Wir warteten auf die Erlösung, und die kam dann auch. Das Beten und Opfern für uns war nicht umsonst gewesen.

Vater Wir haben viel an dich gedacht und gebetet, vor allen deine Mutter.

Benno Einer von uns hat eine Zeichnung gemacht, wie wir zusammen in der Zelle sitzen und zum Licht hochschauen, das durch das vergitterte Fenster kommt. Ein anderer hat ein Gedicht geschrieben, das ich abgeschrieben habe. Es nennt sich „In der Zelle".

Thilo Kannst du uns das Gedicht nicht mal vorlesen?

Benno Ja, ich habe es hier in der Jackentasche (er kramt einen verknitterten Zettel heraus und streicht ihn glatt).

In der Zelle

Sag nein
frage keinen
hüte dich vor den Schwätzern
den allzu Klugen
vor den Ratgebern die
sich arrangieren
lang genug hast du auf sie gehört

Sag nein
lass sie schreien
fürchte nicht den Büttel
die Meute sie
jault vor Angst
die dich verfolgen
möchten manchmal mit dir tauschen

Sag nein
schlafe mit gutem Gewissen
lass dich fallen in die Einsamkeit mit Gott
du bist frei
wirst behütet
von Liebe und Gebet
(aus Paul Tigges: Jugendjahre unter Hitler, Sauerland-Verlag, 1984)

Mutter Ein schönes Gedicht, das uns vieles sagt. Bevor wir auseinandergehen, wollen wir noch Gott danken, dass er uns erhört hat, und machen damit den Abschluss der Neun-Tage-Andacht. Wir beten einen Text aus dem Alten Testament, Buch Jesaja, und danken Gott, dass Beate und Benno wieder unter uns sind. Wir denken aber auch an Werner in Russland, dass er nicht in dieser Welt des Tötens und Getötetwerdens Unrecht tut. Das Überleben allein ist nicht alles, sosehr wir darum beten. Dass wir zu Gott finden, ist unser letztes Ziel. So heißt es beim Einsiedler am sechsten Tag unserer Novene (blättert im Gebetbuch). Franz, vielleicht liest du uns den Psalm vor den ich für den letzten Tag unserer Novene ausgesucht habe.

Benno Was ist das mit dem Einsiedler? Ich verstehe das nicht.

Marga Mutter hat uns am 6. Tag der Novene eine Geschichte von einem Einsiedler vorgelesen. Da heißt es: (erzählt die Geschichte verkürzt mit eigenen Worten) Schon zweimal hatte ein junger Mann einen Einsiedler aufgesucht, um bei ihm das Beten zu erlernen. Als er das erste Mal gefragt wurde: „Warum willst du beten lernen?", antwortete er: „Weil das die höchste Wissenschaft ist". Als er drei Jahre später aufs neue kam und wieder von dem Einsiedler gefragt wurde, warum der das Beten lernen wolle, bekannte er: „Um ein Heiliger zu werden." Beide Male ist er vom Einsiedler abgewiesen worden. Wieder vergingen Jahre, und in der Schule des Lebens war der Bittsteller zu einem erfahrenen Mann herangereift. Als er zum dritten Mal kam, gestand er dem Einsiedler schlicht und bescheiden: „Ich möchte beten lernen, weil ich Gott finden will." Jetzt schloss ihn der Einsiedler in seine Arme.
(aus P. Palmatius Zilligen SS.CC.: Herr, lehre uns beten, St. Raphael-Verlag 1984)

Vater Da muss man schon Einsiedler sein, um eine solche Antwort zu geben.

Benno Ich weiß nicht. Vielleicht suchen wir alle und finden nicht, was wir suchen.

Mutter Und nun, Franz, lies uns zum Schluss den Psalm aus dem Buch Jesaja vor!
(aus dem Buch Jesaja [Kap.35])
Hier hast du den Text des Psalms, Franz.

Franz liest:
1. Wüste und Öde sollen sich freuen,
die Steppe soll jubeln und blühen.
2. Bedeckt mit Blumen soll sie üppig blühen
und jubeln, ja jubeln und jauchzen.–
3. Mein Volk wird schauen die Herrlichkeit des Herrn
und die Schönheit unsres Gottes.–
4. Stärkt die schlaffen Hände,
festigt die wankenden Knie!
5. Sprecht zu den Verzagten:
seid stark, fürchtet euch nicht.
6. Seht da, euer Gott!
Er selbst wird kommen und euch retten.–
7. Dann werden die Augen der Blinden aufgetan,
die Ohren der Tauben öffnen sich.

8. Dann springt der Lahme wie ein Hirsch,
die Zunge des Stummen jubelt.–
9. Die vom Herrn Befreiten kehren heim./
Sie kommen nach Zion mit Jubel;
auf ihrem Gesicht ewige Freude.
10. Wonne und Freude kehren ein,
Kummer und Seufzer entfliehn.

Kehrvers

(in das Abschlussgebet läutet es)

Mutter Gertrud, sieh mal nach, wer da ist! (Thilo liest zu Ende)

Gertrud (kommt zurück) Benno, draußen stehen all die Jungen deiner Gruppe und wollen dich sehen.

Mutter Ach, wie schön.

(Benno geht hinaus. Schließlich folgen alle Benno nach draußen. Vater und Mutter bleiben zurück. Aus dem Hintergrund hört man laute Begrüßung. Dann wird es wieder ruhiger und ein Lied ertönt mit Klampfenbegleitung.)

Wann wir schreiten Seit an Seit
und die alten Lieder singen
und die Wälder widerklingen,
fühlen wir, es muss gelingen:
Mit uns zieht die neue Zeit,
mit uns zieht die neue Zeit.

Mutter Das alte Wandervogellied aus den zwanziger Jahren. Das sang Werner so gern und spielte dazu auf der Ziehharmonika.

Vater Die arme Jugend. Da träumt sie von einer Zeit des Friedens und der Freundschaft, träumt von Freiheit und Glück.

Mutter Und diese Jungen an der Haustür werden bald Soldat, müssen hinein in eine Welt des Zwanges und der Barbarei, müssen marschieren in Krieg und Tod.

Vater Und sind gezwungen, dem Hitlerschen Wahn zu folgen und ein anderes Lied zu singen, das sie schon in der Hitlerjugend lernten:

Wir werden weitermarschieren,
wenn alles in Scherben fällt.
Denn heute gehört uns Deutschland
und morgen die ganze Welt.

(Beate kommt zurück und dreht am Volksempfänger)

Mutter Beate, was machst du?

Beate Ich will mal Musik hören. Im Krankenhaus gab es kein Radio.

(Plötzlich erschallt überlaut, untermalt von Marschschritten:)
Es zittern die morschen Knochen
der Welt vor dem großen Krieg.
Wir haben den Schrecken gebrochen,
für uns war's ein großer Sieg.
Wir werden weitermarschieren,
wenn alles in Scherben fällt.
Denn heute gehört uns Deutschland
und morgen die ganze Welt.

(Vater und Mutter stehen wie erstarrt)

Ende

Dokumente Altenhundem

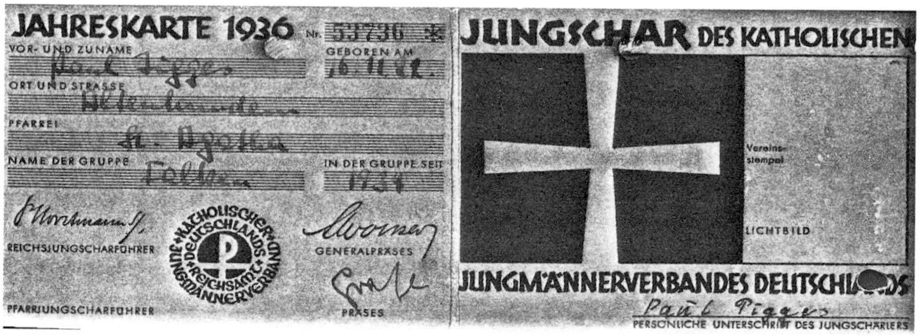

ICH WILL:

Vor Gott und den Menschen mich als rechten jungen Christen erweisen.

In Kirche, Volk, Schule und Familie treu meine Pflicht tun.

Am Gemeinschaftsleben der Jungschar eifrig und pünktlich teilnehmen.

Das Gemeinschaftsopfer der Jungschar bringen und das Blatt „Am Scheidewege" als mein Jungenblatt lesen.

Dem Präses und Jungscharführer willig und stramm Gefolgschaft leisten.

Mit den Kameraden treu zusammenhalten und dem Nächsten gern helfen.

Der Dienst am Altare ist mein Ehrendienst.

Grundgesetz § 33,5

MEINE ZEITSCHRIFT:

April	Mai	Juni	Juli	August	Sept.
Okt.	Nov.	Dez.	1937 Januar	Februar	März

MEIN GRUPPENBEITRAG:

April	Mai	Juni	Juli	August	Sept.
Okt.	Nov.	Dez.	1937 Januar	Februar	März

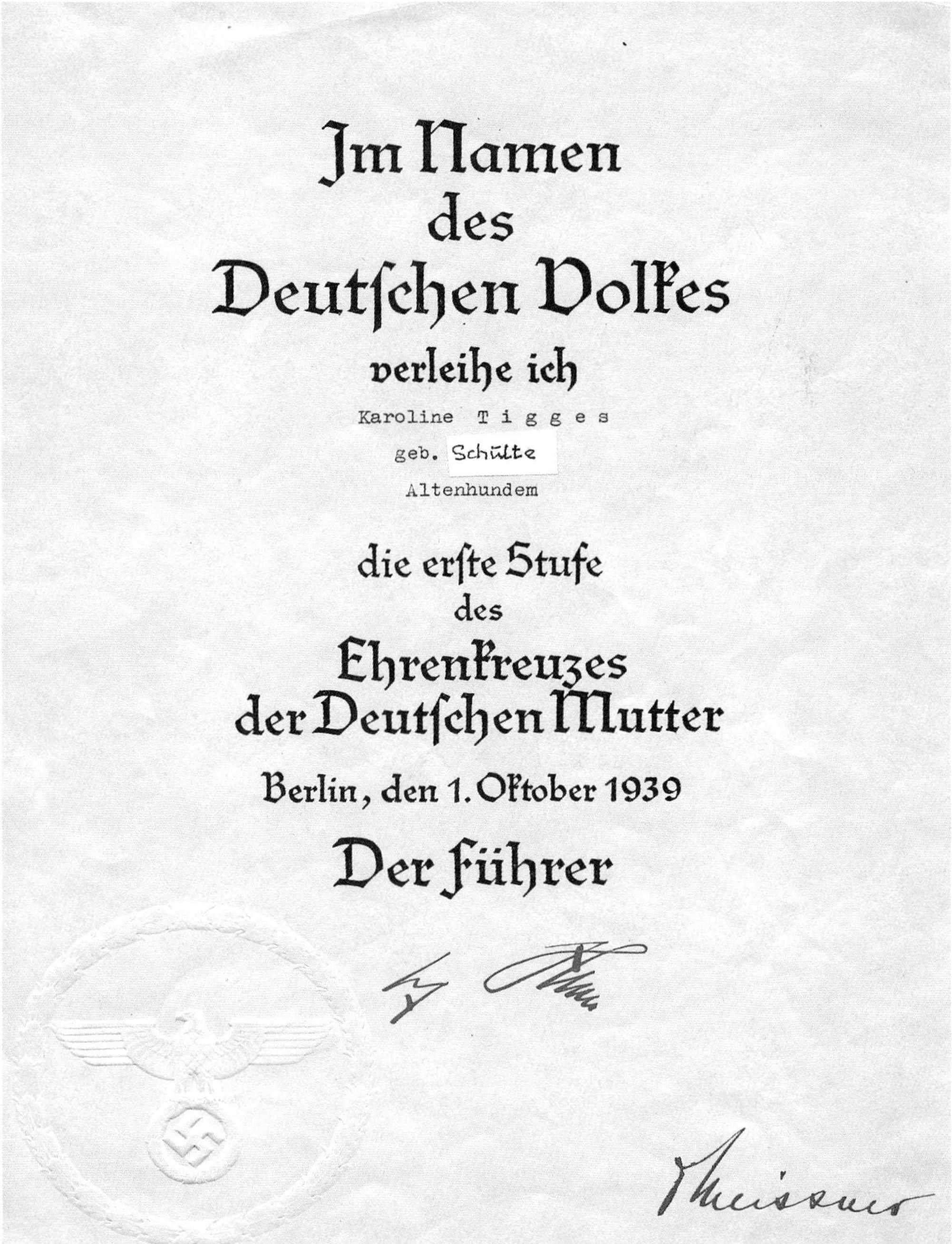

Im Namen
des
Deutschen Volkes
verleihe ich
Karoline T i g g e s
geb. Schulte
Altenhundem
die erste Stufe
des
Ehrenkreuzes
der Deutschen Mutter
Berlin, den 1. Oktober 1939
Der Führer

Zu dem Abdruck der Verleihungsurkunde des Mutterkreuzes sei Folgendes gesagt:

Interessant ist, dass die von Hitler unterzeichnete Urkunde vom Anfang des Krieges stammt. Hitler brauchte Soldaten. Viele der verhafteten Jungen stammten aus kinderreichen Familien. Die Mütter trugen die Hauptlast des Krieges, ob ihre Kinder satt werden sollten, ob ihre Söhne (oft auch Töchter) im Kriegseinsatz waren oder ob die Söhne wie in unserem Falle in Haft waren. Was die Mütter geleistet und gelitten haben, ist auf keinem Denkmal festgehalten.

So diene dieses Buch dazu. Wenn die Mutter von Günter Beckmann aus Hamm oder von Rudi Friemauth aus Neheim gegenüber den Gestapoleuten angesichts der Verhaftung ihres Sohnes das von Hitler verliehene Mutterkreuz als etwas Unglaubwürdiges hinstellten, brachten sie die Gestapomänner bzw. die Parteigewaltigen durchaus in Verlegenheit..

Paul Tigges

Androhung der Entlassung und Verweisung von der Schule

Städt. Oberschule f. Jungen Attendorn, den 29. Mai 1941
A t t e n d o r n

Betrifft: Fernbleiben am Himmelfahrtstage.

Es ist den Jungen ausdrücklich durch Rundlauf bekanntgegeben, daß am Donnerstag, dem 22. Mai 1941 planmäßiger Unterricht sei. Die Jungen sind auch, wie nachgewiesen, morgens mit ihren Büchern zum Unterricht gekommen. Sie haben aber dann im Komplott mit den anderen das Unterrichtsgebäude wieder verlassen.

Ihr Junge hat sich nicht nur gegen ein Schulgesetz sondern auch gegen die ausdrückliche Anordnung der Staatsregierung vergangen.

Ich habe Ihren Jungen mit der Androhung der Entfernung von der Anstalt bestraft, d.h., daß ich im Wiederholungsfalle Ihren Jungen ohneweiteres von der Schule entlasse.

H e i l H i t l e r !

[Unterschrift]

Oberstudiendirektor.

Oberschule für Jungen
Attendorn.
Verf. d. Herrn Oberpräsidenten
vom 21. III. 42.

Attendorn 22. März 1942.

Der Herr Oberpräsident hat mich beauftragt, Ihnen mitzuteilen, daß Ihr Sohn Bruno, geb. 5. 8. 24 gemäß Ausleseerlaß vom 27. März 1935 mit sofortiger Wirkung von der Schule verwiesen wird.
Seine Aufnahme auf eine andere Schule ist nicht möglich.

Die Verweisung erfolgt im Zuge der gegen Ihren Sohn l. Js. ausgesprochenen Strafprozeß.
Ihr Sohn ist daher mit dem heutigen Tage von der Schule entlassen.

I. A. Dr. Ostermann
Oberstudiendirektor.

An Herrn Tigges
Altenhundem.

Nationalsozialistische Deutsche Arbeiterpartei

Hitler-Jugend

Gebiet Westfalen (9)

K.–
Der Führer des Gebietes

Aktenzeichen: 129/42.

Münster/Westf., den 24.3.1942

Diepenbrockstr. 30

An den Jg. Bruno T i g g e s

Altenhunden

Horst-Wessel-Strasse

Einstweilige Verfügung!

Ich schließe Dich hiermit — unter Aberkennung Deines Dienstranges — aus der Hitler-Jugend aus.

Begründung:

Du hast am ... in ...

Du hast Dich am illegalen Auf- und Ausbau des im Jahre 1937 verbotenen Jungmännervereins nachgewiesenermassen beteiligt.

Vom Tage der Zustellung dieser Verfügung besteht Uniform- und Abzeichenverbot.

Einspruchsbelehrung!

Gegen diese Verfügung ist binnen 14 Tagen nach Zustellung Einspruch zum HJ-Gericht für das Gebiet Westfalen (9) zulässig. Der Einspruch ist schriftlich und mit Gründen versehen bei dem Unterzeichneten einzureichen. Er kann nur von dem Beschuldigten persönlich eingelegt werden. Wird Einspruch nicht eingelegt, so wird die vorstehende Verfügung mit Ablauf der Einspruchsfrist endgültig.

Stempel Hitler-Jugend Gebiet Westfalen

K.–
Der Führer des Gebietes Westf. (9)
van Oopen
(van Oopen)
Oberbannführer.

Durchschlag zum HJ-Gericht.

Formblatt Vffz.-O. 2 weiß
Balve 7. 39. 1000.

Zwei Briefe von Bruno Tigges an Joseph Görres in Dortmund

Karlsbad, am 29. 3. 1943

Gruss Dir Philo!
Du wirst schon einige Tage auf Antwort auf Deine beiden Briefe gewartet haben. Gleichzeitig mit ihnen kam der letzte Teil dessen an, was Du durch meine Eltern nach Russland geschickt hattest.
Morgen fahr ich zwei Wochen auf Urlaub. Ich hoffe allerdings, noch zwei Wochen Nachurlaub zu erhalten und zu Ostern noch daheim zu sein. Können wir uns in dieser Zeit einmal treffen? Schreib mir mal nach Altenhundem.
Dass Hubert (Keseberg) vermisst und Rudi (Friemauth) gefallen ist, wußte ich noch nicht.
Einer nach dem andern.

Sei mir vielmals gegrüßt
von Bruno

Rußland, am 30. 5. 1943

Heil Dir, Philo!
Aus weiter Ferne sende ich Dir viele Grüße. Wie geht es Dir? Lebst du überhaupt noch nach den schweren Angriffen? Hoffentlich ist die Steinstraße mit in die Luft geflogen. Du weißt ja, was ich meine.
Aus Hagen ist auch einer gefallen, ich weiss nicht, ob Du das schon weißt. – Vor meiner Abfahrt war ich ein paar Tage in Iserlohn. Bei der Gelegenheit habe ich die Eltern von Heinz Fay mal besucht. Sie sagten mir, dass Du ihnen geschrieben hättest. Sie und auch der Heinz kannten Dich nicht. Da der Brief aus Dortmund kam, dachten sie, man hätte sie irgendwie von anderer Seite belästigen wollen. Ich habe das dann schnell aufgeklärt. Die Adresse von Heinz ist: Gefr. K.H. Fay, 2. Flg. Techn.Schule 4, Krosno über Krakau II.
Lass mal von Dir hören

Es grüßt Dich
Bruno Tigges

Ins Herz getroffen
(Erinnerung an meinen Bruder Bruno)

Du gingst ohne Adieu
kein Blick
kein Händedruck
kein Abschiedsgruß
warst plötzlich fort

Zurück ließest du
mitten im Mai
als alles blühte
und die Vögel ihre Nester bauten
deine Frau
zwei kleine Kinder
die Eltern und Geschwister
die Jungen und Mädchen in der Schule
die Freunde
das Heimatdorf
deine Pläne und Träume

Bist gegangen
in das Reich des Schattens
des Schweigens
der Erinnerung
aufgenommen
in das Geheimnis des Todes
in die Rätselhaftigkeit Gottes

Kein Wort
kein Schmerz
keine Klage
nicht der Gesang eines Orpheus
nicht ein Gebet
holt dich zurück

Das verstehe
wer will

Zurück bleibt
deine Liebe
deine Tapferkeit
deine Treue
zurück bleibt
das Suchen nach Gott und dem richtigen Weg
das Ringen um Wahrheit und Gerechtigkeit
der Einsatz für die Hilflosen
zurück bleibt
das Schicksal eines Menschen
geprägt
von der Gestapohaft als Schüler
von dem Herzsplitter
als Soldat in Russland
von der Kriegsgefangenschaft
die du wie durch ein Wunder
überlebtest

Verschwunden ist das Grab
keine Tafel hält deinen Namen fest
geblieben ist
das Zeichen der Künstlerin
das auf dem Grabstein eingemeißelt war
die geknickte Ähre
die den Samen
allzu früh
in die Erde streut
geblieben ist
die Hoffnung auf ein Wiedersehen

Aus dem Gedichtband „Abendstern", von Paul Tigges
Selbstverlag, Druckerei G. Nübold, Lennestadt 1997

Arnsberg

Preußische Geheime Staatspolizei

Staatspolizeistelle Dortmund

B.-Nr. II D - Haft=Nr. B 408

Dortmund, den 3.11.1936.

Eingang 4. Nov. 1936 (Mittwoch) 11 1/2 Uhr

(Verhaftung am Sonnabend 31.10.1936 10 Uhr).

Schutzhaftbefehl

Auf Grund des § 1 der Verordnung des Reichspräsidenten zum Schutze von Volk und Staat vom 28. Februar 1933 (RGBl. I S. 83) wird in Schutzhaft genommen:

Vor- und Zuname: Eberhard Büngener

Geburtstag und -Ort: 22.11.1906 zu Arnsberg

Beruf: Bürovorsteher

Familienstand: ledig

Staatsangehörigkeit: Reichsdeutscher

Religion: katholisch

Wohnort und Wohnung: Arnsberg, Hausteinstrasse 8.

Gründe:

Sie haben sich am 20.9.1936 mit etwa 50 auswärtigen Jungen im Norbertus-Saal der katholischen Kirche in Arnsberg versammelt und dabei gegen die Verordnung vom 23.7.1935 über die Betätigung konfessioneller Jugendverbände verstoßen.

Ihre zersetzende Tätigkeit innerhalb der Jugend und Ihr sonstiges Verhalten ist geeignet, die öffentliche Sicherheit und Ordnung unmittelbar zu gefährden. Sie werden daher bis auf weiteres in Schutzhaft genommen.

[illegible]

Gestapo Nr. 101.

Übertragung von der vorhergehenden Seite

Preussische Geheime Staatspolizei
Staatspolizeistelle Dortmund

B.Nr. II D - Haft-Nr.B 408

Dortmund, den 3.11.1936

Eing.4.Nov.1936 11 ½ Uhr
B.

Schutzhaftbefehl

Auf Grund des § 1 der Verordnung des Reichspräsidenten zum Schutze von Volk und Staat vom 28. Februar 1933 (RGBl.I S.83) wird in Schutzhaft genommen:

Eberhard B ü n g e n e r
geb. 22.11.1906
Bürovorsteher
ledig
Reichsdeutscher
katholisch
Arnsberg, Hansteinstrasse 8.

G r ü n d e :

Sie haben sich am 20.9.1936 mit etwa 50 auswärtigen Jungen im Norbertussaal- der katholischen Kirche in Arnsberg versammelt und dabei gegen die Verordnung vom 23.7.1935 über die Betätigung konfessioneller Jugendverbände verstossen.

Jhre zersetzende Tätigkeit innerhalb der Jugend und Jhr sonstiges Verhalten ist geeignet, die öffentliche Sicherheit und Ordnung unmittelbar zu gefährden. Sie werden daher bis auf weiteres in Schutzhaft genommen.

gez. unl. Unterschrift.

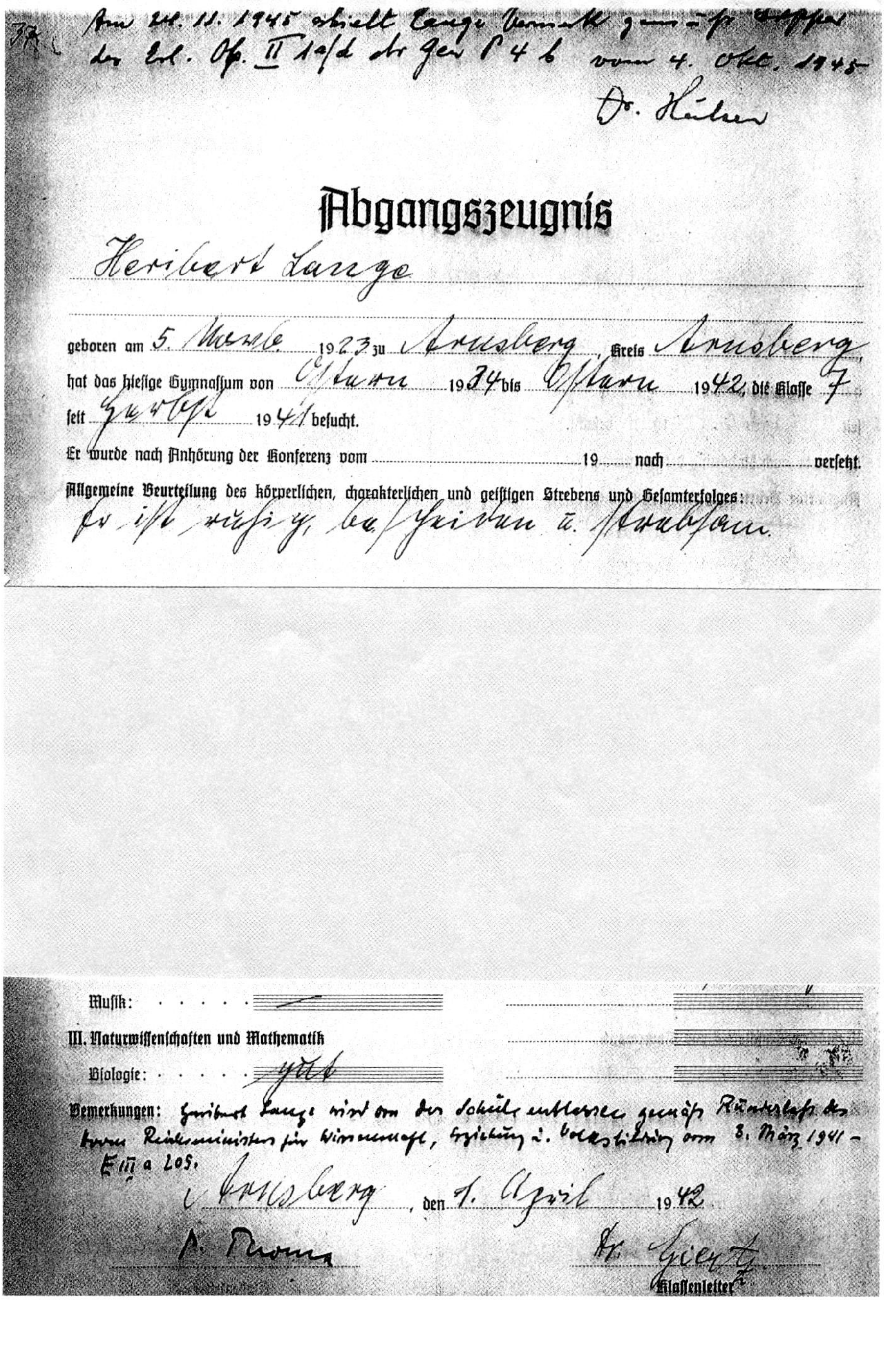

Am 24. 11. 1945 erhielt Lange Vermerk gemäß Erlaß der Erl. Op. II 1a/d dr Gen P 4 b vom 4. Okt. 1945

Dr. Hülsen

Abgangszeugnis

Heribert Lange

geboren am 5. März 1923 zu Arnsberg, Kreis Arnsberg,

hat das hiesige Gymnasium von Ostern 1934 bis Ostern 1942, die Klasse 7

seit Herbst 1941 besucht.

Er wurde nach Anhörung der Konferenz vom .... 19...... nach .... versetzt.

Allgemeine Beurteilung des körperlichen, charakterlichen und geistigen Strebens und Gesamterfolges:

Er ist ruhig, bescheiden u. strebsam.

Musik: —

III. Naturwissenschaften und Mathematik

Biologie: gut

Bemerkungen: Heribert Lange wird aus der Schule entlassen gemäß Runderlaß des Herrn Reichsministers für Wissenschaft, Erziehung u. Volksbildung vom 3. März 1941 – E III a 205.

Arnsberg, den 1. April 1942

Dr. Thoma Dr. Giertz

Klassenleiter

Attendorn

Geheime Staatspolizei
Staatspolizeistelle Dortmund

Geschäftsz. I 41 Fernruf 40 651 — 55

Vorladung

In der Ermittlungssache ....

werden Sie hiermit zu Ihrer Vernehmung am 26. 9. 40

in der Uhr zwischen 16 und ...... Uhr in das Dienstgebäude der

Ortspolizei Klosterplatz ~~Staatspolizeistelle in Dortmund-Hörde, Benninghofer Straße~~ 16, Zimmer ......

vorgeladen.

Unentschuldigtes Ausbleiben zieht zwangsweise Vorführung und Bestrafung nach sich.

Diese Vorladung ist zum Termin mitzubringen.

Dortmund-Hörde, den 26. 9. 1940

Im Auftrage:

Daniel

Geheime Staatspolizei Staatspolizeistelle Dortmund

Tgb.-Nr. ....

Vorladung

Der Erich Berghoff zu Attendorn

wird hierdurch **auf Grund der §§ 17, 55 und 56 des Polizeiverwaltungsgesetzes vom 1. Juni 1931** aufgefordert,

am Donnerstag, **den** 3. ds. **Mts.** vor **mittags** 10¾ **Uhr**

zur Vernehmung über einen alsdann bekannt zu machenden Gegenstand im hiesigen ~~Amts-~~ Rat-hause, Zimmer Nr. 1 zu erscheinen. Bei Nichterscheinen wird ein Zwangsgeld von 3,– RM, an deren Stelle im Falle der Nichtbeitreibbarkeit eine Zwangshaft von 1 Tagen tritt, festgesetzt.

Attendorn, den 21. Okt. 1940

Diese Vorladung ist mitzubringen.

Der Bürgermeister
als Ortspolizeibehörde
Im Auftrag
Wörting
Stadtinspektor

Hansa-Druckerei G.m.b.H., Münster i/W. D 24

Joseph Görres

48145 Münster, den 28. Mai 1997
Otto-Weddigen-Str. 15

Briefe von Erich Berghoff an den Haftfreund Joseph Görres (Philo), die dieser gesammelt hat.

Attendorn, 21. II. 1943

Heil!
Sicherlich wirst Du Dich wundern von mir einen Brief zu bekommen. Deine Adresse bekam ich zufällig und hoffe, dass Dich dieser Brief erreicht. Möglich, dass Du auch von mir schon gehört hast. Entschuldige nun, dass ich gleich mit einer Bitte an Dich trete. Von dem Bild „Marientod" – Dortmunder Marienkirche – hätte ich gern einige Karten oder Bilder. Könntest Du mir solche besorgen, wäre ich dankbar.
Von Hubert Keseberg, den Du kennst, kommt seit einigen Wochen keine Nachricht mehr. Dass Rudi Friemauth gefallen ist, ist Dir sicher bekannt.

Frohen Gruss Dir
Erich Berghoff

Attendorn, 4. III. 1943

+ Heil Dir.
Für Deinen Brief und die Karte danke ich Dir. – Du hast schon recht, daß es für uns „Einsame" immer etwas bedeutet von einander zu wissen. Zu wissen um die Gemeinschaft der jungen Christen. Das ist es auch, was uns den Tod eines jungen Kameraden so schwer tragen lässt. Da merkt man erst was und wieviel er bedeutete. Doch wollen wir den Tod des jungen Kameraden mit hineinnehmen in unser Leben, als Brücke zum Ewigen.
Von denen, die mit in D. (Dortmund) waren, sind m.W. 3 gefallen. –
Toni Schnüttgen, Attendorn, Siegfried Nebeling, Olpe und Rudi Friemauth, Neheim-Hüsten.
Von Hubert (Keseberg, in Stalingrad gefallen) hörte ich noch nichts wieder. Seine Eltern wollen sich morgen um nähere Einzelheiten bemühen. – Du könntest ganz gut auf einen Samstag/Sonntag nach hier kommen. Das wäre wohl die beste Lösung. Von D. fährt um 12.00 ab Hbf. ein Zug und ist um 15.20 hier. Doch darüber schreib einmal.
Solltest Du Jupp St. (Stemmrich) treffen, so grüße ihn von mir.

Dir meinen Gruß
Erich

Attendorn, 6. III. 1943

Lange hab ich auf Nachricht von Dir gewartet und gedacht, dass auch Du irgendwie zu Schaden gekommen wärest. Aber nun lebst Du ja doch noch und ich glaube schon, dass diese letzten Wochen für Dich manches Schwere gebracht haben.– Daß Jupp im Osten ist, war mir neu. – Die Anschriftensammlung ist allgemein und hat mich nicht verwundert. – Von Hubert höre ich noch nichts Bestimmtes.

Wie ich von Bruno Tigges höre, ist aus Hagen auch einer gefallen. Augenblicklich ist fast zu jeder Zeit einer in Urlaub hier, sodaß es oft schöne Stunden gibt.

Es soll nicht viel sein, was Du heute hörst. In den nächsten Tagen bekommst Du Dein Geld.

Für heute noch einen guten Gruß *Erich*

Ich lege etwas Geld gleich bei.

Attendorn 16. 11. 1943

+ Philo.

Heute ist Schreibabend. Allerdings sind die Briefe, die an die Kameraden gehen, so wesentlich anders als dieser, der an Dich geht. In den ersteren muss ich nämlich mitteilen, dass wieder einer von uns sein Leben in Russland opferte. Du kennst ihn nicht.

Aber er war einer der Besten. Vier Jahre stand er schon draußen im Kampf. Nun forderte Gott das Opfer seines Lebens. Für uns alle ist sein Tod sehr schmerzlich, denn er war uns mehr als Kamerad, er war uns Bruder.

Von Dir hatte ich lange nichts gehört und freute mich vor einigen Tagen über Deinen Brief.

Heute, da wir mehr als jemals auf die oft spärliche Verbindung angewiesen sind, spürt man erst, was das bedeutet. Es ist doch nun wirklich so in dieser gewiss ernsten Stunde, daß man froh ist, das Band der Gemeinschaft zu spüren.

In dieser Stunde, da viele Kameraden, und meist die Besten, ihr Leben opfern und andere in wacher Bereitschaft dem Tod stündlich ins Auge sehen, wollen wir uns finden zu einer Gemeinschaft. Das fortsetzen, was wir begonnen haben und zu vollenden bereit waren. Ich bin fest überzeugt, daß auch wir noch irgendwie uns bewähren müssen. Möchten wir dann die Kraft dazu haben.

Nun zu Deinem Wunsch wegen der Bücher. Ich bin noch nicht dazu gekommen, einen ausfindig zu machen. Ich will aber in den nächsten Tagen einen Versuch machen. An Bruno Tigges werde ich dann den Gruß weitergeben. Ich komm ja öfter dahin (Altenhundem).

Augenblicklich ist Günter Stumpf im Urlaub hier und den Gruß habe ich bestellt.

Ich weiß nicht, ob ich Dir geschrieben hatte, dass über Hubert die Nachricht vorliegt, dass er mit um Stalingrad gekämpft habe und somit als vermisst zu betrachten sei. Nun wird es bald ein Jahr, daß ich den letzten Brief von ihm bekam. Da hatte er viel Heimweh. „Bete, dass ich die Heimat wiedersehe“, so schrieb er im letzten Brief.

Von Georg Clement will ich Dir die Anschrift geben, ob sie stimmt, kann ich auch nicht sagen, da ich lange nichts gehört habe. (Soldat Clement 58899 b)

Von Bruno Tigges bekam ich vor einigen Tagen einen Brief aus einem Lazarett. Er ist recht schwer verwundet, aber er schreibt, daß es langsam besser ginge.

Dir meinen besten Gruß
Erich

A. 28. 4. 1943

Philo!

Dank für Deinen Ostergruß. Ich war an Ostern zu Hause. Es waren da so manche Dinge eingetreten, welche die vorgesehene Planung zunichte machten.

Am Samstag traf ich auch Bruno (Tigges, Altenhundem), er wird morgen wieder fahren müssen. (Briefe von Bruno unten)

Du mußt mir noch angeben, was Du für mich vorgelegt hast, dann werde ich Dir gleich das Zustehende schicken.

Von Hubert (Keseberg) bekamen wir neu die Nachricht, daß seine Einheit mit um Stalingrad gekämpft hat. Mehr wissen wir auch noch nicht.

Dir meinen Gruß
Erich

7. 8. 1943

Philo!

Heute erst bekam ich Deinen Brief. Ich dachte schon immer, Dir sei etwas zugestoßen. Nun ist es aber gut so.

Wenn Du kommst, werde ich versuchen mich für einige Stunden freizumachen.

Besten Gruß Dir.
Erich

Erich Berghoff 3 Anschriften:

Gefr. Stumpf L 19817 „B“
Lg. Pa. Amsterdam üb. Bentheim
Soldat Clement 58899 b
Gefr. Tigges Res.Laz. Göttingen
Chirurg. Klinik

Am vierten Advent 1943

+ Philo!

Dies soll mein Weihnachtsgruß an Dich sein.

Ich hoffe, daß er Dich noch gesund an Leib und Geist antrifft. Noch stehen wir im Advent.

Advent der Menschheit, so kann man wieder sagen. Wann gab es je eine solche Zeit der Hoffnungen und Enttäuschungen, der Not und Trauer, der Prüfungen und Bewährungen wie diese, welche wir erleben. Selten war die Menschheit so erfüllt von Erwartung.

Und doch auch, wieviel Gebet und Hinwendung an Den, Der da kommen soll.

An uns ist es, nachdem wir ganz auf den tieferen Sinn der Weihnacht gewiesen sind, die Augen und Herzen zu öffnen. Bereit zu sein. Öl auf den Lampen zu haben, wie es in dem Lied: Wachet auf ... heißt.

Unsere Kameraden da draußen erleben den Advent anders als wir in der Heimat. Vielleicht haben sie nicht einmal Zeit, auch nur an diese Dinge zu denken.

So laß uns denn mit- und füreinander bitten um die Gnade eines bereiten Herzens.

Alle die, welche ihr Leben opferten, haben ihren Advent beschlossen. Mit Ihnen, wir alle zusammen wollen uns im Geiste an der Krippe finden, dann wird es trotz allem ein gutes und auch ein frohes Weihnachtsfest werden.

Dir von Herzen dazu meinen besonderen Gruß.

Bruno Tigges liegt im Lazarett in Göttingen. Er schrieb jetzt, daß ihm wahrscheinlich noch 6–10 Rippen genommen würden.

Was macht Jupp St. (Stemmrich)?

Gruss Dir,
Erich

Rundbriefe aus den Jahren 1940/1941

von Arnold Papenheim

Die Rundbriefe wurden von den Gruppen aus Attendorn oder Neheim, vielleicht auch aus Altenhundem geschrieben und verteilt. Sie sollten den Kontakt zwischen den Gruppen fördern und die inzwischen verbotenen Jugendzeitschriften ersetzen. In den meisten Fällen erfolgte die Zuteilung von Briefschaften über Kurierdienst, Firmenpost oder Feldpost.

Ich habe die Rundbriefe gesammelt und neun davon verwahrt. Fünf sind mit H., H.K. oder Hubert unterschrieben, stammen also von Hubert Keseberg in Attendorn.

Huberts Themen sind:

Allerseelen (mit dem Gedenken an den gefallenen Hans Niermann, den Reichsführer der Sturmschar, der 1940 im Frankreichfeldzug gefallen ist), Brief aus dem Felde, Weiße Welt (Winter), Flamme empor (Sonnenwende) und Von Sterben und Auferstehung.

Einer von diesen Rundbriefen (Brief aus dem Felde!) sei hier unverkürzt wiedergegeben.

Dazu noch vier Abschnitte aus den anderen Rundbriefen, die von Hubert Keseberg verfasst sind: „Weiße Welt“, „Ostermorgen“ mit Titelblatt, „Johannisfeuer“ und „November“.

Treffen in Arnsberg 2001, v.l.n.r. Walter Bigge, Karl Föster, Arnold Papenheim

Februar 1941

Brief aus dem Felde!

Heil Dir!

Dir herzlichen Dank für deinen Brief. Du sprichst an einer Stelle von der Pflicht, uns zusammenzuschließen, alles gemeinsam zu tun. Du weißt daß uns, wenn es auch noch wenige sind, die Gemeinschaft restlos gepackt hat und daß uns niemand von unserem gemeinsamen Leben und Lieben abbringen kann, weder räumliche Entfernung noch andere Hindernisse. Die Bindung unseres Zusammengehörens bleibt über alles Hindernisse weg bestehen.

Was mir die Gemeinschaft der Brüder hier bedeutet, erlebe ich von Stunde zu Stunde. Und wir brauchen die Kraft der Gemeinschaft in Christus.

Oft kommt es hart und es steht mir bis an den Hals. Dann denke ich an das Lied, das wir sooft sangen:

> Laß mich sehen mein Gott, wo die Stürme wehen,
> und schone mich nicht
> Laß mich jagen mein Gott, wo die Flammen schlagen,
> und hämmere mich.

Unser Leben gilt ja Christus und den Brüdern.
Ich denke oft an die Brüder und Freunde und weiß mich mit ihnen verbunden und stehe hier auch für sie. Und ich stehe hier auch im Glauben an eine bessere Zukunft des Volkes, für die unsere Freunde, Hans und die vielen anderen gefallen sind und an der auch wir schmieden, daß

Mancher Abend, mache Nacht und mancher Morgen steigen in ihrem eigenen Erlebnis vor mir auf, und ich weiß plötzlich, daß das alles gut so war und ich freue mich sehr.

Schlürft ihr diesen Kelch der Freuden in vollen Zügen, denn wir brauchen diese Kraft für den Kampf. Ewige Spannung ist für den Menschen unmöglich

Nach dem Erlebnis der Fahrt z.B. zieht uns nicht romantische Wehmut zurück und hält uns von unseren Aufgaben zurück, nein, vielmehr erfüllt uns neue Schwungkraft, erfüllt uns viel Freude, von der ein Großstück auf unsere Umwelt ausstrahlt. Und noch eins, in der Natur ist Gott und in der Natur finden wir die Erfüllung unseres natürlichen Wesens

Und in den unbekümmerten Tagen des Seins ist der Mensch wirklich Mensch, und sein Wesen leuchtet klar und hell, und so öffnet sich bei dieser Gelegenheit der Weg zu einem Kameraden, mit dem wir uns im Wesen verwandt fühlen, wie das auch in Briefen oder sonstwie geschehen kann

Gleiches Wesen, gleiche Aufgabe, gleiches Ziel und Christus verbindet uns. Was mich bewegt, möchte ich in die Worte des Liedes fassen:

> Nimm Jesus Christus unsre Hand,
> das Herz und nimm die Seele
> Und binde uns mit Deinem Band,
> Daß uns kein Kämpfer fehle.

So tragen wir als starke Gemeinschaft das Licht gegen Nebel und Nacht. Und wer sich unserer Fahne verschwört, hat nichts mehr, was ihm selbst gehört.

Sturmgewitter ziehn durchs Land, doch wir trotzen Wind und Wetter. Wir kenne nur einen Weg. Und besser ein aufrechter Mannestod, als ein Leben auf allen Vieren. Und wenns hart kommt, der Bruder steht neben mir in Treue verbunden.

Heiligen Abend habe ich an alle Brüder gedacht, an unsere Arbeit, unser Werk, an alles, alles. Eine eigenartige Ergriffenheit war in mir, für die ich kaum Worte finden kann. "Der Heiland ist geboren, freut euch ihr Christen all."

Er ist uns geboren, er ist in uns und bindet uns. Wir sind ein Leib und Blut. Und wenn dem einen etwas geschieht, so fühlt und spürt's der andere. Unser Lebensweg ist füreinander verpflichtend.

Dir meine Hand in Treue. Du verstehst, was ich sagen will. Ich habe eigentlich zu viel geschrieben, denn Freunde sind immer Verstehende.

Grüsse alle Freunde herzlich von mir.
Herzlichen Gruss Dir

Dein Anton.

Toni Hammer

Laßt wehn die schwarze Fahne ...

Laßt wehn die schwarze Fahne
Verschwunden ist die Nacht
Jetzt heißt es wohl beizeiten
Zum Kampfe sich bereiten
Der Ritt geht nun zur Schlacht.

Dort steht der Feind am Walde
Gewappnet Glied um Glied
Die Lanzen sieht man fällen
Trompeten hört man gellen
Und stolzes Siegeslied.

Im Walde droben stehet
In kühler Ruh der Tod
Wer weiß ob er mich rühret
Mit sich von dannen führet
Beim frühen Morgenrot.

Wir wolln danach nicht fragen
Laßt hoch die Fahne wehn
Wir sind die letzten Erben
Wollen siegen oder sterben
Doch frei die Heimat sehn.

A l l g e m e i n e s .-

In den monatlichen Briefen findet Ihr wohl immer Lieder aber keine Noten dazu. Es wird wohl am besten sein, wenn wir diese Lieder bei dem nächsten Zusammensein üben. Oder ist in irgend einer Gruppe ein "Fachmann", der die Lieder kennt und uns die Noten aufschreiben kann?

Damit der Brief nicht gewissermaßen eintönig wird, weil er immer von einer Gruppe zusammengestellt wird, wäre es wohl zweckmäßig, wenn jede Gruppe oderauch ein einzelner mal diesen unseren Brief zusammenstellen würde. Aber immer nur einen Umfang von 6 Seiten. (Aus "organisatorischen" Gründen.)

Die Grüße von Anton leite ich hiermit an alle weiter. Der Brief von ihm wird uns sicherlich gefallen und kennzeichnet wieder mal unsere Haltung , so wie wir sie anstreben und erarbeiten.-

H.

Weisse Welt.

Dieser letzte Tag unserer Fahrt sollte der schönste werden. Die Bretter auf den Schultern zogen wir durch ein Dorf den leuchtenden Bergen entgegen. Es begann bald wieder der Wald und wir fuhren aufwärts, Der Schnee wurde besser. Wir wollten direkt auf ein bestimmtes Dorf zu. Aber bald war jeder Weg verloren. Ein Rudel Rehe sprang davon. Arme Tiere! Aber die Natur ist hart und musshart bleiben. Krankes fällt bald ab, zerbricht an der Härte, die der Kampf fordert.

Der Wald wurde dichter, der Schnee tiefer. Durch einen zugewachsenen Graben gings bergauf, höher! Plötzlich Spuren von Brettern vor uns. Wir natürlich dieser nach. Durch Waldschneisen hindurch, auf offene Flächen hinaus, weite Sicht über die Berge, kein Hof, kein Haus, nirgends etwas. Immer schöner wurde es.

Eine unsagbare Freude stieg in uns auf, als Menschen, als Jungen in dieser Welt leben zu können. Freude und Bereitschaft, wie nahe, ja wie ineinander verschmolzen sind diese in und nach solchen Stunden.

Wenn wir durch Schneisen jagten: An beiden Seiten tiefverschneite Tannen, Pfeilern gleichend. Dann plötzlich eine sich zeigende Welt, weit, licht und hell im Glanze des Winters. Die Augen schweiften, brannten, glänzten als Spiegel innerer Erholung und Lebensfreude.

Arme Jugend, die die echte Freude nicht kennt, die die Sehnsucht, die Unruhe in ihr zu begraben sucht durch stickige Stuben, Lokale, Mädchen usw. Die nicht einmal merkt, was für Güter ihr offenstehen. Die nicht merkt, das Gott gut ist. Woher sollte sie es auch wissen. Sie spürt nicht, dass die heutige Zeit Kerle mit sprühender Kraft braucht, geistig wie körperlich.

Brüder! Vernehmt den Ruf! Lasst Euch nicht einsperren in Strassen der Stadt! Lasst Euch nicht irremachen! Geht Euren Weg trotz Hindernisse! Geht ihn und findet Freude, die der Mensch heute braucht ! Jeden freien Sonntag zieht hinaus mit einer Sehnsucht, die nur Jugend kennt. Macht Euch stark, dass Ihr die Tage des Kampfes besteht! Lasst das Licht in Euch zur vollen Entfaltung kommen. Schürt das Feuer der Gemeinschaft, dass es, wenn der Wind hineinbläst, nur um so heftiger brenne!
Heil Euch allen!

Hubert.

1941

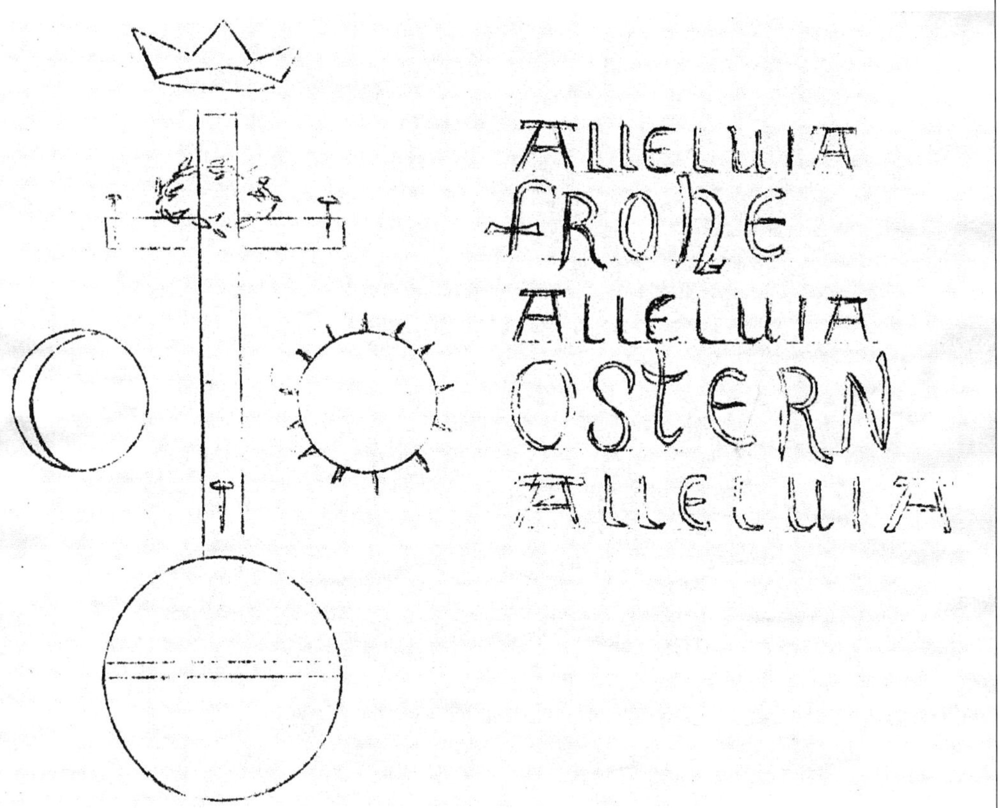
ALLELUIA
FROHE
ALLELUIA
OSTERN
ALLELUIA

Ostermorgen!

Herrlich steigt die Sonne auf, alle düsteren Tage vorher vergessen lassend. Wir stehen und schauen in diese Lichtflut hinein, die Augen geblendet! Ostermorgen ist's!

Ist es nicht natürlich, dass die Sonne an diesem Morgen Ihre ganze Herrlichkeit auf die Erde sendet, alles zu neuem Leben erweckend, die Natur und auch die Menschen, vielleicht auch die, die jetzt in düsteren Mauern der Stadt verweilen!

Ja, diese Flut des Lichtes erwärmte jeden, machte jeden von uns stark, machte die Augen schliessend vom Glanze dieses Lichtes. Lange standen wir so auf der Höhe!......

Weitergehen mussten wir jetzt und es war doch so schön gewesen, dieser Aufgang des Lichtes. Unwillkürlich musste jeder an den ersten Ostermorgen denken, da der Herr die Fesseln des Todes brach, auferstand und damit einen herrlichen Sieg errang, wie ihn die Welt nie wieder gesehen hat. Wie mögen die Wächter gezittert haben, weil sie das Licht nicht vertragen konnten, weil sie Wächter des Bösen waren, das Gute gefangen in ihren Händen!

Wie mögen sie gelegen haben, die Augen verdeckt, als der Herr mit ganzer Gottheit das Grab hinter sich zurückliess!

Wir spürten es an diesem Morgen richtig nach den dunklen, regennassen Vortagen, was uns allen die Auferstehung bedeutet.

Unser Glaube steht gefestigt in diesem Sieg!
Das Licht flutet überall dorthin, wo bereite Herzen stehen, wo noch die Herzen brennen zu Hohem hin.

Freunde, wir alle spüren, dass dieser Ostermorgen uns alle höher bringt, uns aus dem Dunkel der Kartage, in denen eine Welt auf ihm, unserem Gott, lastet, herauszieht.

Die Welt muss überwunden werden und ginge es hart auf hart. Wir werden den Tod nicht schauen, leben wir ein Leben auf der Spur des Lichtes, das uns hinführt zu Christus, unserem König.

Das ist der Sieg der die Welt überwindet

UNSER GLAUBE!

Langsam gings weiter, den Rucksack auf dem Rücken durch ein Tal einem zweiten Gipfel zu. Wenn wir dorthin gelangt sind, wird die Sonne schon höher stehn............

H - K

Du -

Hast Du schon einmal um ein Feuer gestanden?
Hineingeschaut mit glänzenden Augen! Hast Du diese Glut gespürt?
Hast Du die Flammen schlagen sehen, züngelnd aufwärts schlagend,
bereit, das Nächstliegende mit zu entzünden? Spürst Du,
dass es nicht nur Romantik sein kannn, die uns um das Feuer
schart unter nächtlichem Himmel!

Haben wir alle das rechte Feuer in uns? Für eine Sache zu glühen,
einzustehen, mit allem, was wir sind.
Wir müssen weg von aller Massarbeit des Herzens, das nie ernstlich sündigen kann, aber auch nie den Weg zum Grossen findet.
Werden wir darin der Flamme gleich, mit schlagender Begeisterung
uns höher zu recken in unsere Sache und den Nächsten nur dadurch
zu gewinnen suchen.

Wir brannten Johannis-Feuer. Schweigend standen wir im Kreise um
den Holzstoss, der gleich in Flammen aufgehen musste.
Dann brach es knisternd hervor, diese Flammen, aus einer Glut
hervorgegangen, die tief sass, Mittelpunkt war. Hell lohte es zum
Himmel. Die Klampfen klangen und wir sangen in die Nacht hinaus.

Der Spruch riss uns hoch, dieses Feuer in die Welt zu tragen,
die so finster ist.

Sonnenwende! Der Sonne Kreislauf wird kleiner, die Finsternis
gewinnt. Wir haben uns Kraft geholt, Glut geholt in dieser
Nacht, weiter auszuhalten, das Licht, unser Licht in das Dunkel
der Tage zu tragen.

Viele werden absacken, in dieser Arbeit stecken bleiben, weil
es gar zu dunkel ist um uns. Und doch, es ist Gottes Licht,
das wir tragen, darum kennen wir kein Zurück oder Stehenbleiben,
denn durch dieses Erkämpfen wird Gottes Licht auch unser Licht.
Darum sangen wir: "Wenn alle untreu werden....."

Der Holzstoss brach zusammen, das Feuer wurde kleiner.
Wir wickelten uns in die Zeltbahnen und legten uns um die Glut.
Sangen die schönsten Lieder.

Hell strahlte die Morgensonne, als wir heimwärts zogen,
Feuer in uns tragend!

(H.K.)

N O V E M B E R

Wir feierten am Anfang dieses Monats Allerseelen, ein Fest der Toten. Allerseelen im Kriege! Dieser ganze Monat, in dem wir stehen, ist ein Monat der Toten, besonders aber der für das Vaterland Gefallenen. Was bedeutet uns jungen lebensfrohen Menschen ein Fest der Toten? Steht es nicht geradezu im Gegensatz zu unserer sonstigen Haltung und Lebensweise? Erinnert es uns nicht an das Ende, an die letzte Entscheidung?

Gewiss, wir wollen ein frommes Christentum leben, aus der Erlösung und der Gnade heraus. Wir wollen jung und froh auch weiterhin unser natürliches und übernatürliches Leben vereint, nicht einseitig, leben. Aber es steht am fernen Horizont auch das Ziel, die letzte Entscheidung. Dieser müssen wir uns auch neben dem freudigen Erlöstsein immer wieder erinnern. Aber dies eine soll uns nicht zur Trauer kommen lassen. Am Ende steht Gott und Gott ist gut. -

Wir sind gewohnt, die Toten mit Schweigen zu ehren. Der Leib ist tot, und die guten Werke des Leibes sind vorbei. Eben darum stehen wir mit Schweigen an einem Grab. Aber die Seele lebt weiter, schwingt sich höher als alles Erdenleben. Unser Schweigen ist Ehrfurcht, nicht Trauer. So dürfen wir nur ohne Trauer als Christen unserer Toten gedenken.

Mit Ehrfurcht stehen wir, vielleicht auch mit gewissem Stolz, vor so manchem Gefallenen in diesem und im vorigen Kriege, die mit Ihrem jungen Leben zu uns gehörten, die sich bewusst waren, um was es ging, nämlich um das was uns nebst Gott das Liebste ist. Ich denke da an das Langemarck des Weltkrieges. Junge, lebensfrohe Menschen, grad so wie wir, gingen, marschierten singend in den Tod. Es ging um das Vaterland, und dieses Vaterland ist schon ein Leben wert. Für sie wie für uns, auch für uns.

Ich denke an die gefallenen Kämpfer dieses Krieges, unter ihnen auch der Bannerträger in deutscher Jugend, Hans Niermann. Wir wissen, was er Kirche, Volk und Vaterland bedeutete. Wir wissen, was er uns war und uns auch heute noch ist. Bannerträger junger, deutscher, katholischer Christen war er und ist er auch heute noch.

Wir sind ihm zu tiefem Dank verpflichtet. Diesem Dank wollen wir dadurch Ausdruck geben, dass wir fest stehen im Ringen der Zeit. Nicht wankend im Unwetter, wenn es über uns hinwegbraust. Es soll unser Schwur sein, ein heiliger Schwur. So wollen wir in diesem Monat besonders diesen einen in Ehrfurcht und Stolz gedenken, jener aber auch, die uns lieb waren während unserer bisherigen Lebensfahrt und nun nicht mehr unter uns sind.-

Hubert.

Sommersonnenwende 1940

Günter Stumpf: Bei meinen Papieren aus der Jugendzeit fand ich einen Bericht aus dem Jahre 1940, der den Titel trägt „Ein unvergessliches Erlebnis“. Vikar Hoberg hatte uns in der Gruppe zu einem solchen Bericht angeregt. Als er meinen Bericht las, fand er ihn sehr gelungen.

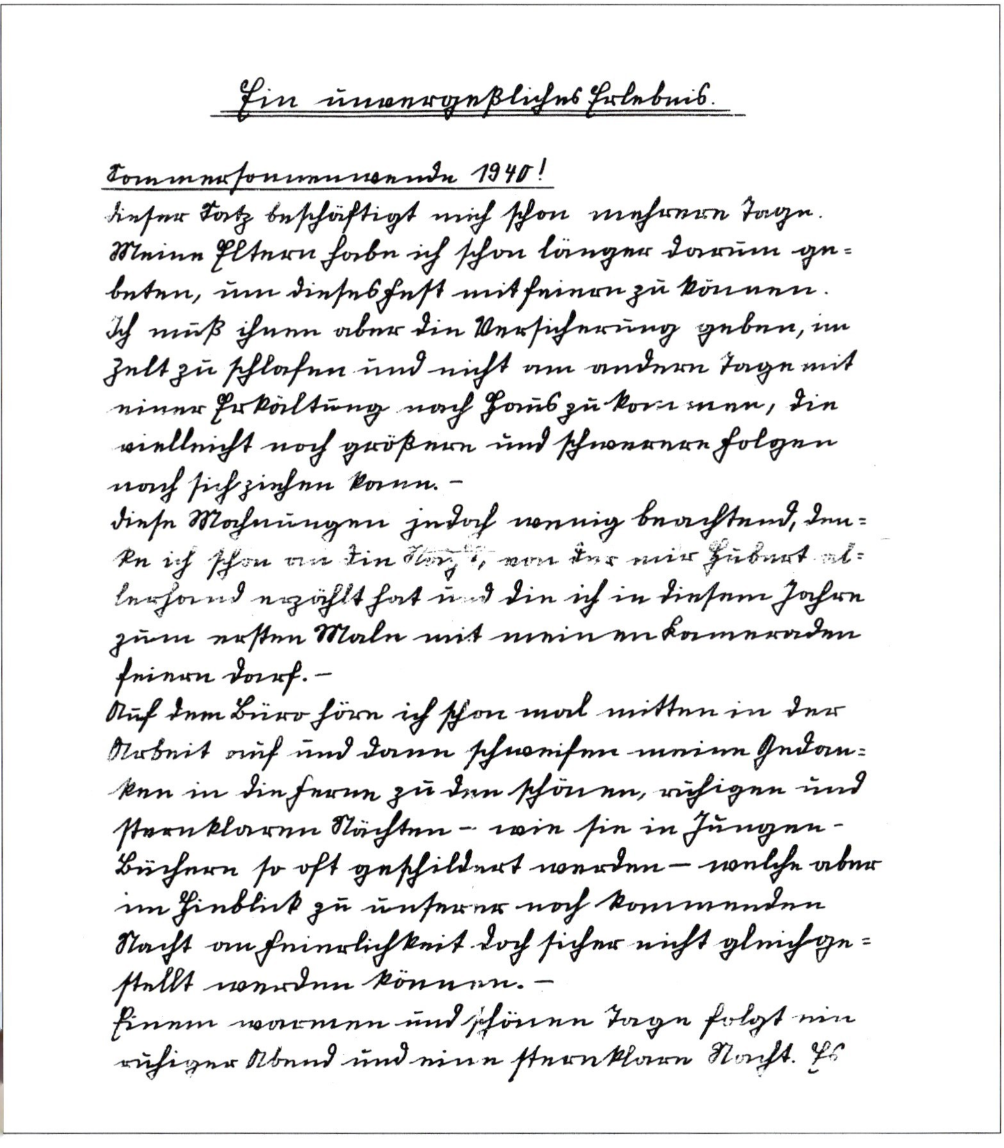

Ein unvergeßliches Erlebnis.

Sommersonnenwende 1940!
Dieser Satz beschäftigt mich schon mehreren Tage.
Meine Eltern habe ich schon länger darum ge=
beten, um dieses Fest mitfeiern zu können.
Ich muß ihnen aber die Versicherung geben, im
Zelt zu schlafen und nicht am andern Tage mit
einer Erkältung nach Hause zu kommen, die
vielleicht noch größere und schwereren Folgen
nach sich ziehen kann.–
Diese Mahnungen jedoch wenig beachtend, dach=
te ich schon an die Nacht, von der mir Hubert al=
lerhand erzählt hat und die ich in diesem Jahre
zum ersten Male mit meinen Kameraden
feiern darf.–
Auf dem Büro höre ich schon mal mitten in der
Arbeit auf und dann schweifen meine Gedan=
ken in die Ferne zu den schönen, ruhigen und
sternklaren Nächten – wie sie in Jungen-
Büchern so oft geschildert werden – welche aber
im Hinblick zu unserer noch kommenden
Nacht an Feierlichkeit doch sicher nicht gleichge=
stellt werden können.–
Einem warmen und schönen Tage folgt ein
ruhiger Abend und eine sternklare Nacht. Es

ist die Nacht vom 21. zum 22. Juni, vom Freitag zum Samstag. Treffpunkt: Auf der Höhe von Waldenburg zwischen 8 und 9 Uhr. Paul ist als Erster da. Nach und nach treffen auch die anderen Kameraden ein. Dieses sind Fritz, Hermann, Werner, Hubert und ich. Die Körbe werden unter die Büsche gestellt. Dann gibt's eine große Holzaktion. Jeder sucht eine größere Stange bis wir genügend von dem Zeug haben. 3 Mann gehen zu einem naheliegenden Quell ins Tal und holen den großen Hordenpott voll Wasser zum Abkochen, während die anderen Kerle ein kleines Feuer anzünden. Wir nehmen im Halbkreis um das unruhig brennende Feuer Platz und singen ......, singen Lieder von fernen Landen, verwegen und schwungvoll. Der Tee kocht im Kessel über dem Feuer. Da ...., ein Knacken im Gehölz. Toni ist es, der uns noch in später Abendstunde erschrecken hat. Aber nein, nicht erschrecken, wir haben ihn doch erwartet. Er will auch mit uns das Fest der Jugend feiern, Sonnenwende! Es ist von den Germanen übergegangen auf unsere Vorfahren; Urgroßeltern, Großeltern und Eltern. –

Der Tee wird vom Feuer gehoben. Wir nehmen unsere Butterbrote hervor und futtern. Die Nacht ist nun hereingebrochen, geheimnis-

voll und still. Eine wunderbare Nacht.
Hell und rund steht der Mond am Firmament. Auf einem Hochsitz stehen wir und treiben Sternkunde. In der Hand halten wir Paul's Fernglas. 2 sitzen noch am Feuer und spielen auf ihren Flöten, die klar und feierlich durch die Nacht klingen. –
1 Uhr war es fein. Wir entzünden das Feuer. Gerade und ruhig flammt der Holzstoß, der aber kleiner ist, als in den Vorjahren. Es ist ja Krieg! Wir stehen um das Feuer und unser Blick bohrt sich in die Flammengarben. Dann singen wir das Lied:

„Flamme empor.....“

Herrlich klingt es im nächtlichen Wald. Der Blick in die Baumkronen, deren Blätter von der Hitze leicht bewegt werden, ist wunderbar. Die Gestalt des hl. Johannes, welcher im Geiste mit uns am Feuer steht, gibt demselben einen tieferen Sinn.

Dem verklungenen Lied folgt ein wilder und feuriger Chor. Dann noch ein Gebet für Kirche, Volk, Vaterland und unseren Soldaten, die in treuer Pflichterfüllung im Geiste mit uns am Feuer stehen. –
Zischend fahren die Flammen auf und verzehren sich. Wir sitzen, singen und lesen von fremden Ländern. Dann wird Laub zusammen gelegt und einer nach dem andern versinkt in Schlaf. –
Brannte da nur ein Feuer? Nein, viele waren es! In jedem von uns brannte und glühte es. Wir wanderten fort an diesem Feuer. –

Morgen!
Nacheinander werden wir aus dem Schlaf geweckt. Ob es schon wirklich an der Zeit ist oder macht es der kalte Nebel, der den Wald in einen großen Schleier hüllt. Wir sind jedenfalls wach. Johannes, Paul und Toni sind schon wieder vor unserem Aufwachen nach Haus gefahren. Gegen 1/2 7 Uhr mache auch ich mich auf den Heimweg, denn ich muß auch wieder an die Arbeit. Erich, Werner und Hubert haben heute Urlaub. Sie wohnen noch erst der hl. Messe in Waldenburg bei und dann fahren auch sie nach Haus. –
Jetzt wird wieder gearbeitet!
Nun sind wir wieder alle zu Haus. Der eine sitzt im Büro, der andere steht an seiner Maschine, wieder ein anderer arbeitet in der Werkstatt. Alle arbeiten wieder in ihrem Beruf. doch manchmal hören wir für einen Augenblick auf zu arbeiten. Wir schauen zum Fenster, durch das die Sonne strahlt. dann vergessen wir für einen Augenblick unsere Umgebung. Im Geiste sitzen wir noch am Feuer und erzählen von unseren Erlebnissen. –
All das zieht wie ein Filmstreifen an uns vorüber. doch auf einmal verschwinden wieder die schönen Bilder. Ein Blick in unsere Umgebung überzeugt uns, daß ein anderes Leben angefangen hat und wir begeben uns – vielleicht mit einem Seufzer – wieder an die Arbeit. –

Brief von Vikar Hoberg im Februar 1942 an Heinz Nolte, einen aus der Attendorner Gruppe, der schon Soldat ist – Heinz Nolte ist in Russland gefallen

Attendorn, 10. 2. 42

Lieber Heinz!

Zwischendurch auch mal einen Gruß vom Hindenburg-Wall 95. Dein letzter Brief erreichte mich kurz vor Weihnachten, ich habe auf dem Kouvert stehen „beantwortet", und so hoffe ich, dass Du die Zeilen auch erhalten hast. Ich nehme an, dass Dich auch dieser Brief gesund und wohlbehalten antrifft. Von Deiner Mutter hörte ich zwar, daß Du ohne Sack und Pack irgendwo angekommen bist. Der Schaden wird wieder behoben sein. Ich habe in diesen Wochen oft an Dich gedacht, denn ich weiß, daß Du mitten dazwischen bist, und das ist bei dieser Kälte keine Kleinigkeit. Alle 14 Tage dienstags 6 Uhr früh am Morgen treten wir für Euch an, und dann marschiert Ihr im Geiste in unseren Reihen mit. Unser Häuflein wird immer kleiner. Nach den letzten Ereignissen haben einige Angst bekommen und bleiben von selbst weg, Hubert, Günther, Erich dürfen nicht mehr, Toni Schnüttgen ist heute Morgen abgereist zum Inf.Ers.Btl.23. Wir haben also nur noch Kroppzeug. Siegfried und Genossen müssen jetzt zur Musterung, dann sind wir auch diese los. Dann bleiben nur noch die 14–16-Jährigen übrig. Man muß sich trösten, es ist Krieg. Vor drei Wochen war Fritz Tiedeken hier. Der arme Kerl: Auf zwei Krücken humpelte er durch die Stadt. Er ist Feldwebel, hat das E.K.II, das Fliegerabzeichen und das silberne Verwundetenabz. Er sah ganz ordentlich aus. Heinz Sch. ist auch von der O.T. entlassen und muß zum Militär.

Es fehlt nur noch, dass meine Wenigkeit auch antreten muß, und dann ist sozusagen der ganze Verein unter den Waffen. Patriotischer können wir ja wohl nicht sein. Wir sind dann wenigstens in Ehren untergegangen. Was es nach dem Siege gibt, das sehen wir dann mal.

Im übrigen steht Attendorn noch. Euer Vater arbeitet jetzt nebenan in der Villa Hommerich.

Erich ist in Dortmund und macht die Meisterprüfung. Die neuesten Nachrichten aus Attendorn kennst Du sicher von Hause. Eure schreiben ja sehr fleißig. Soweit ich kann, schreibe ich den Jungen, die draußen sind. Meine Zeit ist allerdings sehr beschränkt. Ich habe ja den Nachmittag außer samstags Unterricht, und man weiß manchmal nicht, wo man zuerst anfangen soll. Ich wünsche Dir alles Gute. Behalte guten Mut und halt Dich an unsern Herrgott.

In treuer Kameradschaft
Dein V. Hoberg

Paul Tigges:

Auch Folgendes gehört zur Geschichte der alten Hansestadt. 1984 erschien mein Buch „Jugendjahre unter Hitler“, worin ich über die beiden Jungen berichte, die im November 1941 von der Gestapo verhaftet und später von der Attendorner Oberschule verwiesen wurden, Siegfried Nebeling aus Olpe und Bruno Tigges aus Altenhundem. Nach dem Erscheinen des Buches schreibt mir der Bildhauer Karl-Josef Hoffmann aus Attendorn einen Brief. Darin heißt es unter anderem: „Ich saß damals mit Siegfried Nebeling in einer Klasse. Unser Klassenlehrer war Studienrat Meier. Als die beiden „Rebellen“ verhaftet worden waren, kam der alte Meier in die Klasse und sagte: „Ihr wisst ja alle, was passiert ist.“ Dann nahm er das Parteiabzeichen von seinem Revers und warf es über unsere Köpfe hinweg an die Wand. Er rief: „Dafür haben wir alle uns verkauft. Wir müssen uns schämen vor diesen Jungen“.

Brilon

Städtische Oberschule für Jungen
zu Brilon.

Abgangszeugnis

Johannes Sommer,
Sohn des Bäckermeisters Karl Sommer

geboren am 4. Juni 1923 zu Brilon, Kreis Brilon,
hat die hiesige Oberschule für Jungen von Ostern 1937 bis 21. März 1942
die Klasse 7 seit Herbst 1941 besucht.

Er wurde nach Anhören der Konferenz vom — 19 — nach — versetzt.

Allgemeine Beurteilung des körperlichen, charakterlichen und geistigen Strebens und Gesamterfolges:
Sein körperliches Streben war sehr eifrig, das geistige sehr rege, der Gesamterfolg befriedigte voll. Hinsichtlich seiner charakterlichen Haltung wird auf die Bemerkung unter diesem Zeugnis verwiesen.

Leistungen: (1. sehr gut, 2. gut, 3. befriedigend, 4. ausreichend, 5. mangelhaft, 6. ungenügend)

I. Leibeserziehung: gut.

II. Deutschkunde
- Deutsch: gut
- Geschichte: gut
- Erdkunde: befriedigend
- Kunsterziehung:
- Musik:

III. Naturwissenschaften und Mathematik
- Biologie: befriedigend
- Chemie: befriedigend
- Physik: befriedigend
- Rechnen u. Mathematik: befriedigend

IV. Fremdsprachen
- Englisch: befriedigend
- Latein: gut

V. Arbeitsgemeinschaften
- Nat.-math.:
- Sprachl.: franz. befriedigend

VI. Handschrift: befriedigend

Bemerkungen: Er ist durch Verfügung des Herrn Oberpräsidenten vom 21. März 1942 – 2/9/3/10 k Kr. Sper. Sch. II/5 gemäß Ausleseerlaß vom 27. März 1935 Ziff. V, 14 von der Anstalt verwiesen worden.

Brilon, den 1. April 1942

Dr. [illegible]
Oberstudiendirektor

I. V. Dr. [illegible]
Klassenleiter

Verlagsanstalt Ferdinand Langenkämper, Wuppertal-Elberfeld
D. R. W. Z. 245049 Nachdruck verboten! Vordruck 32 b (W) (Oberschule)

Der Oberpräsident der Provinz Westfalen
Abteilung für höheres Schulwesen

Münster (Westf.), den 26. Mai 1942
Schloßplatz 5
Fernsprecher 24201

9 /lo c Spez. Sch II/5

An
Herrn Karl Sommer, Bäckermeister
in
<u>B r i l o n</u> .

<u>Betrifft:</u> Ihre Eingabe vom 7.4.1942 wegen Verweisung Ihres Sohnes Johannes von der Oberschule in Brilon.

Zu Ihrer Eingabe vom 7.4. treffe ich folgende Entscheidung: Die von mir gegebene Begründung der Verweisung Ihres Sohnes beruht auf dem Ergebnis der Ermittlungen der Staatspolizei. Dabei handelt es sich um die Beteiligung Ihres Sohnes an Bestrebungen zugunsten des aufgelösten katholischen Jungmännervereins; in meinem Verweisungserlass habe ich auf ND bezw. den <u>Jungmännerverein</u> Bezug genommen. Nach den von der Staatspolizei getroffenen Feststellungen ist eine Änderung meines Verweisungserlasses nicht möglich.

Im Auftrage

Reinmann

Fretter

zu Josef Quinke: Auszüge aus der Pfarr- und Schulchronik

Um den Einsatz des Josef Quinke in der Leitung der Pfarrjugend von Fretter richtig zu verstehen und zu würdigen, seien an dieser Stelle Aufzeichnungen von Pfarrer Wiedeking und Hauptlehrer Roß wiedergegeben, die sie in der Pfarr- bzw. Schulchronik niedergeschrieben haben. Sie verraten, in welchem politischen Spannungsfeld während der NS-Zeit kirchliche Arbeit stattfand und wie der Kampf um die Jugend auf beiden Seiten geführt wurde.

Unter der NS-Diktatur*

Das Jahr 1933 im Spiegel der Pfarrchronik

Neben dem Erfreulichen aus dem Jahre 1933 ist aber viel Unerfreuliches zu berichten, besonders auf religiösem Gebiete, besonders soweit es mit der Politik zusammenhängt. Ganz klar wird man erst nach Verlauf von mehreren Jahren sehen und urteilen können, aber so weit lässt sich heute schon wohl sagen, dass die katholische Kirche schweren Zeiten entgegengeht, trotz der Überwindung des Kommunismus und trotz des Konkordates zwischen dem Deutschen Reiche und dem Päpstlichen Stuhle. Nach der Übernahme der Regierung durch Hitler und nach den für die Nationalsozialisten günstigen Reichstags- und Landtagswahlen vom 5. März und den Wahlen für Gemeinde, Amt, Kreis und Provinz am 12. März trat bald eine starke Beeinträchtigung der Freiheit der katholischen Kirche ein. Geistliche, besonders katholische Geistliche, wurden gefangengenommen, angezeigt, bespitzelt und bedrängt. Am schlimmsten war es in den süddeutschen Staaten, aber auch in Preußen, besonders aus dem Regierungsbezirke Arnsberg ließe sich manches berichten. Hier soll nur einiges aus Fretter berichtet werden.

Der Jungmännerverein war in der Zeit, als der Unterzeichnete krank war, zunächst von einigen Herrn (Hptl. Roß, Dir. Linneborn) weitergeführt worden. Aber bald machte sich in den Reihen der Jungen ein anderer Geist bemerkbar, der Hauptlehrer durfte im Interesse seiner Stelle und seiner Familie nicht mehr an der Leitung sich beteiligen.

---

* *entnommen dem Buch „Fretter – Ein Dorf und seine Bewohner", herausgegeben von der Schützenbruderschaft St. Matthias Fretter 1985*

So kam es, dass nach meiner Genesung kaum noch Mitglieder sich am Leben des Vereins beteiligten, zumal am 1. Juli das Vermögen von Landjägern beschlagnahmt worden war. Deshalb beschloss der Vorstand, den Verein vorläufig „ruhen" zu lassen. Die DJK Deutmecke hatte sich längst als nicht mehr lebensfähig erwiesen und konnte die Pacht für den Sportplatz, der allerdings fast nur von der SA und HJ benutzt worden war, nicht bezahlen (80 RM).

Der neue Landrat des Kreises Meschede – der alte war zwangspensioniert – Dr. Runte lud mich für den 19. Juni zugl. mit dem Pfarrer Schneider, Lehnhausen, und dem Pfarrvikar Knauer, Rönkhausen, zu einer „Besprechung" ein. Es war wohl Anzeige erstattet worden, dass ich auf der Kanzel das Wort „Christusjugend" betont hatte. Er schien das als eine Gründung gegen die Hitlerjugend aufzufassen, was ich ihm leicht widerlegen konnte mit dem Hinweis darauf, dass die Christusjugend älter sei als die Hitlerjugend. Als er dann auf alle möglichen Dinge zu sprechen kam (Zentrum, Abgeordnete, Köln, Volkszeitung, Festnahme von Geistlichen aus dem Kreise Brilon, Klitzka, Esser, Brüning, Hirtenbrief der Bischöfe), sagte ich ihm, er solle sich die Vertreter der Partei im Amte Serkenrode mal ansehen, es handele sich um sittliche und wirtschaftliche Bankrotteure und politische Wetterfahnen. Das schien er nicht vergessen zu können, zumal ich ihm noch nahegelegt hatte, was ich von den Katholiken halte, die vor der Erklärung der Bischöfe nach der Reichstagsrede von Adolf Hitler der NSDAP angehört hätten. Deshalb hat er wohl die Absicht gehabt, mich abführen zu lassen, was durch eine Deputation von Fretter kurz vor der Kirchenkonsekration mit Hinweis auf die Feier verhindert worden ist, worauf er dann an die erzbischöfliche Behörde berichtet hat. Es kam am 29. Juni 20 Minuten vor Empfang des Erzbischofs das Schreiben der genannten Behörde:

„Der Herr Landrat von Meschede berichtet uns, Sie hätten gesagt, man solle auf das Wort der Bischöfe mehr hören (Hirtenbrief) als auf die Worte ‚hergelaufener Menschen'. Zudem hätten Sie den Zeitungsboten der ‚Roten Erde' (Generalanzeiger, off. Organ der NSDAP) wegen der Verbreitung der Zeitung zur Rede gestellt." Beides stimmt. Mit den hergelaufenen Menschen waren aber hiesige Leute gemeint... Später ist nochmals eine Anzeige erfolgt und ein Spitzel bestellt worden. Dass alle diese Dinge dazu beitrugen, dass ich das letzte Jahr als eins meiner schwersten bezeichnen konnte, liegt auf der Hand.

1934

Das Jahr war weniger bedeutungsvoll für das kirchliche Leben in Fretter, während das politische Leben noch manche Wellen bis in die Kirche hinein schlug. Verschiedene

Personen (...) suchten dem Pfarrer Schwierigkeiten zu machen. ...Der Jungmännerverein wurde im Herbst wieder ins Leben gerufen. Zunächst wurden nur lose Versammlungen als Heimabend an einem Wochenabend gehalten. Schließlich wurde, nachdem sich ein kleiner Stamm von ca. 30 Jungen und Jungmännern zusammengefunden, der Verein mit Vorstand etc. gebildet.

Pfarrchronik

1935

Aus der Pfarrchronik

Im Februar wurde der Unterzeichnete wieder durch die Partei der Nationalsozialisten bei dem Kreisleiter angezeigt...

Es handelte sich um folgende Punkte:

1. um den Bauernkalender, den ich als heidnisches Machwerk verurteilt habe
2. um die Aussage in der Christenlehre, dass das Heidentum zum Bolschewismus führe, und
3. um Vorkommnisse und Gespräche im Jungmännerverein...

Obgleich die Sache durch Vermittlung des Stützpunktleiters Schmidt, Serkenrode, an den einige Herren herangetreten waren, und durch den Bürgermeister Imholte, Serkenrode, friedlich beigelegt zu sein schien, wurde der Unterzeichnete am 7. Juni von einem Vertreter der Geheimen Staatspolizei protokollarisch vernommen.

Am 12. Juli Heimabend des Jungmännervereins in Gegenwart des Diözesanpräses H.H. Kretschmar und des Führers der Jungscharen und von zwei Polizeibeamten, die sich allerdings nur in der Wirtschaft aufhielten, während an anderen Orten, wo auch der Diözesanpräses redete (Rönkhausen, Finnentrop, auf der Bezirkstagung zu Attendorn und bei der Wallfahrt der Jungmänner und Jungmädchen nach Waldenburg am Sonntage darauf) die Polizei öffentlich auftrat.

Vor dem Schützenfeste wurde in der Nähe der Kirche (neben der Benderschen Linde) ein Stürmerkasten* aufgestellt und von einigen Parteimitgliedern (...) mit einer Ansprache eröffnet. Bemerkt sei bei dieser Gelegenheit, dass die Parteimitglieder, die von links her (fr. Sozialisten und Kommunisten) gekommen sind, sich bei solcher Gelegenheit hervorzutun suchen (z.B. nach einer Parteisitzung am Donnerstag vor Pfingsten, wo sie den Landrat Herrn Dr. Bald-Meschede verhöhnt haben), während die Parteimitglieder, die von rechts her (Deutschnat.-Landvolkp.) gekommen sind, sich mehr zurückhalten und sich des Benehmens der anderen schämen. Es ist auch unnatürlich, dass solche Extreme auf die Dauer miteinandergehen können.

---

* *„Der Stürmer“: antisemitisches Hetzblatt, 1923 von dem nationalsozialistischen Politiker Julius Streicher gegründet.*

Die männliche Schuljugend konnte in diesem Jahr 100-prozentig dem Jungvolk zugeführt werden. Kurz vor Weihnachten wurde auch eine Gruppe der Jungmädel gegründet. Von 38 Mädeln traten 26 dem BDM bei.

Schulchronik

1936

Was das religiöse Leben in der Pfarrei angeht, so ist äußerlich alles beim Alten geblieben. Wenn man aber genauer zusieht, hat der Zeitgeist auch hier vergiftend gewirkt. Das Halten nationalsozialistischer Zeitungen, die dem Glauben feindlich sind oder geradezu das Christentum hassen, verleumden und verspotten („Der Stürmer", „Durchbruch", „Das Schwarze Korps"), ist nicht ohne Wirkung geblieben. Die Vernachlässigung der heiligen Messe, das bedeutende Zuspätkommen, das zu frühe Verlassen, das schlechte Betragen in der Kirche, der seltene Empfang der heiligen Sakramente sind die Folge gewesen.

Die Schwierigkeiten in den Vereinen wurden ständig größer. Der Jungmännerverein konnte nur 2 neue Mitglieder aufnehmen, während eine ganze Reihe den Verein verließen, weil Doppelmitgliedschaft verboten war. Darauf wurden die Heimabende (wöchentlich für Jungmännerverein und Jungfrauenkongregation) fast regelmäßig gehalten. Was in Zukunft aus den Vereinen, nachdem die Jugend von 10–21 Jahren als Staatsjugend erklärt ist, werden wird, lässt sich noch nicht übersehen.

Pfarrchronik

1937

Anfang März wurde in Paderborn ein kurzes Hirtenschreiben des Bischofs über den Kampf gegen die konfessionellen Schulen beschlagnahmt, desgleichen in den einzelnen Pfarreien. In den meisten Fällen kam die Polizei zu spät, das Schreiben war schon verteilt, auch hier. Anderswo hat man es aus den Häusern wieder eingesammelt.

Am Christkönigsfest musste ich im Hochamte meine Predigt wie schon früher einige Male unter polizeilicher Aufsicht halten, wohl auf eine Anzeige hin, obwohl ich trotz aller Bemühungen mich nicht erinnern konnte, etwas Verdächtiges in der Frühmesse gesagt zu haben, was auch bei hiesigen Zuständen und im Interesse der Sache unsinnig wäre ...

Weil an verschiedenen Orten (z.B. Olpe) die sogenannte Gemeinschaftsschule ohne Abstimmung der Erziehungsberechtigten eingeführt worden war, fand auf Anordnung des H. H. Erzbischofs am zweiten Weihnachtstage nach Verlesung eines entsprechenden Hirtenschreibens nach den heiligen Messen eine Abstimmung der Erziehungsberechtigten statt. Von 270 Erziehungsberechtigten stimmten 247 für die Beibehaltung der konf. Schule, zwei dagegen, während der Rest, der zum größten Teil wohl dagegen war, fehlte.

Pfarrchronik

1938

Als Intermezzo sei Folgendes bemerkt:

Im NSV-Kindergarten, der im vergangenen Jahre zunächst im Schützenhause (Esszimmer), dann in einem schön hergerichteten und eingerichteten Raum unter dem Haus nach der Südseite mit größeren Unkosten hergerichtet war und zunächst von der Kindergärtnerin Sophia Klinkhammer in Fretter (bis Herbst 1938), dann von einer auswärtigen prot. Kindergärtnerin geleitet wurde, war eines Nachts ein Kruzifix angebracht, und zwar sehr fest. Dasselbe wurde aber gleich wieder auf Anordnung des Amtsbürgermeisters ... entfernt.

1939

Aus der Pfarrchronik

Aus dem ersten Halbjahr ist Folgendes zu berichten:

1. Am Neujahrsfeste bzw. in der Nacht fand das sonst übliche Neujahrsansingen zum ersten Mal nicht statt (mit einigen Ausnahmen), auch ein Zeichen der Zeit.
2. An den katholischen Festtagen (Heilige Drei Könige, Fronleichnam, Peter und Paul) fand ungekürzter Schulunterricht statt (Fronleichnam frei bis 9 Uhr). Am Fronleichnamsfest haben manche Kinder in der Schule gefehlt. Die Fabriken in Finnentrop, Plettenberg ließen arbeiten und verlangten das auch von den Arbeitern, während das hiesige Kalkwerk feierte. Die Kirchenfarben zu zeigen, war Privatleuten vom Staate verboten, deshalb hatten mehrere andere Farben (rot-weiß, blauweiß) gezeigt, von denen man annahm, dass es erlaubt sei. Einige (nicht alle) waren angezeigt und wurden zu Protokoll vernommen. Bei dieser Gelegenheit wurde bekannt, dass die Gestapo am Dienstag vor Fronleichnam auch diese Fahnen zu zeigen verboten hatte ...
8. Ein großes Kreuz von 12 Metern Höhe, das in der Karwoche auf der Emmert errichtet war, musste auf polizeiliche Anordnung hin wieder abgebaut werden.
13. Am Dreifaltigkeitssonntage die Bekenntnisstunde der Jugend in der Kirche zu Attendorn für das Dekanat Attendorn. Von hier beteiligten sich ca. 100 Jugendliche ... Das wichtigste Ereignis des Jahres ist aber der *Ausbruch des Krieges* zunächst mit Polen. Bereits der 26. August gilt als erster inoffizieller Mobilmachungstag; am

28. 8. wurde der offizielle Zugverkehr eingestellt. Der 1. September mit seiner Reichstagssitzung und offiziellen Mobilmachung und Erklärung des Reichskanzlers kann als offizieller Beginn des Krieges angesehen werden ...
Wenn man auch von höherer Stelle von einer großen Begeisterung für den Krieg gesprochen hat, die ungleich größer sei als 1914, dann muss jeder Kenner das Gegenteil behaupten. Gewiss ist der Deutsche ein tüchtiger Soldat und tut auch im Ganzen gesehen seine Pflicht, aber an die Begeisterung der Augusttage 1914 reicht die Begeisterung einiger Freiwilliger nicht einmal heran, ganz abgesehen davon, dass die große Mehrheit geradezu Widerwillen gegen den Krieg hat, der mit jedem Tage zugenommen hat. Selbst die jungen aktiven Soldaten sind von diesem Geiste der Alten angesteckt, ja diese Abneigung gegen den Krieg nimmt mit jedem Tage zu.
Wer fast täglich mit den Kriegsurlaubern verkehren kann wie der Unterzeichnete, der lernt am besten die Stimmung der Leute kennen, besonders empfänglich sind alle Soldaten für jegliche Ungerechtigkeit im Felde und daheim.

Über die Kriegsjahre von 1939 bis 1945

(aufgezeichnet wahrscheinlich im Winter 1945/46 von Hauptlehrer Ferdinand Roß für die Schulchronik in Fretter)

Politischer Druck

Ein schwerer Druck legte sich bei Ausbruch des Krieges auf die Bevölkerung. Von Begeisterung war wenig zu spüren, auch nicht, wenn junge Burschen dem Ruf der Fahne folgten oder gar große Siegesnachrichten kamen. Es fehlten das rechte Vertrauen und der Glaube an die Führung. Am deutlichsten kam das im Abhören der Auslandssender zum Ausdruck, das immer größere Kreise zog, wenngleich es verboten und nicht gefahrlos war. Zur Partei ist der Großteil der Bevölkerung Fretters nie in ein tieferes Verhältnis gekommen. Äußerlich gesehen fügte man sich manchen Anordnungen, doch fehlte bei den meisten jede innere Bindung. Zurückzuführen war das einmal auf das überhebliche Gebaren mancher Parteifunktionäre, dann aber auch auf den teils öffentlichen, teils versteckten Kampf gegen das Persönliche des Menschen, seine religiöse Weltanschauung. Unkluge Maßnahmen, ja Schikanen halfen mit, die Partei und das ganze System geradezu verhasst zu machen.

Erinnert sei an die Einengung der Fronleichnamsprozession, das Verbot, Kirchenfahnen zu hissen, die Aufhebung so mancher Feiertage, die Beseitigung des Religionsunterrichtes aus den Schulen, Versuche, das Kreuz aus den Schulen zu entfernen, die Umwandlung der Bekenntnisschulen in Gemeinschaftsschulen, die Verfolgung so mancher Priester, die nichtswürdige Bespitzelung durch die Gestapo. Leider fanden sich auch hier willkommene Angeber, die nicht davor zurückschreckten, Dorfgenossen zu verraten und ins Unglück zu stürzen. Ihrem verwerflichen Handeln ist es wohl zuzuschreiben, dass der Ortspfarrer mehrmals vor die Gestapo geladen wurde und der Bäckermeister Jos. Quinke im Konzentrationslager Oranienburg seinen Tod fand. Wie sehr man der Partei abgeneigt war, zeigte sich am deutlichsten, als sie es übernahm, die Todesnachrichten der Gefallenen zu überbringen. Man lehnte diese Art der Benachrichtigung einfach ab. Klugerweise hielt jeder mit seiner wirklichen Meinung zurück, es war eben so weit gekommen, dass der eine dem anderen nicht mehr traute.

Geseke

A b s c h r i f t

Kreis-Anerkennungs-Ausschuß
Landkreis Iserlohn

Ausgefertigt:
Iserlohn, den 5.12.1952

Az.: 35 - 22

Siegel gez. Bieschke

An

Herrn
August W o h l h a g e

L e t m a t h e
Oegerstrasse 71

Gegen Postzustellungsurkunde !

B e s c h l u ß

Auf Grund des Gesetzes über die Anerkennung der Verfolgten und Geschädigten der nationalsozialistischen Gewaltherrschaft und über die Betreuung der Verfolgten vom 4.3.1952 (GV.NW.S. 39)

hat in der Anerkennungs-Sache

des August Wohlhage, geboren am 23.3.1925,
wohnhaft Letmathe, Oegerstrasse 71,

der Kreis-Anerkennungs-Ausschuß in der Sitzung vom 1.Dezember 1952 an der folgende Mitglieder teilgenommen haben:

Oberkreisdirektor Lücking, Iserlohn, als Vorsitzender

Amts-Bgmstr. Falke, Westhofen, als Beisitzer

Journalist W.Clöer, Schwerte, als Beisitzer

Amtsgerichtsrat a.D. Spancken, Menden, als Vertreter des öffentl. Interesses

Kreisangestellter Bieschke, Iserlohn, als Schriftf.

folgendes beschlossen und verkündet:

.-.-.-.-.-.

Der Antragsteller wird gem. § 1 Ziffer 1 in Verbindung mit § 3 (2) des Gesetzes über die Anerkennung der Verfolgten und Geschädigten der nationalsozialistischen Gewaltherrschaft und über die Betreuung der Verfolgten vom 4.3.1952 als Verfolgter der nationalsozialistischen Gewaltherrschaft a n e r k a n n t .

bw.

Begründung:

Der Antragsteller hat dem Kreis-Anerkennungs-Ausschuß einwandfrei durch amtliche Unterlagen nachgewiesen, daß er sich während seines Besuches der Städtischen Oberschule für Jungen in Geseke aktiv in den verbotenen katholischen Jugendverbänden betätigt hat.

Er hat sich mit mehreren anderen Jugendlichen zusammengeschlossen, um bei der zu erwartenden Auseinandersetzung zwischen Kirche und Nationalsozialismus aktiv für die Kirche tätig sein zu können.

Er wurde am 26.Oktober 1941 durch die Gestapo festgenommen. Es wurde ein Verfahren durch den Herrn Staatsanwalt des Landgerichts Paderborn am 26.Oktober 1941 unter dem Az.: 5 Js 141/41 gegen ihn eingeleitet. Durch die Strafkammer des Landgerichts in Paderborn wurde er in der Sitzung vom 28.3.1942 unter dem Az.: 5 KLs II/42 zu einer Gefängnisstrafe von 5 Monaten verurteilt. Hierbei wurden ihm jedoch nur 4 Monate der Untersuchungshaft angerechnet, so dass er nach seiner Entlassung aus der Haft am 27. April 1942 6 Monate und 2 Tage inhaftiert war.

Darüberhinaus wurde er von der Schule verwiesen und durfte keine andere höhere Lehranstalt besuchen. (Bl.14 d.A.)

Es ist ihm dadurch ein erheblicher Schaden für sein späteres Fortkommen entstanden.

Der Antragsteller ist nicht vorbestraft.

Da auch sonst keine Hinderungsgründe nach § 6 des Anerkennungsgesetzes vorliegen, war daher, wie geschehen, zu beschliessen.

Rechtsmittel:

Gegen diesen Beschluss ist innerhalb eines Monats nach Zustellung Beschwerde an den Bezirks-Anerkennungs-Ausschuß bei dem Regierungspräsidenten in A r n s b e r g zulässig.

gez. Lücking
(Vorsitzender)
Oberkreisdirektor

gez. Bieschke
(Schriftführer)
Kreisangestellter

Es wird hiermit bescheinigt, daß vorstehende Abschrift mit der Urschrift übereinstimmt.
Iserlohn, den 12. Dezember 1952
Im Auftrage:
(Küsters)
Polizeiobermeister

Polizeikreis Iserlohn (LK)

Grevenbrück

DES MITGLIEDES:

Binkelbach, Walter	NAME
Grevenbrück	WOHNUNG
"	WOHNORT
15. 3. 1920.	GEBURTSDATUM
1934	JAHR D. EINTRITTS
Schlosser	BERUF
Paderborn	DIÖZESE

REICHSLEITUNG:

Wolker
GENERALPRÄSES

Albert Steiner
REICHSOBMANN

DIE FÜHRERSCHAFT DES VEREINS

426

PRÄFEKT U. PRÄSES

KATHOLISCHER JUNGMÄNNER

MITGLIEDSAUSWEIS

NR:

VERBAND + DEUTSCHLANDS

UNTERSCHRIFT DES MITGLIEDES

KATHOLISCHER JUNGMÄNNERVEREIN

KATHOLISCHER JUNGMÄNNERVEREIN GREVENBRÜCK WESTFALEN

Erklärung

Mir sind nach sorgfältiger Prüfung keine Umstände bekannt, die die Annahme rechtfertigen könnten, daß ich Jude bin. Über den Begriff des Juden bin ich unterrichtet worden. Mir ist bekannt, daß ich die sofortige Entlassung aus dem Reichsarbeitsdienst und dem aktiven Wehrdienst zu gewärtigen habe, falls diese Erklärung sich als unrichtig erweisen sollte.

Bilstein, den 26. 5. 1939

Walter Binkelbach
(Unterschrift)

Amt Bilstein

Der Amtsbürgermeister. Grevenbrück i. W., den 28.11.1941.
Fernruf: 341
Abt. III S/Be.

Herrn
Oberpostschaffner Karl Birkelbach

G r e v e n b r ü c k
Lennestraße.

Ihr Schreiben vom Unser Zeichen

Betr.:

Ihr Sohn Walter ist seit dem 16. ds. Mts. inhaftiert. Die für denselben erhaltenen Lebensmittelkarten sind sofort bei der hiesigen Kartenausgabestelle abzuliefern.

I.A.
Lommmel(?)

Der Amtsbürgermeister Grevenbrück, den 18. November 1941.
als Ortspolizeibehörde.

An

Herrn Karl Birkelbach, Oberpostschaffner
Grevenbrück.
Lennering.

Ich bin beauftragt Ihnen mitzuteilen, dass Ihr Sohn Walter mit nach Dortmund genommen wordenbist. Falls Sie nähere Auskunft wünschen, können Sie sich an die Gestapo in Dortmund-Hörde wenden, jedoch nicht vor Donnerstag, den 2o. ds. Mts. , weil der in Frage kommende Beamte erst dann zurück ist. Bei einer fernmündlichen Anfrage wollen Sie sich einen Herrn Buschmann geben lassen.

428

Hagen

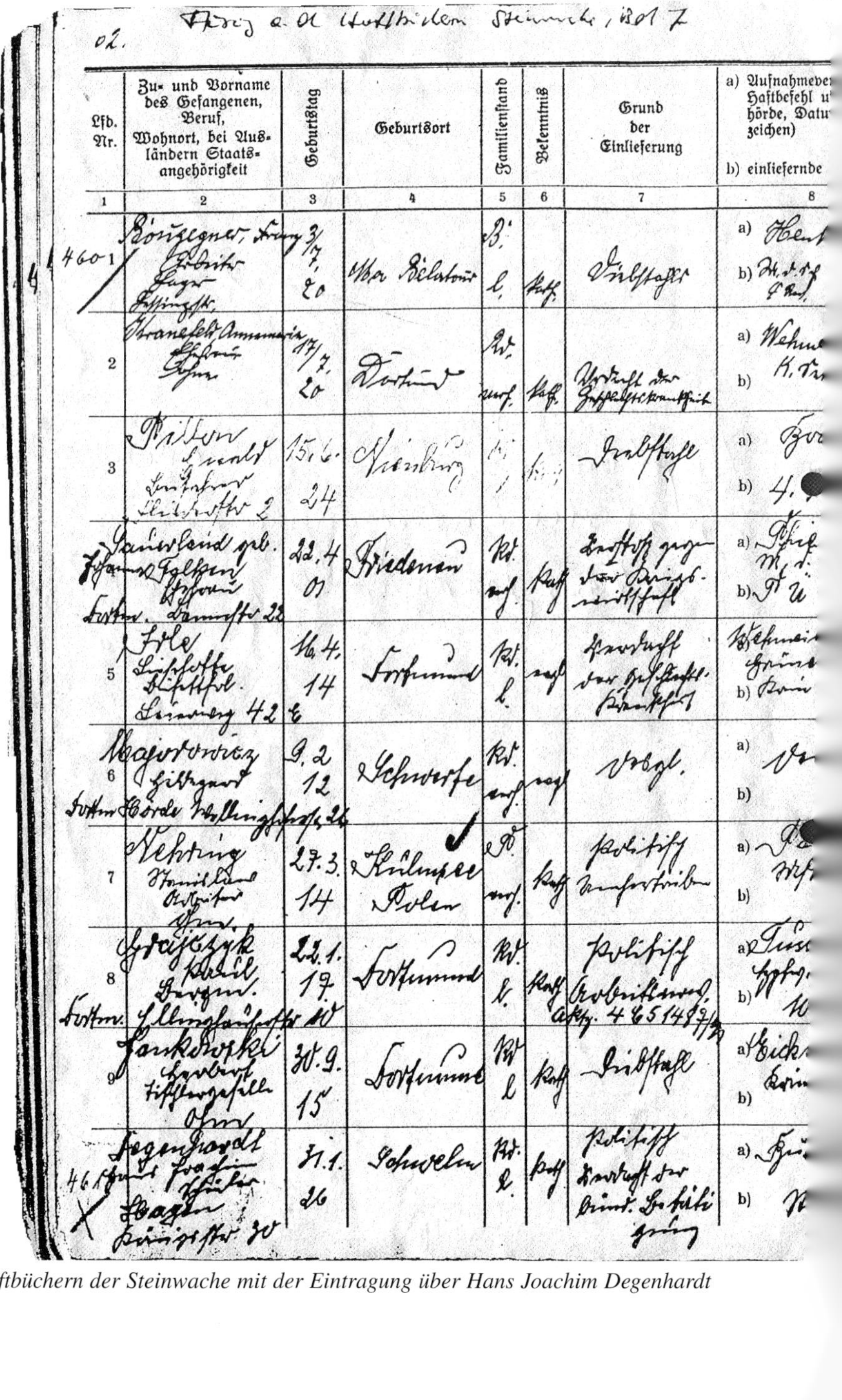

Auszug aus den Haftbüchern der Steinwache mit der Eintragung über Hans Joachim Degenhardt

…ung		Beendigung der Haft				Grund der Haftbeendigung	Nummer im Verzeichnis der abgenommenen Gegenstände	Abgelieferte Gelder und Wertsachen	Bestätigung der Richtigkeit aller Angaben u. der in Sp. 13 aufgeführten Gegenstände durch den Gefangenen	Hafttage	Bemerkungen
…Jahr	Stunde	Tag	Monat	Jahr	Stunde						
		10				11	12	13	14	15	16
	11^{20}	3.	12.	41	14^{45}	durch Krip. Kuipel entlassen	10	./.			
	11^{45}	4.	12	41	11^{00}	der Gesundheitsbehörde vorgeführt	/	Geldbörse mit 26 RM Abzeichen	Braunfeld		1,50 RM [illegible]
41	13^{35}	6.	12	41	14^{30}	dem Gerichtsgefängnis zugeführt	26	Geldbörse mit 4,84 RM	Pütter		
41	13^{35}	6	12	41	14^{30}	dem Gerichtsgefängnis zugeführt	74	Geldbörse mit 3,35 RM	[illegible]		
41	13^{35}	4.	12.	41	11^{00}	durch Krim. Urban entl.	74	Geldbörse mit 5,40 RM			1,50 [illegible]
41	13^{35}	4.	12.	41	11^{00}	do.	58	Geldbörse mit 15,04 RM 1 Ring [illegible]	[illegible]		1,50 [illegible]
41	13^{35}	16.	1.	42	12^{15}	Pol. Gefängnis Düsseldorf transportiert	58	Geldbörse mit 10,00 1 Tasche 1 Kette	[illegible]		
41	15^{30}	12.	12	41	4^{00}	Arb.-Lager Essen transportiert	61	23,16 RM	[illegible]		
41	17^{30}	8.	12.	41	15^{00}	dem Gerichtsgefängnis zugeführt	74	Geldbörse mit 10,05 RM mit 2 Ringe	[illegible]		
41	15^{45}	23.	12.	41	14^{00}	durch Kom. Buschmann entl.	3	Geldbörse mit 7,80	[illegible]		

…d (210×297 mm) Vordruck R. Pol. Nr. 262

Erzbischof Degenhardt – Seine Prägung erhielt er im Widerstand während der Nazizeit

Buchpräsentation in Hagen: Johannes Joachim Degenhardt ist seit 25 Jahren Erzbischof von Paderborn/Von Martina Heim

Hagen (DT). Eine Woche vor den morgigen offiziellen Feiern der Erzdiözese in Paderborn wurde in Hagen am vergangenen Samstag sowohl in einem Festgottesdienst in der St. Petrus-Canisius-Kirche wie in einer anschließenden Festversammlung im Hildegardis-Gymnasium über den Widerstand katholischer Gruppen in der Nazizeit nachgedacht. Anlass war eine Buchpräsentation zum Jubiläum des Erzbischofs, die die Resistenz von Katholiken in den Horizont einer Rückbesinnung und der dadurch ermöglichten Ausrichtung stellte.

Die Predigt von Erzbischof Degenhardt würdigte den Mut der damals Verfolgten ebenso wie die schuldhaften Unterlassungen der Mitläufer. Wenn das Recht nicht mehr auf die Ordnung Gottes gegründet bleibe, könne Unrecht um sich greifen und das „Recht" von Ideologien und Diktaturen missbraucht werden. Der Erzbischof knüpfte an die frühen Schuldeingeständnisse der Deutschen Bischöfe nach 1945 an und nahm den „Widerspruch", den zu wenige damals lebten, zum Anlass nachdenklicher Besinnung.

Die Präsentation des frisch im Bonifatius-Verlag erschienenen und von Rudolf Hagedorn herausgegebenen Bandes „Gemeinden leben den Widerspruch. Chronik – Erinnerungen – Profile aus den katholischen Kirchengemeinden in Hagen 1933–1945" machte die Gratulation mit Schülerorchester und gemischtem Chor zu einem außergewöhnlichen Ereignis. In dem 395 Seiten umfassenden Buch kommt Erzbischof Degenhardt dreimal zu Wort. „Hier liegt nun ein Werk vor, das einen Beitrag zum Verstehen für das wohl finsterste Kapitel dieser Periode leisten will", schreibt darin der Erzbischof. „Noch leben Frauen und Männer, die mit mir zwischen 1933 und 1945 Heranwachsende in der Hagener Ortskirche waren – die letzten Zeitzeugen." Das führe zu der Frage hin: „Welche Menschen waren es, die 1945 bereit waren, inmitten der Ruinen den Neuanfang in Kirche und Staat zu wagen? Von welcher Kraft haben sie gezehrt? Welche Motive haben sie bewegt?" (S. 11–12).

Eine Antwort gibt einer seiner Gefährten im Neuen Deutschland, Heinrich Kleineberg. Er schildert den Widerstreit der Gruppen des Bundes Neudeutschland mit der Hitlerjugend und bemerkt: „Die Besten von uns sind im Krieg geblieben. Die Überlebenden setzen sich umso mehr ein, insbesondere bei der Erziehung, Bildung, Seelsorge der Jugend als Pädagogen und Priester; so Jochen Degenhardt, der heutige Erzbischof von Paderborn, Franz-Josef Ostrup und Franz Gregor Hafer (gest. 1994) als langjährige Dechanten von Hagen und Hamm, und Herbert Wallbrecher (gest. 1997), neben seiner Frau Initiator der ‚Integrierten Gemeinde'" (S. 250), die Erzbischof Degenhardt 1978 als erster von inzwischen acht Diözesanbischöfen kirchlich anerkannt hat.

Antwort findet man auch in den beiden weiteren Beiträgen des Erzbischofs selbst, insbesondere, wo er unter dem Titel „Umworben und verfemt" seine „Erfahrungen mit der Hitlerjugend" (S. 257–271) erzählt: wie er, von den Eltern unterstützt, gegen das Verbot der Nazis „in der katholischen Jugendgemeinschaft" blieb und den Verführungen der Hitler-Jugend, in der er gleichzeitig sein musste, widerstand. Ausführlich schildert er, wie 1941 die Weihe des neuen Erzbischofs von Paderborn, Lorenz Jaeger, seines Vorgängers, „Tausende von katholischen Jugendlichen mit ihren verbotenen Bannern" nach Paderborn führte und wie das zum „Anlass für die Gestapo wurde, zuzuschlagen. In den nächsten Wochen wurden ungefähr 34 katholische Jugendführer aus verschiedenen Orten verhaftet ... Am 3. Dezember 1941 stand die Gestapo auch bei mir zu Hause, machte eine Hausdurchsuchung, beschlagnahmte manches, was sie fand – zum Beispiel Gitarre, Abzugsapparat, Schreibmaschine, Liederblätter und anderes –, und nahm mich mit ... Wir wurden nach kurzem Aufenthalt in der Gestapo-Zentrale in Dortmund ins Gefängnis ‚Steinwache' Dortmund eingeliefert. Ich war damals fünfzehn Jahre alt." Der Junge wusste nicht, was mit ihm werden würde: „Der Gestapo-Beamte, der mich verhaftet hatte, sagte mir bei der Aufnahme der Personalien im Gefängnis: ‚Schüler bist du gewesen. Deinen nächsten Geburtstag kannst du im Konzentrationslager verbringen.'"

Am 23. Dezember 1941 wurden dann alle katholischen Jugendlichen wieder entlassen. Nach Ausschluss aus Hitlerjugend und Gymnasium wurde am 20. April, so berichtet Werner Bierbaum, „Jochen Degenhardts Ausschluss aus der HJ laut amtlichem Bescheid rückgängig gemacht"; und er traf sich mit dem Freund „im Hagener Hauptbahnhof. Wir wollten in die Eifel fahren, um ein Zeltlager unserer ND-Gruppe in der Nähe von Maria Laach vorzubereiten" – wo die Gruppe dann – unter „Jochens" Führung – Ostern feierte (S. 264–266).

Der Erzbischof hat die Rolle der Kirchengemeinden, die damals die Heranwachsenden stützten, besonders hervorgehoben: „Zwar ist jeder in der Stunde der Entscheidung allein, Christen sind es aber nicht, während sie aus dem Glauben heraus leben oder – wie wir heute gerne sagen – als Volk Gottes mit Schwestern und Brüdern unterwegs sind" (S.12).

(aus Allgemeine Sonntags-Zeitung vom 24. 4. 1999)

Jesus Christus, der wahrhaft von den Toten auferstanden ist, rief am Fest des heiligen Jakobus, den

Erzbischof von Paderborn

Johannes Joachim Kardinal Degenhardt

Kardinalpriester der Heiligen Römischen Kirche – Doktor und Ehrendoktor der Theologie – Träger hoher Orden – Ehrenbürger der Stadt Paderborn

zu sich in seinen Frieden.

Kardinal Degenhardt wurde am 31. Januar 1926 in Schwelm geboren. Als er am Tage der Konsekration von Erzbischof Lorenz Jaeger 1941 eine Treuekundgebung der katholischen Jugend mitorganisiert hatte, nahm ihn die Gestapo fest. Von 1943-46 war er Flakhelfer und Soldat. Nach der Entlassung aus der Kriegsgefangenschaft legte er sein Abitur am Albrecht-Dürer-Gymnasium in Hagen ab. Anschließend studierte er Theologie in Paderborn (Bad Driburg) und München.

Am 6. August 1952 empfing er durch Erzbischof Lorenz Jaeger die Priesterweihe. Er war zunächst Vikar und später Pfarradministrator und Pfarrverweser in Brackwede. Erzbischof Jaeger ernannte ihn 1959 zum Präfekten am Theologenkonvikt Collegium Leoninum. 1964 wurde er zum Doktor der Theologie promoviert und war anschließend als Wissenschaftlicher Assistent an der Ruhr-Universität Bochum tätig. Nach einem Jahr wurde er Diözesanbeauftragter für das katholische Bibelwerk und Studentenpfarrer an der Pädagogischen Hochschule Westfalen-Lippe, Abteilung Paderborn. 1966 wurde er zum Bezirksdekan des Seelsorgebezirks "Hochstift Paderborn" gewählt.

Papst Paul VI. ernannte ihn 1968 zum Titularbischof von Vico di Pacato und Weihbischof in Paderborn. In diesem Jahr wurde er auch Domkapitular im Metropolitankapitel und Leiter des Seelsorgeamtes. Nach dem Rücktritt von Erzbischof Lorenz Kardinal Jaeger wählte ihn das Metropolitankapitel zum Kapitularvikar. 1974 ernannte ihn Papst Paul VI. zum Erzbischof von Paderborn. Papst Johannes Paul II. berief ihn am 28. Januar 2001 in das Kardinalskollegium.
Über 28 Jahre wirkte Johannes Joachim Kardinal Degenhardt als Erzbischof von Paderborn. Bis zu seinem Tode wusste er sich als Verkünder, Priester und Hirte in Pflicht genommen. Unermüdlich setzte er sich für lebendige und missionarische Gemeinden ein. Die Sorge für die Weltkirche war ihm ein besonderes Anliegen.

Wir bitten, des Verstorbenen im Gebet zu gedenken.

Paderborn, den 25. Juli 2002

Für das Erzbistum Paderborn
+ Hans-Josef Becker
Weihbischof

Für das Metropolitankapitel
Apostolischer Protonotar Dr. Wilhelm Hentze
Dompropst

Für die Familie
Geschwister Degenhardt/Spieker

Die feierlichen Exequien finden am Samstag, dem 3. August 2002, um 10.00 Uhr im Hohen Dom zu Paderborn statt. Anschließend erfolgt die Beisetzung in der Bischofsgruft der Domkrypta.

Anstelle von Blumenspenden wird um Unterstützung des Kardinal Degenhardt Fonds zur Förderung der Priesterausbildung in der Weltkirche (Konto-Nr.: 10 701 900, BLZ 472 603 07, Bank für Kirche und Caritas eG Paderborn) gebeten.

Mitbrüder, die am Begräbnisamt und an der Beerdigung teilnehmen, werden gebeten, Chorkleidung zu tragen.

Günter Stumpf
Kölner Str. 20
57439 Attendorn

Karl Föster
Auf der Alm 98
59821 Arnsberg

Sehr geehrte Herren des Metropolitankapitels!
Sehr geehrte, liebe Familie Degenhardt!
Sehr geehrte, liebe Familie Spieker!

Die Mitglieder des Arbeitskreises ‚Steinwache' und die überlebenden Inhaftierten der Steinwache von 1941/42 sprechen Ihnen zum Tode von Johannes Joachim Kardinal Degenhardt aufrichtige Anteilnahme aus.

Wir trauern mit Ihnen um einen Priester und Kirchenmann, der ein Geschenk an unsere Zeit war und bleiben wird. Während des Nationalsozialismus und in der nachkonziliaren Zeit war er, zwar keine Kämpfernatur, aber ein ruhender Pol, und er hat in der ihm eigenen Sensibilität Kraft und Haltung bewiesen.

Die überlebenden Inhaftierten und der Arbeitskreis Steinwache/Buchdokumentation wissen sehr wohl, was die Einzelhaft in Zelle 23 und der Schulverweis für den 15jährigen ‚neudeutschen' Jungen Jochen Degenhardt für sein weiteres Leben bedeutet haben. In Briefen, Korrespondenzen, Gesprächen (in Hardehausen) und Begegnungen sind uns Einzelheiten aus den Wochen der Haft in deren Nachhaltigkeit bekannt geworden. Wir wissen auch, wie diese Zeit Johannes Joachim geprägt hat. - Wir durften daran Anteil nehmen.

In einem Gespräch am 02. Oktober 2001 erklärte uns Erzbischof Johannes Joachim seine Mitarbeit und Unterstützung bei der Buchdokumentation über die Haft in der Steinwache 1941. Es war geplant, dass Kardinal Johannes Joachim das Vorwort zu ‚Katholische Jugend in den Händen der Gestapo' schreiben solle. Der Tod hat dieses Vorhaben leider vereitelt. Das in Attendorn am 23. Dezember 2001, dem sechzigsten Jahrestag der Entlassung aus der Haft, an uns gerichtete Grußwort des Kardinals werden wir nun als Vorwort für die Buchdokumentation verwenden und auf diese Weise dem Verstorbenen ein würdiges Andenken bewahren.

Mehrere überlebende Inhaftierte und Mitglieder des Arbeitskreises werden an den feierlichen Exequien unserem verehrten Kardinal die letzte Ehre erweisen.

Mit den überlebenden Inhaftierten werden wir seiner im Gebet gedenken.

Bernhard Heimann, Pfr. i.R., Blankerode
Heribert Lange, Siegburg
Josef Görres, Münster
Josef Maria Trost, Iserlohn

Für die ehemaligen Inhaftierten

Dr. Hubert Wichtmann, St. Tönis
Walter Bigge, Hemer
August Wohlhage, Geseke

Für den Arbeitskreis Steinwache

B. Heimann, Pfr. *33165 Lichtenau-Blankenrode, 26. 8. 02*
Schulkamp 1; 0 29 94/91 04

Sehr geehrter, lieber Herr Föster!

Sehr herzlich danke ich Ihnen für das Kondolenzschreiben zum Tode unseres verehrten Herrn Kardinals.

Es ist gut, dass Sie auch die Teilnahme der ehemaligen Steinwachehäftlinge zum Ausdruck gebracht haben.

So wird einer nach dem andern von uns in die Ewigkeit gerufen. Uns aber, die wir noch weiterleben und -wirken dürfen, mag jetzt das Wort des hl. Paulus gelten, das wir nach dem offiziellen Verbot des Bundes Neudeutschland als Gruppe Hamm als geheimes Leitwort unter Anregung von P. Eliseus Füller im Franziskanerkloster Werl für die kommenden Jahre erwählten: „Löschet den Geist nicht aus.“ Mit diesem Wort im Tornister zogen wir dann kurze Zeit später als Soldaten auf die verschiedenen Schlachtfelder Europas.

Dieses Wort möchten wir auch heute der Jugend unseres Vaterlandes zurufen: Löschet den Geist nicht aus!

Dann braucht es uns um die christliche Zukunft Deutschlands und Europas nicht bange zu sein.

In dankbarer und treuer Verbundenheit grüßt Sie und Ihre Gattin mit priesterlichem Segen

Ihr Bernh. Heimann, Pf.

SURREXIT DOMINUS VERE

Am Tode unseres Erzbischofs

Johannes Joachim Kardinal Degenhardt

haben viele Menschen im Erzbistum Paderborn und darüber hinaus tiefen Anteil genommen.

Wir danken allen für die vielen Zeichen der Verbundenheit durch Teilnahme am Requiem und an der Beisetzung, durch Gebet und Gedenken beim heiligen Opfer, durch mitfühlende und tröstende Worte.

Froh und dankbar durften wir erfahren, wie vielen Menschen der Verstorbene in seinem priesterlichen und bischöflichen Dienst ein guter Hirte und ein „Helfer zur Freude“ (2 Kor 1,24) war.

Uns wird er in Erinnerung bleiben als treuer Verkünder des Evangeliums, als Seelsorger und Bruder auf dem gemeinsamen Weg des Glaubens. Sein Wahlspruch „Surrexit dominus vere“ (Der Herr ist wahrhaft auferstanden) drückt die Hoffnung und frohe Zuversicht aus, die sein Denken und Handeln bestimmten.

Wir bitten, des Verstorbenen im Gebet zu gedenken.

Paderborn, im August 2002

Für das Erzbistum Paderborn
† Hans-Josef Becker, Weihbischof
Diözesanadministrator

Für das Metropolitankapitel
Dr. Wilhelm Hentze, Apostolischer Protonotar
Dompropst

Für die Familie
Geschwister Degenhardt/Spieker

Das Sechswochenamt feiern wir am Sonntag, dem 15. September 2002,
um 10 Uhr im Hohen Dom zu Paderborn.

Hamm

„Voller Zorn das Mutterkreuz auf den Tisch geworfen"

Arnsberg. (SK) Der Freundeskreis ehemaliger Bündischer Jugend trauert um den am 6. Juni 2001verstorbenen ehemaligen Oberstudienrat am Mariengymnasium, Günter Beckmann.

Als Schüler aktiv, trotz Verbot im „Bund Neudeutschland", gehörte er zu den 30 Jugendlichen, welche die Gestapo im November 1941 verhaftet und einen Tag vor Heiligabend im Dezember entließ. Viele Freunde entgingen dieser Verhaftungswelle nur, weil sie schon als Soldaten an der Front standen. Der jüngste dieser Jugendlichen war mit 15 Jahren der heutige Kardinal und Erzbischof von Paderborn, Joachim Degenhardt.

Über das persönliche Schicksal von Günter Beckmann schreibt Paul Tigges, dessen Bruder ebenfalls in Dortmund mit inhaftiert war, in seinem Buch „Jugendjahre unter Hitler", dass er nach der Entlassung aus der Steinwache, und zwar einen Tag vor dem mündlichen Abitur, von der Schule verwiesen wurde mit dem Vermerk, „einen Beruf zu ergreifen". Erst nach Krieg und Gefangenschaft wurde Günter Beckmann nachträglich das Abitur zugesprochen.

Während seiner Verhaftung, als die Nachricht kam, dass Günters Bruder gefallen war, war die Mutter zur Gestapo nach Dortmund gefahren und hatte den Beamten „voller Zorn das Mutterkreuz auf den Tisch geworfen". Alle verhafteten Schüler waren ebenfalls von der Schule verwiesen und zum größten Teil zur Wehrmacht eingezogen worden. Inhaftiert waren sie überwiegend in den Gestapo-Gefängnissen Hörde, Herne und der berüchtigten Steinwache in Dortmund in überfüllten Zellen, gemeinsam mit Kriminellen und politisch Gefangenen. Damit dieses Verbrechen der Gestapo nicht in Vergessenheit geriet, hatte sich der Freundeskreis ehemaliger Bündischer Jugend mit den zehn noch lebenden Inhaftierten entschlossen, diese Aktion aus dem Jahre 1941 zu dokumentieren. Hilfreich war dabei der zum Dortmunder Polizeidienst gehörende Arnsberger Alexander Primavesi. Er konnte eine lückenlose Aufstellung mit Daten und Gefangenennummern erstellen. Als Initiator dieser Idee war Günter Beckmann tatkräftig damit beschäftigt, eine würdige Gedenktafel in der nun als Erinnerungsstätte ausgebauten „Steinwache", der „Folterkammer" der Gestapo, zu erstellen. Von seiner schweren Krankheit bereits gezeichnet, hatte Beckmann noch

Mutterkreuz

einen Termin in der Steinwache und dem zuständigen Stadtarchiv Dortmund veranlasst und mit den Mitgliedern des Freundeskreises wahrgenommen. Nun hat ihm der Tod diese Arbeit abgenommen. Seelenamt und Beisetzung zeugten mit einer übergroßen Beteiligung von der Wertschätzung Günter Beckmanns, der vom christlichen Glauben und von der Bündischen Jugend geprägt war.

(aus dem Sauerlandkurier vom 17. 6. 2001)

Joseph Görres über Max Hermann Seewald

Max Hermann Seewald, am 3. 6. 1925 in Hamm als Ältester der Geschwister geboren, ist mit 19 1/2 Jahren im Januar/Februar 1945 im Osten gefallen. Wann und wo, ist nicht bekannt.

Die ersten Texte hat Max Hermann wohl mit 16 1/2 Jahren ab 1942 niedergeschrieben. – Am 23. 12. 1941, dem Tag vor Heiligabend, war er von der Dortmunder Gestapo aus dem Kerker der Steinwache abends nach Hause entlassen worden. Sein Zustand war jämmerlich.

Monatelang krank und „von der Schule heruntergeflogen" schrieb er mir am 10. 5. 1942. „Es war eine böse Zeit. Die Eltern hielten alles von mir fern, um mich vor weiteren Nachstellungen zu schützen. Sie sorgten dafür, dass ich privaten Unterricht erhielt."

In dieser seelischen Verfassung hat Max Hermann mit den Niederschriften begonnen.

Seine Gedanken können nicht die eines erwachsenen Mannes sein, sondern sie sind die eines Jugendlichen, der Erlebtes und Erträumtes aus Vergangenheit und Gegenwart mit einer starken Sehnsucht nach Zukünftigem verbindet. Und dies mit einer Stärke, zu der nur wenige dieses Alters fähig sind; und die manchen Älteren in den Schatten stellt.

Sehr jung ist Max Hermann als *reifer Mensch* gestorben.

Aachen, den 14. 8. 1943

Für Euch.

Ich habe mir vorgenommen, nun gewaltsam einen Anfang zu machen; und Ihr wisst, dass aller Anfang schwer ist, dass nur d e r wirklich anfangen kann, den die Not dazu treibt. Ich weiß nicht, ob man in diesem Falle von Not sprechen kann; denn es gibt in der Welt heute so viel Chaos, dass das Schicksal des Einzelnen kaum mehr ins Gewicht zu fallen scheint. Wir sehen mit eigenen, offenen Augen in die entblößte Not des Alltags. Nachts heulen die Sirenen in den bedrohten Städten, und das Werk von Jahrhunderten wird wieder zum Nichts in ein paar vieles zerstörenden Augenblicken. Tags fahren die bepackten Wagen mit der letzten geretteten Habe aus den Städten hinaus, irgendwohin, wo noch Frieden sein soll, wenigstens ein Trugbild des Friedens, eine Ausstellung werbender Besitztümer. Wenn man diese Bilder sieht, und wenn man sie nicht nur sieht mit den äußeren, flüchtigen Augen – nein, wenn man sie sieht und erlebt und belebt, und wenn man denkt, wie durch alle Gleichgültigkeit der Dinge das Schicksal eines kleinen, kümmerlichen, nichts sagenden, nichts bedeutenden Menschen, und wenn man bedenkt, wie dieses jammernde Leben ausgestattet ist, welch eine Welt, welch eine Fülle von Bildern untergeht mit dem Sterben eines Menschen, wie begreift man dann Gott? Not! Himmelschreiende Not!

Ja, und die Menschen schreien wirklich den Himmel an; denn sie wissen nicht, wohin mit der Not, mit dem Leiden, mit ihrer Hilflosigkeit; sie kannten wohl die kleinen, kurzen Freuden, die ihnen beschert wurden, abends nach der ermüdenden Arbeit und Last des Alltags; sie hatten dann ihre Freuden, und sie suchten sie auf mannigfaltige Weise. Ich glaube, Ihr könnt Euch das Leben der Menschen vorstellen. Es war nicht viel; aber es war auch nicht wenig; doch es war genug, um Menschen zu befriedigen. Sie kannten das Glück ihrer Kinder und den Segen häuslicher Arbeit. Was um sie herum war, gehörte ihnen allein, war ihr Eigentum: *sie* durften darin leben, dieses alles besitzen und froh darin sein: und das war viel, unendlich viel. Dann kam der Krieg, der wieder alles in Frage stellte, der plötzlich riesengroß aufwuchs zur höhnischen Grimasse. Ja, er brach ein, er war ein Einbruch, ein Überfall, der sich nicht vorausbestimmen ließ. Man muss scheiden. Das war der erste Schmerz des Krieges. Er wurde bald vergessen über größerem Geschehen; aber ihr wisst ja alle genausoviel vom Krieg wie ich. Wir kennen bisher nur die Front in der Heimat, die aber schon schwer genug ist für junge Leute. Die ganze Wucht des Krieges ist bisher noch verschonend an uns vorübergegangen; sie kann uns täglich ergreifen.

Aber davon wollte ich eigentlich gar nicht reden; denn das Geschehen der Welt wird getragen von Einzelnen, von den Menschen um uns, von Euch, von mir. Ja, wir alle tragen die Welt im Guten oder Schlechten, wir alle stehen in der Bereitschaft der Zeit; wir alle stehen im Kampf, in der Not, die um uns gewachsen ist. Und aus dieser Not heraus den Befehl zum geraden, richtigen, gerechten Leben zu lesen, ist unsere Pflicht. Ich sage Pflicht, ich sage es extra, denn es ist in unserer Zeit soviel Schindluder mit diesem Wort getrieben worden. Dieses *Wort* gibt es eigentlich gar nicht. Pflicht ist ein Begriff, aber kein Wort, eine Gewissheit, ein Andrang des Gewissens, ein Gefühltes, ein Geglaubtes, ein Geschenktes und ein endlich Erreichtes, ein Unsagbares. Unser *Leben* steht unter dem Gesetz der Pflicht; wir kennen als Festes und Unumstößliches den Gehorsam gegen Gott. Dieser Satz ist hart; doch er besteht und ist gerecht: Unsere Mitte ist Gott! Wir sind aus dieser Mitte gewachsen wie Früchte aus dem Fruchtbaum. Wie aber könnten wir keine Liebe zu unserer eigenen Mitte, zu uns selbst haben, wie könnten wir es verschmähen, unsern Reichtum verfallen zu lassen? Alles Leben lebt aus sich, alles Leben kreist um sich, um seine Bestimmung: die Tiere, die Pflanzen, die toten Dinge, die Welt um uns, sie alle kreisen um sich, um ihr Wesen, um ihren Grund, ihr Gesetz, ihr Recht. Und nur der Mensch vergisst, dass er Mensch ist, ja, das wollte ich Euch sagen, nichts sonst; ich möchte keine Probleme wälzen, ich möchte nicht irgendetwas aufbauen, wenn nicht zuvor alles da ist, alle Bereitschaft zur Not, zum Leiden, zum Wachsen, zum Werden. Ich möchte nicht etwas versuchen; sondern ich möchte anfangen – ich habe es schon im Anfang dieses Briefes gesagt – ich möchte anfangen, unbedingst anfangen; und dazu muss zuerst alles da sein. Darum rede ich nun vom Menschen; denn der Mensch ist das Maß aller Dinge: er gibt dem Ebenbild sein Gepräge; ich möchte nun auch nicht von Gott sprechen – (Gott ist ein Fach im Menschen, unauslöschlich, unabstreitbar) – nein, ich möchte nicht von Gott sprechen, sondern nur vom Menschen; (denn das heißt von Gott sprechen). Ich habe gesagt, wir müssen anfangen; der Mensch steht immer im Anfang, der Mensch steht immer vor Neuem, vor Unerforschtem, vor Ungelöstem. Das wisst Ihr, das brauche ich nicht mehr zu sagen. Aber das andere, was immer wiederkommt und an uns herantritt, ist: wie stehe ich vor dem Ungewissen? Denn unser ganzes Dasein ist eine einzige Frage: was wird? Wir haben alle die Gewissheit nach dem Tode; aber wir wollen mehr wissen, wir wollen immer wissen, was kommt, wie es sein wird, wie wir überstehen werden; denn wir sind unserer Sache nie ganz sicher, nein, wir sind es nie. Und überall tauchen bange Fragen und Rätsel auf, überall tuen sich neue Wege und Hindernisse auf, überall lauert die Gefahr. Und wir sind Menschen: das ist unser Recht (im Gegensatz zur Pflicht). Wir haben das Recht, Mensch zu sein, zu leiden, zu lieben, zu weinen, zu heilen, zu fehlen und zu sterben. Wir stehen immer am Anfang. Wir spüren immer die Unruhe unseres Geistes, seine Stärke und seine Schwäche. Manchmal kommen die Stunden, da wir fühlen, dass wir Einzelne sind, uns nicht mit anderen vergleichen können, dass wir eine eigene Liebe, ein eigenes Leid und einen eigenen Willen haben. Dann fühlen wir auch zutiefst, dass wir Menschen sind, die im Ring wohnen, der sich um uns lichtet oder fester schnürt. Wir fühlen den Abstand, den Raum von Mensch zu Mensch, der Menschen adelt und ihm seine Mitte zum Bewusstsein kommen lässt. Ihr alle kennt, so glaube ich, diese Stunden tiefster Verlassenheit, da keine liebende, sorgende Stimme zu uns spricht, da niemand um unsern stillen, ganz innen wohnenden Schmerz weiß, da niemand bei uns ist, der hilft, der Rat weiß. Wir denken dann viel und überschlagen im Gedächtnis unser Leben: wir wissen plötzlich in uns um das Glück der unwissenden Kinderjahre, da alles voll Blühen und großem Erlebnis war, da niemand tödlich kränken konnte, da niemand uns von sich stieß mit verhärtetem Herzen, da alle sich um uns mühten. Dann kamen die Jahre, da man noch immer nicht daran dachte, dass man allein und einzeln war: man lebte mit andern und fand sich zurecht. Dann kamen die ersten Begegnungen mit der Fremde, und die Sehnsucht wuchs zu den Sternen, man wollte allein auf wolkenumtobten Gipfeln stehen, man wollte kämpfen, siegen, sterben für sein Land. Die Sehnsucht blieb. Und man fand mehr, man fand die Fremde als Verlassenheit, als Grausamkeit, als Unverstand, als fremd, ja, man fand die Fremde als fremd, kalt und abweisend. In diesen Stunden hatte man das Gefühl, als müsse man ganz in sich hineinkriechen, als müsse man sich ganz besitzen, als wäre das Äußere noch ungeschützt, noch ausgeliefert und leicht zu verlieren. Warum sollen wir es verschweigen? Wir haben alle schon geweint, wir haben alle schon das Licht verschwinden sehen, das uns in die Zukunft leuchtete, wir konnten einfach nicht mehr, wir waren am Ende, wir hatten alles verbraucht, wir hatten keine Kraft mehr zum Leben. Und dann kam die Nacht. Wir bereuten und berieten, wir weinten; denn wir waren ganz mit uns allein. Dann schliefen wir ein. Dann kam ein neuer Morgen, und die neue Sonne leuchtete, und wir fühlten uns stark, wir hatten einen Abschluss getan, unser Leben von neuem begonnen, wir hatten geweint; aber wir hatten das Neue in unsern Vorsatz mit hineingenommen. Und das machte uns stark. Wir wollten anfangen, ungeheuerlich anfangen, der Morgen schien stark hinein in unsere nachtverhangenen Fenster, und wir sprangen hinein in den Tag, denn wir fühlten, wir waren frei vom Alten; wir wollten sogleich alles anfassen, alles erneuern, alles anders machen als vorher! Wir gingen hinein in den Tag, voll Freude und Hoffnung, voll federnder Spannkraft. Dann traten die alten Dinge wieder an uns heran, die Menschen, die Häuser, die Straße, die ganze Welt, die um uns war, sie war immer noch die alte. Und wir mitten darin, wir, die das Neue anfangen wollten, wir sahen uns mitten im Alten. Wir wehrten uns verzweifelt. Wir sprangen es trotzig an, wir wollten uns nicht ergeben. Aber langsam und stetig stärker schnürte uns das Alte ein, fasste uns mit samtenen, seidenen Pfoten und hatte uns wieder. Wir vergaßen, wir fügten uns wie Gefangene, die ihr armseliges Los im Einerlei schon vergessen haben. Wir waren wieder gefangen.

So habe ich Euch vom Menschen gesprochen. Aber lasst Euch sagen: Leidet und weinet und seid weltentief traurig, aber seid immer bereit für den neuen Morgen. Fangt nicht nur an, nein, fangt immer an, bewahrt immer diesen Anfang, lasst Euch nicht wieder fangen! Sondern seid immer Beginnende, immer Anfangende, immer Erneuernde, immer Bewahrende, immer Unruhige, immer Liebende, seid immer Anfangende. Lasst Euch nicht fangen vom Alten: Das nenne ich Leben mit aller Bereitschaft, mit allen fünf Sinnen. So habe ich Euch vom Menschen gesprochen: „Das Größte ist die Liebe".
Mit frohem Gruß Euer Max Hermann

Menden

Abgangszeugnis

Hugo Dümpelmann,

Sohn des Herrn Hermann Dümpelmann in Menden,

geboren am 21. 8. 1926 zu Schwitten Kreis Iserlohn

hat die hiesige Oberschule für Jungen von Ostern 1937 bis 23. März 1942

die Klasse 6 seit April 1941 besucht.

Er wurde nach Anhören der Konferenz vom —— 19— nach —— versetzt.

Allgemeine Beurteilung des körperlichen, charakterlichen und geistigen Strebens und Gesamterfolges:

In den Leibesübungen gab er sich Mühe. Seiner guten Veranlagung und seinem rastlosen, stets gleichmäßigen geistigen Streben entsprach der gute Gesamterfolg.

Leistungen: (1. sehr gut, 2. gut, 3. befriedigend, 4. ausreichend, 5. mangelhaft, 6. ungenügend)

I. Leibeserziehung:	befriedigend	IV. Fremdsprachen	
II. Deutschkunde		Englisch:	gut
Deutsch:	gut	Latein:	gut
Geschichte:	gut	V. Arbeitsgemeinschaften	
Erdkunde:	gut		—
Kunsterziehung:	sehr gut	Nat.-math.:	
Musik:	gut	Sprachl. Französisch	[illegible] gut
III. Naturwissenschaften und Mathematik			
Biologie:	gut	VI. Handschrift:	gut
Chemie:	gut		
Physik:	gut		
Rechnen u. Mathematik:	sehr gut		

Bemerkungen: [illegible] 27. März 1935 Ziff. IV 2 [illegible]

Menden, den 23. März 1942.

?. Volpers

Oberstudiendirektor

?. Pünnel

Klassenleiter

(Stempel: Oberschule für Jungen in Menden)

[illegible]

Deutsche Wissenschaft Erziehung und Volksbildung

Amtsblatt des Reichsministeriums für Wissenschaft, Erziehung und Volksbildung und der Unterrichtsverwaltungen der Länder

1. Jahrgang / 1935

betr. Dümpelmann

WEIDMANNSCHE BUCHHANDLUNG · BERLIN SW 68

175. Schülerauslese an den höheren Schulen.

Die Aufgabe der höheren Schule ist es, den körperlich, *charakterlich* und geistig besonders gut veranlagten Teil der deutschen Jugend so zu erziehen, daß er fähig wird, später in gehobenen oder führenden Stellen unser politisches, kulturliches und wirtschaftliches Volksleben maßgebend mitzugestalten.

Die höhere Schule hat daher die Pflicht, unter den zu ihr kommenden Jugendlichen [1]) eine Auslese zu treffen, welche die Ungeeigneten und Unwürdigen ausscheidet, um die Geeigneten und Würdigen um so mehr fördern zu können. Die ständige Prüfung muß sich auf die körperliche, *charakterliche*, geistige und völkische Gesamteignung erstrecken.

[1]) Die männlichen Bezeichnungen gelten überall auch für die Schülerinnen usw.

1. Jugendliche mit schweren *Leiden*, durch die die Lebenskraft stark herabgesetzt ist und deren Behebung nicht zu erwarten ist, sowie Träger von Erbkrankheiten sind nicht geeignet und werden daher nicht in die höhere Schule aufgenommen. In Zweifelsfällen ist ein amtsärztliches Gutachten zu verlangen.

2. Jugendliche, die eine dauernde *Scheu vor Körperpflege* zeigen und dieses Verhalten trotz aller Erziehungsversuche nicht ablegen, werden von der höheren Schule verwiesen.

3. Ebenso führt ein dauerndes Versagen bei den *Leibesübungen*, das sich vor allem in Mangel an Willen zu körperlicher Härte und Einsatzbereitschaft äußert, zur Verweisung, wenn nicht Amtsarzt und Sportlehrer ein Verbleiben befürworten.

II. Charakterliche Auslese.

1. Wer durch sein *allgemeines Verhalten* in und außer der Schule gröblich gegen Sitte und Anstand verstößt, ist von der Schule zu verweisen.

2. Fortgesetzte Verstöße gegen *Kameradschaftlichkeit* und *Gemeinschaftssinn* ziehen nach vergeblichen Besserungsversuchen die Verweisung von der Schule nach sich.

3. Dasselbe geschieht bei dauernden Verstößen gegen *Zucht und Ordnung* und gegen *Ehrlichkeit*, die auf einen grundsätzlichen Mangel an Einfügungs- und Ordnungssinn und anderseits an Offenheit deuten.

III. Geistige Auslese.

1. Die geistige Auslese erfolgt auf der Grundlage der für die einzelnen Klassen und Stufen in den Lehrplänen geforderten *Denkfähigkeit, geistigen Reife und Kenntnisse*.

2. *Entscheidend* ist hier nicht die Summe angelernten Wissensstoffes, sondern *die geistige Gesamtreife*.

3. Grundsätzlich gilt ein Schüler als *versetzungsreif*, wenn er in allen Geistesfächern das Klassenziel erreicht hat. Wertvoller als ein allgemeines Genügen ist jedoch, daß wenigstens auf einzelnen Gebieten Höherleistungen vorhanden sind. Um deretwillen kann dann über Minderleistungen in anderen Einzelfächern hinweggesehen werden, vorausgesetzt, daß diese Minderleistungen *nicht auf einem allgemeinen Mangel an Denkfähigkeit und geistiger Reife beruhen*.

Katholische Jugend leistete überwiegend Gewissenswiderstand
Erinnerungen von Franz Rose (aus der Mendener Zeitung)

Menden. Heute schließen wir mit der dritten Folge die Erinnerung von Heimatsammler Franz Rose an die Ereignisse der NS-Zeit ab. Aktueller Anlass für diese Zeilen ist der 50. Jahrestag des Attentats auf Adolf Hitler am 20. Juli 1944:

Als im März 1937 ein „Mahn- und Bittruf" unseres Erzbischofs Kaspar Klein verlesen wird, verteilen ältere Messdiener und Mitglieder der katholischen Jugend die gedruckten Exemplare an alle katholischen Familien. Die Verteilung des Fastenhirtenbriefes vom 9. 2. 37 konnte jedoch durch die Gestapo verhindert werden. Laut Funkspruch Nummer 17 der Gestapo sollte auch der „Mahn- und Bittruf" beschlagnahmt werden. Auch etwa 1000 Exemplare einer Druckschrift des Generalvikariates „Katechismuswahrheiten" konnten in Menden für fünf Pfennig verkauft werden, bevor es zur Beschlagnahme kam. Diese Druckschrift im Klein-Oktav-Format sollte nach Ansicht der Nazis gegen die weltanschaulichen Grundsätze des Nationalsozialismus verstoßen. (Das Judentum wird verherrlicht, war die Begründung).

Am 21. März 1937 wurde das in deutscher Sprache abgefasste päpstliche Rundschreiben „Mit brennender Sorge" vom 14. März verlesen. „Druck, Verteilung und Verlesung des Textes waren ein besonderes Kabinettstück, dem wir ‚Spätgeborene' noch heute ehrlichen Respekt zollen", sagte ein Redner auf einer Tagung ehemaliger Mitglieder der katholischen Jugendvereine in Altenberg. Am 16. März hatten alle deutschen Bischöfe ein gedrucktes Exemplar, das ihnen über Kurier der Nuntiatur zugegangen war, in Händen. Bis zur Verlesung am Palmsonntag, 21. März 1937, blieben ihnen dann ganze fünf Tage Zeit, um die für die eigene Diözese benötigte Anzahl von Texten herstellen zu lassen. Das geschah mit großem Sicherheitsrisiko in ausgesuchten Druckereien oder mit Hilfe von Wachsplatten, die im eigenen Haus beschrieben werden konnten. Danach mussten die Texte über die Dekanate in alle Pfarreien verschickt werden, wobei der normale Postweg ein schwer kalkulierbares Risiko bedeutet hätte. Einziger Ausweg: ein privater Kurierdienst. Es galt dann, Vorkehrungen zu treffen, dass nicht die örtliche Gestapo das Rundschreiben doch noch unmittelbar vor der Verlesung beschlagnahmte. Es gelangen die Verlesung und der zusätzliche Vertrieb von fast 300 000 Exemplaren – eine Meisterleistung, an der vor allem die Jugend maßgeblichen Anteil hatte.

Nach Bekanntwerden dieses päpstlichen Rundschreibens bei der Partei setzte eine fieberhafte Geschäftigkeit der höchsten Spitzen von Partei und Sicherheitsorganen ein. Der stellvertretende Gestapochef Reinhard Heydrich informierte umgehend Hitler selbst, außerdem Goebbels, Göring, Himmler und Reichskirchenminister Kerrl. Mitten in der Nacht noch ließ er telegraphisch folgendes Ergebnis seiner Recherchen im ganzen Reich als Blitztelegramm verbreiten: „Heydrich an alle Stapoleit- und Stapostellen, 21. März 1937, 20 Uhr. Der Wortlaut des morgen allgemein zur Verlesung kommenden Rundschreibens des Papstes ist dank ausgezeichneter Arbeit einer SD-Dienststelle sowie zwei Gestapostellen bereits bekannt. Es enthält hochverräterische Angriffe gegen den nationalsozialistischen Staat. Ich ersuche, alle katholischen Kirchen auf die Verlesung hin zu überwachen. Soweit die Kundgebung bereits im Druck erschienen ist, sind alle außerhalb der Kirche und Pfarrhöfe greifbaren Exemplare zu beschlagnahmen. Soweit Personen außerhalb der Kirchen und Pfarrhöfe Druckschriften erhalten und es sich nicht um Geistliche handelt, sind diese sofort zu verhaften. Ihre Entfernung aus der Partei, ihren Gliederungen und angeschlossenen Verbänden, wie DAF, ferner Handwerkskammer und dergleichen ist sofort zu veranlassen. Sie sind sofort zur strafrechtlichen Aburteilung dem Gericht zu überstellen ..."

Von einer Beschlagnahme in den Kirchen sah man ab. Wohl sprach bei Pfarrer Funke ein Parteimitglied vor und bat um ein Exemplar. Pfarrer Funke hat ihn aber nach eigenen Worten an Paderborn verwiesen. Der Besitzer der Regensburger Verlagsbuchhandlung, der dieses Rundschreiben gedruckt hatte, wurde enteignet. Am 1. und 6. April 1937 meldeten Mendener Ortsgruppenleiter entsprechend nach Iserlohn. Danach wurde in den katholischen Kirchen Mendens eine Enzyklika über die Lage der katholischen Kirche in Deutschland verlesen und verteilt. Die Originale dieser Meldungen gingen an die Gestapo in Dortmund. Die Gestapo gab Anweisung, alle Veröffentlichungen scharf zu beobachten, und alles sollte der Gestapo berichtet bzw. eingesandt werden. Am 29. 7. 37 wurde das Jugendheim auf der Wilhelmstraße von der Gestapo durchsucht und Eigentum der katholischen Jugend beschlagnahmt. Auch der evangelische Gottesdienst wurde in Menden von Parteispitzeln überwacht. Am 15. 8. 37 wurde sogar die Kollekte beschlagnahmt, später aber zurückgegeben. Nachweislich wurden die evangelischen Gottesdienste am 5. 9., 12. 9. und vom 3. 10. bis 26. 12. 37 überwacht. Die Kirchenbesucher wurden gezählt. Besonders „bekannte Personen" wurden aufgeschrieben.

Im Januar 1938 wurde die Nummer drei der Zeitschrift „Der Feuerreiter" und ab Mitte März 1938 die „Ketteler-Wacht" (Zeitschrift der KAB/Männervereine) bis auf unbestimmte Zeit verboten. Hier wurde der Artikel „Weltanschauung und Leben" beanstandet.

Im Sommer 1941 wurden auch in Menden die Predigten des Münsteraner Bischofs Klemens August Graf von Galen verbreitet, abgeschrieben oder mittels Wachsmatrizen vervielfältigt und sogar per Feldpost an Soldaten im Kriegseinsatz geschickt.

Am 19. Oktober 1941 war die Weihe des neuen Erzbischofs Lorenz Jaeger in Paderborn, an der auch einige Mendener Jugendliche teilnahmen. Diese fuhren teils per Bahn, teils per Rad nach Paderborn: Karl Hoff †, später Geschäftsführer der Mendener Zeitung, schildert in einem persönlichen Tagebuch eingehend die Erlebnisse an diesen Tagen: „Um 1/2 1 Uhr fuhr ich von Menden ab. In Unna war schon der ganze Zug voll Jungens, alles nach Paderborn ... Es war wie in alten Zeiten ... Die Bischofsweihe fand unter den Augen der Gestapo statt." Die offiziell von Parteimitgliedern gemachten Aufnahmen wurden in deutschen Zeitungen nicht veröffentlicht – wohl aber im Ausland. Dafür müssen aber wohl die Fotos von der Gesatpo ausgewertet worden sein. Am 14. November 1941 erscheint auf der Arbeitsstelle von Karl Hoff, einem Mendener Anwaltsbüro, die Gestapo, verhaftet ihn und bringt ihn nach Dortmund bzw. Herne. Gleichzeitig wurde sein Zimmer in der Wohnung der Familie durchsucht. Nach zehn Tagen Einzelhaft kam Hoff in eine für fünf bis sechs Personen geeignete Zelle und wurde hier mit 15 Personen, darunter Kriminelle, Sittlichkeits- und anderen Verbrechern „eingepfercht". Nach drei Tagen war die erste Vernehmung. Ihm wurde vorgeworfen, verbotene Zeltlager und Heimabende mit anderen Jugendlichen durchgeführt zu haben. Dann kam Hoff wieder nach Herne und hatte erfahren, dass mit ihm noch 30 Jugendliche verhaftet waren. Darunter war auch unser heutiger Erzbischof Johannes Joachim Degenhardt. Ohne eine Gerichtsverhandlung oder ein Urteil wurde Hoff am 23. 12. 41 entlassen.

Ein weiterer Fall stellte das Schicksal Hugo Dümpelmanns dar, der wohl Mitglied im Jungvolk war, aber auch Führer des verbotenen ND – eine Jugendgruppe von Schülern höherer Lehranstalten. Hugo wurde nach Dortmund zur Gestapo befohlen und dort „scharf verhört". Als Folge wurde Hugo Dümpelmann trotz seiner guten Leistungen und Beurteilung vom Mendener Gymnasium verwiesen. Eingaben bis nach Berlin blieben zunächst erfolglos. Später dann, als Hugo Dümpelmann das entsprechende „Wehralter" hatte, konnte er nach einer abgelegten Prüfung die Oberschule wieder besuchen und wurde „wehrwürdig". Kurz darauf wurde er als Luftwaffenhelfer nach Hagen eingezogen, kam anschließend zum RAD und dann zur Wehrmacht.

Diese Mendener „Chronik des vergessenen oder stillen Widerstandes" kann natürlich nicht vollständig sein. Aber die geschilderten Vorfälle – und das kam in vielen Gesprächen und im Schriftwechsel deutlich heraus: Es war nicht nur „Nonkonformismus" – und wenn auch das eigentlich tragende Moment des Widerstandes, insbesondere der katholischen Jugend, in seinen verschiedenen Formen ohne Zweifel ihre religiöse Überzeugung war. Die katholische Jugend leistete wesensgemäß nicht in erster Linie politischen, sondern „Gewissenswiderstand".

Müschede

Dr. Josef Rettler

Rönkhauser Straße 46
59757 Arnsberg-Müschede, 4. 9. 2001

Lieber Herr Föster!

Anbei Kopien einiger Unterlagen aus meinen Akten, die Sie wohl für Herrn Tigges verwenden können.

Weiter füge ich bei Fotos von Vikar Schulte und Karl Michel. Letzteres zeigt Karl Michel als Soldat. Das wurde er nach seiner Verhaftung. Das Foto stammt wohl von 1943. Ein jüngeres war bei der Schwester, Frau Rode, nicht vorhanden.

Bei Frau Rode wurden mir noch Briefe gezeigt, die wohl kürzlich bei Frau Ursula Michel wieder zum Vorschein gekommen sind. Sie enthalten interessante und wohl auch wichtige Aussagen zur damaligen „Verhaftungszeit". Ich füge, mit Erlaubnis, Kopien bei.

Als Erläuterung zu den Briefen:

Schreiberin ist Tante Emma, Empfängerin Ulla (Michel). Tante Emma war Lehrerin und hat Ursula schon früh angenommen und später adoptiert.

Tante Emma war die Schwester des Vaters von Karl Michel. Sie wohnte als Frühpensionärin (Lehrerin) im Hause ihres Bruders.

In den Briefen ist von Tante und Onkel die Rede. Das waren Mutter und Vater von Karl Michel, für Ursula eben (angenommene) Onkel und Tante.

Aus den Briefen ist die Familiensorge erkennbar, aber auch Hinweise auf Ortsrichtung Attendorn. Mit dem in einem Brief benannten Hubert ist sicher Hubert Keseberg gemeint.

Dies habe ich nun tun können. Auf Anhieb könnte ich keine weiteren Informationen zur damaligen Situation geben. Ich war halt damals noch sehr jung und betone, dass unser „Rückgrat" damals von unseren Eltern aufgebaut wurde. Das bestätigte auch die Schwester, Frau Rode, von Karl Michel.

Herzliche Grüße

Dr. Josef Rettler

Müschede, 21. Nov. 1941

Meine liebe Ulla,

Nun etwas Ernstes – das auch der Grund meiner Schreib-Unlust ist. Man ist eben ganz erschlagen u. hat Blei im Kopf u. in allen Gliedern. Unser Karl ist vorgestern geholt worden u. noch nicht wieder hier. Der arme Junge! Dienstag am Spätnachmittag sind 2 Beamte zu Tante Aenne gekommen u. haben nach Karl gefragt u. sich sein Zimmer zeigen lassen. Sie haben dort ein wenig im oberen Schrankfach gestöbert u. ein paar Photobildchen, Karten u. Briefe mitgenommen, auch sein Album durchblättert u. eine Bemerkung gemacht über die vielen Gebetbücher im kleinen Regal. Was sie von Karl wollten, hat Tante nicht erfahren können. Sie haben gesagt, er solle nur ein paar Fragen beantworten. Dann wollten sie von seiner Mutter hören, ob Karl Post aus Attendorn erhielte, ob er zur Kirche ginge u. ob er die Heimabende der Pfarrjugend besuche, auch mit wem er verkehre usw. Du kannst Dir denken, dass Karl, nachdem er abends das alles erfahren hatte, am nächsten Morgen mit reinem Gewissen, aber schweren Herzens zur Arbeit ging. 2 Uhr nach Mittag haben ihn dann die 2 von der Gestapo im Auto mitgenommen nach Dortmund. Gestern Abend schickte Cronenberg Bescheid, dass Dortmund gemeldet hätte, Karl müsse noch ein paar Tage dableiben. Wir können uns nichts anderes denken, als dass man ungehalten ist, weil so viele Jugendliche zur Bischofsweihe waren, u. dass man nun glaubt, es gäbe noch eine kath. Jugendorganisation, die man jetzt aufdecken könne. Als ob unser gemütlicher Karl sich zum Organisator eignete!!! Und überhaupt brauchen die katholischen Jungen nur lebendigen Glauben, dann genügt schon das Verbot aller kath. Jugendvereine, um ihre Freude an kirchlichen Feierlichkeiten erst recht zu stärken. Das aber ist doch nichts Verbotenes! Wenn ich Dir nur bald Besseres melden könnte!

Herzliche Grüße
Deine Tante Emma

Müschede, 25. Nov. 1941

Wenn nur unser Karl erst wieder bei uns wäre! Tante war gestern in Dortmund, hat ihm aber nur frische Wäsche dalassen können. Gesehen hat sie ihren Jungen nicht, weil noch kein Verhör stattgefunden hat. Onkel hat gehört, dass schon 64 Jugendliche geholt sein sollen, z.B. auch ein Junge aus Neheim, einer aus Westenfeld usw. Du betest gewiss mit uns um einen guten Ausgang dieser Prüfung.

Müschede, 28. Nov. 41

Liebe Ulla,
wir haben noch nichts von Karl erfahren u. können nichts tun als warten u. beten.

Seine Mutter war Montag nach Dortmund, durfte ihn aber nicht sehen u. ihm auch nicht einmal ein paar Butterbrote dalassen. Nur frische Wäsche wurde angenommen und die gebrauchte zurückgegeben. Als Karl vor längerer Zeit mal bei Tante Emma in Meinkenbracht war, hat er dort nach dem Hochamt auf dem Kirchplatz 2 fremde Jungen kennengelernt, von denen einer Hubert hieß, u. ist mit diesen nach Kloster Brunnen gegangen. Er war aber dann auch so früh wieder daheim, dass ich mich wunderte. Außerdem war er nur noch zur Bischofsweihe nach Paderborn u. hat da die Feierlichkeiten in der Kirche mitgemacht, kam aber auch schon vor 7 Uhr abends zurück. Er hat dann erwähnt, in Paderborn hätte er auch den „Hubert aus Attendorn" wiedergesehen. Wenigstens meine ich mich dessen zu erinnern.

Das also wird seine Verbindung mit Attendorn sein!!! Unser Karl – wenn der gutmütige Junge auch nicht das mindeste Talent zu einem Führer hat – freundet sich ja leicht mit jedermann an. Wenn er nun vielleicht mit den beiden die Adressen ausgetauscht hat u. man hat die seine bei dem Attendorner gefunden, dann kommt er vielleicht so dazwischen. Wir wissen aber nichts.

Man denkt sich nur immer dumm u. dösig, was denn vorliegen könnte und wie unser Karl in Gefahr gekommen ist. Hier ist alles voll inniger Anteilnahme, aber in der Familie lastet eine Stimmung, als ob wir eine Leiche im Hause hätten. Wären wir nur erst einmal alle im ewigen Frieden!

Aus Müschede ist Karl allein fort, doch hört man immer mehr neue, die das gleiche Los getroffen hat, aus Arnsberg, Neheim, Menden, Meschede, Bremen usw. Gesprochen wurde schon mal von über 60. – Ich habe ein Kistchen Wein in Aussicht u. will davon zu Weihnachten Onkel etwas mitgeben. Sonst wüsste ich auch nichts für ihn. Nach einem Barometer fragte ich natürlich vergebens. Ich dachte auch schon mal an eine Zeitungsmappe u. für Karl an ein Rasier-Etui (oder Kasten). Letzteres ist für Dich zu teuer, aber wenn Du gelegentlich eine Mappe sähest? Bemühen brauchst Du Dich nicht darum. Wenn Karl wieder bei uns ist, brauchen wir keine andere Geschenke, u. wenn er fehlte, könnte uns doch nichts freuen.

Müschede, 3. Dez. 1941

Liebe Ulla,

nun kann die Antwort auf Deine Briefe 16 u. 17 noch nichts von Karls Heimkehr melden. Am Montag war Onkel zur G., um auf alle Fälle den Grund zu erfahren, aber diese Beamten sagen nichts, – „zwecks Ermittlungen! Amtsgeheimnis!" Damit wird der Vater abgespeist. Am Samstag sei Karl vernommen worden u. Donnerstag solle er heimkommen. Meinst Du, daran glaubte bei uns ein Mensch? – Aber am selben Montag war eine Karte von Karl selbst gekommen, er sei nun in Herne, u. wir sollten ihm Lebensmittel, Wäsche, Zigaretten, Bücher u. Geld schicken. Als Onkel die Karte abends daheim vorfand, machte er sich gleich am nächsten Morgen 1/2 7 Uhr wieder mit den gewünschten Sachen auf den Weg nach Herne. Von dort kam er nun etwas getröstet heim; denn er hatte mit Karl selbst sprechen dürfen u. ihm alles geben können. Die 9 Tage in Dortmund bis zum Verhör ist Karl in Einzelhaft gewesen; was also der Beamte Tante Aenne sagte, war unwahr. Nun aber in Herne sind 4 seinesgleichen zusammen, u. weil in dem Hause nach Onkels Meinung eine erträgliche Luft wehte, haben wir nun doch Hoffnung, dass man die 7, die nach Herne geschickt worden sind, schon ziemlich ausgeschieden hat u. Karl vielleicht doch morgen entlässt. Wenn nicht, dann tun mir Onkel u. Tante Leid. Sie tragen sehr schwer an dieser grausamen Sache.

Denk Dir mal, was ein Beamter gesagt hat, als sie am 18. hier waren! Er hat nach „Michel" gefragt u. Maria im Hausflur erklärt gleich eifrig: Sogar 3 Michels wohnten hier. Und da sagt er: „Aber kein deutscher Michel." Und so etwas muss man sich gefallen lassen! Ich möchte mal das Deutschtum dieser Herren im wahren Lichte neben dem unseren sehen können! Deine Hefte sind nicht angekommen? Ob die G. wegen des Namens Michel die „gefährlichen Dokumente!?!" sichergestellt hat? Es ist schade, dass Du nun nicht einmal im Kriegshilfsdienst Deine Arbeitshilfen ungehindert bekommst.

Besorg doch bitte, wenn es noch zu haben ist, irgend ein Buch für Karl, ein dickes, Abenteuer = Reise = Fahrten = oder Kriegsbuch, von Dominik oder sonst irgend etwas, was 18-jährige Jungen interessiert. Findest Du es nicht gleich, so bemühe Dich nicht weiter. Dies Jahr ist eben alles anders.

Deine Tante Emma

Neheim

Rundbrief von Rudi Friemauth überreicht von Arnold Papenheim

Ihr seid das Saatvolk einer neuen Zeit,
das Gott mit weitgeschwungner Säerhand
hineingeworfen in das Ackerfeld -
Ihr sollt der Zeit die neuen Menschen zeugen.

Aus euren Gluten will ich Flammen schlagen
zum Lohebrand um alle Heiligtümer;
aus eurer Mitte will ich Männer reissen,
zur grossen Zeugenschaft für Gottes Reich.

Ihr seid das Gnadenvolk der grossen Städte.
So zwingt die Erde unter euren Schritt,
und im Gesang erklingen alle Mauern
und alle Menschen klingen mit!

(Thomas Klausner)
alias Georg Thurmaier

Wir waren lange durch den Wald geschritten und standen an seinem Ende vor einem Kornfeld, einem hellen Meer über dem in heissem Sommerwind gleitende Wellen hintrieben. Die Frucht stand in der Reife und schwankte auf dünnen Halmen, als ahnte sie den sirrenden Schnitt.

Wir standen und dachten, daran, wie wir im Frühjahr den Bauer gesehen, der mit gemessenem Schritt und schwingendem Arm die Saat gestreut, während über allem ein heller Tag stand. Später hatten wir gesehn, wie ~~Saatxxxx~~ die Saat aus der Scholle hervorbrach, wie glutende Hitze und nasse Stürme darüberhin gingen, auf dass ihr Reife und Vollendung werden.

Wir spürten die stille Weihe, die über den Feldern lag und im Weiterschreiten meinte einer, dass wohl bald Erntezeit sei.

Später las ich den Spruch von Thomas Klausner und daraus sprach das was in der Weihe über dem Feld war.--
Saat, -- Wachsen, -- Reife, -- Vollendung! -

"Ihr seid das Saatvolk einer neuen Zeit". Werden wir uns dessen bewusst, Kameraden, dass wir Saat sind, von Gott hineingeworfen in den dunklen Grund, um daraus hervorzubrechen, drängend zum Licht, wachsend zur Vollendung unsrer Aufgaben.

"Ihr sollt der Zeit die neuen Menschen zeugen".
Eine mächtige Stimme ruft in uns: "Ihr sollt!"
Sie ruft uns unsre Sendung zu, Menschen zu sein, die geformt in glutender Hitze und brausendem Sturm heraus wachsen aus aller Bürgerlichkeit und allem Hass des Heidentums unsrer Zeit, um dann in der Vollendung Saat zu sein für Kommende. Glut zu sein, die zündet und alles umliegende in Feuer w wandelt. Männer zu sein, die alles Heilige beschützen vor allem Hass, der es herunterzieht in den Schmutz. Mag nicht alle Saat aufgehen, mag manches geknickt am Boden liegen, unser Leben sei ein drängendes Wachsen ins Licht, dann wird die Ernte gross sein.

Wer kann das Brot anschaun?
Und nicht bedenken
welch edle Speis' es ist.
Und nicht bedenken.

Wer kann da Wein anschaun?
Und nicht bedenken
welch edler Trank es ist.
Und nicht bedenken.

Wer kann da Christe sein?
Und nicht bedenken
welch Fleisch und Blut er nimmt.
Und nicht bedenken.

(Kanon)

Hast Du schon mal gehungert, vielleicht einen Tag oder länger? Hast Du gespürt, wie die Leere im Innern Dir die Kraft nahm und es Dich verlangte nach einem Stück Brot
Du hast gemerkt, was uns das gewachsene kernige Brot ist: eine Nahrung, die wirklich nährt und deren man nie überdrüssig wird. In ihm liegt Reife und Erfüllung und die Fruchtbarkeit eines Sommers.

Als der Herr noch auf Erden wanderte, hat er vielen Brot gebrochen, hat es vermehrt und gesegnet. Seine grösste Weihe aber gab er ihm, als er sich selbst in Brot und Wein uns gab als Nahrung und Kraft für unser ganzes Sein. Das war mit dem Kreuz die Vollendung seines Erdenlebens und Saat für die Gemeinschaft aller Gläubigen.

Kameraden! Was kann uns noch wankend machen, was uns ängstigen, da der Herr zu uns kommt, uns stark macht.

All unsre Aufgaben, unser Leben:
Aufbruch - Wachsen - Reife und Vollendung
wird zum Heil in diesem Mahl.

Zum Tode von Rudi Friemauth, gefallen am 25. Januar 1943 in Russland

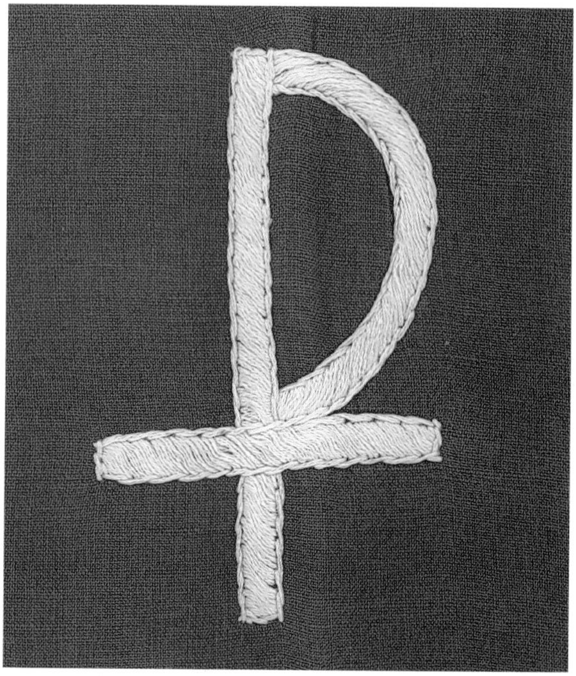

Auf Leinen gesticktes PX-Zeichen, überreicht von Arnold Papenheim, Neheim („PX“ = gebräuchliche Bezeichnung für die griechischen Buchstaben Chi/X und Ro/P, die beiden Anfangsbuchstaaben von „Christo“)

Joseph Görres

48145 Münster, den 10. 11. 2000
Otto-Weddigen-Str. 15

Die Danksagung: Der Heldentod unseres lieben R u d i hat uns viele trostreiche und herzliche Teilnahme gebracht. Allen, die uns so unser schweres Leid tragen halfen, danken wir herzlich.

Familie Clemens Friemauth

Neheim-Hüsten, Schüngelstraße 7, im März 1943

Vermerk von Joseph Görres:
Am Tag meiner Freilassung und der Bücherbeschlagnahme am 27. 1. 1943 sah Gestapomann Buschmann die Todesanzeige – andere Post hatte meine Familie beiseite getan – und sagte: „Der war für uns sowieso verloren“.

Siegen

Westfalenpost:

Opposition gegen Nazi-Siegen: „Bund Neudeutschland“ 1938 aufgelöst
Siegener Katholiken in der NS-Zeit: Lücke in lokaler Geschichtsschreibung

Von Raimund Hellwig

Siegen (WP)

Man kann sich vorstellen, wie die Fäuste der Kriminalbeamten an der Tür des Unterprimaners hämmerten. Rudi Wagener wurde festgenommen, verbrachte einige Zeit in Dortmund im selben Gefängnis, in dem auch der heutige Paderborner Erzbischof Johannes Joachim Degenhardt inhaftiert war.

Rudi Wagener war einer von zwei Hauptverantwortlichen des Bundes Neudeutschland, einer bündischen Jugendgruppe, die der Vikar Heinrich Sonntag 1927 ins Leben gerufen hatte.

Die Siegener Jugendlichen pflegten das übliche Gruppenleben mit Wanderungen, Ritterschlägen, Zeltlagern, Wimpeln und Lagerfeuern. Nach der Machtübernahme durch die Nazis war der Bund noch durch das Reichskonkordat mit der katholischen Kirche geschützt – bis 1939, als Neudeutschland endgültig verboten wurde.

„Das fing schon 1933 an, als im berauschenden März-Aufwind sich der Klassenlehrer sagen ließ, wer noch fehlte für seine Meldung nach oben, dass seine Klasse zu 100 Prozent aus Hitlerjungen bestehe“, zitiert die Jahresschrift des Gymnasiums am Löhrtor.

Die Zeit nach dem Verbot ist aus historischer Sicht eine der spannendsten in der Geschichte des katholischen Siegens. Die „Neudeutschen“ wurden zur Pfarrjugend des bekennenden Nazi-Gegners, des Pfarrers von St. Marien Wilhelm Ochse, und sie besorgten jahrelang sogar die Messdienerausbildung. Doch durch den Druck des Regimes lösten sich die Strukturen allmählich auf. Man traf sich nur noch im privaten Kreis, sprach über den Mölders-Brief, den der Jagdflieger und NDer Werner Mölders über religiöse Verfolgung geschrieben hatte, über Galen-Predigten und über die „Edelweißpiraten“, die auch in Siegen zumindest ansatzweise ein Eigenleben führten.

Allerdings scheint auch die Staatsmacht nicht viel über die Aktivitäten erfahren zu haben, denn in einem historisch allerdings etwas fragwürdigen Bericht an die Gestapo heißt es, sogar das Klafelder HJ-Fähnlein sei mit Edelweißpiraten aus dem katholischen Umfeld besetzt, und man warte nur auf den Sturz der Nazis.

In Siegen, heißt es in dem Bericht, beschränkten sich die „Edelweißpiraten“ und die, die sich von dem Begriff angezogen fühlten, darauf, den Schaukasten des „Stürmer“

einzuschlagen und gelegentlich anonyme Drohungen auszustoßen. Diese Drohungen, so geht es aus Aufzeichnungen hervor, schob die Staatsmacht gelegentlich auch den Resten der kommunistischen Arbeiterjugend in die Schuhe.

„Der zerbrochene ND-Schaukasten in der Schule war äußeres Zeichen beginnenden Druckes und rückläufiger Mitgliederzahlen. Wir suchten alle Lücken im System. Wenn auch verboten, wir riskierten viel."

Heute gibt es noch einige Überlebende aus dieser Zeit. Sie haben noch enge Kontakte miteinander, freundschaftliche und familiäre. 1989 haben sie vereinbart, die schriftlichen Hinterlassenschaften des ND in einer Mappe zu sammeln, aus der jetzt das Jahresheft des Fördervereins des Gymnasiums am Löhrtor berichtet. Doch auch in diesem Bericht steht nicht alles: Rudi Wagener wurde am 8. Dezember zusammen mit Gerhard Bottländer von der Gestapo verhaftet, in den Wohnungen mehrerer ND-Mitglieder gab es Hausdurchsuchungen. 1942 wurde Wagener aus der Hitlerjugend entlassen, da er sich „nachgewiesenermaßen am illegalen Auf- und Ausbau des Bundes beteiligt hatte". Er wurde zum Strafbataillon einberufen, einer Einheit, die die wenigsten überlebten.

Wer aus dem Schulkreis den Unterprimaner Wagener denunziert hatte, ist in eingeweihten Kreisen bekannt. Doch darüber schweigt der Bericht.

Aus der ND-Chronik in Siegen

Die 3 Kunstwillichendlehren:

Gebt euch grossen Strönen hin.
Seht nur die weiten Flächen glänzen,
als wär kein Ufer, keine Grenzen,
so strömen sie zum Meere hin. –
Doch lenkt im Strome euren Lauf,
die Welle gibt euch kein Erbarmen,
drum fasst sie ~~nicht~~ mit beiden Armen 2 / 1
und zwingt ihr euren Willen auf.
Stürzt euch hinein in diese Flut,
um ihren keuschen Sinn zu fühlen
und das Erhitzte abzukühlen
bis in den Kern von Geist und Blut.
Sich tragend in der eignen Hand,
so überm dunklen Grund zu schweben
und selbst sich retten in das Leben,
gibt einen eigenen Bestand.
Taucht in den tiefen Sinn der Welt
wie in das Meer die kühnen Schwimmer,
und holt aus allen Glanz und Schimmer,
was sie im Innersten enthält.
Lasst euch versinken in den Grund,
wo die Geheimnisse verdunkeln,
wo Perlen aus der Tiefe funkeln,
und hebet heimlich euren Fund.

Wer einmal so am Grunde war
durch alle Tiefen und Gefahren,
der wird Geheimnisse bewahren
und sieht auch noch im Dunkeln klar;
den tröstet diese Welt nicht mehr,
denn er hat Größeres gewonnen.
Seht: die Gestirne und die Sonnen,
der ganze Himmel glänzt im Meer.

Aus „Die sieben Künste der Knaben“ von Georg Thurmaier

Knappenweihe - 1941 - ?

Hans Karl Kötting
Josef Köster
Dieter Niggemann
Franz Manner
Karlheinz Remmel
Ernst Schneider

Von links nach rechts

Hubert Schrage
Peter Paul Flosdorf
Dieter Niggemann
Franz Manner (unten rechts)

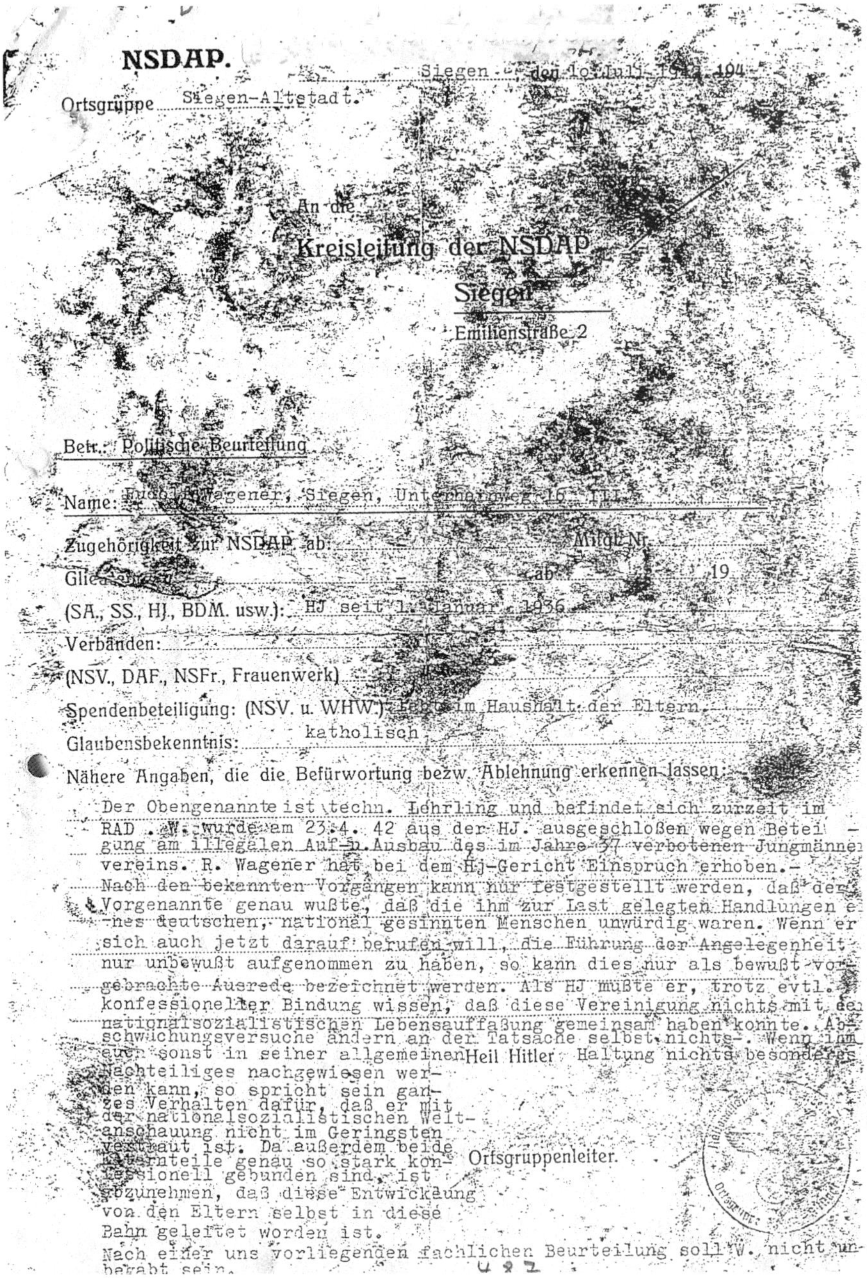

NSDAP.

Siegen, den 10. Juli 1942 194

Ortsgruppe Siegen-Altstadt.

An die
Kreisleitung der NSDAP
Siegen
Emilienstraße 2

Betr.: Politische Beurteilung

Name: Rudolf Wagener, Siegen, Unter[illegible]weg 16 III

Zugehörigkeit zur NSDAP ab: Mitgl.-Nr.

Gliederung ab 19

(SA., SS., HJ., BDM. usw.): HJ seit 1. Januar 1936

Verbänden:

(NSV., DAF., NSFr., Frauenwerk)

Spendenbeteiligung: (NSV. u. WHW.): Lebt im Haushalt der Eltern.

Glaubensbekenntnis: katholisch

Nähere Angaben, die die Befürwortung bezw. Ablehnung erkennen lassen:

Der Obengenannte ist techn. Lehrling und befindet sich zurzeit im RAD. W. wurde am 23.4. 42 aus der HJ. ausgeschloßen wegen Beteiligung am illegalen Auf- u. Ausbau des im Jahre 37 verbotenen Jungmännervereins. R. Wagener hat bei dem HJ-Gericht Einspruch erhoben.-
Nach den bekannten Vorgängen kann nur festgestellt werden, daß der Vorgenannte genau wußte, daß die ihm zur Last gelegten Handlungen eines deutschen, national gesinnten Menschen unwürdig waren. Wenn er sich auch jetzt darauf berufen will, die Führung der Angelegenheit nur unbewußt aufgenommen zu haben, so kann dies nur als bewußt vorgebrachte Ausrede bezeichnet werden. Als HJ mußte er, trotz evtl. konfessioneller Bindung wissen, daß diese Vereinigung nichts mit der nationalsozialistischen Lebensauffaßung gemeinsam haben konnte. Abschwächungsversuche ändern an der Tatsache selbst nichts-. Wenn ihm auch sonst in seiner allgemeinen Haltung nichts besonderes Nachteiliges nachgewiesen werden kann, so spricht sein ganzes Verhalten dafür, daß er mit der nationalsozialistischen Weltanschauung nicht im Geringsten vertraut ist. Da außerdem beide Elternteile genau so stark konfessionell gebunden sind, ist anzunehmen, daß diese Entwickelung von den Eltern selbst in diese Bahn geleitet worden ist.
Nach einer uns vorliegenden fachlichen Beurteilung soll W. nicht unbegabt sein.

Heil Hitler

Ortsgruppenleiter.

Gefunden im Sommer 1945 in den Trümmern des NSDAP-Kreishauses, Emilienstraße

Nationalsozialistische Deutsche Arbeiterpartei
Hitler-Jugend

Gebiet Westfalen (9)

K.–
Der Führer des Gebietes

Aktenzeichen: 129/42

Münster/Westf., den 24.3.1942
Diepenbrockstr. 3o

An den Jg. Rudolf W a g e n e r
S i e g e n
Unterhainweg 16 III

Einstweilige Verfügung!

Ich schließe Dich hiermit — unter Aberkennung Deines Dienstranges — aus der Hitler-Jugend aus.

Begründung:

Du hast am .... in ....

Du hast Dich nach dem am 1.7.1939 erfolgten Verbot des Bundes "Neudeutschland" am illegalen Auf- und Ausbau dieses Bundes nachgewiesenermassen beteiligt.

Vom Tage der Zustellung dieser Verfügung besteht Uniform- und Abzeichenverbot.

Einspruchsbelehrung!

Gegen diese Verfügung ist binnen 14 Tagen nach Zustellung Einspruch zum HJ-Gericht für das Gebiet Westfalen (9) zulässig. Der Einspruch ist schriftlich und mit Gründen versehen bei dem Unterzeichneten einzureichen. Er kann nur von dem Beschuldigten persönlich eingelegt werden. Wird Einspruch nicht eingelegt, so ist die vorstehende Verfügung mit Ablauf der Einspruchsfrist endgültig.

(Stempel: Nationalsoz. Deutsche Arbeiterpartei – Hitler-Jugend – Gebiet Westfalen (9))

K.–
Der Führer des Gebietes Westf.(9)
i.V. van Oopen
(van Oopen)
Oberbannführer.

Durchschlag zum HJ-Gericht.

Formblatt Disz.-O. 2 weiß
Balve 7. 39. 1000.

Anklageschrift vom 22. 11. 1941 der Staatsanwaltschaft Duisburg gegen 13 katholische Jugendliche aus Oberhausen, darunter Paul Wagener, Weidenau (Auszug)

4 K Ms 13/41 jug. pol.

A n k l a g e s c h r i f t

Liste von 13 Namen (s. unten)

1. 51 d.A. 13. W a g e n e r , Paul, Bäckerlehrling in Weidenau-Sieg, Untere Friedrichstraße 78, ledig, geb. am 6. 2. 1924 in Weidenau-Sieg, nicht bestraft, gesetzlicher Vertreter: Der Vater Bäckermeister Hermann Wagener in Weidenau-Sieg, Untere Friedrichstraße 78

Zu 1–3.) §§ 47, 73, 74 StGB., §§ 3 und 9 J.g.G.

Beweismittel: I.) Angaben der Beschuldigten

1.) Schoppmeyer
2.) Risse
3.) Ebben
4.) Broermann
5.) Bürgers
6.) Wagenaer
7.) Tourneur
8.) Lampe
9.) Keichel, Kurt
10.) Keichel, Erwin
11.) Schöndeling
12.) Schmitz
13.) Wagener

II.) Zeugnis des Kriminaloberassisten Wolzer von der Geheimen Staatspolizei Oberhausen

III.) Urkunden
1. Briefe und Fotos in Hülle Bl. 6,18,25 der Akten
2. Liderheft in Hülle, Blatt 50 der Akten

Die Tätigkeit dieser „Verantwortlichen" blieb zwar in der Hauptsache auf die Gestaltung von Heimabenden beschränkt, unterschied sich aber trotz der einengenden Bedingungen, wie das gesamte Treiben zeigt, kaum merklich von der früheren. So gehörte zu den
Bl. 10 d. A.
Aufgaben dieser „Verantwortlichen" die Erinnerung an die Namenstage von Angehörigen der Gruppen, der ständige rege Briefwechsel mit den zum Wehrdienst Einberufenen und sonstige Benachrichtigungen und Arbeiten, die dem Zusammenhalt der Gruppen dienten.
Hülle Bl. 6 d. A.
Zu dem schon Vorhandenen beabsichtigte der Beschuldigte Schoppmeyer noch einen Singkreis aufzuziehen, wie aus seinen Briefen an den Beschuldigten Wagener hervorgeht.

Die Auswirkung dieser planmäßigen illegalen Arbeit kennzeichnen die beschlagnahmten Lichtbilder mit den Abzeichen der früheren
Hülle Bl. 6, 18, 25 d. A., 16 17, 23, 24, 28, 29
Sturmschar, den sturmscharähnlichen Uniformen und der Aufschrift: „Nie werden wir untergehen". Dass man untereinander frei darüber sprach, was man nach Außen, weil verbotswidrig, zu verbergen suchte, ergibt sich aus dem Briefwechsel zwischen den Beschuldigten Schoppmeyer und Wagener, in dem ganz offen von
Hülle Bl. 6 d. A.
Sturm- und Jungscharen, von Gruppenführern und ihren Aufgaben gesprochen wird. Die Briefe des Beschuldigten Wagener enthalten Sätze wie: „Beten wir für unsere Kameraden aus der S.S. (Sturmschar)..." oder „Sturmschar ist Sprengstoß" und beginnen oder
Hülle Bl. 6 d. A.
enden mit den Grußformen der früheren Sturmschar: „Treu Heil", „Heil Dir" und „Treu Heil und Handschlag". Aus alledem ist zu ersehen, dass in dem Kreis der „Verantwortlichen" das Bewusstsein lebte, die Arbeit der aufgelösten katholischen Jugendorganisationen übernommen zu haben und sie illegal im alten Sinne fortzuführen.

Bl. 14 d. A.
Gelegentlich eines Besuches des Beschuldigten Wagener in Oberhausen trafen die Beschuldigten Schoppmeyer, Risse, Ebbe, Broermann und Wagener in der Wohnung des Beschuldigten Broermann
Bl. 32 d. A.
zusammen. Dabei wurden die Lieder eines Buches (Liederbuch d.J. 1.11. „Lieder der Eisbrechermannschaft") gemeinschaftlich gesun-
Bl. 15, 23, 29, 32 d. A. Hülle Bl.6 d. A.
gen. Der Beschuldigte Wagener nahm das Buch mit nach Weidenau, um die Texte abzuschreiben.

Die Jugendlichen Beschuldigten Ebben, Lampe. Wegenaer und Wagener und der inzwischen 18 Jahre alt gewordene Tourneur waren ihrer geistigen und sittlichen Entwicklung nach zur Zeit der Tat fähig, das Ungesetzliche ihrer Tat einzusehen und ihren Willen dieser Einsicht gemäß zu bestimmen.

Es wird beantragt, das Hauptverfahren zu eröffnen und die Hauptverhandlung vor der Strafkammer in Duisburg stattfinden zu lassen.

Duisburg, den 22. Nov. 1941 Der Oberstaatsanwalt i. A. gez. Dr. Helmich
An die Strafkammer in Duisburg.

Westenfeld

Brief von Karl Funke an Joseph Görres in Dortmund

Wangen, 9. 4. 1943

+ Jupp!

Nun hat sich der Kerl doch noch so herausgestellt wie ich anfangs vermutet habe – wir sind uns fremd. Ich war nicht in Paderborn. Aber das macht nichts zur Sache. Da unser Ziel ja gemeinsam ist, sind wir ja schon Brüder.

Dass ich auch in dieser großen und hl. Gemeinschaft stehen darf, ist für mich auch Verpflichtung geworden, das heißt der Gemeinschaft dienen.

Darum will ich Dir auch kurz meine Lage schildern; denn wie Du auch schreibst, ist es gut, dass Brüder voneinander wissen – wie es ihnen geht.

Ich bin krank u. ich darf auch sagen was mir fehlt. Die Lungenschwindsucht ist es, die mich hierhin gebracht hat. Wenn Du weißt, was das ist, wirst Du auch sicherlich wissen, was das auf sich hat. Es wird also seine Zeit dauern, die natürliche Freiheit wiederzuerlangen.

Rudi schreibt mir heute von Aachen, ich sollte ihm auch die Lieder schicken von Stemmrich.

Ich werde mit Noten fertig, – spiele die Blockflöte (Alt f.). Darum erwarte ich die Lieder, mit Verlangen.

Zum Schluss Dir ein kräftiges Heil
Karl

Bemerkung Philos: Die Krankheit kannte ich; meine Mutter hatte sie bei meiner Geburt und starb 5 Jahre später.

Vier wichtige Gruppen der katholisch-bündischen Jugend vor 1945

Sturmschar

Die im November/Dezember 1941 in der Steinwache und anderen Gefängnissen inhaftierten katholischen Jungen kamen wohl alle aus der „Pfarrjugend", welche wiederum zum überwiegenden Teil aus der inzwischen verbotenen ehemaligen „bündischen" Jugend hervorgegangen war. Die wichtigsten dieser Gruppen waren: Sturmschar, Quickborn, Neudeutschland/ND und Kreuzfahrer. Auf diese Gruppen und deren „Zeichen" – heute „Logo" – sei kurz hingewiesen.

Sturmschar im Katholischen Jungmännerverband Deutschland kann als die dritte Generation der „Deutschen Jugendbewegung", die um die Jahrhundertwende entstanden war, gedeutet werden. Als offizielles Gründungsjahr steht das Jahr 1929. Ohne die Namen Franz Steber, Generalpräses Wolker und Hans Niermann hätte es die Strumschar nicht gegeben bzw. hätte sie diesen Stellenwert in der Kirche nicht gehabt. Der (nicht sehr glückliche) Name Sturmschar ergab sich aus den politischen und geistigen Strömungen der 20er Jahre. Nachdem Sturmschar bereits 1931 auf dem Reichstreffen des Jungmännerverbandes in Trier präsent geworden war, nahmen auf dem historischen Treffen 1932 in Koblenz bereits über 3000 Jungen teil. Die als Lagerzeitung erschienene „Junge Front", später „Michael", zählte beim Verbot im Jahre 1936 eine Auflage von über 33000. Chefradakteur war Dr. Johannes Maaßen.

1935 großes Treffen in Rom. 80 Busse bringen 2000 Jungen nach Rom, wo Franz Steber heiratet und Hans Niermann als neuer Reichsführer „auf den Schild gehoben" wird. Alfons Brands wird neuer Scharkaplan. Mit Jupp Stemmrich kommt neues Liedgut in die Schar. Sie zählt ca. 28500 Mitglieder und etwa 100000 Jungschärler. 1936 große Verhaftungswelle: Generalpräses Wolker, Generalsekretär Clemens, Franz Steber, Hans Niermann, Franz Josef Krehwinkel, Dr. Rossaint und viele andere.

1936/37 Prozeß vor dem Volksgerichtshof in Berlin und Verurteilung: Dr. Rossaint 112 Jahre Zuchthaus und 10 Jahre Ehrverlust, Franz Steber 5 jahre Zuchthaus und 5 Jahre Ehrverlust. 1937 Verbot der Sturmschar. 1940 fällt Hans Niermann in Frankreich. 1941 Franz Steber wird – fast erblindet – aus dem Zuchthaus entlassen. Dr. Rossaint wird im April 1945 von amerikanischen Truppen aus dem Zuchthaus Remscheid-Lüttringhausen befreit.

Das Zeichen der Schar auf dem Banner war das alte griechische Christuszeichen, das CHIRO; als Anstecknadel wurde das stilisierte Christuszeichen volkstümlich, aber auch respektvoll „PX" genannt.

Karl Föster

Quickborn

Die 1981 von Johannes Binkowski herausgegebene Biographie über den Quickborn „Jugend als Wegbereiter“ drückt in drei Worten das aus, was Quickborn für weite Teile der deutschen Jugend und der katholischen Kirche war.

Quickborn eröffente als erster der Jugendbewegung in den Anfängen des vergangenen Jahrhunderts die Tore zu der beharrlichen katholischen Kirche in Deutschland. Es war das Jahr 1909, die Wiege stand in Neisse/Oberschlesien.

Quickborn bedeutet „Lebendiger Quell“. Quickborner bemühen sich, aus überholten, unwahren, undurchsichtigen und anderen negativen Verhaltensregeln zu neuem christlichen Leben aufzubrechen. Symbol/„Zeichen“ des Quickborn ist das „Sonnenkreuz“, das Kreuz über der aufgehenden Sonne. Die ersten Anstöße für die neue Bewegung war die Sorge um die soziale Not, die sich aus dem Alkoholismus vor allem vieler Jugendlicher ergab. Vorausschauend waren vor allem Lehrer und Schüler an höheren Schulen, schwerpunktmäßig in Neisse: Drei Namen von Lehrern/Priestern stehen historisch unverkennbar: Bernhard Strehler, Klemens Neumann und Hermann Hoffmann, jeder von eigener Prägung und eigener Mission. Und eine erstaunliche Dokumentation: ein Foto aus dem Jahr 1909 zeigt bereits eine starke Quickborngruppe mit Mädchen. Ein Novum in der Kirche.

Der junge Quickborner orientierte sich auch am Symbol einer neuen jungen Generation, der „Meißner-Formel“ aus dem jahr 1913 der „Freideutschen Jugend“.

1919 kaufte der Quickborn die Burg Rothenfels am Main, die bis heute – mit Unterbrechung in der Zeit des Nationalsozialismus – zum wichtigsten Treffpunkt vieler Tagungen wurde. Als prägende Persönlichkeit in der liturgischen Bewegung, die auf Rothenfels ihren Niederschlag fand, bleibt Romano Guardini, unvergesslich. Dass der Priester der Gemeinschaft zugewandt die heilige Messe feierte und neben der lateinischen die missa recitata auch in deutscher Sprache feierte, hatte hier seinen Anfang.

Im Lebensstil orientierte sich die Quickbornjugend wesentlich an Formen und Geist des „Wandervogel“. Nur die ältere Generation kann noch ermessen, welcher Aufbruch dieser katholisch-bündischen Bewegung gelungen ist. Sein Namen sollten im Buch dieser Geschichte nicht vergessen werden: Romano Guardini und Walter Dircks.

Karl Föster

Kreuzfahrer

Die Kreuzfahrer waren eine bündisch-katholische Jugendgemeinschaft. Die Kreuzfahrer entwickelten sich in den frühen zwanziger Jahren aus einer Wandergruppe der DJK, der Deutschen Jugend-Kraft, der Sportjugend innerhalb der katholischen Jugend und Jungmännervereine Deutschlands.

Diese neue jugendbewegte Gemeinschaft der Kruezfahrer fühlte sich der Hohenmeißner-Formel (1913) der Freien Deutschen Jugend verpflichtet. Eigenverantwortlich wollten sie ihr Leben in gesunder-natürlicher Lebensart gestalten. Die Abstinenz von Alkohol und Nikotin war für sie selbstverständlich. Aufgrund ihrer religiösen franziskanischen Grundhaltung und als Wanderer in Gottes Natur fühlten sie sich gleichzeitig als Gottsucher. Die Nähe zum Bund der Quickborner vermittelte ihnen die Begegnung mit dem neuen Denken von Romano Guardini, mit seinem bedeutsamen Wort: „Die Kirche erwacht in den Seelen.“ Auch entsprach die befreiende Botschaft von Josef Wittig „Wir sind erlöst“ ihrer Lebenseinstellung als frohe Kinder Gottes. Der starke Einfluss vom Friedensbund der Deutschen Katholiken weckte die politische Verantwortung mit Blick auf Frieden und Völkerverständigung. Damit war die harte Konfrontation mit den Nationalsozialisten vorprogrammiert. Aufgrund entsprechender Überlegungen sah der Bund der Kreuzfahrer keine Überlebenschance und löste sich 1933 generell auf. Die jüngeren Mitglieder der Kreuzfahrer Jungenschaft schlossen sich der Sturmschar der Katholischen Jugend an. So nahmen allein aus der Warsteiner Kreuzfahrergruppe im Jahr 1935 an der Romfahrt der Katholischen Jugend sieben ehemalige Kreuzfahrer teil.

Der Name der Kreuzfahrer ist so zwar untergegangen, nicht aber der völkerverbindende Geist der Jugendbewegung. Auch das Drei-Kronen-Banner mit den Kronen der Hl. Drei Könige, als Symbol für Gottsucher, hat die Zeit des Nationalsozialismus überlebt.

Und mit dem Leitwort der Kreuzfahrer will ich schließen: Rüm hart, klar Kimming – weit das Herz und klar die Sicht.

Theo Köhren

Neudeutschland/ND

ND – Bund Neudeutschland wurde als Bund für katholische Gymnasiasten 1919 vom Kölner Kardinal Hartmann gegründet. Nach dem Untergang des Kaiserreiches, in dem Schüler-Bünde verboten waren, nahmen sich vor allem die Jesuiten der katholischen Schüler und studierenden Jugend an. Die Mitglieder wollten die Ideen aus der Jugendbewegung: katholisches kirchliches Engagement, Naturverbundenheit (blaue Blume) und selbstständiges Handeln verwirklichen. Nach heftigen, jahrelangen Diskussionen wurde das Hirschbergprogramm 1923 beschlossen (genannt nach dem Tagungsort Burg Hirschberg in Franken). Ständige Auseinandersetzungen mit den Nationalsozialisten seit der Machtübernahme 1933 führten am 6. 7. 1939 schließlich zur Auflösung des Bundes Neudeutschland.

Viele Schüler aus Neudeutschland haben nach dem Verbot des Bundes illegal weitergearbeitet oder waren aktiv in der Pfarrjugend. Somit war auch der Anteil der NDer bei der großen Verhaftungswelle im November/Dezemer 1941 beachtlich.

Nach Kriegsende 1945 fanden sich schon bald wieder die „Übriggebliebenen" zu neuen Gruppen zusammen. Der Bund erlebte eine neue Blüte als katholischer Schülerbund und Studentengemeinschaft. Dazu kam jetzt der ND Männerbund als dritte Säule im Gesamtbund. Der Name Neudeutschland wurde trotz Verwechslungsmöglichkeit mit „Neues Deutschland" (dem offiziellen SED-Organ der DDR) beibehalten.

Heute besteht der Bund Neudeutschland als Gemeinschaft Katholischer Männer und Frauen, als Studentenbund und als Schülerbund mit leider in allen drei selbstständigen Abteilungen schwindenden Mitgliederzahlen.

Das Zeichen/Abzeichen von ND ist das sechseckige Christuszeichen, das altgriechische Chiro.

Dr. Fritz Bömer, Augenarzt, Arnsberg

Paul Tigges:

Gab es im hiesigen Raum nicht auch bei der weiblichen Jugend Widerstand gegen das totalitäre NS-System?

Diese Frage drängt sich auf, wenn man unser Jungen-Buch liest. Es gibt hierzu meines Wissens keinerlei Literatur. Zur Klärung bei der Frage des Widerstandes in der konfessionellen Jugend muss man wissen, dass zwischen 1933 und 1945 im Gegensatz zur männlichen Jugend die Vereinsarbeit der weiblichen katholischen Jugend nicht direkt verboten war. Allerdings war sie per Gesetz auf den kirchlichen Raum begrenzt und durfte nach außen hin nicht in Erscheinung treten. Warum die Gestapo die männliche und die weibliche Jugend unterschiedlich behandelte, darüber kann man sich Gedanken machen.

Einen Hinweis darauf, wie aktiv und erfolgreich damals die weibliche Jungendarbeit in der Kirche war, gibt ein Brief des Landrats im Kreis Olpe an die Gestapozentrale in Dortmund-Hörde. Den Brief aus dem Jahr 1935 fand ich im Staatsarchiv Münster*. In dem Brief berichtet Landrat Dr. Evers, dass die aktive Jugendarbeit in der katholischen Kirche HJ und BDM sehr zu schaffen macht. Die Mehrheit der Bevölkerung in seinem Kreis sei wegen der ideologischen antichristlichen Ausrichtung nach wie vor voller Misstrauen gegen den Nationalsozialismus und schicke die Kinder lieber in die kirchlichen Ver-bände als in die NS-Jugendorganisataionen. U.a. gibt er für die Stadt Olpe über die konfessionellen Verbände mit Datum von 1. 5. 1935 folgende Mitgliederzahlen an:

Jungfrauenverein	1250
Jungmännerverein	300
Sturmschar	45
Jungschar	150
Frohschar Treuschar	222
Evgl. Jungmännerbund	20

Weiter beklagt der Landrat, dass im gesamten Kreis Olpe nur 30 Prozent der Mädchen vom BDM (14–18 Jahre) erfasst seien.

Georg Clement, Attendorn, berichtet auf Seite 135 dieses Buches, dass er beim Verteilen der Galenbriefe die Predigten des Bischofs von Münster auch an Helene Stracke aus Altenhundem weitergegeben hat. Helene Stracke war in der NS-Zeit Dekanatsjugendführerin (Dekanat Elspe) im Erzbistum Paderborn. Sie ist 2001 im Alter von 93 Jahren gestorben. Ich habe Helene Stracke 1983 für mein Buch „Jugendjahre unter Hitler" interviewt. Dieses Buch ist seit Jahren vergriffen. Als Zeugnis des Einsatzes und Kampfes für ein christliches Menschenbild in der katholischen Mädchenjugend sei hier dieses Interview mit Helene Stracke wiedergegeben.

** s. „Jugendjahre unter Hitler" S. 48–51 – Staatsarchiv Münster, Oberpräsidium Nr. 5036*

Helene Stracke

Meinst du, das interessiert die Leute oder unsere Jugend noch, was wir damals gemacht haben? Du musst es wissen. Wie die Anfänge der katholischen Mädchenarbeit waren? Anfangs ist nicht viel gewesen, in den 20er Jahren, ich kam 1922 aus der Schule. Damals gab es wie in allen Pfarreien der Dözese auch in Altenhundem eine Jungfrauenkongregation. Der Pfarrer war Päses. Hin und wieder hielt er einen Vortrag in der Kirche, wir verteilten je nach Alter die Zeitschrift „Knospe" oder „Kranz". Da gab es mal einen Jahresausflug oder ein Theaterspiel – das war alles. Wir lebten mit in der Familie, im Beruf, in den Festen des Kirchenjahres, aber als eine eigenständige Mädchengruppe waren wir uns nicht bewußt. Was ich beruflich gemacht habe? Das weißt du doch, ich war Schneiderin. Ich habe genäht, die Lehre gemacht und nähte in den Familien. Abends war ich müde, mußte auch noch nähen für die Geschwister, da war nicht viel Zeit für andere Dinge. Du fragst nach der Schule. Nein, ich war gern in der Schule. Ich habe geweint, als ich am letzten Schultag nach Hause kam. Jetzt ist alles aus mit Lernen, habe ich gedacht. Die Lehrerin, die spätere Frau Kaiser, wollte mich schon nach dem 4. Schuljahr auf die höhere Tochterschule schicken. Ich durfte nicht.

Wie es weiterging? 1928 kam Holtgrewe nach Altenhundem, gleich nach der Priesterweihe. Mit ihm wurde alles anders. Der neue Vikar war Präses des Jungmännervereins. Als Quickborner gehörte er einer besonders jugendbewegten Vereinigung an, die Ihre Zentrale auf Burg Rothenfels hatte. In Jungschar und Sturmschar trafen sich die Jungen regelmäßig zu Heimabenden und Gruppenstunden. Es wurde gespielt, gesungen und gewandert. Man übte neue Lieder und traf sich in der neuen Form der Gemeinschaftsmesse oder in der Blockhütte, die die Sturmschar oberhalb von Kickenbach 1929 gebaut hatte. Wir Mädchen schauten voller Bewunderung und auch mit ein wenig Neid auf das, was sich bei den Jungen tat. Etwa 1930 kam eine junge technische Lehrerin nach Altenhundem. Sie leitete uns an und machte uns Mut, es den Jungen nachzumachen. Und so änderte sich auch für uns Mädchen das Leben. Wir sangen, wanderten, übten Volkstänze, gestalteten Heimabende, lernten Complets und feierten die Gemeinschaftsmesse mit. Oder wir trafen uns auch in der Blockhütte, wenn die Jungen sie uns mal überließen. Ja sogar auf dem DJK-Platz bei der Schützenhalle machten wir im Sommer Sport und Ballspiele, Weihnachten spielten wir in der Sauerlandhalle oder im Jugendheim ein Krippenspiel. Kurz, Holtgrewe hatte in wenigen Jahren in Altenhundem den ganzen Jugendbereich umgestaltet.

Ob wir vom Jahr 1933 etwas gemerkt haben? Allerdings. Zunächst einmal ging nach dem Wechsel von Holtgrewe auf Grafe die Jugendarbeit weiter. Grafe war anders als

Holtgrewe, verschlossener, aber ein frommer Mann, der uns besonders zur Liturgie führte. So haben wir mit ihm die Metten für die Kartage geübt und gesungen. Er war sehr musikalisch, spielte Querflöte und Gitarre. Wir haben viel mit ihm gesungen und musiziert. Schon damals wurden viele Aktivitäten in die Kirche und ins Jugendheim verlegt. Mit äußeren Veranstaltungen wurde es immer schwieriger. 1934 wurden sie ganz verboten. Die Straße gehörte der HJ und dem BDM.

Ja, es gab große Spannung zwischen Parteijugend und konfessioneller Jugend. Aber bei den Jungen waren sie stärker als bei den Mädchen. Wir waren nach außen hin ja nie so aktiv in Erscheinung getreten wie die Jungen. Uns Mädchen ließ man etwas mehr in Ruhe. Ob es an der BDM-Führung lag, das kann schon sein.Vielleicht hielt man uns auch nicht für so wichtig. Ich kann mich aus dieser Zeit nicht an besondere Schikanen oder Polizeiaktionen gegen uns erinnern. Für viele Mädchen war es selbstverständlich, daß sie Ihren Dienst bei den Jungmädels oder beim BDM machten und das andere Mal bei der katholischen Jugend. In der Auseinanderstzung mit den Idealen des Nationalsozialismus wie Rasse, Blut, Boden, gesunder Familie, Mutterschaft usw. kam auch in der Kirche etwas in Bewegung. Die Bedeutung der Frau und des Mädchens wurden größer. Die Ehe als Partnerschaft wurde entdeckt. Ja ja, ganz richtg, Das ist wie in Kriegszeiten, wo auch die Frau in besonderer Weise ihren Mann steht. Wir machten in diesen Jahren mehr als vorher vieles mit den Jungen gemeinsam. Später, Anfang des Krieges habe ich sogar einmal Streit bekommen mit der Diözesanjugendführerin. Sie kannte mich von gemeinsamen Tagungen in Paderborn, wo ich Kritik an einer zu engen Sehweise geübt hatte. Ich hatte gesagt, wir Mädchen müssen raus aus dem Getto. Wie sollen die Mädchen kath. Jungen und Männer kennenlernen, wenn wir sie allzu sehr von ihnen fernhalten. Ich sollte sogar wegen meiner besonderen Auffassung von Beziehungen zu den Jungmännern als Dekanatsführerin abgelöst werden. Das hat aber Vikar Schwingenheuer verhindert.

Ein wichtiges Jahr? Tatsächlich, das hat es gegeben. 1937. Für die Jungen war es das Aus. Der kath. Jungmännerverein wurde verboten. Für uns Mädchen aber war es ein Neubeginn. Viker Schwingenheuer, vorher Religionslehrer an der Rektoratschule, wurde Präses der Jungen und Mädchen in Altenhundern und zugleich Dekanatsseelsorger der Mädchen. Ein Jahr vorher war ich Dekanatsjugendführerin geworden und blieb es bis Ende des Krieges. Unter Schwingenheuers Leitung blühte die Mädchenarbeit im ganzen Dekanat Elspe auf trotz des Druckes durch die Nazis und der äußeren Beschränkungen durch die späteren Kriegsverhältnisse. Schwingenheuer stand wie seine Vorgänger dem Quickborn nahe, war aber mehr theologisch und liturgisch ausgerichtet und dazu ein großartiger Prediger.

Wieviel Gruppen es waren? Ich glaube fünf oder sechs, und jede Gruppe hatte ihre Führerin. Clara Pieper, Hedwig Brögger, Magdalene Kaiser, Hanna Hesse, Klara Deichmann und ich selbst.

Worin die Mädchenarbeit bestand? Vor allem in Gruppenstunden und Glaubensschulungen. Dazu muß man wissen, daß die Arbeit durch die Verbote der Nazis immer schwieriger wurde. Wir waren gezwungen, uns auf religiöse Themen zu beschränken. Nun, wir wurden erfinderisch, was alles unter „religiös" getan werden konnte. Wir machten Wallfahrten nach Kohlhagen, Wormbach oder Waldenburg. Wir führten Bastelabende durch mit Rosenkranzknüpfen, Bemalen von Weihwasserflaschen, zogen Bilder mit religiösen Darstellungen auf, fertigten Jahreskalender an, spielten Nikolaus u.s.w. In der kalten Jahreszeit brachte jeder zur Gruppenstunde ein Stück Holz oder ein Brikett mit, damit wir den Ofen im Keller des Jugendheimes heizen konnten. Da wir nicht gemeinsam wandern durften, zogen im Sommer die Mädchen zu zweit oder zu dritt los. Magdalene Kaiser – die einzige Abiturientin unter unseren Führerinnen – war auch Quickbornerin. Wir erhielten von ihr Werkbriefe und Material von Rothenfels. Wir gaben sie unter der Hand weiter, besonders auch Aufsätze von Reinhold Schneider, Getrud von Le Fort und Werner Bergengruen. Ihre Bücher und vor allem auch die von Romano Guardini beschäftigten uns sehr.

Du schaust auf meine Bücherschaft? Da stehen noch die meisten Bücher, die wir gemeinsam lasen und besprachen, die uns Halt und Richtschnur waren. „Das Jahr des Herrn" von der Benediktinerin Aemiliana Löhr," Werkbuch der religiösen Mädchenführung" von Ottilie Moßhammer, hier Ida Friederike Görres: „Quelle", „Kristall", „Regenbogen", dann Georg Thurmair: „Das Siebengestirn" oder Rockenbach: „Lob der deutschen Familie" mit alten und neuen Gedichten. Sogar die Bildbände von Lützeler haben wir benutzt. Rilkes Gedichte wurden abgeschrieben, geheftet und verschenkt. Durch alle diese Bücher hatten wir in unseren Gruppenstunden viel Abwechslung. Es war natürlich nicht immer leicht, Bücher dieser Art zu bekommen, besonders auch im Kriege. Aber irgendwie schafften wir es doch, sie gingen dann von Hand zu Hand. Schwingenheuer hat uns sogar nach 1941 von Brüssel Bücher geschickt, als er dort Soldat war.

Schwingenheuer, welche Rolle er gespielt hatte? Das kann man kaum sagen. Er war unser geistiger und religiöser Führer. Hier finde ich einen Jahresbericht über die Dekanatsarbeit der weiblichen Jugend im Jahr 1941. Von den zehn überörtlichen Veranstaltungen hat er allein sieben bestritten. Die Führerinnen aus 25 Orten trafen sich alle sechs Wochen an einem Sonntag. Wir brachten uns Butterbrote mit und blieben den ganzen Tag. Meist trafen wir uns in Altenhundem, manchmal im Elsper Krankenhaus, wo uns die Schwestern beköstigten. In der Regel kamen 50–60 Teilnehmerinnen zusammen. Die Betreuung und Leitung hatte in der Regel Schwingenheuer, er gab uns für die Gruppenarbeit das Kirchenjahr hindurch Leitsätze mit. Advent: Wir warten auf den Erlöser. Weihnachen: Wir freuen uns über seine Ankunft. Erscheinung: Wir huldigen dem König. Vorfastenzeit: Wir werden zum Kampf aufgerufen. Fastenzeit: Wir kämpfen mit Christus, Passionszeit: Wir leiden mit Christus. Osterzeit: Wir triumphieren mit Christus. Pfingsten bis Ende des Kirchenjahres: wir leben aus Christus. Unsere Aufgabe war es, die Gruppenabende zu diesen Themen zu gestalten, so daß sie für die Mädchen interessant wurden.

Vikar Schwingenheuer sprach so mit uns das Kirchenjahr durch, behandelte die vier Kardinaltugenden, führte uns ein in Beichterziehung und Gewissensbildung und formte uns durch Themen wie Selbst-Erziehung und das christliche Menschenbild. Es wurden aber auch größere Veranstaltungen für alle Mädchen in der Kirche oder im Altenhundemer Jugendheim durchgeführt, wo einmal sogar 300 Mädchen zusammenkamen. Oder eine Tagung speziell für Mädchen, die zum Reichsarbeitsdienst eingezogen wurden. Sonntag nach Pfingsten fand in der Regel ein Bekenntnissonntag der Jugend statt. Aus dem ganzen Dekanat kamen Jungen und Mädchen zur Feierstunde nach Altenhundem und füllten die Kirche.

Zu einer größeren Veranstaltung für 14–17 jährige Mädchen erschienen 1941 Prälat Klenz und die Diözesanjugendführerin Elisabeth Blum. Jupp Stemmerich und einige andere Jugendführer aus Essen haben einige Male an unseren Heimabenden teilgenommen, sie zeigten uns viel Interessantes, wie man einen Heimabend fruchtbar gestaltet. Vor allem das Liedersingen war für sie wichtig. Wann das war? 1940/41, du weißt ja, in der Zeit, als dein Bruder Bruno seine Jugendgruppe führte. Als Bruno im November 1941 verhaftet wurde, hat die Gestapo auch die Wohnung von Magdalene Kaiser durchsucht, weil sie und ihre Mädchengruppe sich mit kath. Jugendgruppen wie z.B. der aus Attendorn getroffen hatten. Nein, Ende 1941 war nicht alles vorbei. Sicher, durch die Verhaftungsaktionen hatten auch wir Angst bekommen. Schwingenheuer wurde Soldat. Aber die Arbteit ging weiter, wenn sich auch die Kriegsverhältnisse immer stärker auswirkten.

Höhepunkte, die noch in Erinnerunge geblieben sind? Da muß ich überlegen. Doch, da fällt mir ein, das war die Feier der Hl. Nacht, um Mitternacht im Jugendheim, wenn draußen Schnee lag. Aber auch die Feier der Osternacht, irgendwo im Wald, morgens 4 Uhr, bevor die Sonne aufging. Ein altes Sprichwort sagt, Ostermorgen muß man die Sonne tanzen sehen. Und Schwingenheuer sagte einmal: „Die beiden heiligsten Nächte, da Gott die Ordnung der Natur durchbricht, darf der Mensch nicht schlafen.“

Ob es im Kriege noch besondere Aktivitäten der Mädchen gab? Ja, ich erinnere mich an zweierlei. Als der Religionsunterricht in den Schulen verboten wurde, sind wir eingesprungen. Die meisten von den Altenhundemer Führerinnen machten einen Kateche-tinnenkurs mit, legten eine Prüfung ab und erhielten die Missio-Canonica. Von 1939 bis 1946 haben wir im Jugendheim für die Volksschüler Religionsunterricht gegeben, vor und nach der Schule. Sie kamen alle. Pfarrer Kotthoff war froh, daß wir ihm halfen.

Und an ein weiteres erinnere ich mich, Schwingenheuers Briefe an die Soldaten. Schau, in diesem Karton liegt noch ein ganzer Packen. Das war in den Jahren von 1942 bis 1945. Du hast ja auch in Norwegen welche bekommen. Schwingenheuer war seit 1942 als Sanitätssoldat in Brüssel und schickte uns Briefe und Papier zu. Eine pensionierte Lehrerin schrieb den Brief zunächst auf der Maschine mit Durchschlägen ab. Diese verteilte ich dann an verschiedene Mädchen, die die Briefe wiederum mit fünf bis sechs Durchschlägen abtippten. Deine Schwester Elfriede, die bei Kaisers auf dem Büro war, hat auch mitgeholfen. Anschließend brachten wir die Briefe in die uns bekannten Familien, die sie an die Söhne und Brüder im Feld schickten. So gab es eine Verbindung zu allen Fronten, nach Frankreich, Rußland, Afrika, Norwegen usw. Wir hatten kein Vervielfältigungsgerät, und Fotokopieren wie heute gab's damals noch nicht. Im Frühjahr 1945 waren es etwa 250 Briefe, die so verschickt wurden. Mit dem letzten Packen bin ich am 22. 2. 1945 bei Niggemeiers im Keller unter die Bomben gekommen. Ich hatte dort im Hause genäht, als der Angriff auf Altenhundem erfolgte. Frau Niggemeier und ein Kind waren tot. Im Keller waren insgesamt acht Tote.

Oh, das ist eine schwere Frage. Warum haben wir uns gegen die Diktatur nicht aufgelehnt? Das fragen uns die jungen Leute oft, wenn wir über diese Zeit sprechen. Aber konnten wir uns auflehnen? Nur wer in dieser Zeit gelebt hat, als die absolute Gewalt regierte, kann sich ein Urteil erlauben.

Anscheinend war ich bei einigen damals besonders vertrauenswürdig. Unter dem Siegel des Schweigens wurde mir manches mitgeteilt, was andere nicht erfuhren. So hörte ich von den Zuständen in einigen KZ-Lagern, von Forschungsversuchen an Frauen, von der Tötung „lebensunwerten" Lebens wie der geistig Kranken und der Juden. Ich war aufgewühlt von dem Furchtbaren und mußte schweigen. Sicher hatte ich Angst, Angst um das eigene Leben, wer will das leugnen. Wer opfert so leicht sein Leben? Aber sollte man anprangern, rufen, schreien? Wem ist geholfen? Nur ein Wort genügte, und die Gestapo schlug zu.Viele andere würde ich mit ins Verderben reißen. Eine Kettenreaktion würde ich auslösen. Es war ein entsetzlicher Zwiespalt, in dem ich lebte. Die Gewalt war zu groß. Nur Gewalt oder Gott konnten sie beseitigen.

So verstehe ich auch Papst Pius XII. Seine Haushälterin, eine deutsche Ordensschwester, berichtet in ihrem Tagebuch: Der Papst kam in die Küche und hatte in der Hand einige beschriebene Blätter, die er verbrennen wollte. Auf meine Frage anwortete er: „Die holländischen Bischöfe haben in einem Hirtenbrief gegen die Behandlung der Juden protestiert. Die Folge war, daß in der nächsten Woche 40 000 Juden abgeholt und umgebracht worden sind. Auf diesen Blättern habe ich deutsche Bischöfe aufgerufen, gegen die Vernichtung der Juden zu protestieren. Ich darf den Aufruf nicht abschicken, sonst werden in der nächsten Woche vielleicht 60– oder 80 000 Juden umgebracht." So war es. Wir saßen alle in einem Boot, Laien Priester, Bischöfe und Papst – hilflos der Gewalt gegenüber. Jedes Aufbegehren vom einfachsten Christen bis zum höchsten Vertreter der Kirche hatte ungeheure Folgen.

Wie es nach dem Krieg weiterging?

Bei aller äußeren Not waren wir nun frei, und die kirchliche Jugendarbeit erlebte einen neuen Aufschwung. Schwingenheuer wurde für einige Jahre Diözesanjugendseelsorger der weiblichen Jugend in Paderborn. Es kam ein neuer Vikar mit neuen Ideen, ich habe mich dann bald zurückgezogen. Ich war lange genug in der Jugendarbeit tätig gewesen und mußte mich um meine berufliche Existenz kümmern. 1948 habe ich noch die Meisterprüfung als Schneiderin gemacht. Aber Pfarrer Kotthoff hat mich 1952 in die kirchliche Arbeit zurückgeholt. Im Laufe der Jahre übernahm ich die Gruppe der alleinstehenden und berufstätigen Frauen. Und 10 Jahre später wählte man mich zur Vorsitzenden des Frauenbundes, das bin ich heute noch, nun schon über 20 Jahren. Inzwischen 76 Jahre alt und behindert nach einer Hüftoperation wird es Zeit, daß ich mich zur Ruhe setze. Aber du weißt ja, das war nie etwas für mich.

Ob sich rückblickend mein Einsatz gelohnt hat? Tscha, wer weiß das schon! Wir wissen nicht alles, auch nicht welchen Wert unser Leben gehabt hat. Das müssen wir dem Herrgott überlassen. Aber vor einigen Monaten traf sich mal wieder meine alte Gruppe mit mir. Von 16 waren 12 gekommen. Eine sagte: Ich habe mein ganzes Leben auf der Gruppe aufgebaut. Nicht der Religionsunterricht, die Gruppe war maßgebend für mein ganzes Leben.

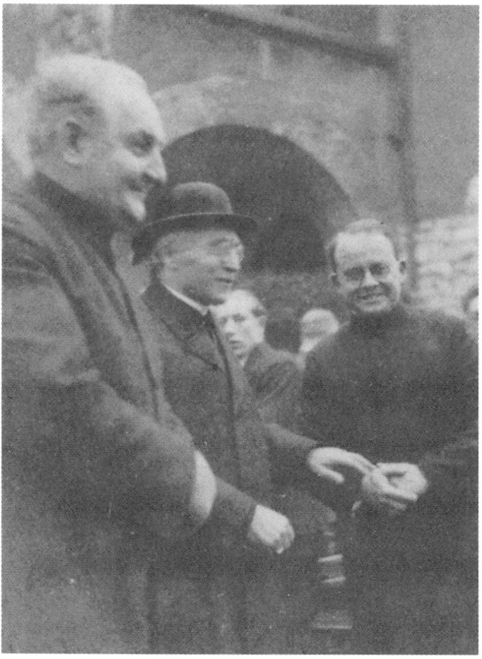

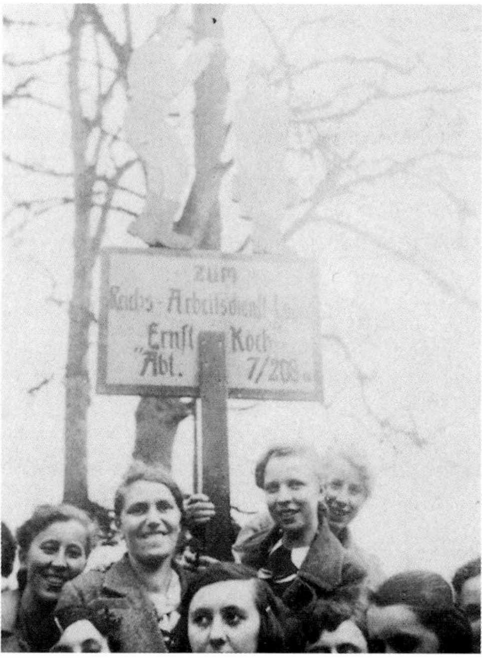

oben links: Vor der Blockhütte mit Vikar Grafe 1935, oben rechts: Auf der Fahrt nach Altenberg 1938, dritte von rechts Helene Stracke, unten links: In Paderborn 1935: von links Generalpräses Wolker, Erzbischof Caspar Klein, Diözesanpräses Kretschmar, unten rechts: Auf dem Heimweg von der Wallfahrt nach Kohlhagen 1939

Zeitliche Begriffe

KJM	Katholischer Jungmännerverband Deutschland
Sturmschar	Bündische Jugend im kath. Jungmännerverband
Jungschar	Schülergruppierung (10–14 Jahre) in der Sturmschar
Kreuzfahrer	Bündische katholische Jugend; zunächst im Jungmännerverband; löste sich 1933 als Bund auf
Quickborn	Katholische bündische Jugendbewegung; geistlicher Gedankengeber: Romano Guardini
ND – Neudeutschland	Katholische bündische Jugend an höheren Schulen und Hochschulen
Pfarrjugend	Gründung durch die Bischöfe. 1937 nach Verbot der männlichen Jugendverbände
Jungfrauenverein	Katholische Mädchenvereinigung
Kolping	Katholischer Gesellenverein
KAB	Katholische Arbeitnehmerbewegung
BK	Bekennende Kirche
Edelweißpiraten	Gruppe unter vielen freien Bünden in der bündischen Jugend
☧ genannt PX	Vereinsabzeichen des katholischen Jungmännervereins
SA	Sturmabteilung; von Hitler als Trägerin der nationalen Revolution gedacht; die SA verlor 1934 im NS-Staat ihre Bedeutung an die SS (Röhm-Putsch)
SS	Schutzstaffel; wurde 1934, geführt von Heinrich Himmler, zum eigentlichen Träger der nationalsozialistischen Gewaltherrschaft
Unterorganisationen der SS:	a) Leibstandarte „Adolf Hitler“ b) SD = Sicherheitsdienst; an der Spitze das Reichssicherheitshauptamt in Berlin, wo gewiss auch über das Schicksal der 30 verhafteten Jungen entschieden wurde; der SD betrieb vor allem im Kampf gegen die Kirchen die ideologische Auseinandersetzung c) Gestapo = Geheime Staatspolizei; politische Polizei; die Gestapo diente zur rücksichtslosen Unterdrückung aller Gegner des nationalsozialistischen Regimes. Über ihre Festnahmen und die oft mit Erpres-

	sungen verbundenen Verhöre führte der Weg bei vielen Verhafteten in die Konzentrationslager, die von der SS eingerichtet und geführt wurden. Die Gestapo hatte fast unbeschränkte Befugnisse und war von Justiz- und Verwaltungsbehörden unabhängig. *)
	d) Waffen-SS, militärische Einheiten der SS, seit Beginn des Krieges
HJ – Hitlerjugend	Gesamtbegriff für die Jugend in der NSDAP; aber auch verwendet für männliche Jugend zwischen 14 und 18 Jahren
DJ – Jungvolk	Männliche Jugend im Schulalter zwischen 10 und 14 Jahren
BDM	Bund Deutscher Mädel
NSDAP	Nationalsozialistische Deutsche Arbeiterpartei
Nazi	Spottname für Nationalsozialist
Zentrum	Partei der deutschen Katholiken, 1933 aufgelöst
Stürmerkasten	Aushang der NS-Zeitung „Der Stürmer", Hetzzeitung gegen die Juden, aber auch gegen Sowjets und Katholiken; hingen wohl in jeder Stadt und in jedem größeren Dorf
Reichskristallnacht	Judenpogrom in ganz Deutschland am 9. und 10. November 1938

** aus dem Großen Herder 1956*

Mitarbeiter – Autoren

Rainer Büenfeld — Bochum, geb. 6. 6. 1927 in Hagen, jüngerer Bruder von Dieter Büenfeld; schrieb über ihn in dem Buch „Gemeinden leben den Widerspruch“ (Hagen) von Rudolf Hagedorn; Priesterweihe 1952, Studiendirektor am Theodor-Körner-Gymnasium in Bochum

Werner F. Cordes — Attendorn, geb. 1932, Studiendirektor am Rivius-Gymnasium u.a. auch Leiter des Kreisheimatmuseums in Attendorn

Robert Droste — Welschen Ennest, geb. 19. 4. 1915, kaufmännischer Angestellter, 1932–1937 Jungscharführer in Altenhundem
1937–1949 Soldat – Kriegsdienst – russische Gefangenschaft, seit 1977 aktiv in der Menschenrechtsorganisation amnesty international

Karl Ebert — Arnsberg, geb. 16. 5. 1912 in Arnsberg, Kaufmann, Inhaber eines Einrichtungshauses. 1924 mit 12 Jahren Einritt in den Quickborn, 1933 Übergang mit der Gruppe in die Sturmschar. Führte 1935 die Sauerländer Gruppe zu einem großen Strumschartreffen nach Rom. Seit Jahren aktiv in der aus der bündischen Jugend kommenden „Aktion Seniorenbildung“.

Karl Falk — Attendorn, geb. 12. 9. 1924 in Wiesbaden, gelernter Bildhauer und Steinmetzmeister; Jugendherbergsvater, war Mitglied in der Attendorner Jungschargruppe, ist heute u.a. aktiv in der Pflege der niederdeutschen Sprache

Karl Föster — Arnsberg, geb. 3. 6. 1915 in Fredeburg, seit 1932 in Arnsberg, Gärtnermeister; später vereidigter Sachverständiger für Gartenbau; Aktivitäten in Quickborn und Sturmschar. Seit 1948 Mitglied in der Internationalen Friedensbewegung Pax Christi; seit 1972 Mitglied in der Gesellschaft für christlich-jüdische Zusammenarbeit.

Hermann Hartmann — Siegen, geb. 1925, Regierungsvermessungs-Oberamtsrat

Dr. Josef Jacobi — Kassel, geb. 24. 1. 1925 in Brilon
Bankdirektor, aktiv in der katholischen Jugend von Brilon, Mitschüler von Johannes Sommer, dessen Biographie er schrieb

Theodor Köhren — Brilon, geb. 22. 4. 1917 in Warstein, Jugendpfleger und Leiter des Jugend- und Sportamtes im Altkreis Brilon, aktiv in der katholischen bündischen Jugend als Kreuzfahrer und Sturmschärler, Diplomierter Sozialarbeiter und Eheberater, seit 1948

	Mitglied in der internationalen katholischen Friedensbewegung Pax Christi
Hans-Karl Kötting	Bad Honnef, Oberamtsrat im Auswärtigen Dienst in Bonn
Arnold Papenheim	Neheim, geb. 9. 8. 1925, Industriekaufmann und Handelsvertreter, ab 1935 Mitglied in der Jungschar, nach dem Verbot aktiv in der Schar
Rudolf Pithan	Siegen, geb. 1923, gest. 1991, Realschulkonrektor, aktiv im Bund Neudeutschland ND, regte an, dass um 1990 die Erinnerungen an den Schülerbund ND in Siegen aufgezeichnet wurden
Dr. Josef Rettler	Müschede, geb. 10. 4. 1927 Letzte Tätigkeit: Vorstandsmitglied der Josefs-Gesellschaft in Köln. Langjährige Zusammenarbeit mit dem aus Müschede stammenden geistlichen Rektor und Führer der katholischen Jugend Josef Schulte, einst aktiv in der katholischen Jugend tätig, nahm 1941 an der Bischofsweihe in Paderborn teil
Augustinus Reineke	Pfarrer in Detmold, Geistlicher Rat, geb. 1908 in Nieheim, gest. 19. 6. 2001, erste Kontakte zur katholischen Jugendbewegung im Quickborn, 1934 Priesterweihe in Paderborn, 1939–1947 Diözesan-Jugendseelsorger in Paderborn, schrieb 1987 die Dokumentation „Jugend zwischen Kreuz und Hakenkreuz“
Franz Rose	Menden, geb. 15. 8. 1929, Industriekaufmann 1940–1945 Mitarbeit in der bereits verbotenen kath. Jugendgruppe in Menden, schriftstellerisch tätig für die Mendener Heimatkunde, u.a. Buchveröffentlichung über die Mendener Synagoge
Dr. Hans Seewald	Bad Driburg, geb. 5. 7. 1931 in Hamm jüngerer Bruder von Max Hermann Seewald, Gymnasiallehrer in Höxter und Brakel, Fächer: Deutsch, Geschichte, kath. Religion
Paul Tigges	Lennestadt-Altenhundem, geb. 16. 11. 1922 in Fredeburg Oberstudiendirektor an einem Klostergymnasium, Fächer: Deutsch, Geschichte, Latein, 1933–1937 Mitglied der katholischen Jungschar in Altenhundem, Autor mehrerer Bücher (Lyrik, Prosa, Historie), veröffentlichte 1984 mit „Jugendjahre unter Hitler“ als erster ein Buch mit Berichten über die Verhaftungsaktion der Gestapo Dortmund gegen katholische Jugendliche

Josef Wagener — Netphen, geb. 1927
Realschulkonrektor, war Mitglied in der Siegener ND-Gruppe St. Georg

Die Redaktion bei einem der mehrmaligen Treffen (17. 7. 02) im Kloster Königsmünster zu Meschede, von l. n. r. Karl Falk, Karl Föster, Günter Stumpf, Theo Köhren, Arnold Papenheim, Paul Tigges, Veronika Beckmann, Franz Gosmann, Gertrud Sommer, Dr. Hans Seewald, Paul Schlinkert

Literatur – Quellen

Heinrich Portmann	Kardinal von Galen, Verlag Aschendorf, Münster 1957
Domkapitel Münster	Kardinal von Galen, Münster 1993
Paul Tigges	Jugendjahre unter Hitler, Sauerland-Verlag, Iserlohn 1984 Gesang der Mosel Gedichte und Prosa, Verlag Grobbel, Fredeburg 1987 Flucht nach Ägypten Ein Beitrag zur Geschichte der Juden im Kreis Olpe, Selbstverlag 1994
Augustinus Reineke	Jugend zwischen Kreuz und Hakenkreuz Bonifatius-Verlag, Paderborn 1987
Börger/Schroer	Sie hielten stand Sturmschar im Katholischen Jungmännerverband Deutschlands Verlag Haus Altenberg, Düsseldorf 1989
Becker/Deitenberg/ Kennemann	Fretter Ein sauerländisches Dorf und seine Bewohner, Fretter 1985
Arno Klönne	Jugend im Dritten Reich, in Bracher-Funke-Jacobsen: Deutschland 1933–1945, Droste-Verlag Düsseldorf 1992
Wolfgang Dierker	Himmlers Glaubenskrieger – Der Sicherheitsdienst der SS 1933–1941 Verlag Schöningh, Paderborn 2001
Michael Kißener Bernhard Schäfers	„Weitertragen" Studien zur „Weißen Rose", besonders über Willi Graf, der aus der kath. Jugendbewegung kam; UVK Universitätsverlag, Konstanz 2001
Rudolf Hagedorn	„Gemeinden leben den Widerspruch, Chronik – Erinnerungen – Profile aus den katholischen Kirchengemeinden in Hagen 1933–1945", Bonifatius-Verlag, Paderborn 1999

Josefs-Gesellschaft	Zwischen Fürsorge und NS-Ideologie, herausgegeben von der Josefs-Gesellschaft 2001, Dialogverlag Münster
Zeitschriften – Zeitungen	Der Dom – Kirchenzeitung für das Erzbistum Paderborn Liboriusblatt – Hamm Rheinischer Merkur Westfalenpost Westfälische Rundschau Mendener Zeitung Sauerland-Kurier

Fotos und andere Abbildungen sind in der Regel privater Herkunft; ebenfalls die Dokumente. Im andern Falle ist die Herkunft angegeben.